"『청소년을 위한 수용전념치료』는 독창적이고 매혹적이며 청소년의 마음으로 향하는 여정을 믿을 수 없을 만큼 유익한 방식으로 제시한다. 이 일을 시작했을 때부터 항상 치료자로서 나의 목표는 고통받는 청소년이 어른들의 세상에 적응하는 것을 도와주는 것이라고 생각해 왔다. 그러나 이 책은 이러한 가정을 뒤집고 우리에게 청소년이 살아가는 세상에서 일어나는 일들을 알아차리고, 파괴적이고 자기중심적인 마음의 속삭임으로부터 한 발짝 떨어져, 자기 행동을 더욱 즐겁고 실험적이게 하는 능력을 배양해 주면서 성인이 되어가는 자신만의 여정에 더 오래 머물 수 있도록 도우라고 한다. 한 아이를 키우려면 한 마을이 필요하듯, 고통받는 청소년에게 방향 감각을 심어주기 위해서는 DNA-V 모델 같은 친사회적 접근이 필요하다. 이 책은 통찰, 흥미로운 임상 사례, 치료자와 내담자 간의 대화, 실용적인 임상 조언, 지도 지침 및 워크시트로 가득 채워져 있으며 모든 내용은 읽기 쉽고 마치 대화하듯 즐거운 문체로 쓰여 있다. 건강한 자기 서술의 발달에서부터 자신과 다른 사람에게 친절해지는 연습을 통해 자연스레 형성되는 친사회적 집단을 구성하는 것에 이르는 청소년의 사회적 지평 전반을 다루고 있는 이 책은 교사, 학교 상담사, 치료자, 나아가 청소년의 성장을 돕고자 하는 모든 이들이 반드시 읽어야 할 책이다."

– 커크 스트로살

수용전념치료 공동 창시자, 『지금 이 순간에서(Inside This Moment)』의 공동 저자

"이 책은 청소년을 성장시키고 양성하는 방법에 대한 우리의 이해에 새로운 장을 열어 준다. 수용전념치료의 관점을 청소년이 사회적, 정서적 역량을 키울 수 있는 전략으로 풀어낸 이 책이 가정, 학교, 임상 현장, 청소년 사법 제도, 지역사회에서 청소년이 더욱 배려 넘치고 생산적인 사회 구성원이 되도록 지지하는 방향으로 나아가게 하는데 기여할 것으로 전망한다."

– 앤서니 비글런

오리건연구소 수석 과학자, 『아이의 성장을 위한 과학적 생각들』의 저자

"이 책은 뛰어난 사상가이자 숙련된 임상가인 두 사람이 만들어 낸 훌륭한 작품이다. 모든 페이지마다 창의적인 연습, 복잡한 개념을 설명하는 은유, 도움이 필요한 청소년

을 위해 섬세하게 조정할 수 있는 대본이 가득하다. 단계별 전략을 통해 청소년을 더 나은 삶으로 이끌 수 있는 로드맵이 되어 줄 책이다."

– 토드 캐시던
조지메이슨대학교 교수, 『*다크사이드: 감정의 어두운 면을 전략적으로 사용하는 기술*』의 저자

"『*청소년을 위한 수용전념치료*』는 정신 병리학에 관한 책이 아니다. 정체성을 향한 투쟁과 청소년기에 일어나는 모든 것에 관한 책이다. 최신 과학 지견에 기반을 둔 포괄적인 발달적 접근을 제시한 이 책은 세심히 짜인 이론을 바탕으로 교사들, 상담사, 의료 전문가가 쉽게 접할 수 있는 도구, 대본, 실제 사례들로 빼곡하게 들어차 있다."

– 켈리 윌슨
미시시피대학교 심리학 교수, 『*수용전념치료에서 내담자와 치료자를 위한 마음챙김*』의 저자

"이런 책을 얼마나 기다려 왔던가! 이 책은 청소년이 자기 잠재력을 최대한 발휘하여 충만한 삶을 살도록 돕는 매우 귀중한 자원이다. 실용적인 제안, 워크시트, 연습, 예시로 구성된 매력적이고 명확한 로드맵인 이 책은 청소년들과 함께하는 교사, 상담사, 의료 전문가의 필독서가 될 것이다."

– 프레더릭 리브하임
임상심리학자, 스웨덴 스톡홀름 카롤린스카 연구소 청소년을 위한 수용전념치료 임상 연구자,
『*장인을 위한 마음챙김(The Mindful and Effective Employee)*』의 저자

"이 책은 전통적인 행동주의로부터 더욱 활기찬 방식을 실천할 수 있는 새로운 관점으로 옮겨올 것을 제시한다. 긍정심리학과 청소년 발달의 접점에 놓인 아이디어들과 청소년이 의미 있는 목표와 삶의 가치를 발견하도록 돕는 유용한 전략이 풍부하게 담긴 책이다. 저자들은 성인이 청소년과 건설적이고 편한 관계를 구축할 수 있는 유용하고 구체적인 방향을 보여 주었다. 이 분야를 진일보하게 할 책이 분명하다."

– 리처드 라이언
임상심리학자, 호주 가톨릭대학교 긍정심리학 및 교육 연구소 교수

"『*청소년을 위한 수용전념치료*』에는 청소년에 대한 깊은 이해와 지혜, 그리고 청소년

과의 작업에 필요한 발달심리학적으로 조율된 유용한 접근 방식이 담겨 있다. 이러한 필수 작업에 대한 명확하고 실용적인 청사진을 지금껏 갖지 못했던 우리에게, 저자들이 고안해 낸 DNA-V 모델은 임상 레퍼토리에 추가할 수 있는 유용한 지침이 되어 줄 것이다."

– 패트릭 맥고리
멜버른대학교 교수, 청년 정신건강센터 오리진(Orygen) 상임 이사

"오래도록 기다려 왔던 책이다. 청소년 대상 임상 및 연구 현장에서 저자들이 쌓아 온 전문 지식은 3동향 인지행동치료가 낯선 이들도 수용전념치료를 손쉽게 적용할 수 있는 결과물을 만들어 냈다. DNA-V 모델은 수용전념치료 연구 전통에 확고한 기반을 두고 있다. 저자들은 수용전념치료의 핵심을 세 종류의 핵심 행동으로 추출하여 더욱 수월하게 심리적 유연성을 키우고 모든 경험과 세상에 열려 있게 한다(기본적으로 이 세상 모든 청소년에게 필요한 기술이다). DNA-V 모델을 적용하기 위해 수용전념치료 전문가가 될 필요는 없지만, 계속 활용하다 보면 어느새 전문가가 되어 있을 것이다. 특히 연습과 은유는 독자가 청소년기의 발달 과정과 특성을 고려하며 청소년의 DNA 기술을 모델링해 주고, 격려하고, 강화할 수 있는 맥락이 될 수 있도록 섬세하게 맞추어져 있다. 청소년기에 관심 있는 치료자, 상담사, 교사, 부모라면 누구라도 읽고 실천해야 할 책이다."

– 지오밤바티스타 프레스티
이탈리아 엔나코레대학교 심리학과 조교수

"청소년을 돌보고 성장시키고자 하는 상담사, 교사, 1차 진료 임상가가 특히 주목해야 할 책이다. 청소년의 발달과 성장에 대한 DNA-V 개념화를 뒷받침하는 이론 근거와 유용한 워크시트들이 실려 있는 이 책을 반드시 읽고 적용해 보길 바란다. 그리고 미래 세대를 이끌 청소년을 더욱 사랑하고, 보호하며, 준비시킬 수 있다는 점에 자부심을 갖길 바란다."

– 패트리샤 로빈슨
마운틴뷰 컨설팅 그룹의 교육 이사,
『일차 의료에서의 실제 행동 변화Real Behavior Change in Primary Care』의 저자

청소년을 위한 수용전념치료

수용전념치료와 긍정심리학 기술로
감정을 다루고, 목표를 달성하며, 서로 연결되기

THE THRIVING
ADOLESCENT

저자 루이즈 L. 헤이즈Louise L. Hayes   대표 역자 나의현, 이철순
조셉 V. 치아로키Joseph Ciarrochi,   공동 역자 곽욱환, 노양덕, 최영훈, 맥락행동과학연구회

삶과지식
Life and Knowledge Publishing

가장 어두웠던 날들 동안 제 손을 잡아 주었던 세상 모든 이가 베풀어 주신 사랑에 감사드립니다. 공동 저자이자 친구인 조셉이 없었더라면 이 책은 세상에 나오지 못했을 겁니다. 너무나도 무거웠던 저의 가치를 함께 짊어진 조셉에게 감사를 전합니다.

— LH

이 책을 쓰는데 참 많은 트라우마가 필요했습니다. 그래서 이들에게 감사를 전합니다. 나를 괴롭히는 아이에게 어떻게 대처해야 하는지, 운동은 어떻게 하고 친구는 어떻게 사귀는지 단 한 번도 가르쳐 주지 않고 나를 귀찮아했던 아버지. 외야석에 앉아 계시던 할머니 앞에서 내 페이스 마스크를 그러쥐고 내게 욕설을 퍼붓던 미식축구 코치님. 필통을 가져오는 걸 자꾸 잊어버린다며 반 아이들 앞에서 나를 조롱하던 선생님. 갑자기 차 문을 열고 나와 나를 오토바이에서 떨어뜨리고는 길바닥에 쓰러진 나를 똑바로 바라보고는 말 한마디 없이 가버렸던 귀부인. 나를 지지하고 보호해 주는 어른 없이 어린 시절을 견뎌내기가 얼마나 힘겨운지 뼈저리게 가르쳐 주셔서 감사합니다.
누군가를 보호하려는 모든 이에게 이 책을 바칩니다.

— JC

목차

1부
DNA-V 기본 기술

2부
DNA-V 심층 기술: 자기와 세상에 적용하기

추천사

청소년 시기는 뇌 발달의 측면에서 전두엽의 매우 역동적이고 활발한 시냅스 가지치기의 영향으로 전전두엽의 조절 능력 기능이 일시적으로 저하할 수 있다. 이는 불안/우울 등 잦은 부정적 정서 경험과 충동-공격적 행동문제로 연결되기 쉬운 상태로 만든다. 그리고 급증하는 성호르몬, 특히 테스토스테론은 편도핵을 자극하여 불안과 분노감정에 예민하게 만든다. 그러나 지적인 면에서는 논리적/창의적 사고가 급성장하여 기존의 규칙이나 사회적 질서에 대한 의문을 품고, 혁신을 꿈꾸는 시기이기도 하다. 이러한 인지-정서의 부조화 내지는 불균형이 청소년 시기를 보내는 많은 아이들에게 어려움을 만든다.

여기에 사회네트워크Social Network System 혁명을 통한 개인의 경쟁적 자기 노출과 상호 비교는 청소년 자신의 강점보다는 약점에 집중하게 만들고, 다다를 수 없는 선망의 대상과의 비교를 통해 한없이 초라한 자신을 발견하고 쉽게 좌절하게 만든다.

본 역서인 『청소년을 위한 수용전념치료』는 청소년기를 지나갈 때 일시적인 위기를 겪는 아이들부터 정신적인 장애를 갖고 있는 아이들까지 모두 도움을 받을 수 있는 훌륭한 책이다. 또한, 본 역서를 번역한 젊은 정신과 의사 선생님들은 수년간 이 치료법에 관한 진지한 탐구와 임상에 적용 경험을 충분히 쌓은 전문가들이라는 점에서 매우 신뢰가 간다. 본 역서가 우리나라의 힘든 청소년과 그 가족에게는 새로운 희망이 될 것으로 확신한다. 수용전념치료가 청소년 스스로 고난을 자신의 성장과 성숙으로 나아가는 자산으로 활용할 수 있도록 돕기를 바란다.

- 김붕년
서울대학교병원 소아청소년정신과 교수, 대한소아청소년정신의학회 이사장 수용전념치료의 주요 목표는 불편한 생각, 감정, 감각 등 힘든 내적 체험과 싸우거나 더 이상 그것들을 통제하려고 애쓰지 않는 능력을 함양하는 것이다. 그렇게 되면 실질적으로 자신에게 도움이 될 수 있는 행동을 실천하는 능력이 크게 향상될 것이고 의미 있는 삶을 향한 선택의 기회가 더 많아질 것으로 기대할 수 있다. 특히 자기 정체성과 삶의 가치 형성이 아직 굳어지지 않은 어린 나이부터 이러한 심리 유연성 연습을 적극적으로 활용할 수 있다면 개인이나 그가 속한 사회의 미래는 더할 나위 없이 밝아질 것으로 확신한다.

그렇지만 청소년에게 수용전념치료를 적용하는 일은 그리 단순치 않다. 일반 성인과는 다른 점들을 고려해야 하기 때문이다. 추상 개념의 이해를 포함하여 두뇌의 인지 능력이 아직 완전하지 않은 상태이고, 복잡다단한 인간 감정을 인식하거나 또 자기감정을 조절하는 능력 등은 아직 충분히 발달하지 않았으며, 사회적 동물로서 다양한 역할 수행의 경험이 많지 않은 청소년에게는 다소 도전적일 수 있다. 청소년이 아직 자기 정체성을 찾아가는 과정에 있고 자기가 추구하고 싶은 가치와 목표를 완전히 이해하지 못한 상태라는 점은 수용전념치료를 연습하는 데 제한점으로 작용할 수도 있다.

이 책은 저자들이 청소년을 대상으로 임상과 연구 현장에서 쌓아온 경험을 바탕으로 수용전념치료의 원리를 세 종류의 핵심 행동으로 추출한 DNA-V 모델을 제시한다. 이 모델은 이해하기 쉽고, 전달하기 쉽고, 기억하기 쉬운 장점을 갖고 있으며 개인에서 집단으로 심리 개념을 확장하는 방식을 채택하고 있다. 갈수록 복잡해지는 사회에서 더 고립될 수밖에 없는 현재의 청소년으로서는 이 모델을 연습한 이후 더 쉽고 효과적으로 심리 유연성을 키울 수 있고 자기 경험과 세상에 대해 열린 마음을 유지할 수 있게 될 것이다.

지금 한국 문화에서 살아가야 하는 청소년은 원래 정상적인 발달 과정에서 겪어야 하는 어려움 외에도 엄청난 경쟁으로 인한 학업 부담, 외모나 사회경제적 지위에 대한 높은 기대치, 친밀한 가족이나 친구 관계의 붕괴로 인해 다양하고 건강한 지지 체계의 부재, 사이버 공간으로 확장된 따돌림과 폭력 문화 등 수없이 많은 스트레스를 감당해야 한다. 만일 더 이상 삶의 무게를 견딜 수 없다는 생각으로 자신감을 잃거나, 더 나아가 삶의 의미와 희망마저 상실한다면 자신의 눈앞에 보이는 가능성이라곤 상황을 점차 악화시키는 파괴적인 행동을 선택하는 길밖에 없게 된다. 이런 시기에 정신건강의학과 의사 및 지역에서 1차 의료를 담당하는 의사, 정신 건강 전문가, 학교 상담사, 부모 등 청소년을 돌보고 그들의 성장을 돕는 사람이라면 누구나 읽어야 할 이 필독서가 국내에서 번역된 것은 큰 행운이다.

이 책을 발간하며 책의 가장 앞부분에 자신의 어린 시절 트라우마를 고백하고 있는 저자들의 진정성에 경의를 표하며, 번역 작업을 할 때면 피할 수 없는 지루함, 막연함, 답답함, 초조함, 분노의 감정 체험을 기꺼이 견디며 국내 독자에게 이런 귀한 책을 선물해 주신 번역자들께도 심심한 감사의 말씀을 올린다. 수용전념치료 창시자 헤이즈가 서문에서 사용한 은유를 잠시 빌린다면, 지지와 번역자들이 심은 작은 새싹 속에서 인류의 미래에 당당히 모습을 드러내고 있을 풍성하고 멋진 커다란 나무를 본다.

– **이강욱**
강원대학교병원 정신건강의학과 교수, 前 대한정서인지행동의학회 이사장

역자 서문

진료 현장에서 수용전념치료를 실천하다 보면 종종 감동적인 순간을 마주하게 된다. 오랜 시간 자신의 가치를 잊거나 잃어버린 채, 인지적 내용에 얽매여 실효성 없는 회피와 통제 행동을 반복하던 내담자와 환자가 고통으로부터 점차 자유로워지는 장면들이 찾아온다. 이런 장면 하나하나가 수용전념 치료자에게는 더할 나위 없는 보상으로 작용한다. 그렇기에 치료를 실천하면 할수록 진료실을 찾아오는 이들의 삶뿐만 아니라 치료자 자신의 삶과 주변 환경 또한 자연스레 수용전념치료의 관점으로, 심리적 유연성을 증진하려는 방향으로 바라보게 되는 것은 아닐까 한다. 역자들이 진료실 안팎에서 만나던 청소년들 또한 역자들이 꽤 오랜 시간 수용전념치료와의 연결고리를 찾고자 고민하던 대상 중 하나였다.

청소년기는 다시 못 올 아름다운 청춘이 시작되는 시기이자, 동시에 찰나의 순간에도 정점과 바닥을 오가는 강렬한 내면의 경험 속에서 자칫하면 길을 잃을 위험이 도사리고 있는 시기이다. 인지와 언어로 자신을 무장하려다 그 반작용으로 세상과 자신을 경직된 틀 속에 가두어 버릴 수도 있고, 가슴을 열고 다양한 경험을 온전히 자신의 것으로 받아들이며 앞선 세대보다 더욱 풍요롭고 성숙한 삶을 살아갈 수도 있다. 이런 시절을 살아가는 청소년 자신을 '문제'라는 이름으로 통제하려는 많은 어른을 거쳐 우리를 만나게 된다. 청소년에게는 그저 또 하나의 어른인 우리가 어떻게 이들에게 수용전념치료의 관점을 안내할 수 있을까? 어떻게 하면 청소년이 자기 자신, 그리고 자신의 행동과 그 결과를 있는 그대로 용기 있게 마주하면서 자신의 가치를 구축하고 원하는 미래의 방향으로 삶을 꾸려가게 할 수 있을까?

역자들과 같은 고민을 했던 치료자라면 이 책이 바로 그 실마리가 되어 줄 것이다. 다소 난해하게 느껴지기도 하는 수용전념치료 이론은 잠시 내려놓고, 수용전념치료가 가지고 있는 강력한 치유와 성장의 힘을 청소년 특유의 에너지와 조화롭게 춤추게 하는 실용적인 지침을 DNA-V라는 모델을 경험해 보길 권한다. 이 책을 처음 접했을 때 역자들이 느꼈던 반가움을 독자 또한 느낄 수 있도록 작업하고자 노력하였다. 성인 대상 수용전념치료의 개인 내적 심리 기전을 일컫는 육각 모형을 조언자, 관찰자, 탐험가라는 청소년 친화적인 내면의 은유로 탈바꿈하였을 뿐만 아니라, 청소년의 성장과 발전에 중요한 자기 맥락과 사회 맥락으로까지 수용전념치료 관점을 확장한 DNA-V 모델은 진료 현장과 교내외 상담 현장에서 치료자의 든든한 지원군이 되어 줄 것이다. 여기에 더불어 모델 곳곳에 스며들어 청소년의 가치를 구축하며 새로운 행동을 만들어 가는 데 구체적인 지침을 제공하는 긍정심리학적 기법 또한 치료 현장의 완성도를 한층 더 높여 줄 것이다.

역자들이 책을 번역하는 과정에서 책에 담긴 임상 표현을 우리말로 옮기는 데는 역자들과 함께 DNA-V 모델을 국내 처음으로 작업했던 여러 청소년 내담자의 도움이 컸다. 자신의 내면과 외부 세상에서 매번 가능성을 발견하며 눈부신 성장을 거듭하던 그들에게 다시 한번 지면으로 감사를 전한다. 아울러 어느 현장에서든 고통과 혐오의 정서가 무겁게 내리누르는 세상을 다음 세대를 위해 지탱하며 탈바꿈하고자 애쓰는 어른들에게 연대의 마음을 보낸다. 마음속에 청소년이었던 어느 시절을 간직한 그들에게도 이 책이 조금이나마 보탬이 되기를 바란다.

서문

아동·청소년을 위한
수용전념치료 모델과 함께 거침없이 나아가기

새싹은 작은 나무가 아니듯 아동 · 청소년 또한 작은 성인이 아니다. 그러나 모든 일이 순탄히 흘러간다면 이들이 언젠가 성인이 되리란 점은 분명하며, 그 발달 과정은 의심할 여지없이 성인이 된 이들의 모습에 투영될 것이다. 그리고 우리는 이들보다 먼저 어른이 된 유리한 고지에서 이 모습들이 구체적으로 어떤 형태로 나타나는지 바라보게 될 가능성이 크다.

안타깝게도 이러한 이해가 이들의 건강한 발달 자체를 지지하는 데 꼭 필요하지는 않다. 나무 속 새싹을 보는 것은 새싹 속 나무를 보는 것보다 쉽기 때문이다(배추나 엉겅퀴는 나무가 아니니 예외로 하자).

달리 말하면 우리는 목표로 하는 삶의 시기에 따라 그에 알맞은 개념, 범주, 방법이 필요하다. 성인의 정신병리학을 아동 · 청소년의 머릿속에 풍덩풍덩 집어넣으며 이를 발달학적으로 적절하다고 할 수는 없다.

수용전념치료는 아동 · 청소년들에게 적용하기에는 오랜 시간 다소 어색한 채로 남아 있었다. 이들을 대상으로 한 심리적 유연성 측정 결과가 그들의 발달 궤적을 흥미롭고 일관된 방식으로 예측했기에, 수용전념치료의 기반이 되는 모델을 아동 · 청소년에게도 적용할 수 있다는 점은 이미 잘 알려진 사실이다. 체험 회피는 성인뿐만 아니라 이들에게도 독이 되며, 인지 융합은 우리 모두를 얽매이게 하고, 마음챙김은 우리 모두에게 도움이 된다는 것도 이미 알려진 사실이다.

그러나 이를 알고 있다고 해서 아동·청소년을 대상으로 하는 예방과 치료 작업에서 수용전념치료를 적용할 수 있다고 말할 수는 없다. 우리에게는 아동·청소년의 관점으로 이들을 만날 수 있는 개념과 방법, 그리고 이들이 자라며 심리적으로 더욱 유연해질 방법을 가르칠 수 있는 수용전념치료 안내서가 필요했다.

『청소년을 위한 수용전념치료』가 우리를 이러한 방향으로 나아가게 할 커다란 한 걸음이 되어 주리라 믿는다. 이 책의 초고를 읽었을 때 나는 크게 열광했고, 여러 전통적인 수용전념치료 문헌들은 제쳐 두고 그들의 아이디어를 밀고 가라고 저자들을 격려했다. DNA-V 모델이 성인의 수용전념치료에서 육각모델hexagon model이 맡은 역할을 해 줄 가능성이 크다고 보았기 때문이다. 물론 DNA-V 모델을 뒷받침하는 중재 연구가 시행되어야 하므로 이를 무조건 장담할 수는 없다. 그러나 DNA-V 모델이 아동·청소년을 위한 수용전념치료 접근과 일치하는 방식이라는 점에서 안심할 수 있으며, DNA-V 접근법 안에서 새로이 펼쳐 갈 주목할 만한 앞날이 우리 앞에 곧 당도할 것이다.

한 가지 예를 들어 보자.

탈융합이란 전통적으로 과도한 언어의 지배력을 약화시키려고 고안된 개념이다. 그러나 '탈융합'이라는 용어는 내담자가 아닌 치료자를 위해서 만들어졌으며, 탈융합 접근을 아동·청소년에게 어떻게 적용해야 하는지는 거의 언급된 적이 없다. 이 책에서 제시하는 '조언자' 은유는 기존에 탈융합으로 다루던 부분과 같은 부분을 다루고 있으면서도 치료자를 더욱 직접적으로 안내한다. 조언자가 너무 많이 지시할 때('과도하게 요구하는 조언자' 또는 '심술궂은 조언자'), 그리고 조언자가 유용한 때에 따라 미끄러지듯 조언자 공간에 들고 날 수 있을 것처럼 보인다. 아동·청소년에게 직접 은유를 사용하면 그들의 건강한 탈융합을 지지할 수 있을 것이다. 비록 '조언자'를 측정할 일련의 과정이 부재하기에 특정 변화 과정으로의 연결이 약화될 우려가 있지만, 이러한 우려보다는 치료적으로 얻을 이점이 더 두드러진다.

DNA-V는 아동·청소년기 맥락에 따라 육각모델을 일대일로 치환한 것이 아니다. 그러한 방식은 불필요하다. 그보다는 맥락행동과학의 핵심, 그리고 수용전념치료와 심리적 유연성 과정을 반영하는 임상 중재 모델을 개발하고자 하는 시도이자, 이러한 작업 방식을 치료자에게 더욱 직접적으로 제시하고자 하는 시도로 보아야 할 것이다. 이는 매우 고무적인 새로운 개념이다. 기존 아동 · 청소년 대상 수용전념치료 중재 프로토콜이 가진 가치를 부정할 수는 없다. 그러나 이해하기 쉽고, 전달하기 쉽고, 기억하기 쉬운 DNA-V 모델 안에서 이들 중 많은 방식이 다시 검토되고, 작동하며, 활성화될 것이다. 예를 들어 심리적 유연성, 가치, 전념 행동 간 연결은 DNA-V 모델에서 '탐험가' 은유로 자연스럽게 귀결된다. 육각모델의 요소를 개별적으로 뜯어낸 다음 그것들이 의미가 있도록 재조립할 필요가 없다. 수용전념치료 관점에 담겨 있는 많은 요소를 자연스럽게 한데 모으는 역할(이 예에서는 탐험가 역할)에 대한 통찰이 DNA-V 모델에 담겨 있다.

우리 공동체가 아동 · 청소년을 대상으로 한 수용전념치료 작업을 처음부터 DNA-V 모델로 시작할 수 있었으리라 생각하지는 않는다. 그러나 한편으로 우리는 맥락행동과학 관점으로 더욱 진보한 과학적 성과가 나타나기를 줄곧 기대해 왔다. DNA-V 모델은 심리적 유연성, 기능적 맥락주의, 관계구성이론, 진화 과학에 관한 수십 년에 걸친 치열한 고찰의 정점에 올랐다. 동시에 지금 우리가 머무는 벌판에서 보자면 이는 앞으로 더 나아가기 위해 내디딘 중요한 한 걸음이다. 그러므로 DNA-V 모델은 이들 주제를 대체하는 무언가가 아니라, 오늘날 우리가 공동체로서 진보하는 데 필요한 응용과학 및 임상 도구의 일부라 할 수 있다.

이 책의 마지막 특징은 특히 수복할 만하다.

개인에서 집단으로 심리적 개념을 확장하는 방식은 초창기부터 행동 분석이 보이던 전형적인 특징이었다. 맥락행동과학과 수용전념치료에서는 이러한 원래의 행동과학 관점으로 돌아가기 위해 진화적 개념과 문화적 진화 간 연결고리를 이용해 왔으며, 이 책에서는 그 과정을 매우 명확하게 다루고 있다. 우리는 사회적 존재이며, 집단을 떠난 심리적 접근은 아동 · 청소년에게 그들의 자연스러운 맥락을 떠나라고 하는 것과 같다. 이 책이 개인과 사회적 수준을 얼마나 자연스레 넘나드는지 살펴보면 독자들 또한 감탄하게 될 것이다. 이 분야는 이제 변곡점에 접어들었으며 앞으로 수용전념치료 및 향후 관련 과정에 관한 모든 문헌에서 사람들을 그들의 사회적, 문화적 맥락으로 되돌려 놓을 방법에 대해 고려해야 할 것이다.

저자들의 업적에 다시 한번 박수를 보내며 예견된 많은 연구와 확장이 이 책으로부터 뻗어 나오리라 기대한다. 이 책은 분명한 진전일 것이다. 우리 공동체가 이 진전

여부와 정도를 발 빠르게 움직여 알아낼 수 있기를 바란다.

— 2015년 7월
네바다대학교에서
스티븐 C. 헤이즈

감사의 글

멋진 편집과 명석한 사고로 우리의 작업을 다듬어 준 재스민 스타에게 감사를 전하고 싶습니다. 뉴하빙거New Harbinger의 직원 여러분, 특히 많은 도움을 준 캐서린 메이어스와 삽화를 그려 준 사라 크리스티안에게 고마움을 전합니다. 지난 3년간 격려와 지지를 보내 주고, 무엇보다도 인내심을 발휘해 준 가족들에게 감사합니다. 우리와 함께하는 작업에 기꺼이 참여해 주고, 작업을 통해 방향을 찾아가는 동안 우리의 노력을 기꺼이 감내해 준 모든 청소년에게도 감사를 전합니다. 그리고 마지막으로, 스티븐 헤이즈, 커크 스트로살, 켈리 윌슨이 1999년에 수용전념치료 원작을 집필하지 않았더라면, 그리고 맥락행동과학협회의 지속적인 지지와 나눔이 없었더라면 이 책은 존재하지 못했을 것입니다.

서론

청춘은 욕구에 눈을 뜨는 시기다. 신체는 강건해지고, 위태롭지만 아름다운 세상은 그들을 유혹한다. 단 한나절 동안에도 그들은 강렬하고 상반되는 상태에 놓인다. 사랑과 고독, 자유와 속박, 흥분과 두려움, 자신감과 자기 의심처럼.

몇 살이 되든 인간이 고통받는 가장 큰 원인은 부정적인 것 없이 긍정적인 것을 가지려는 시도에서 비롯된 것이다. 우리는 성공을 바라지만 실패를 무릅쓰고 싶지는 않다. 친밀한 관계를 바라지만 거절당하는 위험을 감수하고 싶지는 않다. 우리는 위험이 성공과 친밀함에 속한 본질적인 부분이라는 사실을 깨닫지 못한다. 우리가 부정적인 것을 거부한다면 긍정적인 것을 경험할 기회 또한 잃게 될 것인데도 말이다.

긍정적인 점과 부정적인 점을 분리하려는 우리의 욕망은 청소년과의 관계에서도 매한가지로 일어난다. 우리는 그들의 열정적인 모습을 정말 좋아하지만, 그들이 '지나치게 감정적'이 되는 것을 바라지는 않는다. 그들의 창의적이고 탐구적인 특성을 사랑하지만, 그들이 위험을 감수하기를 원치는 않는다. 그들이 긍정적인 관계를 쌓아가기를 바라지만, 우리를 밀어내고 또래들의 압력에 굴복하기를 바라지는 않는다. 그렇다면 우리는 어떻게 해야 하는 걸까? 우리는 그들의 감정을 억압하고('그렇게 느끼면 안 돼'), 새로움을 탐험하는 능력을 제한하고('거기에 가면 안 돼'), 현재 순간으로부터 멀어지게 하고('네 앞날을 생각해야지'), 우리의 영향력을 그들에게 강요하며('친구 말 말고, 내 말 들어') 청소년을 통제할 방도를 찾는다.

이 책의 핵심 전제는 청소년을 통제하려는 경직된 시도는 그들 모두에게 불화와 반항을 불러일으키고, 그들을 불행하게 만든다는 것이다. 이 명백한 문제에 대한 해결책은 무엇보다 청소년에게는 어떠한 문제도 없다는 사실에 대한 인식을 통해 찾아야 한다. 청소년의 열정, 자극을 추구하는 성향, 탐험 정신, 또래 관계는 우리가 알맞은 맥락을 만들어 주기만 한다면 그들에게 강점의 원천이 될 수 있다.

이 책에서는 청소년이 가진 타고 난 성향을 거스르는 대신 그 성향과 어우러져 작업하는 방법을 보여 줄 것이다. 청소년의 에너지를 활용하고, 그들이 성장할 수 있도록 방향을 제시할 수 있게 할 실용적인 이론과 유연한 개입을 제공할 것이다. 아울러 개별 중재뿐만 아니라 대집단이나 교실 환경에서까지 확대하여 적용할 수 있는 지침 또한 제시하고자 한다.

DNA-V의 기반

우리는 청소년을 대상으로 하는 간단하면서도 강력한 접근법을 개발했으며, 이를 DNA-V라 이름 붙였다. DNA-V 모델은 기능적 맥락주의functional contextualism의 철학적 접근 방식을 취하고 있으며, 진화 과학 원리(적응을 위한 변이, 선택, 보유), 조작 이론(수반성 학습), 관계구성이론relational framing theory(언어와 인지), 수용전념치료acceptance and commitment therapy(마음챙김과 행동 변화의 직용)의 과학적 지식을 통합한 맥락행동 과학contextual behavioral science 구성 체계를 기반으로 삼는다. 또한 학교 현장에서의 긍정심리학positive psychology 접근에서 얻은 성장과 발달에 대한 응용 지식applied knowledge도 포함하고 있다. 수많은 연구를 통해 수용전념치료(S. C. Hayes, Strosahl, & Wilson, 1999)의 불안, 우울, 섭식 장애, 중독 등의 임상 문제에 대한 치료적 유용성이 확인되었으며(L. L. Hayes, Boyd, & Sewell, 2011; Ruiz, 2010, 2012), 비임상 집단과의 작업에서 긍정심리학의 유용성 또한 연구를 통해 제시된 바 있다(Merry et al., 2011). DNA-V에 대한 이론적 기반은 1장에서 더욱 자세히 설명할 것이며, 13장에서 응용 지식의 측면에서 다시 한번 논의할 것이다.

DNA-V 모델을 통해 청소년이 강점을 개발하고, 도움 되지 않는 정신적 습관과 자기-의심을 극복하며, 현재 순간을 더욱 충실하게 살고, 그들이 가진 잠재력을 최대한 발휘하는 선택을 할 수 있도록 우리가 어떻게 도울 수 있는지 명확히 볼 수 있을 것이다.

이 책의 개요

DNA-V 모델과 약어의 의미에 대해서는 1장에서 설명하겠지만, 그에 앞서 여기서는 DNA가 약어 이상의 은유적 의미를 지닌다는 점을 강조하고자 한다. 즉 DNA라는 명칭은 우리가 모두 같은 필수 요소로부터 만들어졌으며, 모든 청소년이 알맞은 지원과 훈련을 통해 그들이 가진 잠재력을 최대한 발휘할 수 있다는 점을 상기시켜 주는 역할을 한다.

이 책은 기본 기술과 심화 훈련 두 부분으로 나뉜다. 1부(1장부터 7장)에서는 DNA-V 모델의 세 가지 핵심 측면을 다룰 것이다. DNA는 각각 '탐험가Discoverer', '관찰자Noticer', '조언자Advisor'라 불리는 기술을 망라하며, 이 기술들은 가치-일관values-consistent 행위를 일컫는 V에 적용된다. 우리는 청소년이 DNA 기술이 부족할 때나 변화가 필요한 상황에서 한 기술에서 다른 기술로 유연하게 옮겨가지 못할 때 어려움을 겪게 된다는 점을 보여 줄 것이다. 1부에서 다루는 중재 기법은 개별 또는 집단 개입뿐만 아니라 교실에서의 교과 과정으로도 전달하기에 모자람이 없을 것이다. 2장부터 7장까지는 각 기술에 대한 교육을 촉진하는 연습으로 마무리된다. 또한 이론에 대한 이해를 돕고자 하는 측면에서 예시 및 사례 개념화를 함께 실어 두었다.

2부에서의 심층 기술 훈련(8장부터 13장까지)은 기본 DNA 기술의 확장판이다. 먼저 8장부터 10장까지는 DNA-V 모델을 사용하여 청소년이 자기 자신과 새로운 관계를 발달시킬 수 있도록 돕는 방법을 제시할 것이다. 그다음 11장과 12장에서는 강력한 사회관계망을 구축하는 과정으로 옮겨갈 것이다. 마지막으로 13장에서는 DNA-V 전문가가 되는 데 도움이 될 비결을 전할 것이다.

책의 전반부와 후반부 모두 청소년이 가진 DNA 기술을 확인하고 개별화된 중재 방식을 계획하며 적절한 연습을 수행하는 데 도움이 될 것이다. 다양한 개념, 은유, 연습 등을 제시하는 작업을 곧바로 시작할 수 있는 대본 자료들을 책에 수록했으며, 각 대본 자료를 손쉽게 대상자에게 맞추어 적용할 수 있다. 책에 실린 사례 개념화 워크시트, 연습용 워크시트, DNA-V 모델에 대한 주요 시각적 은유를 비롯한 도구들은 이 책에 관한 웹사이트(http://www.thrivingadolescent.com)에서도 함께 제공하고 있다. 워크시트 또한 대본 자료만큼 유연하게 적용해 보기를 권한다. 두 자료 모두 고정

불변한 것이 아니며, 그저 개입의 핵심 요소를 강조하기 위한 여러 방법의 하나일 뿐이기 때문이다. 처음에는 제시된 대로 자료를 사용해 보고, DNA-V 모델에 익숙해진 다음에는 작업을 안내하는 간단한 진행표 정도로 사용해 볼 수도 있다. 또한 당신의 작업 스타일과 환경에 맞게 자신만의 워크시트를 직접 만들어 볼 수 있을 것이다.

마지막으로 이 책의 웹사이트에서는 청소년에게 제공하거나 함께해 볼 수 있는 마음챙김 연습이나 애니메이션 같은 음성 자료와 영상 자료의 링크도 제공하고 있다 (내려받을 수 있는 자료의 전체 목록은 부록을 참조하라).

새롭고 급진적인 방식으로 청소년과 관계 형성하기

당신이 한때 머물렀던 어린 시절은 여전히 당신 안에 존재하고 있으며, 여전히 당신의 일부로 작용하고 있다. 교실에 앉아 시험을 걱정하고, 운동장에서 뛰놀고, 친구를 사귀려 애쓰고, 멋지게 보이고 싶어 하며, 적응하려 애쓰던 바로 그 아이와 당신은 여전히 같은 사람이나. 당신 내면의 청소년은 어진히 당신에게 말을 걸고 있다.

이 책은 그저 청소년을 중재하려는 방법이 아닌, 당신 자신에 관한 책이자 당신과 청소년의 관계를 나누는 책이나. 학습은 언제나 양방향으로 일어난다. 우리민 청소년을 가르치는 것이 아니라, 그들 또한 우리를 가르친다. 어쩌면 심지어 그들이 우리를 일깨워 줄 수도 있다. 위험을 무릅쓰고, 새로운 것을 추구하며, 열정적으로 살고, 새로운 친구를 사귀고, 이상을 세우고, 이 경이로운 세계를 탐험하는 일들의 중요성을 우리에게 상기시켜 주는 존재가 바로 청소년이다. 우리 어른 중 많은 이들은 어린 시절 가지고 있던 생명력과의 접촉을 잃어버렸다. 우리는 일상 속 분주함과 짜인 일과에 사로잡혀 한 가지 목표에서 다음 목표로 정신없이 달려간다. 우리는 어디로 달려가고 있는 걸까? 왜 이렇게 고단하고 피곤한 걸까? 청소년이 우리의 호기심과 에너지를 재발견하는 데 도움을 줄 수 있을 것이다.

이 책은 청소년에게 전통적으로 대응하는 방식, 예컨대 어른들의 규칙에 순종해야 하며, 존경심과 자제력을 길러야 하고, '완전히 올바른 결정을 내리지 않으면 인생을 망칠 것이다'라고 말하는 방식에서 탈피한다. 청소년은 종종 모든 중요한 일들은 고등학교나 대학을 졸업한 다음, 경력을 쌓아가고 책임질 수 있을 때 시작된다는 메시지를 받는다. 어른들은 의도치 않게 삶은 근본적으로 기다림이라는 것을 청소년에게 이해시키려 한다. 한편 이러한 속박의 메시지에 에워싸인 가운데, 청소년의 신체는 갈망과 동경을 시작한다. 모든 위험과 흥분 속에서 집과 학교 너머의 세상을 경험하고 싶어 몸살이 날 지경이다. 자신들에게 가만히 있으라고 말하는 어른들로부터 등 돌려 즐거움, 모험, 낭만을 선사하는 또래 집단에 눈을 돌리는 것이 과연 이상한 일일까?

이 책은 당신이 청소년에게 진정으로 감사함을 키워가고, 그들의 사회 속 중요한 역할을 존중할 수 있도록 도울 것이다. 이는 청소년에게는 어른들이 해결해 주어야 하는 문제가 있다는 가정에 저항하는 것에서부터 시작한다. 그러므로 우리는 청소년과 함께 작업할 때, 그들을 더 어른스럽게 만들려 하지 않는다. 삶을 시작하고, 영향력을 가지며, 기쁨을 만들고, 진정한 관계를 형성하기 위해 학업을 마칠 때까지 기다리라고 가르치지도 않는다. 우리는 그들이 이미 삶을 관통하는 중요한 여정에 올랐다고 여긴다. 마치 우리가 우리 자신의 여정에 올라 있듯이.

DNA-V를 우리 자신에게 먼저 해 보아야 하는 이유

중재에 관한 책은 일반적으로 내담자에게 기법을 적용하는 방법에 초점을 맞춘다. 이 책 또한 거기에 초점을 맞추고 있지만, 접근하는 방식은 이색적일 것이다. 책에서 다루는 원리를 청소년과 작업할 때 어떻게 적용하는지 보여 주기에 앞서, 당신 자신의 삶에서 당신에게 어떻게 관련되는지 종종 먼저 논의할 것이기 때문이다.

이 책의 바탕에는 비록 청소년과 어른이 철저히 다른 세상에 살고 있을지언정, 우리 모두 같은 원인으로부터 고통받고 있다는 가정이 놓여 있다. 우리는 모두 미래에 대해 걱정하고, 과거에 대해 반추하며, 우리 자신과 다른 이들에 대한 우리의 판단 안에 자신을 가두는 능력으로 인해 고통받는다. 우리는 모두 우리 자신과 우리가 속한 세상과 화해할 방법을 찾아야 한다.

우리는 청소년이 겪는 괴로움이 어떻게 그들이 속한 발달 시기의 고유한 특성이면서도 동시에 보편적인 인간의 조건이 되는지를 도출해 내고자 한다. 이를 위한 가장 좋은 방법은 책의 내용을 각기 다른 세 가지 관점에서 제시하는 것이라고 본다.

'우리'로서의 관점: 이 책의 원리가 당신과 청소년에게 어떻게 동등하게 적용되는지를 한 사람의 동료 인간으로서 당신에게 직접 말을 걸 것이다.

청소년 몰입 관점: 청소년의 삶에 대한 짧은 이야기를 제시하여 그들의 사회적, 감정적 세계에 몰입하게 하고, 그들의 희망과 괴로움을 이해하는 데 도움을 줄 것이다.

임상가 관점: 당신과 청소년이 함께 DNA-V 모델을 실천하기 위한 명확한 지침을 제시할 것이다.

청소년과 함께 작업할 때 가장 중요한 점은 당신이 자신과 연결되어 있지 않으면 그들과도 연결될 수 없다는 것이다. 괴로움으로 고통스러워하는 청소년에게 다가가 인간 존재의 의미와 생각, 감정, 도전의 의미를 알도록 돕는 그 작은 순간순간, 당신은 당신 자신의 인간성humanity에 대해서도 배워가고 있는 것이기도 하다. 당신 자신의 모든 면을 수용하는 방법을 배워가는 것이기도 하다. 스스로 마주하는 시련에 자기-연민으로 대처하는 법을 알게 된다면, 청소년에게도 같은 대처 방법을 가르치는 능력을 갖춘 것이다. 발견의 경계를 딛고 나아가 청소년을 지지하기로 한다면, 당신은 그들에게 중요한 무언가를 그들이 지키도록 돕게 될 것이다. 그렇게 함으로써 용기, 알아차림, 비범한 삶을 살아갈 가능성을 가지고 삶으로 들어가는 나눔의 여정을 함께 걸어가게 될 것이다.

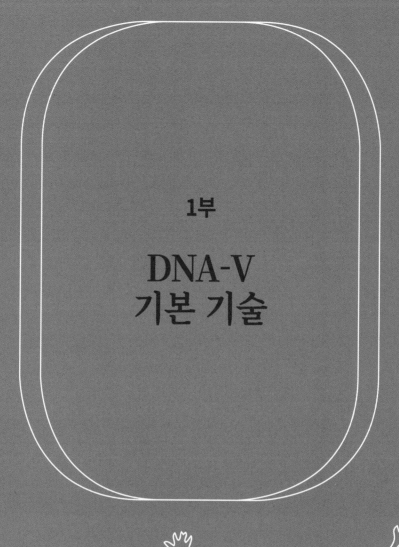

1부

DNA-V
기본 기술

1장

성장을 위한 핵심 요소

어떻게 하면 청소년이 성장하게 도울 수 있을까? 이 질문의 답은 성인을 대상으로 하는 치료 모델에서는 찾아낼 수 없다. 그런 모델들은 일반적으로 '정상 성인'을 임상 집단과 비교한 다음, 임상 집단을 '정상'으로 만들기 위한 개입을 제안한다. 예를 들어, 다수의 치료 접근 방식은 '비정상'에 이의를 제기하고, 역기능적 믿음을 더욱 '정상적'이고 기능적인 믿음으로 대체하려 한다(Beck, 2011; Ciarrochi & Bailey, 2009). 발달론적 관점에서 성인 치료 모델을 청소년에게 적용하는 것은 말이 되지 않는다. 이는 마치 이미 다 자라버린 나무를 연구해서 씨앗이 단단하고 튼튼한 나무로 자라나는 과정을 알아내려는 것과 비슷한 시도이기 때문이다. 이러한 접근은 무엇보다 긍정적인 성장을 이끄는 생물학적, 환경적 조건을 이해하게 하는 우리의 능력을 제한한다. 이 책은 씨앗, 즉 아동으로부터 시작하여 강건한 청소년으로 성장하도록 이끄는 조건들에 관해 다루고자 한다.

발달은 필연적이지만 성장은 그렇지 않다. 어떤 청소년은 시간이 흐를수록 세상에 대한 이해를 넓히지만, 다른 청소년은 점점 더 편협해진다. 누군가는 친구를 사귀지만, 다른 누군가는 환상과 외로움의 세계로 후퇴한다. 어떤 경우에는 흥미롭고 도전 의식을 북돋우는 활동을 찾아내지만, 다른 경우에는 만사가 지루하다고 여기게 된다.

우리가 그들의 성장을 북돋을 수 있다. 수많은 청소년이 시들어 가는 세상에 안주해서는 안 된다. 세상은 더 나은 방향으로 바뀔 수 있고, 지금도 바뀌고 있다. 이제는 사회적으로 부모가 자녀를 때리는 것을 용인할 수 없다고 여기기에 청소년은 예전보다 더 안전해졌다. 아울러 영양 상태와 교육 체계의 발전 덕분인지, 그들은 1930년대 청소년보다 훨씬 더 지적으로 우수해지기도 했다(Flynn, 1987). 그렇다면 우리가 청소년이 성장하는 능력, 즉 우정과 사랑을 키워가고, 순간을 만끽하며, 도전을 받아들이고, 자신을 돌보고, 다른 이들에게 베풀며, 그들의 세상에 긍정적인 영향을 주는 능력을 향상하는 것을 도우려 할 때 우리를 가로막는 요인으로는 무엇이 있을까?

지난 세기 동안 성장의 원인에 관한 과학 연구가 폭발적으로 증가했다. 앞으로 핵심은 그러한 과학적 이해를 실천으로 옮기는 것이며, 이 책은 바로 그 실천의 일환이다.

유연한 강점 발달시키기

그림 1에 DNA-V 모델을 제시하였다. DNA는 행동의 세 가지 기능군(群)을 일컬으며, 우리는 각 행동군에 탐험가, 관찰자, 조언자라는 은유적인 명칭을 붙였다. 세 가지 모두 가치, 즉 V를 향해 존재한다. DNA 행동은 맥락의 영향을 받으며, 여기에는 DNA 기술 수준, 자신에 대한 관점, 사회적 세상 속 타인에 대한 관점에 영향을 주는 즉각적이고 역사적인 환경 속 요소들이 포함된다. 요건대 책에 실린 모든 개입은 DNA 기술을 증진하여 가치 있는 행동을 만들어 내는 맥락을 창조하는 방법에 관해 당신에게 알려 줄 것이다.

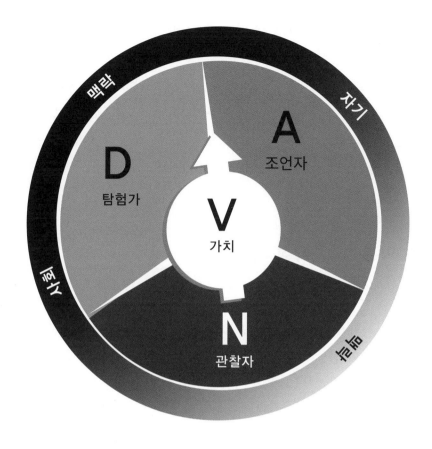

그림 1 DNA-V 모델

DNA-V 모델에서 학습한 기술을 사용하는 궁극적인 목적은 심리적 유연성을 기르는 것, 또는 청소년이 더 손쉽게 유연한 힘에 관한 용어를 사용하게 되는 것이다. 성인에서 심리적 유연성이란 '의식을 가진 인간 존재로서 현재 순간에 더욱 온전히 접촉하고, 가치 있는 목표를 향해 행동을 변화시키거나 유지하는 능력'으로 설명된다(S. C. Hayes, Luoma, Bond, Masuda, & Lillis, 2006, p. 8). 우리는 이 정의를 청소년에게 맞추어 수정하였다. 즉 청소년에서 심리적 유연성이란 성장을 촉진하며 활기차고 가치있는 행위를 만들어 내는 방법으로써 DNA 기술을 활용할 수 있는 능력이다.

우리가 내린 정의는 성인에서 심리적 유연성의 정의와 비슷하지만, 몇 가지 중요한 점에서 차이가 있다. 무엇보다 우리는 성장에 필요한 DNA 기술을 강조한다. 우리는 청소년이 어른의 방식으로 가치를 지닌다고 생각지 않는다. 오히려 그들은 어른이 되어가는 여정에서 자신의 가치를 발견하고 창조하는 중이다. 그들은 생각과 감정, 그리고 인간 존재가 무엇을 의미하는지를 배우는 단계에 있다. 또한 청소년은 새로운 행동들을 시험하고 그러한 행동들이 가치 있는 목표에 도달하는지 탐색해야 한다. 인간이 학습할 수 있는 가장 효율적인 방법은 무언가를 시도하는 것이므로, 그들은 많은 새로운 것들을 시도해 보아야 한다. 그 시도에는 위험을 감수하고 새로운 자기를 드러내며 어른들이 정한 경계를 시험하는 과정이 따를지도 모른다.

이 책의 이론 및 철학적 기반

이 책은 수용전념치료와 긍정심리학에서 추출한 분절된 기술들의 단순한 모음집이 아니다. 그보다는 과학적이고 실증적인 방식으로 행동을 이해하고, 인간 문제에 대한 해답을 찾으며, 인류의 성장과 발달을 증진하고자 하는 맥락행동과학에 기반을 둔 접근을 제시하고자 한다. 맥락행동과학에서는 역사적, 상황적 맥락을 내재한 행위를 분석하고 수정하는 데 기능 원리functional principle와 이론을 활용한다. DNA-V는 이 광범위한 구성 체계를 청소년이 이해하고 그들의 삶에 적용할 수 있게끔 간단한 과정으로 증류해 낸 모델이다. 책 전반을 통해 이 개념을 풀어낼 것이지만, 우선 나음 설에서 신화 과학, 기능적 맥락주의, 조작적 조건화 이론, 관계구성이론과 같은 책의 뼈대를 이루는 이론들에 대해 다루며 개념에 대해 조금 더 구체적으로 살펴보고자 한다.

진화 이론

만약 해조류부터 인간까지, 모든 생명체를 한 가지 단순한 이론으로 설명할 수 있다면 어떨까? 진화 이론이 바로 그러한 이론이다(S. C. Hayes, Barnes-Holmes, & Wilson, 2012). 진화 이론은 변이variation, 결과에 따른 선택selection, 보유retention라는 세 가지 원리에 기반을 둔다. 이들 원리를 통해 우리는 환경 변화가 발달을 어떻게 조형하는지 설명할 수 있다. 더욱 중요한 사실은, 임상가는 청소년이 가진 잠재력이 충분히 발달하도록 돕는 데 이들 이론을 적용할 수 있다는 점이다. DNA-V는 이 세 가지 원리를 실전에 도입하기 위해 우리가 개발한 사용자 친화적인 기법이다.

변이, 선택, 보유가 두 가지 완전히 다른 영역, 즉 토끼와 인간에게서 어떻게 발달을 증진하는지 살펴보도록 하자. 토끼 천 마리를 눈 덮인 지역에 풀어놓는다고 상상해 보자. 방사된 토끼들의 털 색깔은 갈색부터 흰색까지 다양하다(변이). 밝은색 털을 가진 토끼들은 눈 덮인 환경에 섞여 들어갈 수 있어 생존할 확률이 커진다(선택). 시간이 지남에 따라, 밝은색 토끼들은 흰색에 가까운 밝은 빛깔 털 유전자를 후손에게도 물려줄 것이다(보유). 이런 식으로 토끼 개체군은 털 색깔은 점점 더 밝은 빛을 띠고, 눈 덮인 환경에 더욱 잘 섞여 들 수 있게 될 것이다(이는 유전자의 유전 시스템에 관한 한 가지 예시이다. 네 가지 유전 시스템, 즉 유전적, 후생적, 행동적, 상징적 유전 시스템에 대한 자세한 논의는 Jablonka & Lamb, 2006을 참고하라).

진화 이론에서는 인간에 관해서 몇 세대에 걸친 발달을 살펴보는 대신, 개인과 자녀 간 두 세대 만에 일어나는 빠른 발달을 살펴보도록 하자. 13세 여학생이 다른 나라로 이민 간 것을 예로 들고자 한다. 전학 간 학교에서, 다른 아이들이 이 여학생의 옷차림에 대해 놀려댔다. 아이는 새로운 생활에 적응하기를 간절히 바랐기에, 다른 스타일의 옷들을 입어 보았다. 반 아이들은 몇몇 옷에는 열광하며 긍정적인 반응을 보였지만, 다른 옷에는 긍정적인 반응을 보이지 않았다(선택). 아이는 점차 반 아이들이 좋아하는 옷을 입기 시작한다(보유). 그 결과 또래 집단에 소속되어 사회적 성공을 거둘 기회가 커졌고, 그러한 기회에는 배우자를 만나고 자녀를 낳는 가능성 또한 포함된다. 이 여학생이 자라서 자녀를 보게 되면, 자녀들에게 문화적으로 적절한 스타일의 옷차림을 모델링(행동 전달)과 직접적인 설명(언어 전달)을 통해 가르치게 될 것이다. 그로써 이러한 스타일의 옷들은 다음 세대에게 전해지게 된다.

진화 이론은 매우 간단한 이론임에도 불구하고 믿을 수 없을 정도로 강력하며, 여기에 대해 다음과 같이 요약할 수 있다. 우리는 세상 속에서 다른 행동을 시도하고(변이), 어떤 일을 하면 강화를 받고 다른 일을 하면 처벌받으며(선택), 과거에 효과가 있던 행동을 반복하게 된다(보유). 우리는 맥락에 적응하고 궁극적으로는 생존하고자 이러한 행동을 하는 것이다. 진화 이론의 가장 강력한 측면은 성장의 실패를 변이, 선택, 보유의 실패로 고려해 볼 수 있다는 점일 것이다. 여기에 대한 몇 가지 예를 이어지는 부분에서 소개하고, 책의 나머지 부분에서 이 개념에 대해 더 조명해 보기로 하겠다.

청소년은 내적 경험의 지배를 받아 행동 변이를 거의 보이지 않곤 한다. 예를 들어, 사회적 철수라는 단 한 가지 방식으로 불안에 대응하는 소년을 상상해 보자. 불안은 그가 학교 댄스파티에 가거나, 방과 후 활동에 참여하거나, 새로운 사람들에게 자신을 소개하거나, 스포츠 팀에 지원하는 것을 막는 것처럼 보인다. 그는 그저 방 안에 앉아 있을 뿐이다.

DNA-V는 이러한 경직된 반응을 극복할 방법을 제공한다. 이 과정은 소년이 자신의 내적 경험에 새로운 방식으로 반응하도록 가르치는 것에서부터 시작한다. 불안을 알아차리고, 그에 반응하는 대신 불안이 존재하도록 허용하는 것이다. 그다음 발견 과정을 통해 행동 변이를 체계적으로 증가시키도록 가르친다. 소년은 방에서 나와 실제 세상과 접촉하도록 격려받을 것이다. 그로써 자연적인 강화물들이 행동을 조형할 수 있게 된다. 어쩌면 자신이 특정한 방과 후 활동을 좋아하고, 같은 반 학생이 비슷한 흥미가 있다는 점을 발견할 수도 있다. 시간이 흘러 소년은 사회 불안이 자기 행동을 제한하지 않도록 하면서 불안과 함께 살아가는 법을 학습한다. 그는 변화하고(변이), 어떤 행동이 효과가 있는지 학습하며(선택), 자신의 강점을 발달시키며 성장한다(보유).

DNA-V는 청소년에게 도움 되지 않는 충동이나 즉각적인 상황 대신 가치에 바탕을 둔 행동을 선택하도록 가르친다. 예를 늘어, 누 가지 보상 행동을 할 수 있는 소너를 생각해 보자. 이 소녀는 담배를 피울 수도, 춤을 배울 수도 있다. 두 행동 모두를 꼬박꼬박 할 수는 없다고 가정했을 때, 소녀는 어떤 행농을 선택하게 될까? 사신의 가시를 명확히 하는 작업을 통해, DNA 임상가는 소녀가 무엇을 중요하게 여기며 어떤 사람이 되고 싶은지 생각해 보도록 도울 수 있다. 그녀는 단기적인 면(내가 지금 좋아하는 것은 무엇이지?)과 장기적인 면(무엇이 나를 성장하게 하고, 즐겁고 의미 있는 삶을 만들어 가게 하는 데 도움이 될까?) 모두를 생각하는 방법을 학습한다. 만약 이 소녀가 춤을 배우는 것을 한 가지 가치로 보게 된다면, 담배보다는 춤을 배우는 행동을 선택하는 경향성을 갖게 될 것이다.

기능적 맥락주의

기능적 맥락주의는 발현되는 맥락 내에서 행동이 어떻게 기능하는지를 고려하는 것을 목적으로 삼는 철학적 입장이다(S. C. Hayes, 1993). 여기에서 '행동'이란 인간이 하는 모든 것을 의미한다. 즉 눈에 보이는 외현overt 행동과 생각, 느낌, 감각, 기억들을 비롯한 내현covert 행동 모두를 일컫는다(Ciarrochi, Robb, & Godsell, 2005). '맥락'은 '행동에 구조적으로 영향을 미치는 변화 가능한 사건의 흐름'을 뜻한다(S. C. Hayes, Strosahl, & Wilson, 2012, p. 33). 여기에는 기억, 건강, 역사 같은 개인 내적 요소, 사회적 관계와 같은 대인 관계 요소, 학교 또는 스트레스 사건과 같은 상황적 요소가 포함된다. 기억해야 하는 중요한 사실은 맥락이 '사물'이 아니라는 점이다. 맥락은 언제나 행동의 관점에서 정의된다(S. C. Hayes, Strosahl, et al., 2012). 예를 들어, 정오를 알리는 시계는 점심을 먹고 싶은 욕구를 유발한다. 이 상황에서 누군가는 시계가 먹는 행동을 유발하는 맥락이라고 말할지도 모른다. 그러나 시계가 정오를 가리킬 때 아무도 그것을 보거나 듣지 않는다면, 시계가 가진 먹는 행동으로서의 맥락은 중단된다.

　　기능적 맥락주의자들은 모든 행동에는 목적이 있음을, 다시 말해 행동을 특정 맥락에 대한 적응으로 가정한다(S. C. Hayes et al., 2006). 즉 모든 행동은 비록 겉보기에는 완전히 역기능적으로 보이더라도 어떤 방식으로든 강화 받는다. 맥락적 관점이 없다면, 우리는 청소년의 역기능적 행동을 즉각적이고 역사적인 환경으로 유도된 것으로 보는 대신 내면에 자리한 기질로 인한 것으로 여기게 되는 귀인 오류를 범하게 될 가능성이 크다(Jones & Harris, 1967). 맥락적 관점을 통해 우리는 역기능적 행동이 강화되는 이유를 확인하고 청소년이 해당 강화를 받을 수 있는 더 기능적인 방식을 찾도록 도울 수 있다.

조작적 조건화 행동 이론

　　조작적 조건화 이론은 인간과 동물의 행동 연구에서 분석 도구로 널리 사용된다(Skinner, 1969). 조작적 조건화 이론을 앞서 논의한 변이, 선택, 보유에 관한 진화 이론을 촉진하는 기전으로 고려해 볼 수 있다. 이 이론에 따르면, 강화 받는 행동은 반복되고 강해지지만(선택과 보유), 처벌받는 행동은 반복되지 않고 점차 약해진다(선택되지 않음). 조작적 조건화 이론은 우리가 강화, 처벌, 모방, 모델링을 통해 아동의 새로운 행동을 어떻게 조형하는지를 이해하는 데 필수적이다(Patterson, 1982, 2002). 이러한 이론에 기초한 중재는 교실과 가정에서 사용되고 있으며, 아동을 대상으로 하는 극소수의 잘 확립된 치료법 중에서도 단연 두드러진다(Brestan & Eyberg, 1998; Ollendick & King, 2004).

조작적 조건화를 비롯한 행동주의 이론이 감정, 인지, 욕구와 같은 인간의 내적 삶에 관한 많은 측면에서는 설명하지 못한다고 공격받았던 일화는 유명하다(Chomsky, 1967). 이러한 공격으로 인해 행동주의 이론은 일부 임상가와 연구자들에게서는 전적으로 거부되었다. 이러한 거절의 한 가지 결과로 청소년과 함께 작업하는 전문가 중 조작적 조건화 이론을 적용하는 방법을 제대로 훈련받은 경우가 상당히 드물어져 버렸다.

이 책에서 우리는 해당 논쟁에 대해 상세히 논의하지는 않을 것이다. 그러나 초기 행동주의에 대한 비판 일부는 공정했지만, 조작적 조건화 이론을 완전히 포기하는 것은 실수라는 점은 명확히 하고자 한다. 이 이론을 포기한다는 것은 가장 신뢰할 수 있는 강력한 중재 방법 한 가지를 포기한다는 것을 의미하기 때문이다. 수십 년에 걸친 연구에서 조작적 조건화 이론을 통해 상상할 수 있는 거의 모든 상황에서의 행동을 신뢰도 높게 예측하고 영향을 줄 수 있다는 결과가 제시되었다(Domjam, 2014). 따라서 우리는 지엽적인 태도에서 벗어나 조작적 조건화 이론이 청소년을 위한 개인을 구축하는 데 기반이 되어야 한다고 주장하는 바이다.

그러나 우리가 조작적 조건화 이론을 청소년의 풍요로운 내적인 삶에 관한 이론으로 만들기 위해서는 오래된 행동주의에서 벗어날 방법이 필요하다. 조작적 조건화 이론을 외현 행동에서 우리가 흔히 '생각' 또는 상징적 사고라고 부르는 내현 행동까지 확장할 수 있는 이론이 필요한 것이다. 관계구성이론이 우리의 이러한 필요를 충족시킬 것이다.

관계구성이론

수용전념치료의 기반이 되는 인간 언어와 상징적 사고에 관한 이론이 관계구성이론이다(RFT; S. C. Hayes, Barnes-Holmes, & Roche, 2001; S. C. Hayes, Strosahl, Bunting, Twohig, & Wilson, 2004). 관계구성이론에 관해 자세히 설명하려면 이번 장의 범위를 벗어나게 될 것이다(관계구성이론에 관한 자세한 이론적 논의는 Blackledge, 2003 and S. C. Hayes et al., 2001을 참고하라. 아울러 여기에서 설명할 관계구성이론의 간략한 개요를 넘어서는 자세한 설명은 Töneke, 2010을 참고하라). 그러나 수용전념치료 기저의 치료 모델이 언어 행동에 관한 이 이론에서 비롯되었다는 사실은 명확히 해 두어야 할 것이다. 관계구성이론은 판단이나 믿음 같은 상징적 사고가 맥락 요소의 통제(강화 또는 처벌받을 수 있다는 의미)하에 있으며, 따라서 비언어적 행동을 조형하는 데 매우 유용하다고 입증된 조작적 조건화 이론을 동일하게 적용받는다.

관계구성이론은 언어 행동에 관한 새로운 원리를 추가했다. 이러한 원리에는 임의 적용적 관계 반응arbitrarily applicable relational responding, 조합/상호 함의combinatorial/mutual entailment, 자극 기능의 변형transformation of stimulus function 등이 있다(S. C. Hayes et al., 2001). 이들 원리는 언어 행동이 실제 세상에서 감정, 우리 자신에 대한 감각, 자극에 관한 우리의 반응을 어떻게 변화시키는지 설명한다.

더욱 구체적으로 보자면, '임의 적용적'이라는 표현은 우리가 경험이나 공식적인 특성에 기반을 두지 않고도 자극을 관련지을 수 있다는 사실을 의미한다. 일례로 인기 많은 친구를 집에 데려올 때마다 부모님으로부터 칭찬받는 어린 소녀를 생각해 보라. 시간이 흐르면서 소녀 자신도 인기가 많아진다. 이후 그녀는 괴짜들이 수학은 잘하지만, 인기는 없다는 것을 알게 된다. 소녀가 수학에서 좋은 점수를 받고 수학 심층반 수업을 들을 기회가 주어졌을 때, 불운이 그녀를 강타한다. 소녀의 대답은 '안 해요!'다. 그녀는 심층반에는 '괴짜들'만 있을 것이기에, 심층반에 가면 모든 친구를 잃게 될까 봐 두려워하고 있다. 이 예시에서, 소녀는 물리적 경험에 기초하지 않는 임의적인 언어적 유도 여러 개를 만들어 냈다. 이들 유도에는 '인기가 없는 건 안 좋은 거야', '괴짜들이랑 어울리게 되면 나는 인기가 없어질 거야' 같은 것들이 있으며, 이러한 유도는 소녀가 수학 심층반 수업을 마치 위험한 것처럼 회피하도록 만든다. 그녀는 '인기'를 어느 정도 유용한 상징적 개념으로 보는 대신, 자신이 갖거나 잃어버릴 수 있는 사물로 여기고 있다.

우리가 아는 한, 어떠한 직접 경험도 없이 사물에 대한 반응을 발전시킬 수 있는 이 능력은 인간만의 고유한 능력이다. 개는 '괴짜'라는 단어가 전기 충격과 같은 혐오적인 물리적 경험의 시작 신호가 되지 않는 한, 그 단어를 회피하는 반응을 하지는 않을 것이다. 인간은 과거, 미래, 자기 자신에 대한 언어적 개념에 감정적으로 반응한다는 점에서 고유한 존재이다. 심지어 그 개념에 대한 물리적 증거가 없는 경우에도.

DNA-V 모델의 요체

DNA-V 모델의 기초를 다졌으니, 이제부터는 모델의 작동 방식에 대한 간략한 개요를 제시하고자 한다. DNA-V 모델은 우리가 '탐험가', '관찰자', '조언자'라고 이름 붙인 세 가지 주요 행동군에 초점을 맞추고 있다. 이들 용어는 은유적, 실용적으로 사용되기에 확정된 인지 또는 생물학적 기전으로 여겨서는 안 되며, 그 대신 행동 이론을 실행하는 데 도움이 되는 목적으로 쓰여야 할 것이다.

DNA는 특정 목적을 위한 각기 다른 행동군으로 고려할 수 있다. 청소년과 함께 작업할 때, 우리는 이를 '기술'이라고 부른다. '조언자'의 목적은 과거의 학습과 경험을 이용하여 현재를 탐색하는 것이며, '관찰자'의 목적은 발생하는 신체적, 심리적, 환경적 사건을 일어나는 그대로 감지하는 것이다. 마지막으로 '탐험가'의 목적은 행동 레퍼토리를 확장하는 것이다. 모델의 핵심 목표는 청소년이 이러한 세 가지 종류의 행동군, 즉 활기차고 가치 있는 삶을 살게끔 기술 사이를 유연하게 옮겨 다닐 수 있게 하는 것이다. 다음 절에서는 모델의 각 부분에 대해 간략히 짚어볼 것이다.

가치에 따라 활기차게 사는 삶

DNA-V의 목석은 청소년이 가치를 발달시켜 활기차게 살노록 돕는 것이나. 탐험가, 관찰자, 조언자는 모델 중심에 자리한 가치를 지지하며 가치 행위를 할 수 있는 수단을 제공한다. 가치는 인생에서 만난 혼란스러운 폭풍의 시기를 헤치고 자신들이 관심을 두는 대상에게로 안내하는 나침반과 같다. 이는 종종 '무엇을 위해서지?'로 요약되는 질문에 대한 답으로부터 비롯된다.

- 내 인생이 어떤 의미가 있길 바라는가?
- 이 학습은 무엇을 위한 것인가?
- 이 상담은 무엇을 위한 것인가?
- 이것은 무엇을 위한 것인가?
- 지금 이 순간 내가 신경 쓰는 것은 무엇인가?
- 나는 어떤 사람이 되고 싶은가?

우리 자신의 가치와 일관되게 살 때, 우리는 더욱 활기차게 살게 된다. '활기'는 생존, 성장, 발달할 수 있는 능력으로 정의할 수 있다. 이는 신체적 또는 지적인 활력, 에너지, 그리고 단지 생존뿐만이 아니라 성장할 수 있는 힘이다.

임상가들은 때로 청소년과의 개입에서 가치를 다룰 시점을 알아차리기 어려워한다. 우리는 가치에 대한 개입이 마치 책의 앞뒤를 받쳐 주는 책꽂이처럼 DNA 기술을 가르치는 전후에 모두 유용할 것이라 본다. 이러한 맥락에서 우리는 가치에 초점을 맞춘 부분을 두 장에서 제시하였다. 2장에서는 청소년을 돕는 과정의 초기에 가치를 적용하는 방법을 설명할 것이며, 6장에서는 그들이 DNA 기술을 획득하기 시작할 때 다시 가치로 돌아가는 방법을 보여 줄 것이다.

조언자

조언자는 인간이 언어와 인지를 사용하는 방식, 즉 직접적인 물리적 접촉이나 경험 없이 관계(또는 조작자)를 통해 세상을 이해하는 방식에 관한 은유이다. 더 일반적인 말로 표현해 보자면, 조언자는 우리가 과거를 이해하고, 믿음을 형성하며, 우리 자신을 평가하고, 미래를 예측하기 위해 우리 내면의 목소리나 자기대화를 사용하는 방식을 일컫는다. 조언자 덕분에 우리는 삼라만상을 이해하기 위해 직접 경험과 시행착오에 의존하지 않아도 된다. 그저 우리의 학습 이력에 기초한 유도 관계를 사용하여 우리 자신에게 조언을 주면 된다.

예를 들어, 당신이 세 살짜리 아이였을 때 호기심으로 쓰레기통 속 무언가를 집어먹으려 했다고 상상해 보자. 당신이 반쯤 먹다 만 초코바를 집어 들었을 때, 엄마가 '아니, 그거 먹으면 안 돼! 역겨운 거야!'라고 소리쳤다. 당신은 행동을 멈추고 역겨움을 느낀다. 당신은 쓰레기를 먹지도 않았고 그로 인해 나쁜 경험을 한 적도 없지만, 이제 당신은 쓰레기를 먹으려 하지 않을 것이다. 엄마는 자신의 역겨움에 관한 반응을 수반적으로 전달하기 위해 말을 사용했고, '역겨움'은 당신의 행동을 누그러뜨리는 처벌 자극으로 작용했다. 이제 당신이 이 단어를 들을 때마다, 이 현저한salient 자극에 관한 당신의 반응은 더욱 조심스럽게 변할 것이다. '역겹다'는 말이 나올 때 예쁜 꽃을 바라보고 있다고 생각해 보자. 당신은 이 단어와 관련된 역사로 인해 즉각적으로 조심스러워질 것이다. 한 걸음 더 나아가, 누군가 당신의 머리가 '역겹다.'고 말했다고 가정해 보자. 이제 당신은 '역겨움'과 관련된 모든 속성을 당신 자신에게로 전달시키며 '역겨워진다.'. 자신의 '역겨운' 부분으로부터 심리적으로 거리를 두려 애쓰게 될지도 모른다. 머리를 보려고 하지 않거나, 과하게 감으려 하거나, 다른 이들이 근처에 있을 때 모자로 머리를 덮으려 할 수도 있을 것이다. 이러한 행동을 당신이 단 한 번도 직접 강화시키지 않았다는 점에 주목하라. 이것이 바로 말이 가진 힘이다.

　이러한 현상은 비언어적 동물에게서는 일어나지 않는다. 동물이 말에 영향을 받게 하려면 실제 경험에서 부정적인 무언가를 예측하도록 해야 한다. 예컨대 강아지가 쓰레기를 먹으려 할 때 '역겨워'라고 말하면서 처벌 자극(비승인)을 주어야 하고, 이를 계속 반복해야 할 것이다. 또한 강아지가 먹지 않길 바라는 모든 자극에 '역겨워'라고 말해 주어야 할 것이다. 그로써 강아지는 당신이 '역겨워'라고 말할 때마다 그게 무엇이든 먹으려는 행동을 중단해야 한다는 것을 학습하게 될 것이다. 물론 그렇게 되더라도 강아지가 자발적으로 '역겨움'이라는 말을 꽃, 사람, 또는 다른 강아지들에게 적용하는 것을 학습하게 되는 일은 절대 일어나지 않을 것이다. 강아지는 직접 경험에 의해서만 조형되지만, 인간은 직접 경험과는 거의 또는 전혀 무관한 언어 행위에 의해서도 조형될 수 있기 때문이다.

　우리는 '조언자'를 대신할 단어로 내면의 목소리나 조수 같은 다른 명칭을 선택할 수도 있었지만, 몇 가지 이유로 '조언자'라는 명칭을 사용하기로 했다. 첫째, 청소년은 자신 내면의 목소리에 관한 이러한 의인화를 쉽게 이해한다. 그들은 이 용어를 어렵지 않게 사용하곤 하는 데, 예를 들어 '저의 얄미운 조언자가 나타났어요.', '제 조언자가 또다시 모든 것을 이해하려고 애쓰고 있었어요.', '제 조언자는 어떤 원피스를 입으면 뚱뚱해 보인다는 걸 저에게 말하는 데 꼬박 한 시간을 쓰더라고요.' 같은 식이다. 둘째로, '조언자'라는 단어는 우리가 내용으로부터 좀 더 분리된 관점을 촉진하는 방식으로 언어적 내용(생각)에 관해 이야기하게끔 은유의 역할을 한다. 청소년이 여기에 앉아, 저기에 있는 자신의 조언자를 바라보는 공간을 만들어 주는 것이다. '조언자'라는 용어의 세 번째 이점은 방어 경향defensiveness을 감소시켜 준다는 것이다. 청소년은 조언자를 자신의 전부가 아닌 단지 한 부분으로 보는 법을 배우게 된다. 즉 조언자가 종종 도움이 안 되는 것처럼 보이는 말을 하기도 하며, 이것이 자신 전부를 결함 있는 존재로 만들지는 않는다는 것을 알게 되는 것이다.

관찰자

관찰자는 우리의 느낌, 신체, 그리고 우리 주변의 세상으로부터 오는 물리적 신호와 연결되도록 해 주는 강력한 과정이다. 우리는 모두 이 알아차리는 능력을 지니고 생을 시작한다. 유아기 동안, 우리에게 세상은 보고, 듣고, 만지고, 맛보고, 냄새 맡는 것 자체다. 그러나 우리가 언어적으로 표현하고 상징적으로 사고하기 시작하는 순간부터, 물리적 장소로서 세상을 알아차리고 경험하는 우리 능력과의 접촉은 쉽사리 끊겨버린다.

알아차림에는 적어도 네 가지 중요한 기능이 있다. 첫째로, 관찰자는 신체에 채널을 맞추게 한다. 세상은 우리에게 신호를 주고, 그 신호는 대개 우리 몸에서 가장 먼저 나타난다. 관찰자는 강렬한 감정, 스트레스를 주는 사건, 기쁨, 아픔, 위험 등을 반영하는 신체적 단서를 인식하는 데 능숙하다. 이러한 단서들은 우리 자신과 우리가 세상 속에 어떤 식으로 존재하는지에 관한 필수적인 정보를 우리에게 제공한다. 둘째로, 관찰자는 개인의 행위를 알아차린다. 관찰자 기술이 없다면 우리는 우리의 행위가 다른 사람에게 어떻게 영향을 미치는지 알 수 없을 것이다. 셋째, 관찰자는 바깥세상에, 그리고 세상이 우리에게 줄 수 있는 것이 무엇인지에 대해 주의를 기울인다. 이를 통해 우리는 사람, 사물, 장소와 연결되고 환경에서 얻을 수 있는 잠재적 보상을 탐지할 수 있다. 마지막으로 관찰자는 힘든 생각에 갇혀 있거나 비판적 조언자에 붙들려 있는 사람들에게 물리적 영역과 다시 연결되어 조언자의 세계에서 벗어날 방법을 알려준다. 우리의 자기대화가 우리에게 도움이 되는지 확신할 수 없을 때, 관찰자가 우리를 마음 챙겨 멈추게 하고 우리의 경험을 관찰하도록 도와주는 것이다.

관찰자 기술은 중심을 잡아 준다. 아무리 혼란스럽고, 어렵고, 바쁜 삶을 살고 있더라도 우리는 언제나 관찰자 행동으로 옮겨가 중심을 잡고 안정을 찾을 수 있다.

탐험가

탐험가는 세상을 탐험하고 시험해 보는 것과 관련된 행동을 나타낸다. 어린아이들에게는 탐험하고 탐색하는 것이 자연스럽다. 아이들은 장난감 블록으로 만들어진 탑을 밀어 쓰러뜨리며 중력의 법칙을 배운다. 탐험가와 함께하는 순간이다. 우리의 행동 레퍼토리를 넓히고, 새로운 무언가를 시도하며 그것이 어떻게 작동하는지 가늠하며, 가치를 발견하고 창조하며, 강점을 쌓아가기 위해 우리는 탐험가 기술을 사용한다.

청소년은 긍정적인 발달에 필수적인 행동 양식인 위험, 자극, 감각을 추구하는 것에 마음이 끌린다(Siegel, 2014). 그러나 어떤 맥락에서는 이와 같은 행동 양식이 부적응적인 위험 감수나 충동성과 관련될 수도 있다. DNA 임상가의 목표는 청소년이 상처받을 수도 있다는 두려움을 벗어나 탐험하려는 행동을 짓밟는 것이 아니다. 오히려 그들이 의미 있고 즐거운 삶을 살도록 탐험을 활용하고 다루는 데 도움을 주고자 하는 것이다.

자기 시각과 사회적 시각

DNA-V 모델의 바깥 고리는 자기 시각과 사회적 시각, 즉 우리가 우리 자신과 다른 사람들을 바라보는 방식에 영향을 미치는 요인을 나타낸다(그림 1). 이들은 DNA로부터 발현된다고 추정되는 고차원적인 기술이며, 결과적으로 DNA에 영향을 미친다. 이 책의 2부에서는 이 두 영역에 초점을 맞출 것이다.

자기 시각은 여기에 있는 당신-관찰자가 저기에 있는 당신 자신-행위자를 여러 다른 맥락에 걸쳐 살펴볼 수 있는 능력이다. 예를 들어, 자기연민에는 지금의 당신이 과거 속에서 고통받는 자신을 바라볼 수 있는 능력이 필요하다. 그리고 만약 과거 속 자신이 변화하고 성장하는 것을 볼 수 있다면, 또는 미래 속 변화하고 있는 자신을 그려볼 수 있다면, 당신은 더욱 희망차게 느낄지도 모른다. 관점 취하기의 중요한 다른 형태는 지금 믿고 있는 생각이 과거에 믿었던 생각이 아니라는 것을 아는 것이며, 이로써 신념이 언제나 최우선으로 중요한 것은 아니라는 가능성을 열어 준다. 자기-관점 중재는 도움이 되지 않는 자기개념을 약화시키고, 자기 인식, 자기 지식, 유용한 자기개념을 발달하는 데 도움이 된다.

사회적 시각 영역에서는 자기를 넘어 관계와 사회 집단에도 적용되는 관점 취하기 기술에 초점을 맞춘다. 진화 과학과 인간의 애착에 관한 연구를 통해 우리는 인간은 생존과 성장을 위해 타인이 필요하다는 것을 알게 되었다. 따라서 관계 형성 기술을 획득하는 것은 청소년에게 중요한 발달 과업이다. DNA-V 접근에서 우리는 가까운 관계를 견고히 하는 것에서부터 시작하여 사회 집단으로 점차 확장해 간다. 사회적 관점의 핵심 기술로는 유연한 언어적 관점을 계발하는 방법이 있으며, '내가 너라면 나는 어떻게 느낄까?', '내가 너의 입장이었다면 어떻게 했을까?', '이 상황에서 나는 이렇게 느끼고, 너는 그렇게 느끼는 것 같아.' 등이 여기에 속한다.

언제나 맥락 속에서 존재하는 DNA-V

우리가 DNA라는 은유를 들어 모델을 기술하는 이유는, 세포 속 DNA가 각기 다르게 발현하듯이 모든 청소년이 표현하는 각기 다른 행동을 우리의 모델이 모두 아우르기 때문이다. DNA라는 머리글자를 사용하는 데에는 최소한 두 가지 이점이 있다. 첫째, 이러한 기술들이 우리의 기본 생물학적 원리와 다소 유사한 기본적인 능력이라는 것을 암시한다. 자연적인 개별 변이가 있겠지만, 동일한 핵심 DNA 성분은 전형적인 발달 과정을 거치는 모든 아동에게 존재한다.

둘째, DNA 기술은 외부와 단절된 진공 상태에서 존재하는 것이 아니다. 생물학적 DNA와 같이 모델 속 과정에는 최적의 발현을 위한 특정한 환경 맥락이 요구된다. 어떤 맥락은 DNA가 완전히 발현되도록 유도한다. 예컨대 지지적인 부모는 청소년이 감정을 알아차리는 능력을 발달하도록 돕는다. 반면 다른 맥락은 DNA를 억제한다. 비수인적인 부모는 청소년이 감정을 알지 못하게 하며 회피하게 만드는 것을 예로 들 수 있다. 이 책을 통해 당신은 청소년의 DNA 발현을 촉진하는 맥락이 될 수 있을 것이다.

조언자, 관찰자, 탐험가 행동이 언제나 별개인 것처럼 보일 수도 있다. 다시 말해, 관찰자 행동을 하는 중이라면 탐험가 행동은 할 수 없는 것처럼 여길 수도 있다. 그러나 이들 기술과 행동은 계속해서 중첩되고 서로 영향을 미친다. 실제로 DNA 기술은 효과적인 행동을 만들어 내기 위해 함께 작동할 수도 있다. 예를 들어 청소년이 누군가에게 화가 났을 때, 상대를 때리면 퇴학 처분을 받는 것과 같은 나쁜 일이 일어나리라는 것을 예측할 수 있다(조언자 덕분에). 결과적으로 그는 상대를 무시하거나, 문제를 선생님에게 이야기하거나, 상대에게 자기주장을 하는 등 일련의 새로운 대응 방법을 시도할 수 있다(탐험가 덕분에). 또한 관찰자 기술을 이용하여 정보를 수집하고, 대응하기 전후의 감정을 지각하고, 상대가 어떻게 느끼고 대응하는지 감지할 수도 있을 것이다.

물론 DNA의 각기 다른 측면들이 서로를 간섭하는 이면도 존재한다. 예를 들어, 언어적 믿음에 대한 지나친 의존(조언자)은 우리가 시도하고, 시험하며, 탐색하는 행동(탐험가)의 범위를 감소시킬 수 있다. 언어적 이해에 대한 과도한 의존은 알아차림 기술 또한 축소할 수 있다.

청소년을 위한 DNA-V 개념화

청소년을 위한 사례 개념화 모델을 그림 2에 제시하였다. 이를 이용하여 DNA 기술이 어떻게 발달하는지 책 전반을 통해 보여 주고자 한다. 청소년의 강점과 약점을 검토하고, 중재 계획을 수립하며, 기술을 강화시키고 조형하는 데에도 사례 개념화가 도움이 된다. (DNA 모델에 기반을 둔 사례 개념화 공란 서식은 그림 3에 있다. 이 서식은 http://www.thrivingadolescent.com에서도 내려받을 수 있다. 사례 예시와 함께 몇 가지 사례 개념화 작성례 또한 이후 장에서 함께 제공할 것이다.)

DNA-V 모델에서 환경과 DNA 행동은 상호 간에 영향을 준다고 본다. DNA 기술의 향상은 청소년이 기술을 통해 삶 속 환경을 개선하는 상향 발달 나선을 이끈다. 뒤이어 이러한 호전은 DNA 기술이 더욱 견고해지는 결과를 가져온다. 예를 들어, 청소년기에서 감정 인식(일반적인 알아차림 기술)은 사회적 지지를 증대하며(맥락), 사회적 지지 또한 결과적으로 청소년의 감정 인식 기술을 향상시키는 것으로 알려졌다 (Rowsell, Ciarrochi, Deane, & Heaven, 2014).

최근 상황과 현재 문제
- 이 사람이 지금 도움을 청하는 이유는 무엇인가?
- 이 사람의 환경(사회적 맥락 외)에서 중요한 측면은 무엇인가? (수면 양상, 의학적 상태, 위험한 환경, 영양 상태 등)

사회적, 역사적 환경
- 이 사람에게는 누가 중요한가? 그 이유는 무엇인가?
- 도움을 구할 수 있는 사람은 누구인가?
- 갈등 관계에 놓여 있는 사람은 누구인가?
- 누구에게 실망하고 있는가?

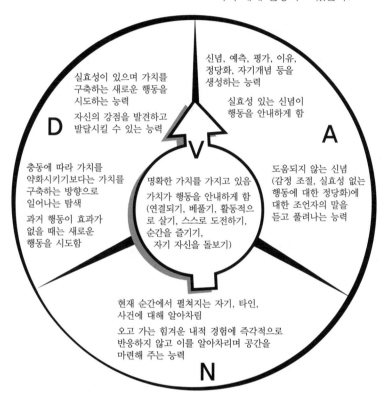

자기 시각
- 자기개념을 넘어서 자기 자신을 인식함
- 자기개념을 담아낼 수 있는 자기를 인식하는 능력
- 성장과 개선을 할 수 있다는 점을 이해함
- 자기개념을 자기에 대한 실제 설명으로 바라보지 않음
- 자기 자신을 연민으로 바라봄

사회적 시각
- 사회적 연결이 가진 가치를 인식함
- 타인에 대해 공감과 연민을 보이는 능력
- 다른 이들과 협동하며, 친구를 사귀고, 사랑할 수 있음
- 다른 사람의 역사가 현재 상호작용에 영향을 준다는 점을 이해함, 상대방이 변화할 수 있다고 믿음
- 개인 대행(역주: 자신의 삶을 형성해 나가는 데 영향을 줄 수 있는 주체적인 능력)에 대한 인식이 있음: "그 사람들이 날 이렇게 만들었어."라고 말하는 대신 "내가 선택할 수 있어."라고 표현함

그림 2 DNA-V 사례 개념화 모델

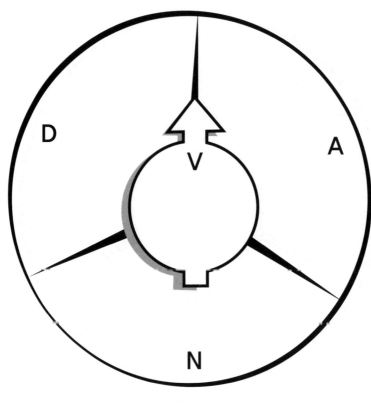

자기 시각   사회적 시각

그림 3   **DNA-V 사례 개념화 워크시트**

청소년에게 DNA-V 소개하기

이 책을 읽는 임상가 각자가 청소년에게 DNA-V를 소개하고 참여를 고취하는 자신만의 스타일을 발전시키게 될 것이다. 이어지는 절에서는 소개 작업의 작동 방식과 느낌을 가늠하고 작업의 방향 감각을 잡아 볼 수 있도록 저자들이 주로 사용하는 두 가지 예시를 보여 주고자 한다.

삶 속으로 DNA-V 발걸음 내딛기

이 소개 방식은 한 사람을 대상으로, 즉 집단이나 교실 속 자원자에게나 개인 치료 회기에서 진행된다. 먼저 세 장의 종이에 각각 D, N, A라고 쓰고 원 모양으로 바닥에 놓는다. 종이 사이에는 최소한 몇 걸음 정도의 간격을 둔다. 이 시점에서는 여기에 관해 설명하지 않는다. 호기심이 생기도록 하는 것이다.

청소년에게 A까지 당신과 함께 걷도록 요청하고, A에 도착하면 다음과 같은 식으로 말한다.

> *A는 조언자의 약자야. 우리 모두 가지고 있어. 선생님도 가지고 있고, 너도 가지고 있지. A는 모든 것을 평가하고 우리가 좋은 사람인지 나쁜 사람인지 말해 주려 애쓰는 우리 머릿속 내면의 목소리야. 누군가의 어깨 위에 앉아서 그 사람에게 조언을 속삭이는 작은 생명체가 나오는 영화를 본 적이 있니? 그거랑 비슷해.*
>
> *A가 무엇을 하는지 한번 보여 줄게. 우리 둘 다 같이 할 거야. 자신을 평가하는 비판적인 방법 몇 가지를 떠올려 보자. 선생님도 같이 할게. 선생님 것을 먼저 적어 볼까? '나는 부족한 사람이야. 나는 사랑스럽지 않아.'부터 적어야겠다.*

당신에 대한 평가를 A가 적힌 종이에 쓰고, 청소년이 자신에 대한 평가를 쓰도록 하라. 조언자의 평가에 관해 정말로 생각하는 바를 쓰도록 격려하라.

잠시 시간을 내어 종이에 쓴 문구를 보면서 함께 서서 머무른다. 그런 다음 '여기에 서 있으니 어때?'라고 묻는다. 어느 정도 이야기를 듣는다. 그리고 청소년이 '여기서 얼마나 더 있어야 해요?'나 '이다음엔 뭘 하나요?'라는 말을 할 때까지 기다린다.

이 질문에 대해 '이다음으로 할 수 있는 다른 게 무엇일까?'와 같은 식으로 대답할 수 있다. 청소년이 N이나 D가 쓰여 있는 종이는 어떤 용도인지 알아볼 수 있다고 말하게끔 하려는 것이다. 필요하다면 시선을 이용하여 장난스럽게 이를 촉진할 수 있다. 청소년이 이러한 의견에 대해 목소리를 내면, '그래, N으로 걸어가서 무엇인지 보자.' 같은 식으로 말하라. N에 다다르면 다음과 같은 대사를 해 보라.

방금 우리는 우리 작업에서 가장 중요한 기술을 쓴 거야. 만약 우리가 막혔거나 갇혔다는 느낌을 받는다면, 우리는 다른 곳으로 이동하지. 갇히게 되는 어느 순간에도 움직일 수 있어. 손과 발을 써서 무언가 새로운 걸 해 볼 수 있지.

자, 다 왔네. N은 알아차림을 의미해. 우리가 갇혔다고 느낄 때 우리가 어디에 있는지, 그리고 우리가 할 수 있는 선택으로는 무엇이 있는지 더욱 잘 인식하고 싶을 때 우리가 움직일 수 있는 공간을 주는 거야. 지금 바로 알아차림 연습을 해 보자.

청소년이 몇 차례 천천히 깊게 호흡하게 하며, 잠시 호흡을 알아차리게 하라. 그다음 이 공간에 있는 것이 어떠한지 질문한다. 또한 조언자와 관찰자의 자이를 알아차릴 수 있는지도 물어보라. 우리는 모두 관찰자가 될 수 있는 능력도, 조언자가 될 수 있는 능력도 갖추고 있다고 설명한다.

다음으로 D에 대한 호기심을 유발하는데, 필요하다면 다시 한번 장난스럽게 시선을 이용한다. 그다음 D로 걸어가서, D가 무엇인지 호기심을 갖고 알아보려 했다는 점을 칭찬하라. 조언자의 평가에 서서 머무르는 것보다 움직이는 것이 더 유연하다는 점을 논의한다. 그리고 D에 관해 다음과 같이 설명하라.

D는 탐험가를 의미해. 우리가 새로운 것을 시도하고 무엇이 효과가 있는지 보는 곳이지. 우리가 관심을 두는 게 무엇인지 발견하는 곳이기도 해. 조언자가 그럴 수 없다고 할 때도 우리는 탐험가가 될 수 있어. 예를 들어보면, 마음이나 조언자는 네가 무언가를 못 할 거라고 말했지만, 어떻게든 해 냈던 적이

있니? 그렇게 했을 때, 너는 조언자에 의존하는 대신, 너 스스로 할 수 있는지 아닌지를 발견했던 거야.

이제 다시 A로 돌아가 보자. A가 언제나 나쁜 것이고, D와 N은 언제나 좋은 거라고 말하려는 건 아니야. 그저 우리가 옮겨갈 수 있는 다른 공간, 또는 우리가 모두 가지고 있는 다른 기술일 뿐이지. 조언자가 유용할 수도 있는 평가를 하는 예를 들어 볼 수 있을까? ('음주운전을 하려는 건 나쁜 생각이야'나 '마지막까지 공부를 미루는 건 좋은 생각이 아니야' 같은 몇 가지 예를 들어 이끌어 낸다.)

다음으로, '이 가운데에 DNA를 움직이는 무언가가 있어.'와 같이 말하라. 그러고 나서 종이에 V를 써서 원의 가운데에 놓는다. D로 돌아간 다음, 청소년에게 새로운 종이로 함께 걸어가자고 요청하라. V가 쓰인 종이에 다다르면 가치를 소개한다.

우리는 관심을 두는 무언가를 위해 DNA 기술을 써. 선생님은 그걸 가치 두기, 또는 가치라고 불러. 가치는 재미를 찾는 것일 수도, 운동하는 것일 수도, 다른 사람들과 연결되는 것일 수도 있어. 사람에 따라 다르지. 우리 각자가 하는 모든 행동은 가치를 위한 거야. 그래서 우리가 함께할 모든 작업은 네가 삶에서 관심을 둘 더 많은 것을 갖도록, 그리고 더 많은 가치를 찾도록 도와주려고 하는 거야.

DNA-V가 안내하는 세상

지금부터는 D, N, A를 청소년을 안내하는 은유로 사용할 수 있는 방법에 대해 살펴보도록 하자.

이 책에서는 DNA-V가 무엇을 의미하는지, 그리고 이를 어떻게 삶에서 사용할 수 있는지 청소년이 이해하도록 도울 많은 은유를 비롯한 여러 다른 방법을 제시할 것이다. 3장부터 5장까지는 조언자, 관찰자, 탐험가에 대한 핵심 은유에 대해 묘사하는 삽화를 볼 수 있을 것이다. (삽화와 더불어 DNA-V에 관한 애니메이션 영상도 http://www.thrivingadolescent.com에서 내려받을 수 있다.) 우선 청소년과 작업할 때 D, N,

A를 안내 은유로써 어떻게 사용할 수 있는지 좀 더 자세히 살펴보도록 하자.

탐험가

탐험가는 세상에서 존재할 수 있는 새로운 방식을 발견한다. 탐험가의 공간에 있을 때, 사람들은 성장하고, 학습하며, 행동 레퍼토리를 확장할 수 있는 식으로 행동한다. 언어 행동은 종종 시험과 탐구에 관한 신체적 행위와 엮여 있다.

은유 예시: 당신이 흥미를 느낄 수 있는 모든 것을 보유한 어떤 경이로운 나라의 국경에 서 있다고 상상해 보자. 이 나라에는 도서관, 워터파크, 매혹적인 사람들, 음악, 춤, 박물관, 모든 종류의 즐길 거리, 공원, 동물원, 갖가지 요리가 있는 식당이 즐비하다. 당신이 이때껏 한 번도 보지 못한 다양한 동식물이 서식하는 울창한 숲도 있다. 상상할 수 있는 모든 게임과 스포츠 경기도 열린다. 환상적이다, 그렇지 않은가? 그러나 이 나라에는 독을 품은 동물, 사기꾼, 강도, 폭력 조직 같은 위험 또한 도사리고 있다. 가장 큰 난제는 바로 탐험가가 이 새로운 나라의 지도도 관광 안내서도 가지고 있지 않다는 점이다. 그 대신 성취감을 주는 것들을 발견하고 위험한 것들을 피하려고 시행착오에 의지해야 한다. 탐험가의 여정이란 신나고도 두려운 것이다.

탐험가 질문 예시: 왜 새로운 무언가를 시도하고 싶은가? 만약 해 오던 것을 계속한다면 어떻게 될까? 무엇이 새로운 시도를 못하게 가로막는가? 탐험의 위험으로는 무엇이 있다고 생각하는가? 어떤 새로운 것을 시도해 볼 수 있을까? 당신의 강점을 어떻게 발견하고 계발할 수 있을까? 가보고 싶은 새로운 방향은 무엇인가? 새로운 무언가를 시도했을 때 효과가 없다는 것을 어떻게 알 수 있는가?

관찰자

관찰자는 발생하는 신체적, 심리적 사건을 감지하고 오감을 이용하여 환경으로부터 정보를 수신한다. 관찰자의 공간에서 사람들은 시각, 미각, 청각, 촉각, 느낌을 통해, 그리고 그들의 신체 반응과 감정을 통해 세상으로부터 정보를 받을 수 있는 방식으로 행동한다. 관찰자는 내적 경험을 바꾸려고 하거나 집착하는 대신 그저 경험이 오고 가도록 허용한다. 이는 본질적으로 중립적인 관찰자이다.

알아차림은 내적 경험(감정과 생각)과 외적 행동 사이의 공간을 만들어 내고, 힘겨운 감정이나 생각이 나타날 때 '해야 하는' 반응하는 대신 행동을 선택할 기회를 제공한다. 우리의 내적 경험에 자동으로 반응하지 않을 때, 우리가 관심 두는 것을 위한 더 나은 행동을 선택할 수 있게 되곤 한다. 관찰자 기술을 개발하는 것은 더는 작동하지 않는 오래된 행동 양식에서 벗어날 수 있는 열쇠이다. 관찰자 공간은 흔히 차의 중립 기어에 비유된다. 알아차리는 순간에 반드시 앞으로 나아가거나(탐험가) 뒤를 돌아보지는(조언자) 않기 때문이다. 오히려 그저 이리저리 둘러보고 있을 뿐이다.

은유 예시: 관찰자에게 감정이나 생각은 날씨와도 같다. 관찰자는 날씨가 그러하듯 감정과 생각을 그저 흘러가게 두고 관찰한다. 바꾸려 애쓰지 않고, 일어나는 모든 일을 목격하며 현장으로부터 물러나 있다. 관찰자는 모든 것을 받아들이기 위해 모든 감각과 신체 반응을 이용한다. 감정은 자동 반응을 촉발하지 않은 채 오고 간다. 분노는 때리는 행동으로 자동 이어지지 않으며, 두려움은 도망으로 이어지지 않고, 부끄러움은 다른 이들로부터 물러나는 행동으로 이어지지 않는다.

관찰자 질문 예시: 지금 몸에서 어떤 신호를 알아차릴 수 있는가? 그 신호들은 감정과 연결되어 있는가? 당신의 감정을 통제하려 하는가, 아니면 감정을 허용하는 공간을 만들려고 하는가? 당신 주위에서 무엇이 일어나고 있는가? 당신은 지금 무엇을 하고 있나? 어떤 생각들이 나타나는가? 상대방에게는 어떻게 반응하고 있는가? 어떻게 행동하고 있나? 당신의 행동이 다른 사람들에게 어떤 영향을 주고 있나? 어떤 충동을 알아차리는가?

조언자

조언자는 과거에 배운 내용이나 과거 상황에서 작동했던 내용에 따라 현재 맥락에 대한 언어적 결론을 내린다. 예를 들어, 가정에서 신체적 학대를 받았던 청소년은 학교에서도 같은 학대의 위험을 마주하리라 추측할지도 모른다. 그들의 조언자가 '사람들은 위험해'라는 규칙을 형성했다고도 볼 수 있다. 그로 인해 집에서 적응적이었던 행동, 즉 방어적이고, 물러나며, 두려움에 찬 행동을 학교에서도 하게 된다. 그러나 그 행동들은 학교에서는 대개는 덜 적응적이다.

조언자 공간에서 사람들은 세상 속 시행착오 경험을 회피하고, 그 대신 자신의 역사에서 보상을 얻게 해 주었거나 혐오 자극으로부터 도피하게 해 주었던 방식으로 행동한다. 과거의 학습과 가르침, 판단과 언어적 규칙, 추론과 문제 해결에 의존하는 것이다. 그러므로 학대를 경험한 청소년은 사람들은 신뢰할 수 없다는 것을 '알고 있다'라고 여기기에 관계를 비롯한 추가적인 학대의 위험을 피하게 된다. 그러나 이로 인해 또한 우정을 쌓고, 지지를 얻고, 삶을 확장해 갈 기회 또한 놓치게 된다.

은유 예시: 조언자는 차에 탑재된 GPS와 같다. 당신이 가고자 하는 곳으로 신속하게 안내하려는 것이다. 잘못된 방향으로 가는 것을 막고 시간을 절약해 줄 뿐만 아니라, 때로는 벼랑에서 떨어지는 것 같은 치명적인 실수도 피하게 해 준다. 그러나 GPS가 도움이 되지 않을 때도 있다. 예를 들어, GPS를 사용해서 해변에 가려 했는데, GPS가 안내한 곳은 해변이 아닌 늪이었다고 상상해 보자. 이제 당신은 무엇을 해야 할까? 당신이 여전히 조언자의 공간에 머무르고 있다면, GPS가 말한 내용을 문자 그대로 진실인 것처럼 행동하게 될 것이다. "해변에 도착했습니다."라는 안내 그대로. 결국 당신은 늪이 정말 해변인 것처럼 행동하게 되고, '개운하게 수영'하려고 넘새하는 악천색 물로 뛰어들게 된다.

조언자 질문 예시: 당신의 예측, 평가, 판단이 활기찬 삶을 사는데 도움이 되어 주는가? 조언자의 말을 경청해야 하는 걸까? 이 상황에서 조언자의 안내가 유용한가? 아니라면 조언자를 종료하고 관찰자나 탐험가의 공간으로 옮겨가야 할까?

2장

의미, 활력과 연결되도록
도와주는 가치

인간은 온갖 아름다움에 둘러싸여 있고, 손만 뻗으면 먹을 수 있고, 위험으로부터 전적으로 안전한 상태에서도 지극히 비참할 수 있다. 우리는 사소한 것들로부터 쉽게 스트레스를 받는다. 어디에 두었는지 기억나지 않는 열쇠, 관료주의적 허례허식, 배려 없는 사람들, 직장 내 정치, 마감 일정, 까다로운 이웃, 꽉 막힌 도로…, 목록은 끝없이 이어진다. 우리 어른들은 적당히 안면이 있는 이들에게 좋은 인상을 주어, 또 다른 승진의 기회를 얻기 위해 수많은 시간을 일에 쏟아붓지만, 우리가 가진 관계를 발전시키고 유지하는 것은 소홀히 하곤 한다. 삶에 안녕을 가져다주는 것은 관계이지(Holt-Lunstad, Smith, & Layton, 2010), 장시간 근무가 아닌데도 말이다(Spector et al., 2004). 또한 우리는 활력과 성장을 가져다줄 도전을 감수하는 것은 포기하면서도 어려운 사람에 대해 불평하고 힘겨운 상황을 끝도 없이 되풀이하는 것은 너무나도 자주, 기꺼운 듯이 하곤 한다. 삶에 안녕을 가져오는 것은 도전이지(Moneta & Csikszentmihalyi, 1996), 반복되는 불평이 아닌데도 말이다.

청소년의 경우, 여기에 더해 어른들이 강요하는 무의미한 활동에도 셀 수 없이 많은 시간을 뺏기게 된다. 우리 어른들은 청소년에게 지식에 대한 목마름을 채우는 대신 주입식 교육을 받으라고 밀어 넣는다. 그뿐만 아니라 우리 자신이 본보기가 되어 그들에게 영향을 주기도 한다. 우리가 사소하고 무의미한 무언가를 하거나 삶을 파괴할 때마다 청소년에게 똑같이 하도록 가르치고 있다.

왜 우리 인간들은 가치 있게 여기지 않는 것들에 이다지도 많은 시간을 소모하는 걸까? 여기에 대해서는 많은 해석이 존재하며 이 책에서도 그중 일부를 탐구하겠지만, 이러한 현상은 적어도 인간과 시간과의 관계에서 연관성을 찾아볼 수 있을 것이다. 우리는 소비할 수 있는 시간이 충분하다고 생각한다. 마치 신발이나 차를 소유한 것과 같은 식으로 시간을 소유하고 있다는 착각에 시달리는 것이다. 그로 인해 우리는 중요한 무언가에 집중할 수 있는 시간을 언젠가는 가질 수 있으리라 믿는다. 이러한 개념이 가진 문제는 자동차 같은 물리적 대상을 소유하는 것과는 달리, 시간은 실제로 우리가 소유할 수 없다는 사실로부터 발생한다. 한 번에 1초씩, 우리에게 주어지는 시간의 양은 아주 조금씩 증가한다. 그 1초 동안 우리가 가치 있게 여기는 것을 선택할 수는 있지만, 몇 초를 얻을지는 선택할 수 없다.

우리가 시간을 소유하고 있다고 착각하는 것은 놀랄 일이 아니다. 사람들은 미래가 마치 물리적인 것, 우리에게 약속된 것처럼 말하는 경향이 있다. 어른들은 청소년에게 지금 하는 것들은 그저 미래의 멋진 경력을 위한 준비일 뿐이라고 말한다. 공부는 그들이 지망하는 대학에 들어가게 해 줄 것이며, 자원봉사 활동은 이력서에 잘 어울릴 테고, 과외 활동 사항은 미래의 고용주에게 그들이 다재다능하다는 것을 보여 줄 것이다. 청소년은 미래를 위해 사는 성인으로 살아갈 준비를 할 때 너무나 큰 강화를 받는다. 그러는 동안 매일매일의 1초, 2초는 증발해 버린다.

또한 청소년이 미래로 끌려가지 않을 때는 물질주의, 대중 매체, 부정적인 또래들 같은 많은 가치 없는 현재 순간에 빠져들기 쉽다. 한 해 동안 청소년들은 5,900종이 넘는 식품 광고를 보고 있으며, 이들 광고의 대부분은 사탕, 청량음료, 과자 등 건강에 좋지 않은 식품을 홍보한다(J. L. Harris et al., 2010). 잡지에서는 청소년이 따라하려고 애쓰는 이상적인 신체 이미지를 제시하며, 여자 청소년 중 약 3.3%가 섭식 장애라는 질병에 이르는 증상을 가지고 있다(Patton, Selzer, Coffey, Carlin, & Wolfe, 1999). 여기에 더해 또래들은 단기적으로는 집단 내 서열을 높여주지만, 장기적으로는 부정적 결과를 낳는 행동, 이를테면 교사들을 공격하는 것 같은 행동을 강화하기도 한다.

이런 혼란과 혼동 속에서 청소년은 자신만의 길을 찾아야 한다. 그런데 어떻게 그 길을 찾아야 하는 걸까? 이번 장에서는 DNA 기술을 가르치기 전, 청소년을 신속하게 가치로 안내할 방법을 제시하고자 한다. 그런 다음 3장에서 5장까지의 작업에서 얻은 교훈과 경험을 이용하여 청소년의 DNA 기술을 그들의 가치와 연결 짓는 방법을 6장에서 다룰 것이다.

DNA-V 세계의 중심에 자리한 가치

비록 입 밖으로 소리 내어 말할 수는 없더라도, 모든 청소년은 삶이 의미와 활기로 채워지기를 바란다. 물론 무엇을 의미와 활기로 여기는지는 사람마다 다르며 각자가 놓인 삶의 단계에 따라서도 다양하다. 아기에게 활기란 양육 받는 것이다. 유아에게는 안전한 장소를 발견하고, 탐색하며, 그곳으로 돌아오는 것이 활기일 것이다. 아동 · 청소년, 그리고 성인의 경우 언어의 발달로 인해 무엇이 의미와 활기가 되는지는 더욱 복잡해진다. 그러나 연구 결과로 보았을 때, 활기를 증진하는 활동은 크게 여섯 가지로 나뉜다. 바로 다른 사람들과 연결되는 것, 베푸는 것, 활동적으로 지내는 것, 순간을 포용하는 것, 도전을 감수하는 것, 자기 자신을 돌보는 것이다(Aked, Marks, Cordon, & Thompson, 2009; Ciarrochi, Bailey, & Harris, 2014).

　　DNA-V 모델 속 조언자, 관찰자, 탐험가 기술은 모두 가치와 연결되고 활기를 만들어 내는 데 사용된다. 탐험가 역할(5장)은 청소년이 그들의 열정과 강점을 드러내는 것을 도울 때 특히 중요하다. 초점은 청소년이 가치에 기반을 두고 삶을 향상하는 삶의 방식과 가치 없고 삶을 소모하는 방식을 구별하도록 가르치는 데 있다. 이어지는 절에서는 임상 실제에서 가치가 어떻게 사용되는지 논의할 것이다.

세상을 탈바꿈하는 가치

본질적으로 가치 진술은 각 행위가 가치에 부합하는지에 따라 어떤 활동은 더욱 보상적으로, 다른 활동은 덜 보상적으로 만든다(S. C. Hayes et al., 2001). 예를 들어 어떤 젊은 여성이 스페인어 공부는 너무나도 지루한 것으로 여긴다고 해 보자. 그러나 만약 그녀가 스페인어 공부를 여행에 관한 자신의 가치와 연결 짓는다면 이는 강화될 수도 있고, 최소한 훨씬 더 견딜만할 것이다. 그녀는 다음과 같은 자신의 가치-기반 규칙을 가지고 있다. "나는 여행을 정말 좋아해. 언어를 배우는 건 내가 여행하는 데 도움이 될 거야." 이 사례를 스페인어 공부에 비교적 중립적인 태도를 보이면서 인터넷 게임을 클리어하는 것을 좋아하는 소녀와 비교해 보자. 소녀는 스페인어 수업을 받으면서 이 공부가 시간이 오래 걸리고 게임을 방해한다는 것을 알게 된다. '이 수업은 내가 게임을 못 하게 하네!'라고 생각하게 된 소녀에게 수업은 점점 더 혐오적으로 되어가기 시작한다.

수용전념치료에서 공식적으로 정의 내린 가치란 선택된 활동의 특질이다. 가치는 우리와 세계 간의 상호작용 및 언어를 통해 구성되고, 계속 진화하고 있으며, 본질적으로 강화적이다(S. C. Hayes, Strosahl, et al., 2012). 이는 다소 난해한 정의이므로 청소년과 DNA-V 모델에 초점을 두고 각 부분으로 나누어 살펴볼 것이다.

가치는 자유롭게 선택된다

DNA-V는 실용주의적 모델로 청소년에게 "무엇이 삶에서 효과가 있니?"라고 묻는다. 이는 청소년 자신이 무엇을 지향하고자 하는지 먼저 알지 않고서는 대답할 수 없는 질문이다. 따라서 DNA-V 전체 시스템은 다음과 같은 선택으로부터 시작한다. "무엇에 관심을 두기로 선택할 것인가?" DNA-V 작업의 목적 면에서 볼 때, 우리는 여기에 관한 궁극적인 정답이 필요한 것이 아니다. 다만 시간에 따라 쌓고 다듬을 수 있는 어떤 형태를 그릴 수 있어야 한다.

가치란 선택된 활동의 특질이다

가치는 나침반의 방향과 같다. 우리는 가치 있는 활동을 할 뿐, 마치 우리의 행성을 여행할 때 아무리 서쪽으로 향하더라도 결코 서쪽을 '획득'할 수는 없듯이 결코 가치 자체를 획득할 수는 없다. 이는 우리에게는 희소식이다. 우리가 가치를 영구히 상실할 수도 없다는 의미이기 때문이다. 서쪽으로 향하는 것을 몇 번이고 실패하더라도, 우리에게는 방향을 바꾸어 다시 서쪽으로 향할 수 있는 또 다른 기회가 매 순간 주어진다. 가치는 변치 않기에, 우리는 항상 가치를 우리의 방향으로 선택할 수 있다. 예를 들어 한 청소년은 춤을 추는 것과 남동생의 수학 공부를 도와주는 것을 가치 있게 여긴다고 할 때 이들 가치는 동사로 서술된, 즉 활동이다. 그녀가 24시간 춤을 추거나 동생을 도와줄 수는 없을 것이다. 어쩌면 때로는 댄스 수업을 피하거나 동생에게 도움이 못 되어 줄지도 모른다. 그러나 가치에 부합하지 못한 이러한 활동이 '나는 춤을 추는 것과 내 동생을 돕는 것에 가치를 두기로 선택했어'라고 말하며 다음 날부터 다시 시작할 수 있는 청소년의 능력을 사라지게 하지 않는다.

가치는 결과가 아니다

가치는 자신이 어떻게 행동하고 싶은지에 관한 것이지, 타인이 해 주길 바라는 행동 방식에 관한 것이거나 성취하길 원하는 특정한 결과가 아니다. 그러므로 '선생님에게 존경심을 갖고 대하기'는 가치가 될 수 있지만, '선생님에게 존중받기'는 가치가 될 수 없다. 우리는 사람들이 우리를 존중하게 하거나 우리가 원하는 것을 주도록 할 수는 없지만, 그러한 결과를 더 쉽게 만들어 내는 방식으로 스스로 행동할 수는 있다.

가치는 목표가 아니다

가치를 이해하는 한 가지 좋은 방법은 가치와 목표를 대조해 보는 것이다. 가치는 영원히 도달할 수 없는 반면, 목표는 일단 달성하고 나면 해야 할 일 목록에서 제외할 수 있다. 예를 들어, 배우는 것은 가치이지만 시험에서 좋은 점수를 받는 것은 목표이다. 보살피는 것은 가치이지만, 다른 사람들로부터 지지를 받는 것은 목표이다. 비록 이러한 차이가 존재하지만, 목표는 가치를 활성화하는 데 도움이 될 수 있다.

가치란 세상과 상호작용하며 언어적으로 구축된 결과이다

청소년에게 무엇에 관심을 두느냐고 물을 때, 그들이 떠올릴 단어들이 '진짜' 답을 가리키지 않을 수도 있다는 점을 이해하고 있어야 한다. 그들은 3년은 고사하고 3개월 안에 의미와 즐거움을 가져다줄 것이 무엇인지도 알지 못한다. 우리의 역할은 가치에 관한 우리의 정의와 일치하는 답을 할 때까지 청소년에게 끊임없이 퀴즈를 내는 것이 아니라, 그들이 자신만의 가치 언어를 탐색하고 구성하도록 돕는 것이다. DNA-V 모델에서 가치 언어는 탐험가 기술 과정에서 드러난다. 가치는 세상 속에서 우리가 겪는 경험에서 비롯되기 때문이다.

가치에 대한 언어적 토론의 비중은 가벼워야 한다

가치 대화는 청소년을 움직이고 세상과 상호작용하게 하여 삶에서 더 많은 의미를 얻도록 하는 도구일 뿐이다. 가치 주위를 맴도는 그들의 말을 어느 정도 유용하게 여길 뿐, 진실이라고 여기지 않아야 한다. 만약 어떤 소년이 '저는 글 쓰는 걸 정말 좋아해요'라고 말하면서 단 한 줄도 쓰지 않는다면 이 말은 그다지 유용한 것이 아니다. 행동이 없는 말이기 때문이다. 우리는 이 소년이 글을 쓰도록 도와주거나, 지금 바로 세상과 상호작용하도록 북돋을 수 있는 다른 가치를 발견하도록 도와주어야 한다.

가치는 역동적이다

가치는 역동적이며 형태와 기능이 변화할 수 있다. 춤을 배우는 것을 좋아한다고 말하는 소녀를 생각해 보자. 이 가치는 더욱 광범위한 가치인 배움, 도전적으로 살기, 활동적으로 살기 등과 연결되어 있을 수 있다. 이 소녀는 중학생 때에는 춤을 추는 것을 좋아할지 모르지만 춤에 대한 흥미가 점차 줄어들면서 고등학생이 되면서부터 더는 춤을 좋아하지 않게 될 수도 있다. 그녀가 춤에 진정으로 무관심해졌다고 여겨지면, 우리는 과거에 춤이 그랬던 것처럼 이 소녀의 가치를 충족하는 다른 활동을 알아내는 데 도움을 줄 수 있을 것이다. 아마도 서핑을 배우거나 대중 연설에 도전해 보고 싶을 수도 있다. 춤에 대한 사랑이 사라진 것이 그녀가 배움과 도전과 활동적인 삶을 사랑하는 것을 그만두었다는 것을 의미하지 않는다. 청소년이 자신의 경험을 발달시키고 학습해 가면서 가치가 표현되는 방식 또한 달라질 수 있다.

가치의 상대적 중요도 또한 변화할 수 있다. 예를 들어, 어떤 청소년은 고등학교를 졸업한 다음 1년 동안 모험적으로 새로운 곳을 탐험하는 가치와 함께 사는데 시간을 보낼 수 있다. 그러나 10년이 지나 어린 자녀를 둔 부모가 되었을 때, 이 가치는 덜 중요해지고 대신 사랑하는 사람들을 안전하고 건강하게 보호하는 것을 더 큰 가치로 여길 수 있다. 이와 유사하게 9살 때에는 아빠와 게임을 하는 것을 가치 있게 여기던 소녀가 14살이 되어서는 이를 더는 중요하지 않다고 판단할 수도 있다.

가치는 내재적인 강화물이다

가치란 중요하고 의미가 있거나, 즐겁거나, 또는 둘 다이기에 하는 것이다. 일부

임의적 사회화 주관자가 그것을 하길 원해서 하는 것도, 죄책감을 느끼고 싶지 않아서 하는 것도 아니다. '정직이 최선의 방책이다.'라는 말을 생각해 보자. 어떤 청소년은 엄마를 기쁘게 하기 위해서만 이 규칙을 따르고 엄마가 없을 때는 이 규칙을 따르지 않는다. 이 경우, 규칙을 따르는 것은 본질적으로 강화적이지 않다. 많은 가치가 바로 이런 방식으로 시작된다. 그러나 시간이 흐르면서 이들 규칙은 진정한 가치로 발달할 수도 있다. 앞서 나온 소녀는 정직한 것이 개인적으로 자신에게 중요하며, 친밀한 관계를 맺는 데에도 도움이 된다는 것을 발견할지도 모른다. 그렇게 되면 이 소녀는 엄마가 곁에 없을 때도, 심지어 정직하지 않아도 상황을 모면할 수 있을 때도 정직하게 행동할 수 있다. 정직함에 가치를 두게 된 것이다.

　　그렇더라도, 행동은 대부분 언제나 여러 통제 근원 아래 놓여 있다는 것을 인식하는 것이 중요하다. 본질적으로 순수하게 보상적이거나 순수하게 순응 지향적인 행동은 거의 존재하지 않는다. 예를 들어, 어떤 소년은 운동은 해야만 한다고 생각하기도 하고, 동시에 운동이 즐겁기도 해서 하는 것일 수도 있다. 또한 이 소년은 아버지와 문제가 생기지 않게 하려고, 동시에 가끔은 재미있어서 역사 공부를 할 수도 있다.

가치에 귀 기울이는 방법

모든 수용전념치료 대화 이면에는 가치가 존재한다. 때로는 관심을 두는 대상이 명확하지만, 다른 어느 때에는 숨겨져 있다. 우리가 할 일은 언제나 '이 청소년이 지금 무엇에 관심을 두고 있는가?'라는 질문과 함께 촉각을 기울이는 것이다. 긍정적인 경험에 관해 말할 때만 가치가 나타나는 것은 아니다. 고통스러운 경험을 이야기할 때도 가치는 나타날 수 있다. 예를 들어, 그 누구도 실망과 거절을 경험하지 않고서는 우정과 사랑을 경험하지 못한다. 우리의 과업은 청소년이 고통스러운 경험을 하는 중에도 자신의 가치와 연결되도록 돕는 것이다.

　　가치는 개인의 선택이기에 이론적으로 무엇이든(심지어 반사회적인 것들도) 가치로 선택될 수 있다. 이러한 가능성은 때로 대상자의 가치가 자신의 가치와 어긋날 때 어떻게 해야 할지 고민하는 임상가에게는 불편할 것이다. 예컨대 만약 누군가가 다른 사람들을 해치는 것이 가치라고 한다면 어떻게 해야 할까? 가치와 상충하는 내담자를 마주한 DNA-V 임상가에게는 단지 두 가지 선택지가 주어진다. 그들과 함께 작업하는 것을 거부하거나, 반사회적 내용 같은 특정 가치에 관해서 작업하기를 거부하거나. 좋은 소식은 임상가와 내담자 간 가치 충돌은 드물뿐더러 대개는 잘 해소된다는 점이다. 우리 인간은 서로 다른 가치보다는 비슷한 가치를 가지고 있는 경우가 더 많다.

실제 연구 결과를 통해 안녕 및 활기와 관련된 여섯 가지 가치 활동 방식이 확인되었다(Aked et al., 2009). 모두가 그렇지는 않겠지만, 당신이 함께 작업하는 청소년은 이들 행동 양식 중 최소한 몇 개 정도는 해 보고 싶어 할 가능성이 크다.

- **다른 사람들과 연결되기.** 인간은 본질적으로 사회적인 존재이다. 만약 사회 집단 밖으로 내쳐지게 된다면 우리의 정신 건강은 저해될 것이며, 곧 질병에 걸리거나 죽게 될 것이다(Hawkley & Cacioppo, 2010; Sarason & Sarason, 1985). 잠시 시간을 내어 다음 질문에 답해 보자. 무엇이 당신 삶에서 가장 중요한가? 여기에 대한 당신의 대답에는 다른 누군가가 포함되어 있는가?

- **다른 이들에게 베풀고 긍정적인 영향 주기.** 베푸는 행동은 청소년에게 자주 강요되는 활동 양식이다. 비록 그렇다고 하더라도, 연구에 따르면 베푸는 행동은 본질적으로 강화적이다(Rilling et al., 2007). 따라서 우리가 청소년이 베푸는 경험을 할 수 있도록 도울 방법을 발견한다면 베푸는 행동에 대한 그들만의 진짜 이유를 발견할 수 있을 것이다. 청소년에게 이 가치를 강제로 주입할 필요는 없다.

- **활동적으로 살기.** 신체 활동은 모든 연령대 집단에서 더 큰 안녕감과 더 낮은 우울, 불안과 연관된 것으로 알려졌다(Biddle & Ekkekakis, 2005). 최근 연구에서는 신체 활동이 지적 수행 또한 향상시킬 수 있다는 점도 제안되었다(Singh, Uijtdewilligen, Twisk, van Mechelen, & Chinapaw, 2012). 아울러 신체 활동은 다른 사람들과 연결되거나 현재 순간을 받아들이는 것 같은 다른 가

치를 지지할 수도 있다(Ciarrochi et al., 2014).

- **현재 순간을 받아들이기.** 이 광범위한 범주는 과거나 미래에 초점을 맞추기보다 지금 바로 눈앞에 주어진 것이 무엇이든 그것에 온전히 참여하는 행동들을 포함한다. 이는 탐험과 여행에서부터 악기 연주와 음식을 즐기는 것까지 많은 영역에 걸쳐 존재한다. 이러한 이유로 이 가치는 전부는 아닐지라도 많은 다른 가치 범주와 중복될 가능성이 크다.

- **도전 정신을 가지고 배우기.** 사람들이 일이 없을 때 가장 행복하며, 도전 없는 삶을 살 수 있다는 것은 미신 같은 이야기다. 실제로는 실직 상태가 안녕감을 저해하는 가장 강력한 예측 인자라는 사실이 입증되었다(McKee-Ryan, Song, Wanberg, & Kinicki, 2005). 연구자들은 사람들이 도전에 몰두할 때 주관적 안녕감 증가를 경험한다는 점 또한 발견하였다(Csikszentmihalyi & Hunter, 2003).

- **자기 자신 돌보기.** 이 가치 범주는 건강한 식단을 유지하고, 충분히 자며, 고된 하루를 보낸 후 휴식이 될 만한 무언가를 하는 것과 같은 광범위한 자기-돌봄 행동을 일컫는다.

이들 여섯 가지 행동 양식을 임상가가 설명할 때, 작업을 함께 하는 대상자에게 가치를 명령하듯 지시하는 것을 권장하지 않는다는 점에 주의하라. 탐험가 기술은 사람들이 행동을 통해 자신의 가치와 연결되도록 고안되었다. 여섯 가지 가치 양식은 어떤 부분에서 가치를 찾아내야 하는지에 관한 힌트를 주고 있다. 예를 들어, 당신과 함께 작업하는 청소년 대부분은 다른 이들과의 연결에 가치를 둘 것이다. 그러나 다른 이들과 어떻게 연결되고 싶은지, 어떤 맥락에서 연결되기를 바라는지에 관한 생각은 저마다 다를 것이다.

성공을 다시 정의하기

청소년은 성공을 매우 중시하는 세상에 살고 있다. 그리고 성공이란 좋은 성적을 받고, 경쟁 상대를 물리치고, '적절한' 외모와 스타일을 만들며, 선망의 대상이 되는 재산이나 물건을 획득하는 것을 의미한다고 배운다. 이러한 시점으로 성공을 볼 때 발생하는 문제는 사람들이 최선을 다해 노력해도 때로는 자신이 원하는 것을 얻지 못한다는 점이다. 게다가 얻게 된 것들마저도 만족스럽지 않게 되곤 한다. 예를 들어, 재산을 소유하게 되더라도 행복은 영원하지 않다(Kasser, 2002). 그런데도 사람들은 중요치 않은 것들을 소유하기 위해 일하는 데 많은 시간을 쏟아붓는 경향을 보인다.

만약 우리가 성공을 다른 식으로 정의한다면 어떨까? 결과에 집중하는 대신, 우리의 가치에 맞추어 사는 것에 초점을 맞출 수도 있을 것이다. 일례로 한 젊은 여성이 도전 정신을 가지고 활동적으로 사는 것에 가치를 둔다고 가정해 보자. 만약 그녀가 경주 시합을 위해 열심히 훈련하고 경주에 임하여 최선을 다해 열심히 달렸다면, 비록 우승하지 못했더라도 그녀는 성공한 것이다. 또 다른 예시로, 어떤 젊은 남성이 타인에게 좋은 친구가 되어 주는 것에 가치를 두고 그에 따라 행동한다면, 한 친구에게 배신당하더라도 그는 여전히 좋은 친구일 것이다. 이렇게 결과에서 가치로 초점을 옮김으로써 우리는 청소년의 손에 정확하게 성공을 쥐여줄 수 있다.

그렇다면 성공을 결과 기준으로 측정하는 것과 가치 기준으로 측정하는 차이를 어떻게 보여 줄 수 있을까? 이는 놀라울 정도로 간단한데, 청소년은 가치 기준으로 성공을 측정하는 것을 이미 직관적으로 이해하고 있기 때문이다. 우리는 그들에게 두 가지 시나리오를 보여 주기만 하면 된다. 하나는 최선을 다한 다음 우승하는 시나리오이고, 다른 하나는 최선을 다했지만 우승하지 못하는 시나리오이다(여기에 영감을 주는 관련 동영상이 http://www.thrivingadolescent.com에 올려져 있다). 시나리오를 제시한 다음에는 '누가 성공한 걸까?'라고 간단히 묻기만 하면 된다. 청소년은 대부분 언제나 '둘 다 성공한 거죠'라고 말한다. 이는 성공의 의미에 관한 대화의 물꼬가 될 수 있으며 결과를 늘 선택할 수는 없지만, 자신이 어떻게 행동할지는 선택할 수 있다는 개념을 대화하는 동안 강화할 수 있다.

기본 훈련: 가치를 이해하는 공간 만들기

이 책의 기본 훈련 부분에서는 청소년을 돕는 구체적인 계획을 제시한다. 첫 번째 부분에서는 가치를 빠르고 간단히 소개하는 방법에 관해 설명할 것이다. 이 접근법은 일대일 상담의 도입 부분에서 유용하기도 하고, 집단 작업에서 분위기를 풀어 주는 역할을 하기도 한다.

부드럽게 가치 대화 시작하기

때로는 개입 초기에 청소년이 가치에 관해 이야기하도록 하는 데 난항을 겪을 수도 있다. 그들은 감춰진 의제가 있다고 의심하거나, '모르겠어요'라는 진술로 가치에 관한 질문에 답하곤 한다. 그렇더라도 청소년과 여정을 시작하며 그들이 어디로 가고자 하는지에 대한 개념을 잡아두는 것은 도움이 된다. 아울러 청소년과 함께 그들의 가치를 확인하는 작업은 이후 개입이 진전되며 발생할 어려운 생각이나 느낌을 관리하는 도전적인 작업을 촉진할 수 있다. 다음과 같은 간단한 질문으로 가치 대화를 시작해 볼 것을 권한다.

- 우리는 무엇을 위해 이 작업을 하게 될까?
- 이 시간에 바라는 것은 무엇이니?
- 선생님이 무엇을 도와주면 좋을까?

이러한 간단한 질문이 청소년에게 이 작업은 부모, 교사, 또는 다른 어른들을 위한 것이 아닌 그들을 위한 작업이라는 신호로 작동한다. 이 단계에서 청소년의 답이 가치에 관한 우리의 정의와 일치할 필요는 없다. 이 답변은 단지 시작 지점일 뿐이므로, '우리의 작업은 여기에 대한 것이 될 거야.'라고 간단히 언급하면 된다.

청소년과 함께 DNA 기술을 작업해 가며 가치 대화를 더욱 다듬을 수도 있고, 청소년이 그들 가슴 깊은 곳에 자리한 진심 어린 걱정과 필요에 관해 이야기할 수 있을 만큼 충분히 유연해지는 것을 확인할 수도 있을 것이다. 이것이 우리가 이 책에서 가치를 두 장으로 나누어 정리한 이유이기도 하다(가치에 관한 두 번째 부분은 6장을 참고하라). 가치에 관한 이들 부분을 DNA 기술 구축 과정의 시작과 끝을 지탱하는 받침 대로 여기길 바란다.

자동 반응 넘어서기

무엇이 가장 중요한가에 대한 질문은 하기에 가장 어려운 질문이자 답하기에 가장 까다로운 질문이기도 하다. 이러한 어려움을 체험해 보고 싶다면 다음 질문에 직접 답해 보라.

무엇이 좋은 삶을 만드는가?

곧장 답할 수 있었는가? 아마도 당신의 마음은 '사랑하는 이들과 함께하는 것'같은 식상한 대답으로 달려갔을 수도 있고, '세상에 더 큰 평화를 가져오는 것' 같은 답을 했을 수도 있을 것이다. 즉각적인 대답은 종종 조언자 공간에서 비롯되며 질문에 관해 학습된 내용이 반영되었을 수 있다. 어쩌면 당신은 이 질문에 대해 논쟁하려고 하거나, '나는 좋은 삶을 살 수 없어.' 또는 '무슨 바보 같은 질문이야.' 같은 생각을 했을 수도 있다. 이들 반응 또한 조언자로부터 발생했을 가능성이 크다. 가치 행위와 연관된 위험으로부터 당신을 보호하는 것이 조언자의 역할이기 때문이다.

무엇이 좋은 삶을 만드는가에 대해 생각하며 어떤 물만속스러운 감성이 떠올랐을 수도 있다. 관찰자의 공간으로 들어가서 그것들을 인정해 주었거나 대답을 회피하고 싶은 당신 자신을 발견하였는가? 또는 모험심이 일어나 탐험가 공간에 서서 이 질문에 대해 답했을 수도 있다.

DNA-V 모델에서는 청소년이 가치에 관한 질문에 심도 있게 응할 시간을 충분히 주고 질문을 심사숙고하여 삶에서 관심을 두는 것과 진정으로 연결된 대답을 찾을 수 있도록 지지한다. 따라서 알아차리고, 멈추고, 시간을 들일 여지를 만드는 접근 방식을 취할 것을 권장한다. 다음과 같은 시각화 작업이 여기에 도움이 될 것이다.

나에게 중요한 누군가가 내 앞에 서 있다고 상상해 보세요. 이 사람은 내가 아끼는 사람으로, 아마도 친구이거나 가족일 것입니다. 잠시 시간을 들여 내가 가깝게 느끼는 이 사람을 떠올려 보세요…. 이제 이 사람이 당신에게 이렇

게 묻습니다. "무엇이 좋은 삶을 만들까요?" 답을 떠올려 보면서 이 질문의 답이 이 사람의 앞으로의 인생에 큰 영향을 주게 되리라고 생각합니다…. 잠시 멈추어 이 질문과 함께 머물러 보세요…. 이 사람에게 답해 줄 적절한 말을 선택하는 동안 나의 마음이 충분히 이리저리 거닐도록 한 다음, 이 질문에 대해 답해 주는 나를 상상해 보세요.*

많은 청소년이 가치에 관해 이야기하기를 어려워한다. 때로는 이러한 대화를 피하기도 하고, 말주변으로 둘러대거나 어른의 입맛에 맞는 대답을 하거나 그저 어깨를 으쓱이기도 한다. 속도를 늦추고 청소년과 함께 머무르며 그들이 자신의 여정 속 어디에 서 있든 감사할 수 있는 인내심과 의지가 임상가들에게 필요한 덕목일 것이다. 이어지는 연습이 여기에 도움이 될 것이다.

가치 연습 1: 대화하고 인정하기

다음 대화 카드는 가치 주제에 머무르며 이에 대한 탐색을 촉진하도록 고안되었다 (http://www.thrivingadolescent.com에서 내려받을 수도 있으며, 해당 홈페이지에서 출판 제작된 카드도 구매할 수 있다. 수익금 전액은 자선단체에 기부된다). 카드 작업을 통해 중요한 삶의 주제에 관해 이야기하고 가치를 선택하는 레퍼토리를 발달시키도록 하는 것이다. 인구조사 같은 단순 정보 수집이 목적이 아니므로 과정을 서둘러 진행하지 않도록 주의하라.

---

*책에 실린 연습 중 심상 유도, 마음챙김, 명상 기반 안내 자료는 청유형 존댓말로 번역하였다.

대화 카드

인생의 주된 목적이 무엇이라고 생각하나요?	섞여드는 것과 튀는 것 중 어느 것을 더 좋아하나요?
내가 아는 가장 현명한 사람은 누구인가요?	무엇을 가장 이루고 싶나요?
나에게 자유란 무엇을 의미하나요?	지금 나에게 가장 중요한 것은 무엇인가요?
무엇을 바라고 있나요?	내가 무엇이든 이룰 수 있다고 상상해 보세요. 어떤 일이 일어날까요?
무엇이 좋은 삶을 만들까요?	배움이란 무엇일까요?
나에게 독립이란 무엇을 의미하나요?	내가 부자라면 어떨 것 같나요?
무엇이 나를 강하게 만드나요?	삶에서 가장 많은 가르침을 준 사람은 누구인가요?

무언가 특별한 일을 하는 꿈을 꾸어 본 적이 있나요?	평화를 찾는다는 것은 나에게 어떤 의미인가요?
나의 가치는 가족들의 가치와 어떻게 다른가요?	내가 아는 가장 자비로운 사람은 누구인가요?
사람들이 나에 대해 무엇을 기억하길 바라나요?	신뢰한다는 건 무엇일까요?
사랑한다는 건 무엇을 의미하나요?	누군가 보아 준다거나 들어준다는 건 어떤 의미일까요?
나에게 용서란 무엇을 의미하나요?	누구에게 가장 감사함을 전하고 싶나요?
간절히 바라온 무언가가 있나요?	괴롭힘을 당한 적이 있나요?
절망해 본 적이 있나요?	안전하지 않다고 느낀 적이 있나요?

나 자신의 어떤 면을 가장 받아들이기 힘든가요?	죽음에 대해 생각해 본 적이 있나요?
실망해 본 적이 있나요?	친구란 무엇일까요?

카드에 인쇄된 문구의 물리적 속성은 가치 작업을 할 때 유용하다. 이 속성은 당신과 청소년 사이에 약간의 여유 공간을 만들어 주어 대상자가 당신을 바라보며 대답해야 한다는 압박감을 완화한다. 당신에게 직접 답하는 대신 카드를 향해 답하는 이 과정은 당신과 대상자가 함께 참여하고 있다. 다음은 카드를 이용한 작업에서 권장되는 절차이다.

탁자 위에 카드를 10장 또는 12장을 무작위로 놓는다. 어떤 카드를 꺼내 쓰든 차이가 없다는 점은 이미 확인되었다. 그다음 다음과 같은 간단한 지침을 제공한다. "네가 여기(치료)를 찾아오게 된 문제에 대해서는 이미 우리가 이야기를 나눴지. 지금부터는 조금 다른 것에 관해 이야기해 보려 해. 단지 문제를 이해하는 게 아니라 너에 대해 더 많이 이해하기 위해서야. 여기에 놓인 것 중 어떤 것에 관해 이야기해 볼 수 있을까?"

많은 사람은 자신의 문제에 관해서는 이야기할 수 있지만, 마음 깊은 곳에 자리한 주제에 관해 이야기하는 것은 피하려 한다. 대상자와 번갈아 가며 카드에 답하는 방식으로 작업 과정을 촉진할 수 있다. 당신의 핵심 역할은 청소년이 다음과 같이 말할 때 마음을 챙겨 주의 깊게 듣는 것이다.

가치 듣기: 이 사람은 무엇에 관심을 두는가?

고통 듣기: 이 사람은 무엇을 말하길 꺼리는가? 무엇에 상처받는가? 가치는 보통 고통의 뒷면에 숨어 있다.

대상자가 대답할 때, 급하게 다음으로 옮겨가려 하지 않도록 주의하라. 다음과 같은 질문을 통해 충분히 머무르며 첫 번째 답변 너머를 탐색하라.

그런 일을 경험해 보니 어땠니?

그런 경험을 하지 않았다면 어땠을까?

그런 경험을 더 해 보고 싶니?

종합하자면, 가치 대화에서 의미 있는 공간을 만들면서 두 사람이 함께 여러 카드를 토론해 볼 수 있다.

대상자가 답하는 방식에 유의하라. 대상자의 답변 스타일에 대해 초기 시점에서 직접 다룰지는 자유롭게 선택할 수 있는 사항이지만, 이 시점에서 여기에 대해 충분히 고려해 둔다면 이후 작업에 지침이 될 것이다. 다음은 대화 카드에 답하는 세 가지 전형적인 반응이다.

조언자 관점에서의 반응은 사회적으로 용인될 만하거나 말해도 안전할 것 같은 내용이 담긴 잘 길든 대답인 경우가 많다. 이러한 답변에서는 '*X는 절대 할 수 없어요*', '*Y를 해야만 해요*', '*저는 이미 너무 많이 Z하고 있어요*' 같은 다수의 언어적 이유와 결론이 발견된다. 만약 조언자-유형 답변을 유발하고 싶다면, 또는 조언자가 어떤 존재인지 설명하고 싶다면, 청소년에게 '*이렇게 말해야만 할 것 같은*' 내용을 답하도록 요청하면 된다.

관찰자 관점에서의 반응은 가치-지향적 질문에 대해 숙고할 때 발생하는 신체 감각과 생각을 관찰할 수 있는 능력을 일컫는다. 함께 작업하는 대상자가 감정이나 어려움을 떠올릴 때, 전문가인 당신도 그 변화를 알아차릴 수 있을 것이다. 대상자가 관찰자 공간으로 들어갈 수 있도록 대상자가 질문을 읽는 동안 호흡하면서 무엇이 나타나는지 관찰하도록 격려하라. 4장에서 살펴볼 알아차림noticing 기법을 사용할 수도 있고, 이 초기 단계에서는 그저 대상자가 신체 감각을 스캔하도록(바디스캔) 요청할 수도 있다.

탐험가 관점에서의 반응은 창조적인 공간에서 나타난다. 이 답변은 자동으로 나오지 않는다. 이 공간에서 청소년은 불확실성, 숙고, 망설임, 심지어는 답을 만들어 가는 과정까지 보여가며 천천히 반응할 수 있다. 당장에 뛰어들려 하지 말고 침묵을 지키며 대상자가 질문을 탐구하도록 하라. 대상자가 이 공간에 들어설 수 있도록 큰 소리로 입 밖에 내는 것이 아니더라도 처음이 될 반응을 알아차려 보게끔 격려할 수 있다. 그다음 다른 잠재적 반응들이 나타나도록 북돋을 수 있다.

가치 대화가 가능하다면 청소년이 관심을 두고 있다고 말한 몇 가지를 요약하여 DNA-V 사례 개념화 워크시트에 기록할 수 있다(1장의 그림 3을 참조하라. 이 워크시트는 http://www.thrivingadolescent.com에서도 내려받을 수 있다). 이후 DNA 기술 부분을 진행할 때 청소년이 가치에 따른 행동을 선택하는 방식에 대해 고려하기 시작할 수 있을 것이다(6장 연습이 이 작업에 도움이 될 것이다).

자기 공개에 대한 주석

DNA-V에서는 자기 공개가 중요하므로, 적절하며 도움이 되는 경우 대화 카드에 관한 당신의 답을 일부 공유해도 좋다. '네가 선생님에게 먼저 질문해 볼래?'와 같이 말해 볼 수 있다. 당연히 자기 공개는 당신 자신의 이야기를 하기 위한 것이 아닌 함께 작업하는 대상자를 돕고자 하는 목적에서만 수행되어야 한다. 청소년이 보이는 어려움을 정상화하고 다른 이들도 비슷한 경험을 한다는 것을 알도록 하는 바로 그 목적이어야 한다. 자기 공개는 청소년들에게는 유용할 수 있지만, 성인기에 접어든 청소년과 함께 작업할 때는 다른 특성을 가진다는 것이 확인되었다. 그들은 임상가의 자기 공개를 과도하다고 생각하거나 어쩌면 임상가가 젠체한다고 여기기 쉽다. 종내에는 당신이 청소년기에서 살아남아 성공을 이룬 '어른'처럼 보일 수 있다. 그러니 부드럽고 조심스럽게 진행하라. 그들의 행동을 관찰하고 청소년이 마음을 터놓게 하는 이 연습의 기능을 유지하라.

3장

자신의 길을 효과적으로 찾도록
도와주는 조언자

조언자는 우리 내면의 목소리에 관한 은유이다. 우리가 2살이 될 때쯤부터 조언자는 우리 곁에 줄곧 머무르는 동반자가 되어 평가와 판단을 내리거나 예측하려 하고, 무엇보다 가장 중요하게는 우리의 인생에 관해 조언하려 한다. 조언자는 우리와 너무나도 빈번히 함께하기에 우리는 종종 그가 거기에 있다는 사실을 잊어버린다. 다행히도 우리는 꽤 쉽게 다시 그것을 알아차릴 수 있다. 3분 동안 조용한 곳에 앉아 눈을 감고 조언자의 목소리를 들어보라. 한번 시도해 보라.

이 장은 조언자를 이해하도록 도와줄 뿐만 아니라, 조언자가 우리에게 어떻게 긍정적이며 부정적으로도 영향을 주는지도 이해하도록 도와줄 것이다. 조언자에 관한 알아차림을 불러일으키는 것은 청소년이 조언자를 활용하는 방법을 인식하도록 돕는 첫 번째 단계가 된다.

책에서 다루는 개념들에 생생함을 불어넣기 위해, 이어지는 내용에서부터는 청소년의 삶을 예시로 들며 설명하고자 한다. 이러한 사례들은 또한 DNA-V 모델을 통해 사례 개념화를 설명하는 데에도 이용될 것이다. 이제 조언자와 함께 작업하는 예로써 살펴볼 맷의 이야기로 넘어가 보자.

맷의 이야기

많은 부모가 자신들이 처음으로 만났던 때의 낭만적인 이야기를 간직하고 있지만, 맷의 부모는 그렇지 못했다. 아버지는 정신과 병원에서 일하고 있었고 어머니는 16세 환자였으며, 그들은 만난 지 3개월 만에 맷을 임신하게 되었다.

맷의 외가는 부유했고 공공기관에도 영향력을 미칠 수 있을 정도였기에, 어머니의 임신 사실을 알게 된 외가 친척들은 맷의 아버지에게 선택하도록 했다. 맷의 어머니와 결혼하든지, 감옥에 가든지. 아버지는 결혼을 선택했지만, 1년 뒤 맷의 어머니는 떠났고 아버지는 어린 아들과 함께 '갇히게' 되었다. 아버지는 자신의 상황을 저주했고 재앙 같은 결혼을 상기시키는 어린 맷까지 미워하게 되었다. 그는 한 번의 작은 실수로 앞으로 18년 동안이나 맷이라는 짐덩이를 떠안게 되었다고 생각했다.

맷의 아버지는 두 자녀를 둔 여성과 곧이어 재혼하였고, 그들은 세 자녀를 양육하게 되었다. 맷의 새어머니는 자기 친자녀에게 몰두하며 맷에게는 무심하게 대했다.

맷이 기억하는 어린 시절 최고의 해는 농장에서 살았던 2학년 시절이었다. 부모는 농장 일로 너무 바빠 맷을 위해 시간을 낼 수 없었지만, 맷에게는 오히려 그편이 좋았다. 맷은 실제 주변 환경에 몰두하기 시작했다. 나무에 열린 풋사과를 따 먹거나 숲속을 탐험했으며, 물벌레가 개울을 가로지르는 것을 지켜보기도 하였다. 어린 시절 중 자신의 머릿속 밖에서 살던 몇 안 되는 시기였다.

그로부터 1년 뒤 농장 사업이 실패하며 맷의 가족은 어쩔 수 없이 도시로 이사하게 되었다. 가계가 쪼들려 부모는 늘 싸우기만 했다. 아버지는 공격적이고 변덕스러워 종종 아이들에게 소리를 질렀으며, 특히 맷에게 협박을 늘어놓거나 경멸 섞인 말을 내뱉으며 때로는 때리기도 하였다.

이제 열다섯이 된 맷은 여러 수업에서 낙제하고 있다. 그는 점심시간에 혼자 앉아 있다. 아버지는 지난 몇 년 동안 계속 그를 꾸짖으며 '너 대체 왜 그 모양이야? 왜 아무것도 제대로 하질 못해? 대답해 봐. 말 좀 해 보라고! 멍청한 표정으로 앉아 있지만 말고'라고 고함지른다.

맷은 상상 속으로 달아난다. 그는 뒷마당으로 포수 장갑과 야구공을 가지고 가서 클리블랜드 경기장에서 환호하는 군중 앞에서 공을 던지는 것처럼 차고 벽을 향해 계속 공을 던진다. 환상은 항상 똑같이 시작된다. 투수로 성공하기에는 너무나 작고 어린 신인인 상태로 환상이 시작된다. 그는 뉴욕 양키스와 같은 거대한 팀을 상대하고 있다. 차고 벽을 상대로 한 시간 정도 투구를 한 후, 양키스가 승리하기 직전 자신이 상대 투수로 마운드에 오르는 상상을 한다. 그다음 팔을 쭉 뒤로 뻗었다가 앞으로 공을 던진다. 마지막 타자를 삼진 아웃으로 잡으며, 관중들은 그가 경기장을 떠날 때까지 '맷! 맷! 맷! 맷!'이라고 그의 이름을 외치며 열광한다. 그는 클리블랜드 인디언스를 우승으로 견인하며 클리블랜드에서 가장 사랑받는 선수가 된다.

다음 날 맷은 학교에서 신발이 해지고 더럽다며 놀림을 받는다. 아이들이 '야, 네 신발 변기 소독약에 담가야겠다. 이제부터 네 이름은 변기 약이야'라고 소리친다. 그는 농담에도 태연한 척 그냥 웃는다. 곧 학교의 모든 아이가 그를 변기 소독약이라고 불러댄다. 마지막 종소리가 울리자, 맷은 집에 가는 길 내내 쉬지 않고 뛰어간다.

맷에 관한 고찰

비록 맷의 삶에 담긴 세부적인 사항에 특별한 면이 있긴 하지만, 그의 발달 패턴은 어려움을 겪고 있는 청소년이 보이는 일반적인 발달 패턴이기도 하다. 청소년은 종종 실제 세계와의 접촉을 잃고 환상에 빠져들게 된다. 맷이 자신의 머릿속에 사로잡혀 있으며, 그 안에서 구축한 세상을 정교화하고 있다는 점을 알아차리지 못하고 있다는 점은 주목할 만하다. 맷은 또한 괴롭힘을 당하는 것에 대항해 무언가 해나가기에는 자신이 너무 약하다고 스스로 결론을 내렸다는 것도 알지 못한다. 대안이 있을지도 모른다는 점을 알지 못하는 것이다. 맷과 같은 청소년은 어디에나 존재한다. 그들은 '문제'로 드러나기 전까지는 드러나지 않는다.

본질적으로 맷은 학대당하고 방임된 채 홀로 성장해 왔다. 맷은 아주 어릴 때 어머니를 잃었고 아버지는 불같이 화를 내는 사람이다. 아마도 맷에게는 온화하고 친절한 사랑을 보여 줄 강한 애착이나 대상이 거의 없을 것이다. 맷을 수용해 주며 성장하는 데 도움이 될 지침을 줄 사람이 없다. 이것이 바로 임상가의 과업이 된다. 맷이 통제할 수 없는 생각과 감정을 관리하며, 환상 속으로 밀려하는 대신 세상에서 살아가는 법을 배울 수 있도록 도울 기회가 우리에게 주어진 것이다.

잠시 시간을 내어 맷에게 어떻게 대응할지 생각해 보자.

맷과 같은 청소년과 작업하거나 상호작용을 할 때 당신 내면에서는 무엇이 나타나는가? 당신의 느낌, 감정, 생각, 의심, 희망 등을 떠올려 보자.

도움이 안 되는 많은 이들에게 둘러싸여 있는 맷을 돕는 게 가능하다고 생각하는가?

맷의 문제를 어떻게 개념화할 수 있을까?

만약 당신이 맷과 작업한다면, 이상적으로 어떤 것들을 해 보고 싶은가? 자신의 가치를 떠올려 보자.

맷을 도울 방법으로 무엇을 시도해 볼 수 있을까? 어디서부터 시작해야 할까?

실제 세상으로부터 도피하기

맷의 이야기는 인간의 본질을 반영한다. 삶이 받아들이기에 너무 버거워 보일 때, 우리는 모두 실제 세상을 떠나 우리 자신의 머릿속으로 들어가려는 경향을 보인다. 맷의 '나는 훌륭한 투수야' 같은 언급을 비롯한 조언자가 제공한 내용은 일견 긍정적인 것처럼 보이지만, 실제로는 이러한 긍정적인 내용이 고통을 가리고 있다. 맷이 가진 비밀스러운 믿음은 자신이 약하고 아주 괜찮지 않다는 점이다. 조만간 여기에 대해 다루겠지만, 극도로 긍정적인 내용과 극도로 부정적인 내용 모두 조언자 공간에 갇혀 있는 상태를 가리키는 징후가 될 수 있다.

우리 자신의 머릿속에 갇히게 되는 능력은 인간에게 비교적 최근에 생긴 문제이다. 언어가 발달하기 전 우리 선조들은 아마도 다른 영장류와 비슷했을 것이다. 그들은 시각, 청각, 촉각, 미각, 후각의 세계에서 살았다. 무언가에 상처를 입고 나야만 그것을 회피하도록 학습이 일어났고, 즐거움을 발견한 다음에만 그것에 접근하도록 학습되었다. 달리 말하자면 그들은 실제 물리적 경험에 의존했다. 실제 경험은 상당히 괜찮은 지침이 되지만, 실로 중요한 한 가지 단점이 있었다. 실제 경험은 때로는 위험하며 심지어 치명적이라는 것이다. 우리 선조들은 무언가의 회피를 학습하기 전에 독이 있는 무언가를 먹어 보아야 했다. 그들은 시행착오를 통해 음식을 찾는 데 며칠을 소모해야 했고, 굶주림으로 죽을 수도 있었다. 폭풍과 어둠이 그들의 안녕을 위협했고, 들개, 검치호랑이, 그리고 다른 포식자들이 그들을 사냥했다. 그들은 '현재 순간' 속에서 살았으나, 한편으로는 그 속에서 수명이 단축되기도 했다.

초기 인류가 실제 세계를 초월하는 데에는 협력과 언어의 공진화가 이바지했을 것이다. 그들은 함께 일하는 법을 학습했고, 그 결과 위험을 찾는 데 더 많은 눈과 귀를 얻었을 뿐만 아니라 적과 싸우거나 위협을 막을 수 있는 더욱 크고 구성을 갖춘 집단을 갖게 되었다. 의사소통 능력 또한 점점 더 향상되었다. 그들은 아마도 '에엑' 또는 '후우'와 같은 소리로 위험한 상태나 흥미로운 무언가의 존재를 나타내는 방식으로 의사소통을 시작했을 것이다. 점진적으로 의사소통은 더욱 복잡해지고 유용해졌으며, 그러던 어느 날, 저 먼 아프리카 사바나 땅에서 살던 그들은 상징을 사용하기 시작했다. '검치호랑이'와 같은 단어가 날카로운 이빨을 가진 100kg에 육박하는 털북숭이를 가리키듯이, 무언가를 나타내는 소리를 사용하기 시작한 것이다. 부족 구성원 하나가 특정 맥락에서 이 소리를 내면, 모두가 두려워해야 한다는 것을 학습하게 된 것이기도 했다. 그들은 호랑이를 직접 보지 않더라도 도망치는 것을 학습했고, 그로써 생존 가능성은 커졌다. 언어가 인간이 지구를 지배하게 해 준 것이다.

우리 선조들은 상징을 통해 정신 공간이 주는 안전함 속에서 서로가 가진 경험으로부터 학습할 수 있게 되었다. 예를 들어, 청소년이 썩은 고기 한 조각을 먹으려 하면 연장자가 '썩은'을 의미하는 익숙한 말소리를 냈을 것이다. 그로써 청소년은 실제로 고기를 먹지 않고도 역겨움과 혐오감을 경험할 수 있었을 것이다.

연장자들은 또한 언어를 사용하여 젊은 세대가 위험을 피하고, 먹이를 찾고, 짝을 유인하고, 적을 무찌르는 이야기들을 전할 수 있게 되었다. 이 모든 것이 안전하고 편안한 환경에서 이루어졌다. 이러한 이야기를 통해 다음 세대는 위험 없이 연장자들의 경험을 물려받을 수 있게 되었다.

현대의 연장자들은 다양한 조언의 원천 중 그저 하나일 뿐이다. 우리는 부모님, 텔레비전, 교회, 친구, 양서와 저속한 글들, 인터넷, 라디오, 잡지 등을 포함한 다양한 원천으로부터 살아가는 방법에 관해 여러 가지 제안을 받는다. 우리는 조언늘에 눌러 싸여 있다. 그리고 중요한 것은 이 조언이 우리의 외부에만 머무르지 않는다는 것이다. 우리는 이러한 가르침을 내재화하고 행위를 위한 규칙을 발달시키기 위해 언어를 사용한다. 본질적으로 우리는 외부 조언과 유사한 기능을 갖고 우리를 안내하는 내면의 목소리인 조언자를 발달시킨다. 이로써 인간 능력의 중심에는 언어와 우리 내면의 조언자가 자리하고 있으며, 곧 살펴보게 될 인간 고통의 중심에도 언어와 조언자가 존재한다.

조언자는 은유이다

당신과 함께 작업하는 청소년이 '조언자는 어디에 있나요?'라고 묻거나, '조언자가 진짜 있나요?'라고 물을 수도 있다. 조언자가 머릿속에 실재하는 어떤 물리적 존재를 설명하는 것이 아니며, 하나의 은유라는 점을 명확히 하는 것이 중요하다. 조언자는 판단과 평가를 하고, 해석하거나 예측하며 걱정하고, 규칙과 지시적 이야기를 만들어 내는 인간의 경향을 간단히 표현한 것이다.

조언자의 일차적 목적은 시행착오의 위험을 회피하도록 돕는 것이며, 이는 과거의 가르침과 학습을 사용하여 현재를 탐색하려는 언어 과정을 통해 이루어진다.

모든 언어 행동을 조언자 관련 행동으로 분류하지는 않는다. 예를 들어, 언어는 현재를 경험하거나(관찰자 기술) 미래로 향하는 새로운 길을 찾는(탐험가 기술) 방향을 지향할 수도 있다. 일례로 음악을 묘사하고 감상하기 위한 어휘를 개발할 수도 있고(관찰자), 휴가를 떠나는 것부터 빈곤을 타파하는 방법을 찾는 것에 이르기까지 가능한 미래를 상상하는 데 언어를 사용할 수도 있으며(탐험가), 소리 높여 가치를 말하고 정한 목표를 고수하도록 우리 자신을 격려하는 데 언어를 사용할 수도 있다.

따라서 청소년과 함께 작업할 때, 언어 과정을 다음과 같은 세 가지 과정으로 설명할 수 있을 것이다.

조언자는 상황을 효율적으로 해결하려는 말을 한다.

관찰자는 순간과 연결되며 순간을 알아차리려는 말을 한다.

탐험가는 새로운 가능성을 떠올려 보려는 말을 한다.

조언자의 장점

'내면의 비판'과 같은 별칭이 뒷받침하듯, 때로 조언자는 억울한 비난을 사기도 한다.

그러나 조언자가 가진 유용한 기능 또한 분명히 많으므로, 조언자의 단점을 고려하기 전에 장점부터 먼저 살펴보도록 하자.

조언자는 우리를 위험으로부터 보호한다. 우리는 모든 것을 시행착오 경험에 의지해 학습하기를 바라진 않는다. 세상에는 우리를 해치고 없앨 수 있는 것들이 너무나도 많기 때문이다. 앞서 설명했듯이, 우리는 말을 통해 위험을 경험하지 않고도 위험에 대해 학습할 수 있다.

조언자는 인류의 비약적인 진화를 촉진한다. 우리는 언어를 통해 과거의 학습을 기반으로 과학 기술을 빠르게 발전시켰다. 일례로 1896년에 비행 실험을 시작한 라이트 형제는 6년여를 작업한 끝에 1903년에 최초의 동력 비행기로 하늘을 날 수 있었다. 언어를 통해 그들의 혁신을 전승할 수 있었기에 후대의 발명가들은 라이트 형제가 들였던 수년간의 노력을 반복할 필요가 없었다. 이와 마찬가지로, 언어 덕분에 우리는 페니실린 같은 항생제와 컴퓨터 또한 매번 다시 발명하지 않아도 된다.

조언자는 빠르고 효율적인 기능을 촉진한다. 말은 우리가 세상을 빠르게 학습하고 고도로 효율적으로 탐색하는 데에도 도움이 된다. 예를 들어 우리는 거실에 있는 채로 요트 항해에 관한 정확한 지침을 받을 수 있다. 물 한 방울 묻히지 않고 항해의 기본을 배울 수 있다. 물론 어느 정도의 경험 없이는 항해를 잘할 수 없겠지만, 전적으로 시행착오를 통해서만 배우는 것에 비하면 실로 이득이 아닐 수 없다.

조언자는 유용한 규칙을 제공한다. 인간의 모든 발달 시기와 인간이 속한 모든 맥락에는 유용한 규칙이 존재한다. 유아는 자신이 규칙을 알고 있다는 것을 다른 사람들에게 보여 주는 것을 좋아한다. 초등학생은 놀 수 있을 때와 조용히 앉아 있어야 할 때를 배운다. 초등학교를 졸업할 무렵 우리는 연결과 협력을 촉진하는 많은 규칙을 알게 된다. 우리는 각기 다른 사회적 맥락에서 행동하는 방법과 누군가가 '잘 지내시죠?'라고 말할 때 적절하게 대응하는 방법에 관한 규칙을 가지고 있다. 조언자의 유용성에 대해 의심이 든다면, 모든 사람이 갑자기 조언자를 상실하여 따라야 할 규칙을 갖고 있지 않다면 세상이 어떻게 될지 상상해 보자. 그런 상황에서 고속도로를 달리거나 비행기에 탑승하게 된다면 어떨까? 병원에 입원하게 된다면?

조언자의 단점

조언자에는 이렇게 많은 장점이 있지만, 또한 조언자는 인간이 겪는 많은 괴로움의 원인이 되기도 한다. 여기에 대한 몇 가지 이유는 바로 다음과 같다.

조언자는 경직된 규칙 추종(따르기)을 유발한다. 규칙 추종이 항상 유용한 것은 아니며, 어두운 면도 가지고 있다. 언어적 평가와 규칙은 실제 세상에 존재하는 실제 상황에 우리가 둔감해지게 하는 경향이 있다(S. C. Hayes, 1989). 예를 들어, 맷의 아버지는 맷을 경멸하고 때리며 자신의 권위를 남용한다. 따라서 맷이 '어른은 믿을 수 없다'와 같은 규칙을 유도해 내는 것은 당연해 보인다. 그러나 맷이 아버지가 존재하지 않는 환경 속에서도 이러한 규칙을 추종한다면, 친절한 선생님의 가르침을 받으며 신뢰관계를 발전시킬 기회를 놓치게 될 수도 있다.

조언자는 도움이 되지 않는 다른 사람의 아이디어를 흡수한다. 내면의 목소리를 갖게 되고 나면, 우리는 자신의 경험에 기반을 두어 선택하는 행동을 그만두는 대신 다른 사람들의 조언이나 의견과 같은 사회적으로 전달된 아이디어에 의존하게 되곤 한다. 그러나 다른 사람들이 언제나 옳은 것은 아니다. 때때로 그들은 그들 자신에게는 이득이 될 조언을 하지만, 그 조언이 우리에게도 최선인 것은 아니다(남을 조종하는 사람들을 그 예로 들 수 있다). 때때로 그들은 이득을 얻기 위해 우리를 속이려 든다(광고 제공자처럼). 때로는 그들의 조언이 시대에 맞지 않거나 우리의 특정 상황에 적용할 수 없는 조언을 하기도 한다(이런 사람들을 '인간 화석'이라고 부르기도 한다).

조언자는 탈맥락화될 수 있다. 실제 물리적 환경은 일반적으로 이질적이며 변화무쌍하므로, 한 환경에서 한때 작동했던 언어 규칙이 다른 환경에서 완전히 쓸모없을 수 있다. 우리는 이 사실을 너무나 자주 잊은 채 광범위하게 다양한 맥락에서 같은 규칙을 적용한다. 다른 나라를 여행할 때, 우리 몸에 밴 많은 문화적 규칙이 갑작스럽게 부적절해지는 것을 경험할 수 있다. 예를 들어 운전 중에 경적을 울리는 것은 일부 문화권에서는 위험한 상황에서만 행해지지만, 다른 문화권에서는 지나가는 거의 모든 차량에 경적을 울리는 것이 적절하다고 여겨진다.

조언자는 들어오는 정보를 왜곡할 수 있다. 조언자는 마법사와 같아서, 특정 사람이나 사물에 관한 생각을 가져와서 다른 것으로 변형시킬 수 있다. 예를 들어 당신이 존이라는 새 동료에 관해 처음에는 상당히 중립적인 태도를 보였다고 가정해 보자. 이후 당신은 '존은 이기적이야. 너무 믿지 마.'라고 말하는 친구와 점심을 먹었다. 조언자는 이러한 평가를 사용하여 존에 관한 당신의 감정을 변형시키고, 존이 당신에게 아무 짓도 하지 않았음에도 그를 싫어하게 만들 수 있다. 그리고 존이 물품 보관함에서 사무용품을 가져오는 행동같이 해롭지 않은 일을 하는 걸 볼 때도, 조언자는 존이 사실은 도둑질과 같은 신뢰할 수 없는 일을 하는 거라 당신을 설득할 수 있다. 조언자는 또한 미래와 과거를 왜곡할 수도 있다. 예를 들어 걱정을 통해 미래를 더 위험하게 만들고, 반추를 통해 과거를 더 위협적으로 보이게 할 수도 있다. 이러한 변형은 실제 물리적 세계의 새로운 경험과는 독립적으로 발생할 수 있다.

두 세상에서 살아가기

우리는 모두 최소한 두 개의 세상을 살아간다. 하나는 관찰자의 물리적 세상이며, 다른 하나는 조언자의 상징적 세상이다. 맷의 상황을 고려해 보자. 물리적 세상에서 맷은 멀리서부터 자신을 쫓아오는 소년을 보고, 자동차가 뿜어내는 배기가스 냄새를 맡고, 자신의 방으로 올라가기 위해 문손잡이를 만지고, 오랜 뜀박질로 마른 입안을 맛볼 수 있다. 이 물리적 세상 속 대상은 맷이 접촉할 수 있다. 아버지가 그를 때릴 수 있으며, 같은 학교 학생은 그의 돈을 훔칠 수 있다.

자기 조언자의 세상 속에서 맷은 열광하는 관중 앞에서 게임을 펼치는 스포츠 스타가 될 수 있다. 우리 대부분은 이런 종류의 백일몽을 물리적 세상과 구별하는 데 어려움이 없으며, 맷 또한 이런 백일몽이 실제는 아니라는 것을 알고 있다. 그러나 맷은 자신이 가진 다른 세상 속 상징적인 부분이 물리적인 세상만큼 사실이라고 가정한다. 예를 들어, 맷의 조언자는 '내가 문제라서' 아버지가 자신을 학대한다고 맷 자신에게 말할 수 있다. 결과적으로 맷은 이 '잘못된' 부분을 없애는 데 자신의 삶을 낭비할 수 있다.

조언자의 관점이 진실이거나 실제라고 생각할 때, 맷은 조언자의 렌즈를 통해 세상을 바라보며 실패는 어쩔 수 없는 것이라 믿게 된다. 비단 아버지뿐만 아니라 모든 사람이 자신에게 본질적인 결함이 있다고 여긴다고, 맷의 조언자는 확신하기 때문이다.

이렇게 편향되게 세상을 보는 방법은 험난했던 어린 시절 외에도 여러 가지 이유로 발생할 수 있다. 보살핌 속에서 어린 시절을 보냈던 운 좋은 아이들에게조차도 이런 경우가 일어날 수 있다. 언어적 능력으로 인해 우리는 모두 편향되는 경향을 보이기 때문이다. 예를 들어, 돌이 갓 지난 여자아이가 케이크 한 조각을 먹는다고 상상해 보자. 아이는 케이크가 몸에 나쁘거나 자기 몸이 '너무 뚱뚱'하다고 판단할 언어를 아직 획득하지 못했다. 그 시절 케이크를 먹는 아이의 얼굴에 떠오를 순수한 기쁨을 상상해 보라. 같은 여자아이가 이제 스무 살이 되어 거식증을 앓고 있다. 여전히 케이크 한 조각이 먹고 싶지만, 이제는 거기에 죄책감을 느낀다. 그러고는 자기 몸을 거울에 비추어 보며, 다른 사람들 눈에 들어오는 깡마른 몸매가 아닌 비만한 상태로 여긴다고 상상해 보자. 그녀는 조언자의 세계에서 길을 잃은 것이다.

따라서 조언자의 상징적 세상, 즉 평가와 예측의 세상은 물리적 세상의 제약으로부터 우리를 해방해 주지만, 그와 동시에 물리적 세상을 탐색하려는 행동을 차단해 버릴 수도 있다. 이것이 맷의 상황에서는 어떻게 작동하는지 생각해 보자. 너무나도 전형적인 아버지와의 상호작용에서, 맷은 이렇게 생각한다. *아빠가 나에게 소리를 지르는 이유는 내가 숙제로 나온 질문에 대답하지 못해서야. 아빠는 내가 그걸 알고 있어야 한다고 생각해. 아빠는 나를 협박하고 소리를 지르지. 아빠가 나를 때릴까 봐 무서워. 울면 안 되는데.*

그러자 맷의 아버지는 이렇게 말한다. "야, 울 거냐? 너 계집애처럼 울 거야? 너한

테 아주 넌더리가 난다. 당장 저리 가!"

맷은 생각한다. *나는 왜 이렇게 멍청할까? 난 도대체 뭐가 문제인 걸까? 왜 나는 제대로 하는 게 하나도 없을까?*

맷은 이 상황에 대처하기 위해 자신이 아버지에게 작고 가엾어 보이게 하는 말을 자신에게 들려준다. 무력한 상황에서 이런 행동은 유일하게 적당한 반응일 수도 있으므로, 아마도 맷의 조언자가 이 순간에서는 도움이 될 것이다. 그러나 만약 맷이 같은 행동을 다른 맥락에서 하게 된다면 어떨까? 예를 들어 맷이 학교에서 괴롭힘을 당한다고 느낄 때, 조언자는 맷에게 똑같은 규칙을 주면서 그저 약하고 작아 보이는 게 유일한 방법이라고 말할 가능성이 크다. 자신을 보호할 생각을 하지 못하는 것이다. 선생님이나 다른 어른들에게 이야기해 볼 것을 고민하지도 않는다. 맷의 조언자가 어른은 믿을 만하지 않다고 경고하기 때문이다.

조언자로부터 풀려나기

관찰자 기술과 탐험가 기술이 주는 이점 없이 조언자와만 함께 살고 있다고 상상해 보자. 세상이 얼마나 부서운지를 알려주며, 현새의 물리석 현실이 아닌 과서의 해석을 기반으로 조언하는 조언자의 끊임없는 말소리를 듣게 될 것이다. 또한 조언자가 말하는 모든 것들이 너무나도 현실적으로 보일 것이다. 마치 조언자에게 최면이 걸린 듯 그 말을 듣는 것 외에는 달리 선택의 여지가 없다고 느낄지도 모른다.

다행스럽게도 우리는 관찰자 공간으로 옮겨가 우리 주변의 물리적 세계와 접촉하는 다른 DNA 기술들을 언제나 사용할 수 있다. 이때에도 조언자는 우리와 함께하며 평가와 조언을 계속한다. 그로써 우리는 조언자가 하는 말을 알아차릴 뿐만 아니라, 우리를 둘러싼 세계가 우리에게 제공하는 것들도 알아차린다. 우리가 할 수 있는 행위의 선택지가 많아질 뿐만 아니라, 우리의 관점 또한 확장되는 것이다.

조언자로부터 풀려난다는 것은 조언자가 이야기하는 "나는 부족한 사람이야." 같은 말을 알아차린 다음, 조언자 공간에서 관찰자와 탐험가 공간으로 이동하는 방법을 배운다는 것을 의미한다. 다음은 DNA-V에서 이러한 과정이 작동하는 방식에 대한 한 가지 예시이다.

1. 조언자가 언제나 도움이 되는 것은 아니라는 사실을 인식한다.
2. 조언자가 도움이 되지 않는다는 의심이 들면 관찰자와 탐험가 공간으로 옮겨간다.
3. 관찰자 공간에서 생각을 문자 그대로의 진실이 아닌 지나가는 소리로 경험하고, 조언자가 우리를 낙담시키더라도 탐험가 공간에서 새로운 무언가를 시도한다.

조언자 기술 유용하게 활용하기

조언자로부터 풀려나는 방법을 배우고 나면 물리적 세계에서 실제로 효과가 있는 것들이 무엇인지에 더욱 민감해질 것이다. 이를 통해 환경에서 요구되는 변화에 적응하고, 우리의 조언자 또한 발달시킬 수 있다. 조언자에게 유용한 최선의 규칙들, 예를 들면 "조언자가 항상 미래를 예측할 수는 없다." "감정은 해로운 것이 아니다." "대개는 충동보다 가치에 따라 행동하는 게 최선이다." "기술을 발달시키려면 새로운 시도를 해야 한다." "자기 계발은 거의 항상 가능한 편이다." 같은 규칙들을 경험이 가르쳐 주기 때문이다. 이러한 규칙들 또한 절대 진리가 아니라는 사실이 핵심이다. 도움이 된다면 사용하고, 도움이 되지 않는다면 옆으로 제쳐놓는 식으로 가볍게 쥐고 있는 도구일 뿐이다.

DNA-V에서는 조언자를 훈련시키고 청소년이 유용한 사고방식을 발달시키도록 돕는 특별한 전략을 사용한다. 이 훈련에서는 청소년이 유용한 규칙을 믿게끔 말로 설득하지 않는다. 이렇게 하면 행동을 유도하는 언어 자체에 대한 과도한 의존을 강화시킬 수 있다는 점이 무엇보다 가장 큰 문제이다. 여기서는 이 훈련의 핵심 개념이 언어적 신념을 가볍게 쥔 채 그것이 제대로 작동하는지 정기적으로 확인해 보도록 지도하는 것이라는 정도만 간단히 언급하고자 한다.

기본 훈련: 조언자 알아가기

이제부터는 활동하는 조언자를 경험하도록 청소년을 돕는 기본 훈련 단계들을 살펴볼 것이다. 대개 한 회기 당 다음 실습 중 한 가지를 시행한 다음, 이를 청소년의 삶과 연결 지으며 디브리핑하는 형식으로 진행한다. 실습 전체를 한 묶음으로 실시할 수도 있지만, 이 경우에는 함께 작업하는 청소년의 반응을 민감하게 살펴야 한다. 매우 분명하고 총체적인 모습으로 조언자를 마주하는 것은 충격적이거나 압도되는 경험일 수 있기 때문이다.

시각 은유로 조언자 소개하기

시각 은유는 조언자, 관찰자, 탐험가에 관한 이야기를 시작하는 유용한 방법이다. 여기에는 최소한 두 가지 이점이 있다. 첫째, 청소년이 자신의 경험을 새로운 방식으로 이야기하며 바라보는 방법을 제시한다. 둘째, 시각 은유 이미지에 대한 청소년 자신의 해석을 허용하여 성인으로부터 받는 영향을 최소화한다. 이번 장 및 이어지는 4, 5장에서는 각각 조언자, 관찰자, 탐험가에 관한 남녀 청소년의 모습으로 시각 은유가 주어질 것이다(관련 동영상을 http://www.thrivingadolescent.com에서 내려받을 수노 있다).

그림 4 조언자에 관한 두 가지 시각 은유

그림 4의 이미지를 사용할 경우 다음과 같이 이야기해 볼 수 있다.

이 그림을 한번 살펴보자. 그림에서 무엇을 알아차렸니? (청소년이 응답할 수 있도록 잠시 시간을 준다. 그런 다음 필요하다면 그림 속에 두 사람의 모습이 있고, 그 중 한 사람은 그림자처럼 존재한다고 힌트를 준다.)

이 그림을 우리 내면의 목소리에 대한 은유로 볼 수 있어. 내면의 목소리를 항상 우리를 따라다니며 조언하는 사람이라고 상상해 보자. 이 사람을 앞으로는 '조언자'라고 부를 거야. 조언자는 언제나 판단하고, 평가하고, 예측하는 말을 해. 우리가 나쁜 것을 피하고 좋은 것을 찾도록 도와주는 게 조언자의 임무거든. 때로는 '너는 그거 못할 거야.' '아무도 너를 좋아하지 않아.' '조심해! 여긴 위험하다고.' 같은 부정적인 말을 하지. 또 때로는 '너는 운동에 소질이 있어.' '너는 목표를 달성할 수 있어.' '걱정하지 마. 나쁜 일은 일어나지 않아.' 같은 긍정적인 말을 하기도 해. 모든 사람에게는 자신만의 조언자가 있어.

여기까지 이해가 되니? 사람들 곁에 있는 조언자가 하는 흔한 말로는 무엇이 있을까? (토론 시간을 충분히 확보한다.)

누구의 조언자도 항상 유용한 조언만 하는 건 아니야. 그리고 이건 조언의 내용이 긍정적인지, 부정적인지에 달려 있지 않아. 때로는 부정적인 조언이 유용할 수도 있고, 또 어느 때엔 유용하지 않을 수도 있지. 예를 들면 '조심해! 여긴 위험하다고.'라는 조언이 유용할 때와 그렇지 않을 때는 언제일까? (여기에 관해 토론할 시간을 어느 정도 할애한다.)

그렇다면 '걱정하지 마. 나쁜 일은 일어나지 않아.' 같은 긍정적인 조언은 어떨까? 이 조언이 유용할 때와 그렇지 않을 때도 있을까? (여기에 관해서도 토론할 시간을 어느 정도 할애한다.)

그래, 이렇게 조언자가 그다지 도움이 되지 않을 때도 있어. 항상 조언자가 하는 말을 따르는 건 썩 좋은 생각이 아닐 수도 있단 의미야. 하지 못할 거로 생각했지만, 어떻게든 해냈던 순간을 떠올려 볼 수 있을까? 그게 바로 내면의 목소리가 하는 조언을 따르지 않아서 성공했던 예시라고 볼 수 있어.

앞으로 점점 더 조언자와 능숙하게 작업할 수 있을 거야. 조언자의 말을 들어야 할 때와 무시해야 할 때가 언제인지 배울 수도 있어. 우리 삶을 책임지는 건 조언자가 아니라 바로 우리 자신이니까.

실험 및 정상화

이번에는 시각 은유를 사용하지 않고 조언자를 소개하는 경험적 접근에 대한 개요를 제시할 것이다(물론 시각 은유와 경험적 접근을 결합하여 사용할 수도 있다). 먼저 세 가지 실험을 기본으로 제시할 수 있다. 조언자의 활동을 살펴볼 수 있는 실험은 조언자와 익숙해지는 가장 좋은 방법이다. 실험을 마치고 나면 조언자를 정상화하는 토론을 시행한다.

실험에 대해서는 다음과 같이 소개할 수 있다.

무엇을 실험이라고 하는지 알고 있니? 과학 시간에 하는 것들과 비슷해. (확인받고 나면 계속한다.) 그럼 우리는 실험할 때 주로 무엇을 할까? (더 진행하기 전 청소년이 대답하도록 허용한다.)

실험에서는 앞으로 어떤 일이 벌어질지 모르는 상태에서 무언가를 시도하곤 해. 열린 마음을 유지하며 해 보는 거야. 그리고 우리가 다음에 할 작업도, 앞으로 종종 함께할 작업도 일종의 실험이 될 거야. 너에게 무슨 일이 일어날지 선생님은 정확히 알지 못할 테니, 작업하는 동안 너에게 무슨 일이 일어나고 있는지 선생님에게 말해 주어야 해. 여기에는 맞는 것도, 틀린 것도 없어. 그저 네가 세상을 어떻게 경험하는지 선생님이 알 수 있도록 말해 주면 돼. 한번 해 볼까?

실험이 이상하면 할수록 더 나은 정보를 얻을 수 있다고 제시하는 것이 효과를 내곤 한다. 어떤 접근을 취하든 함께 작업하는 청소년을 한 수 앞서 내다보려는 것이 아니라는 점을 분명히 해야 한다. 그런 다음 조언자에 대해 간단히 소개하고, DNA-V 모델에 관한 오리엔테이션을 제공한다.

오늘은 선생님이 '조언자'라고 부르는 것에 대해 이야기해 보려 해. 조언자는 우리 모두의 머릿속에 존재하지. 내면의 목소리처럼, 우리 자신에게 우리가 말하는 방식에 붙인 이름이야. 조언자의 말을 듣는 방법을 배우면 조언자에게 등 떠밀리지 않게 될 거야. 조언자를 경험해 보는 몇 가지 간단한 실험을 해 봐도 괜찮을까?

이러한 밑 작업을 마쳤다면 다음 실습을 진행한다. 한 회기에서 세 가지 실험을 모두 진행할 필요는 없다. 함께 작업하는 청소년에게 가장 적합하다고 여겨지는 실험을 선택하라.

조언자 실험 1: 조언자에게 발언권 주기

첫 번째 실험은 3분간 글쓰기 실습으로, 필기도구와 실습 시간을 마련해 두어야 한다.

이번 실험에서는 3분 동안 마음이 하는 말을 전부 적어볼 거야. 마음에서 무엇이 떠오르든, 아주 사소한 것이라도 다 써 보자. 만약 마음이 계속 같은 말을 반복한다면 그렇게 적어도 괜찮아. 예를 들자면, '시간이 얼마나 더 남았지? 시간이 얼마나 더 남은 거야? 너무 힘들어. 얼마나 더 남은 거지?'라고 적어볼 수도 있어. 멈추지 않고 3분 동안 마음이 하는 말을 그저 적어 보는 거야.

문법이나 문장 부호는 신경 쓰지 않아도 돼. 만약 생각이 너무 빨리 지나간다면 한 단어만 잡아서 적어볼 수도 있어. 완전한 문장으로 쓸 필요는 없어. 떠오르는 것은 무엇이든 그저 써 보자. 쓰고 나서 선생님에게 보여 주고 싶지 않다면 보여 주지 않아도 괜찮고, 아예 지워버려도 괜찮아. 그러니까 떠오르는 어떤 생각이든 자유롭게 적어 보렴.

3분이 지나가는 동안 청소년이 쓰기를 멈추었다는 것을 알게 되면 무엇이든 다시 써 보도록 격려한다. '막혔어' 또는 '내가 뭘 생각하고 있었는지 잊어버렸어.' 같은 내용이라도 괜찮다. 시간이 다 되면, 청소년이 동의할 경우 적은 내용을 함께 검토한다. 이어서 검토 여부와 무관하게 다음 내용을 전달한다.

이 작업을 하면서 무엇을 경험했지? 조언자가 얼마나 바쁜지 알아차렸니? 무슨 말이냐면, 그저 선생님과 함께 여기 앉아 있는 동안 이 모든 말과 느낌이 너를 통해 흐르고 있다는 거야. 조언자가 이름을 붙이고, 평가하고, 판단하고, 긍정적인 말과 부정적인 말을 하고, 걱정하는 등 이런저런 일을 하느라 바쁘다는 것을 알아차렸지. 조언자가 얼마나 말이 많은지, 얼마나 반복해서 말하는지 알아차릴 수 있니? 정말로 조언자는 한순간도 멈추지 않아. 놀랍지 않니?

청소년이 실험을 하는 동시에 당신 또한 3분에 걸친 조언자의 혼잣말을 적어보기를 권한다. 청소년이 편안하게 느낀다면 서로 작성한 내용을 공유할 수도 있다. 그런 다음 각 조언자의 특질에 관해 이야기해 볼 수 있다. 반복하고, 걱정하며, 지루한 잡담을 늘어놓는 것 같은 두 사람의 조언자에서 많은 유사점을 알아차릴 수 있을 것이다. 둘 다 조언자가 대부분은 그다지 중요하지 않은 일로 바쁘다는 것도 알 수 있을 것이다. 또한 한 생각이 다른 생각, 그리고 또 다른 생각에 대한 선행사건처럼 보인다는 것도 알아차릴 수 있을 것이다. 이는 우리가 상징적으로 관계를 구성하는 방식에 대한 한 가지 예시이다.

이러한 마음의 특질에 대한 해독제인 관찰자 공간에 들어가는 간단한 호흡 실습을 이어서 해 볼 수도 있다.

> 조언자의 말을 듣고 그대로 받아들인다면 마치 이 방을 떠나버리는 것과 같아. 여길 떠나 조언자의 세계로 들어가게 되는 거지. 다시 이 방으로 우리 자신을 데려오는 간단한 연습을 해 보자. 그저 몇 차례 천천히 깊게 호흡하면서, 잠시 호흡의 들숨과 날숨을 알아차려 보자. (직접 시범을 보여 준다.)

조언자 실험 2: 극과 극으로 이동하기

이 실험(S.C. Hayes, Strosahl & Wilson, 1999에서 영감을 얻음)은 조언자가 언제나 우리 자신, 우리 주변의 세상, 다른 사람들을 판단하는 방식을 보여 준다. 문장마다 읽고 나서 약 2초 동안 멈춘다.

> 이번 실험에서는 몇 가지 문장을 들려줄 거야. 각 문장을 듣고 나면 선생님이 무슨 말을 했는지 생각해 본 다음, 여기에 대해 조언자가 무슨 말을 하는지 알아차려 보자. 그저 조언자가 무엇을 하는지 알아차리기만 하면 돼. 여기에는 정답도, 오답도 없어. 그저 선생님이 하는 말을 들을 때 무엇이 나타나는지 알아차려 봐. 집중할 수 있도록 눈을 감는 게 가장 좋아. 준비됐니?
>
> 나는 이상하다. 자, 그저 조언자가 무슨 말을 하는지 알아차려 보자⋯
>
> 나는 훌륭하다⋯
> 나는 완벽하다⋯

나는 망가졌다…

나는 어리석다…

나는 못생겼다…

나는 아름답다…

문장을 읽고 난 다음, 청소년의 조언자가 이 정보에 대해 어떤 반응을 했는지 토론한다. 다음은 토론을 안내할 때 적용해 볼 수 있는 질문이다.

조언자가 문장을 맞다, 틀리다로 평가하려 했니? (조언자가 때로는 '헛소리하고 있네.' 같은 더 강한 말로 표현한다고 언급할 수도 있다.)

조언자가 어떤 이미지를 떠올리며 그 문장들이 말이 되게 하려고 시도했니?

조언자가 '왜 선생님이 이런 말씀을 하시는 거지?'와 같이 선생님에 대해 말하거나, '내가 제대로 하는 게 맞나?'와 같이 너에 대해 말했니?

그런 다음 특석인 관점의 이동을 제시하며 결론을 맺는다.

이제 이 실험의 가장 흥미로운 점에 관해 이야기할 거야. 선생님이 무엇을 하라고 했는지 기억하니? 선생님이 하려는 문장을 듣고, 조언자가 그 문장들에 어떻게 반응하는지 알아차리라고 했었지. 선생님은 그 문장들이 너에 관한 이야기라고 한 번도 이야기한 적이 없어. 사실 그 문장들은 선생님에 대한 것이었어. '나는 이상하다'라고 했지, 네가 이상하다고 하지 않았잖아.

흥미롭지 않니? 우리는 그저 여기 앉아서, 선생님은 몇 가지 문장을 말했고 너는 무엇이 일어나는지 알아차려 보라고 했을 뿐이야. 그러자 조언자가 급발진하면서 이 모든 힘겨운 일들이 나타났지.

조언자 실험 3: 조언자는 과연 전지전능할까?

이번 실험에서는 시각 은유에 대한 내용에서 강조했던 요점 중 하나를 사용한다. 만약 은유와 실험 접근을 함께 사용하는 경우에는 은유에 관해 토론할 때 이 부분을 건너뛸 수 있다.

어려운 일을 해내야 했는데, 할 수 있을지 확신이 없던 때를 떠올려 볼 수 있을까? 조언자는 하지 못할 거라고 말했지만 어떻게든 해냈던 때가 있었니?

청소년에게 예를 들어보게 한다. 자신이 극복한 어떤 두려움에 초점을 맞추고 있으므로, 여기에 대해 자랑스러워할 것이다. 청소년에게 상황(예, 시험 준비)을 설명하게 하고, 그 상황과 관련되었던 느낌과 생각(예, 너는 절대 좋은 성적을 낼 수 없을 거야. 넌 못해.)을 이야기하게 한다.

그럼 그때 조언자의 말을 들었더라면 어떻게 되었을까? 조언자가 너를 떠밀어 버리게 내버려 두었다면 어떤 일이 일어났을까? (반드시 답변을 받는다.)

하지만 실제로는 무슨 일이 일어났는지 보자. 조언자는 낙담한 상태였지만 너는 어떻게든 너에게 중요한 걸 해냈지. 용기를 낸 훌륭한 예시이기도 하고, 네가 쌓아 올린 성취이기도 해.

이제 여기에 관한 간단한 실험을 해 볼 거야. 준비됐니?

눈을 감고 마음속으로 너 자신에게 일어나라고 말한 다음, 그대로 앉아 있는 상태에서 서 있는 자신의 모습을 상상해 보자. 몸이 의자에서 벗어나 의자 앞에 서 있다고 생생하게 상상해 보는 거야.

이 실험에서 조언자는 네가 상상한 대로 일어나라고 말하며 자신이 할 일을 했지. 조언자가 일어나라고 말하는 것과 실제로 일어나는 현실 사이에 차이가 있다는 사실에 동의할 수 있니?

좋아. 이제 또 다른 간단한 실험을 해 보자. 다음 문장을 반복해 봐. "나는 일어설 수 없어. 나는 일어설 수 없어." 이 문장을 큰 소리로 말하면서 실제로는 자리에서 일어나는 거야. 실제로 몸을 일으켜 보자.

'나는 일어설 수 없어' 같은 낙담하는 말을 하면서도 여전히 일어설 수 있다는 걸 알아차렸니?

바로 이게 조언자의 특성이야. 조언자가 하는 말은 단지 조언일 뿐, 우리가 실제 세상에서 하는 행동과는 상당히 동떨어질 수 있어. 우리는 조언이 좋은지 나쁜지 결정해야 해. 선생님이 알고 있는 가장 좋은 방법은 조언을 실제 세상, 그리고 우리가 가치 있게 여기는 것과 연결 지어 보는 거야. 때로는 조언자가 '너는 할 수 없어'라고 말하면 우리는 포기해 버리지. 어느 때는 조언자가 '너는 할 수 없어'라고 말해도 우리는 그 말을 듣지 않고 그저 계속 노력하기도 해. 그렇게 우리가 계속 노력할 때, 성공을 경험하기도 하지.

적절하다고 여겨진다면 당신 자신의 삶 속에서 예를 든다. 그런 다음 청소년의 예로 돌아가서 조언자가 때로는 도움이 되지 않는다는 점을 일반화하고 설명한다.

조언자 연습 1: 조언자 정상화하기

부정적인 생각과 느낌이 정상이라는 점은 청소년에게 일러 줄 수 있는 중요한 선물이다. 청소년 자신이 비정상이거나 '나쁘다'라고 여기면 파괴적인 방식으로 행동할 가능성이 커진다. 자해, 물질 사용, 주의 분산, 감정 억제 같은 내재화 전략으로 자신의 '나쁜' 부분으로부터 도피하려 할 수도 있다. 또는 자신의 기분을 나쁘게 만든 책임이 있다고 생각하는 사람들을 공격하는 것 같은 외부화 전략으로 대응할 수도 있다. 조언자가 하는 말 내용은 대개 부정적이므로, 부정적인 내용이 자연스러운 이유를 이해하도록 돕는 간단한 토론 또는 경험적 실습을 제시하고자 한다. 이 실습에서 가장 핵심적인 부분은 부정적 편향의 진화적 이점을 다루는 것이다. 이를 끊어지지 않은 조상 사슬 또는 '생존 게임'으로 개념화한다. 원한다면 다음 그림을 사용하여 조상 사슬을 설명할 수도 있다.

그림 5 조상 사슬

생존 게임 역할 연습

이번 연습은 조언자가 왜 그렇게 부정적인지 이해하는 데 도움이 될 거야. 말도 안 되는 관념에서부터 시작해 보자. 네가 살아 있다는 건 정말 놀라운 일이야. 불가능한 일들이 연속으로 일어난 엄청난 결과지. 생각해 보자. 모든 조상님이 자녀를 갖기 전에 죽지 않고 살아남아 긴 사슬이 이어진 결과로 네가 여기에 있는 거야. 어느 시점에서든 사슬이 끊어졌다면 여기에 존재하지 못했을 거야. 그러니 수천 년을 거슬러 올라가 어떻게든 죽임당하지 않고 살아남은 무수한 조상님들이 계시는 거지.

정말 놀랍지 않니? 특히 놀라운 점은 인간이 언제나 집에서 산 것도 아니고, 안전한 환경에서 산 것도 아니란 거야. 자기 자신을 지킬 무기나 다른 도구를 언제나 가지고 있던 것도 아니지. 수천 년 전, 인간은 극도로 위험한 세상에서 살았고 많은 시간을 바깥에서 보내야 했어. 다른 동물에 비해 느렸고, 날카로운 발톱이나 이빨도 없었지. 이런 우리 인류의 조상을 죽일 수 있는 동물은 너무나도 많았어.

인간이 굶주린 사자와 함께 살던 8천 년 전쯤으로 거슬러 올라가 보자. 사자들이 어슬렁거리는 초원에 네 사람이 앉아 있었어. 이 네 사람 중 하나가 살아남아 너의 조상님이 될 거야. 누가 될지 한번 알아보자.

첫 번째 사람은 매우 긍정적인 조언자를 가지고 있었어. 그래서 저 멀리 황갈색 점이 나타나면 조언자가 '우와! 저 아름다운 생명체를 봐. 내가 쓰다듬어 줄 수도 있겠다.' 이 사람은 죽게 되었지.

두 번째 사람에게는 조금 더 부정적인 조언자가 있었어. 이 사람은 조언자를 싫어해서 조언자에게 입 다물고 있으라고 했지. 그래서 저 멀리서 사자가 나타나도 조언자는 경고하는 말을 외치지 않았어. 입 다물고 있었거든. 그래서 이 사람도 잡아먹혔어.

세 번째 사람의 조언자는 입을 다물지 않았지만, 언제나 부정적인 건 아니었어. 느긋한 시각을 가지고 있어서 위험을 보더라도 크게 주의를 기울이지 않아서 몇 가지 위험은 놓치곤 했지. 하지만 얼마나 많은 위험을 놓칠 수 있었을까? 단 한 번뿐이었어. 그러고 나서는 이 사람도 잡아먹혔지.

마지막으로, 엄청나게 예민하고 부정적인 조언자를 가진 네 번째 사람이 있었어. 이 사람도 조언자를 싫어하고 입 다물고 있으라고 했지만, 이 조언자는 세 번째 사람의 조언자처럼 느긋하지 않았어. 계속 평가하고, 판단하고, 부정적인 의견을 내는 데 몰두했지. 네 번째 사람이 아무리 조언자를 쫓아내려 해도 계속 투덜거렸어. 좋은 소식은 저 멀리 사자가 나타나면 조언자가 경고하는 말을 외쳐주었다는 거야. 그래서 네 번째 사람은 사자에게서 도망쳐 살아남았지.

네가 여기에 있기까지 너의 조상님들은 자녀를 낳기 전에 단 한 번도 치명적인 실수를 하지 않았어야 했지. 수천 년에 걸쳐 단 한 번도 실수가 없었던 거야. 만약 목숨이 단 한 번도 실수하지 않는 데 달려 있다면, 지나치게 부정적이고 예민한 조언자와 느긋하고 때로는 실수하는 조언자 중 누구를 더 가지고 싶을까?

이 네 가지 시나리오에서 조언자에 관한 중요한 사실 몇 가지를 배울 수 있어. 조언자가 부정적인 상황에 민감하지 않았거나 입을 닫을 수 있었다면 조상님들은 아마 목숨을 잃었을 거고 너는 태어나지조차 못했을 거야. 사슬이 끊어져 버렸겠지.

너는 조상님들이 살아남는 데 도움이 된 조언자와 동일한 조언자를 물려받았어. 따라서 조언자가 부정적이고 성공적이지 않을 때 조언자를 꺼버리는

데 어려움을 겪는 건 네가 완벽하게 정상적인 인간이라는 걸 의미해.

그리고 이게 정말 까다로운 점인데, 조언자는 외부 세계의 문제만 찾는 게 아니야. 내면의 문제도 찾으려 들지. 때로는 우리가 아주 괜찮지 않거나, 약하거나, 사랑스럽지 않거나, 망가진 점들을 찾으려 해. 그래서 우리의 조언자는 정말 우리를 힘겹게 할 수도 있어.

앞서 언급하였듯 위 내용을 사용하여 이 실습을 토론 형식으로 진행할 수 있다. 또는 각 조언자의 역할을 연기하며 진행할 수도 있다(긍정적 조언자, 부정적이지만 입을 다물 수 있는 조언자, 느긋한 조언자, 매우 민감하고 부정적이면서 입을 다물 수 없는 조언자). 역할 연기를 할 때는 함께 작업하는 청소년 바로 뒤에 앉아 진행하는 것이 한 가지 방법이다. 청소년에게 사자가 들끓는 위험한 곳에 살고 있다고 상상해 보게 한다. 그런 다음 당신이 서로 다른 조언자 역할을 연기할 것이라고 말한다. 저 멀리 황갈색 점, 아마도 사자가 보인다고 말하면서 시작한다. 그런 다음 '우와, 정말 흥미로운데? 저게 뭔지 궁금하다. 재미있을 것 같아.'라고 긍정적인 조언자를 연기한다. 이런 조언자와 함께하라면 살아남을 가능성이 있을지 질문한다.

입을 다물 수 있는 조언자의 경우, '저게 뭐지? 사자일 수도 있어. 나는 죽을지도 몰라. 뛰어야 할 것 같은데.'라는 말을 하며 위험을 감지하는 조언자 연기로 시작한다. 그런 다음 청소년에게 뒤를 돌아보며 당신에게 입 다물라고 말하게 한다. 청소년이 그렇게 말하고 나면 말하기를 멈춘다. 만약 필요하다면 조언자가 입을 다물면 청소년이 오래 살아남지 못할 것임을 알도록 도와준다.

다음으로는 '저 황갈색 점은 뭐지? 위험한 건가? 뭐, 아마 아무것도 아니겠지.'와 같이 느긋한 조언자를 연기하라. 이 역할을 연기하고 나서 느긋한 조언자와 함께 사는 건 더 즐겁겠지만 치명적인 실수를 하기 쉽다는 점을 지적한다. 그리고 이 시나리오에서는 실수는 조금도 용납되지 않는다.

마지막으로 입을 다물지 않는 매우 민감하고 부정적인 조언자를 연기한다. 두 번째 시나리오처럼 시작하되, 이번에는 청소년이 '입 다물어'라고 해도 계속 말하며 위협을 지적한다.

이 연습을 토론으로 제시하든 경험적으로 제시하든, 청소년의 삶을 일반화하며 결론을 짓는다. 조언자가 조심스럽고, 두려워하며, 실수를 경계하게 된 방식에 대해 이야기한다.

조언자 연습 2: 조언자 가만히 살펴보기

청소년이 조언자에 익숙해지면 조언자가 나타날 때 그저 알아차려 보게 한다. 알아차리는 연습에는 여러 방식이 있지만, 핵심 과업은 청소년이 조언자의 내용을 지나치는 대신 그 내용을 바라보게 하는 데 있다. 이를 수행하는 몇 가지 간단한 방식은 다음과 같다. 화이트보드나 종이에 조언자가 하는 말을 작성하게 한다. "지금 조언자가 뭐라고 말하니?" 같은 알아차림을 유발하는 질문을 던진다. 또는 "와, 너의 조언자가 지금 정말 바쁘구나." 같은 말로 조언자가 활동할 때 청소년이 이를 알 수 있도록 돕는다. 일상에서 조언자의 평가 및 예측을 알아차리는 과제를 줄 수도 있다. 예를 들어 막히는 느낌이 들거나, 자기 자신에게 가혹하게 대하거나, 미래를 걱정하거나, 과거에 몰두하는 것을 알아차려 볼 수 있을 것이다. 지침은 개별 청소년에 맞추어 조정할 수 있다.

이제 조언자의 말이 사는 동안 정상적인 과정의 일부라는 사실을 청소년이 이해했으므로, 주어진 시점에서 조언자의 말을 들어야 할지, 아니면 관찰자 공간으로 옮겨가는 게 더 나을지 결정을 내려 볼 수 있다. 4장에는 관찰자 기술을 개발하는 데 도움이 되는 많은 방법이 제시되어 있다. 이를 연습하면 할수록 청소년들은 점점 더 많이 조언자에게 기술들을 적용할 수 있을 것이다. 이 과정에서 조언자가 자신을 이용하게 하는 대신 자신이 조언자를 이용할 수 있는 몇 가지 중요한 방법들을 발견하게 될 것이다.

사례 개념화와 중재 계획

이제 DNA-V 모델을 사례 개념화에 적용하는 방법을 살펴보기 위해 맷의 예시로 되돌아가 보자. 이는 문제 개념화와 중재 계획 수립에 모형을 이용하는 방식에 대한 감을 잡는 데 도움이 될 몇 가지 사례 개념화 중 첫 번째 예시이다. 그림 6에는 전체 사례 개념화가 제시되었지만, 이번 장의 목적에 부합하기 위해 주로 조언자와 조언자 관련 중재에 초점을 맞출 것이다.

이 모델을 사용할 때는 청소년에 대한 추론은 제쳐두고 우리가 직접 보거나 청소년에게서 들었던 청소년의 행동에 초점을 맞추어야 한다. 임상가의 조언자가 가진 편견으로 인해 추론이 흐려지는 일은 너무나 빈번히 발생한다. 이 책에 실린 사례 개념화는 임상가가 한두 번의 회기를 통해 내담자에게 수집한 많은 정보로 구성되었다고 가정한다.

최근 상황과 현재 문제

학업 부진

주의집중의 어려움

사회적, 역사적 환경

권위주의적이고 학대하는 아버지

어머니의 부재

불안정한 애착

사회적 지지 부족

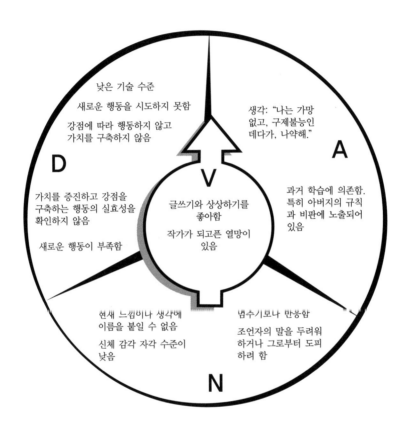

낮은 기술 수준

새로운 행동을 시도하지 못함

강점에 따라 행동하지 않고 가치를 구축하지 않음

D

가치를 증진하고 강점을 구축하는 행동의 실효성을 확인하지 않음

새로운 행동이 부족함

생각: "나는 가망 없고, 구제불능인 데다가, 나약해."

A

과거 학습에 의존함. 특히 아버지의 규칙과 비판에 노출되어 있음

V

글쓰기와 상상하기를 좋아함

작가가 되고픈 열망이 있음

현재 느낌이나 생각에 이름을 붙일 수 없음

신체 감각 자각 수준이 낮음

냄수기미나 반응함

조언자의 말을 두려워하거나 그로부터 도피하려 함

N

자기 시각

환상으로 자존감을 지탱하려 함

위대한 존재가 되는 환상으로 위협에 반응함

자기연민이 관찰되지 않음

사회적 시각

다른 사람들과 단절됨

다른 사람들의 중요함을 인식하고는 있으나 친구를 사귀는 기술이 부족함

또래로부터 괴롭힘을 당함

그림 6 **맷의 DNA-V 사례 개념화**

맷과 조언자

조언자가 청소년에게 어떤 역할을 하는지 알려면 청소년의 생각과 자기 대화, 그리고 이것이 청소년의 삶에 미치는 함의와 기능을 살펴보아야 한다. 이를 수행하는 한 가지 방법은 자기 평가, 다른 사람에 관한 이야기, 세상에 관한 이야기라는 세 가지 중복되는 영역에서 청소년의 조언자가 하는 말을 살펴보는 것이다.

이 접근 방식으로 먼저 맷과 자기 자신과 어떤 관계를 맺고 있는지 고려해 보자. 맷은 주로 조언자를 이용하여 자신의 결함을 찾는다. *나는 왜 이렇게 멍청할까? 나는 뭐가 잘못된 걸까? 나는 왜 아무것도 제대로 못하는 걸까?* 대부분의 시간 동안 맷은 가혹하고 권위주의적인 아버지로부터 학습한 내용을 반영하여 자기 자신을 비난하는 것으로 보인다. 다음으로 맷이 조언자 기술을 이용하여 타인과 관계를 맺는 방법을 살펴보자. 여기서는 다른 사람들과의 상호작용을 비롯한 자신의 삶 모든 영역을 끊임없이 부정적인 자기 평가로 물들도록 허용한다는 것이 주된 방식이다. 아울러 맷의 조언자가 맷과 세상과의 관계를 평가하는 방식은 대체로 절망을 암시하는 메시지로 가득 차 있다. 맷이 이러한 절망스러운 평가를 마치 경직된 규칙인 양 추종하기 때문에 이러한 부정적인 주제들이 맷이 하는 모든 행동을 흐려지게 한다. 따라서 아버지와 또래뿐만 아니라, 이 책의 후반부에서 다루는 학업과 관련된 도전들에서도 맷은 겁을 먹고 웅크린다.

맷의 다른 DNA 기술

이번 장의 주제는 조언자이지만, DNA-V 모델의 다른 과정에 관한 맷의 기술 측면도 몇 가지 특이점을 빠르게 훑어보도록 하자. 관찰자 측면에서 맷은 자신의 감정을 자각하지 못하고, 힘겨운 감정을 수용하거나 감정이 오가도록 허용하지도 못하는 것 같다. 맷은 자신의 느낌을 상황에 대한 정상적인 반응으로 보지 않는다.

이와 마찬가지로 맷의 탐험가 기술과 가치 있는 행동을 구축하는 능력 또한 빈약하다. 맷은 글쓰기, 야구하기, 친구 사귀기 등 가치와 활력을 구축할 수 있는 행동을 추구하는 대신 환상 속으로 도피한다. 자기 자신, 자신의 강점, 자신의 용기를 맷은 발견할 수 없다.

다음으로 사례 개념화 워크시트 하단에 있는 '자기 시각' 및 '사회적 시각' 측면에서, 맷은 방어적인 자기 가치감을 보여 준다. 맷은 위협을 느낄 때 무언가에 위대해지는 환상으로 반응한다. 추후 대화를 통해 맷이 아버지와 다른 사람들이 자신에게 말했던 부정적인 내용을 믿고 있다는 것이 밝혀질 수도 있다. 맷이 연민 어린 관점으로 자신을 바라볼 가능성은 거의 없다. 이 시점에서 맷의 사회적 시각에 관한 증거는 많지 않지만, 우리가 가지고 있는 몇 가지 힌트는 맷이 다른 사람을 두려워하며 다른 이들을 공감하는 데 어려움이 있다는 점을 시사한다. 아버지와 또래 관계 모두에서 맷은 자신은 약하고 그들은 강하다고 비교한다. 맷은 사회적으로 단절되어 있으며, 다른 사람들과 연결되거나 집단에 어울리거나 참여할 수 없는 것처럼 보인다.

요약하자면 어떤 측면에서든 맷의 DNA 기술 수준이 높을 증거는 희박하다. 맷은 자기 자신, 자신의 느낌, 자신의 사회적 세상을 거의 알아차리지 못하며, 세상이 제공해야 하는 것들을 발견하는 능력과도 접촉하지 못하고 있다. 맷은 조언자의 세계에 갇혀 있다. 실제 물리적 세계란 맷에게는 잃어버린 세계이다.

맷과 함께 시작하기

DNA-V 모델로 맷과 맷의 기술 수준을 이해히고 나면 맷이 기술을 구축하는 데 도움을 줄 수 있다. 맷을 돕는 첫 번째 가능한 단계는 맷이 조언자를 의식적으로 경험하게 하는 것이다. 맷은 대개 자신의 평가, 생기, 규칙에 시로갑히 있으므로 여기서부터 시작해 보기를 제안한다. 조언자의 손아귀를 느슨하게 하면 맷이 자신의 신체 감각과 느낌을 수용하도록 가르치는 더 어려운 작업을 시작하는 데 필요한 움직일 공간을 만들어 낼 수 있다.

먼저 조언자를 샅샅이 훑기보다는 바라보는 경험을 하게 한다. 맷의 경우에는 조언자 실습 1(조언자 정상화하기), 즉 다가오는 사자에 대한 네 가지 조언자 반응을 탐색하는 작업부터 시작한다. 맷은 모든 곳에서 위협을 발견하고 그와 관련지을 가능성이 크므로 여기에서부터 시작하는 것이다. 이는 기능적으로 생각하며 개인에게 적합한 실습을 선택하는 한 가지 예시이다. 이 실습을 역할 연기로 시행하고, 맷에게 조언자가 어디에서 위험을 보는지 말해 보게 한 다음, 학교와 집에서 발견하는 위험에 관해 설명해 보게 한다. 반 아이들이 맷을 괴롭히는 것같이 정말로 위험한 것들도 있지만, 수업에 필통을 가져오는 걸 잊어버린 것 같은 덜 위험한 일들도 있다는 것을 다루려는 것이다. 맷의 조언자가 이 두 가지 상황 모두에서 맷이 경계 태세를 취하게 한다는 점이 곤란한 부분이다. 따라서 조언자가 도움이 되는 경우와 그렇지 않은 경우를 맷이 구분할 수 있도록 도와주는 작업을 한다.

맷이 자기 생각에 상당히 얽혀 있으므로 너무 급하게 진행하지는 않을 것이다. 맷은 아마도 자신의 모든 생각이 사실이며, 자신의 마음이 항상 도움이 된다고 믿고 있을 것이다. 따라서 첫 번째 회기에서는 그저 한 가지 실습만 한 다음, 맷에게 집에 가서 조언자가 얼마나 자주 위험을 발견하는지 알아차려 보게 한다. 맷에게 1점에서 5점까지의 척도로 위험을 평가해 보도록 할 수도 있다. 맷에게 있어 가장 결정적인 첫 번째 단계는 조언자를 인식하고, 위험을 감지하는 것이 정상인지 확인해 보는 것이다.

다음 회기에서는 맷에게 자신이 알아차린 것과 조언자가 위험을 얼마나 자주 발견했는지 설명해 보게 한다. 현생 인류와 우리의 조상 사이에서 발견한 차이점에 대해서도 함께 토론해 볼 수 있다. 여기서 요점은 맷이 오늘날 세상에서는 사자와 같은 즉각적인 위협을 마주하는 기회가 거의 없으며, 조언자의 의견에도 불구하고 필통 챙기기를 잊어버리는 건 위험하지 않다는 것을 알 수 있도록 도와주는 것이다.

그런 다음 조언자에 대한 시각 은유(그림 4)를 사용하여 맷이 조언자와 조언자의 모습을 묘사하게 한다. 자신의 조언자를 그려보거나 이름을 붙여 보게 할 수도 있다. 필요하다면 이번 장 기본 훈련 초반에 있는 조언자 실험이나 조언자 실습 2(조언자 가만히 살펴보기)를 이용하여 조언자가 때로는 그다지 도움이 되지 않는다는 점을 확인하게 할 수도 있다.

마지막으로 조언자의 역할을 살펴보며 조언자로부터 풀려나기 시작하는 방법과 갇힌 느낌이 들 때 관찰자 공간으로 들어가는 방법에 관한 지침을 제공한다. 맷이 조언자의 손아귀를 느슨하게 만들고 나면 관찰자와 탐험가 기술로 맷을 도울 수 있다. DNA-V 모델은 개인에 따른 적용이 가능하므로 어디든 가장 적절한 곳에서부터 시작하면 된다.

DNA-V가 진단을 지도화하는가?

맷이 어떤 진단에 부합하는지, 또는 왜 맷의 진단명을 논의하지 않는지 궁금할 수도 있을 것이다. DNA-V 모델에서의 사례 개념화는 다른 여러 심리 모델보다 진단명에 덜 의존한다. 무엇보다 DNA-V는 초진단적이며, 맥락 내 행동의 기능에 기반을 두고 있다. 이는 모델의 초점이 행동, 행동이 일어난 맥락, 행동의 결과에 있다는 점을 의미한다. ('맥락'이란 해당 행동에 영향을 미치는 변화 가능한 사건의 흐름으로, 여기에는 역사, 시간, 대인 관계, 개인 내적 요인이 포함된다.) 핵심은 인간 행동이 그들 자신에게 기능하는 방식을 살펴보는 것이며, 이후 장에서 이에 관해 자세히 다룰 것이다. 아울러 이 책의 목표는 모든 DNA 기술을 유동적으로 이용하여 주어진 상황에 적응하는 것이다.

그렇지만 다른 분야와의 소통을 위해 맷이 받을 수 있는 전통적인 진단명의 종류도 살펴보도록 하자. 맷의 주요 증상은 불안과 관련되며, 반추, 두려움, 사회 불안이 관찰된다. 이는 청소년 사이에서 흔한 증상이다. 청소년 중 약 14%가 불안 장애를 겪고 있다(Wittchen, Nelson, & Lachner, 1998). 맷에게는 주의집중의 어려움과 과제를 지속하기 어려워하는 행동 문제도 있다. 이 또한 청소년에게 흔한 증상으로, 약 9%의 청소년이 주의력 결핍 장애를 겪고 있다(Froehlich et al., 2007). 또한 해리 증상도 관찰되며, 특히 아버지와의 상호작용에서 스트레스를 받으면 환상으로 도피한다. 이는 아버지의 학대로 인한 외상후스트레스장애(PTSD)로 해석할 수 있다. 약 20%의 청소년이 적어도 한 번의 외상성 사건을 경험하며, 약 3%에서 청소년기 외상후스트레스장애가 발병한다(Perkonigg, Kessler, Storz, & Wittchen, 2000). 다른 측면으로 본다면 초기 아동기에 어머니로부터 유기되며 발생한 애착 장애가 반영되었다고 볼 수도 있다. 이러한 진단 간 중복이 최대 40%까지 일어난다는 유병률 보고서(Kessler, Chiu, Demler, & Walters, 2005; Merikangas et al., 2010) 결과는 청소년에게 단일 진단을 내리기가 얼마나 어려운 일인지 보여 주고 있으며, 그 대신 특정 맥락에서 개인의 행동 기능에 초점을 맞추어야 한다는 점 또한 강조하고 있다고 볼 수 있다.

따라서 이 책과 DNA-V 모델의 초점은 청소년의 행동과 맥락에 있다. 계속 읽어 나가면 청소년이 새로운 행동을 개발하도록 돕는 방법을 배우게 될 것이다. 또한 당신, 그리고 당신과 함께 작업하는 청소년이 그들이 살아가는 맥락에 영향을 주는 방법에 대한 통찰을 얻게 될 것이다.

4장

감상하고 선택하도록 도와주는 관찰자

지난 20년에 걸친 연구에 따르면 마음챙김은 청소년에게 지도할 수 있는 가장 중요한 기술 중 하나이다. 마음챙김은 더 높은 지적 기능, 자기 조절, 안녕감, 신체 건강과 연관된다(Davis & Hayes, 2011). DNA-V에서 관찰자란 내부 및 외부 경험 관찰하기, 자각과 함께 활동하기, 느낌을 식별하고 명명하기, 내적 경험에 대한 비반응성 등 여러 마음챙김 기술을 총망라한 은유를 일컫는다(Baer, Smith, Hopkins, Krietemeyer, & Toney, 2006).

마음챙겨 살고 싶지 않은 사람이 있을까? 난관은 마음챙김을 어떻게 가르치냐는 것이다. 청소년에게 매일 20분 동안 고요히 앉아 호흡에 집중하는 구조화된 명상을 시킬 수 있다면 참 멋진 일이 될 것이다. 하지만 실제로는 많은 청소년이(심지어 어른들도) 마음챙김 수행을 규칙적으로 하지 않는다. 다행스럽게도 DNA-V를 사용하면 청소년이 구조화된 연습을 하지 않고도 관찰자 기술을 개발하도록 도울 수 있다. 이번 장에서는 지속적인 삶의 흐름 속에서 알아차림 기술을 개발하는 다양한 접근 방법들을 제시할 것이다.

알아차림은 크게 두 가지 측면에서 유익하다. 먼저 알아차림은 경험에 반응하지 않고 잠시 멈추고 경험을 있는 그대로 허용한다. 분노를 알아차리고 그에 대한 반응으로 공격적인 행동을 하지 않을 수 있으며, 불안을 알아차리고 그에 대한 반응으로 회피 행동을 하지 않을 수 있다. 도움 되지 않는 오래된 방식으로 반응하는 일이 줄어들수록 우리에게는 새로운 대응 방식을 선택할 수 있는 더 많은 자유가 주어진다. 알아차림의 두 번째 유익한 측면은 현재 순간에서 환경과 신체 양쪽에서 들어오는 정보에 대한 민감성이 향상된다는 점이다. 이를 통해 우리는 자신의 경험을 더욱 온전히 관찰할 수 있고, 그 결과 주어진 상황의 요구에 더욱 적절하게 대응할 수 있다. 우리 주변에 있는 모든 좋은 점 또한 알아차림으로 감상할 수 있다.

이번 장은 청소년들이 너무나도 흔히 겪는 알아차림 기술 부족 상태를 묘사하는 사례를 통해 시작한다. 그리고 나서 청소년들이 알아차림을 어려워하는 이유를 다룬 다음, 이러한 상황을 전환할 수 있는 기본 알아차림 기술을 개발하는 데 도움이 되는 실습을 소개할 것이다. 이번 장에 실린 연습 중 일부는 http://www.thrivingadolescent.com에서 무료로 내려받을 수 있다.

브리의 이야기

"가방 현관에다 두지 말랬지." 엄마가 브리에게 소리친다. 한마디 말도 없이 브리가 엄마를 휙 지나치자, "엄마 무시하지도 말랬잖아." 하는 엄마의 말이 들린다. 브리는 자신의 방으로 휙 들어가 쾅 하고 문을 닫는다. "너는 왜 매사에 그렇게 부정적이니?" 엄마가 방문에다 대고 소리친다. "지금이 제일 좋은 때야. 조금만 더 커 봐라. 세상에 쉬운 일이 있나."

'더는 못 견디겠어.'라고 브리는 생각한다. '아무도 나를 이해하지 못해. 아무도 나를 좋아하지 않아.'

브리는 자신이 소유한 귀중한 것들에 둘러싸인 침대에 앉는다. 책상 위에 놓인 일기장, 아트 포스터, 노란색 노트북과 핸드폰 같은 것들이다. 다른 물건들은 옷장 천장에 비밀스레 달린 문 뒤에 숨겨져 있다. 와인 한 병, 담배, 자해 도구 같은 것들이다.

자신이 와인을 훔쳤다는 사실을 모르는 부모님은 멍청하다. 오늘 하루 동안 일어난 일들도 마찬가지였다. 몇 년 동안 이 지긋지긋한 학교에 다녔지만, 오늘이 역대급으로 최악이었어. 지루함을 없애려 자해하고 싶다는 생각까지 들었으니까. 친구들은 남자애들과 바보 같은 아이돌 같은 뻔한 이야기를 해댔지. 선생님들은 지루한 목소리로 지루한 말만 했어. 우드 선생님은 파워포인트 슬라이드를 한 단락씩 받아적게 했고, 캠벨 선생님은 최소한 30년은 된 것 같은 50분짜리 동영상을 틀었잖아. 윌슨 선생님은 따분한 자기 수업 시간에 집중하지 않고 그림 좀 그렸다고 나에게 철 좀 들라고 말했다니까. 더는 못 참겠어. 애들도, 선생님들도, 아무도 나를 이해하지 못해. 누구도

내가 무엇을 바라는지, 무엇을 느끼는지, 무슨 생각을 하는지 신경 쓰지 않아.

그리고 브리는 노트북을 열고 다음과 같이 쓰기 시작한다.

내 고통은 생생히 살아 있다. 내 영혼은 욱신거린다. 도움이 되는 것도, 갈 곳도 없다. 감정을 조절하려 모든 것을 시도해 보았지만, 아무것도 효과가 없었다. 이성을 잃고 나면 선을 넘어버리기도 한다. 그게 두렵고 마음마저 아프다. 그러니 나는 계속, 더 깊게 자해할 거다. 견딜 수 없다. 죽으려는 건 아닌데… 적어도 나는 내가 죽고 싶다고 생각하지 않는다.

브리는 방 저편으로 일기장을 집어던진다. 그런 다음 거의 자동으로 비밀 공간에서 칼날을 꺼내 침대에 앉아 허벅지 위쪽을 천천히 긋는다. 마치 다른 사람이 하는 것처럼 자해는 딴 세상같이 느껴진다. 피가 다리로 흘러내리는 것을 지켜본다. 몇 초 전까지만 해도 엄마에게 소리를 지르고 싶었지만, 지금 브리에게는 아무것도 느껴지지 않는다.

브리에 대한 고찰

　　불안정한 모습을 보이며 자해를 반복하는 브리 같은 내담자를 많은 임상가가 어려워한다. 브리의 자살 또는 타해 가능성은 예측하기 쉽지 않다. 처음에는 브리가 이처럼 극단적인 행동을 하게 만드는 동기가 무엇인지도 확인하기 어려울 수 있다. 브리에게 학대받은 이력은 존재하지 않는다. 실제로 브리의 가족은 대체로 지지적인 편으로 보인다. 하지만 조금 과도하게 허용적이고 감정을 비수인하는 면이 있다. 브리의 어머니가 "지금이 제일 좋은 때야." 같은 말로 브리가 부정적인 감정을 느끼면 안 된다고 말하는 경우가 그 예이다. 그렇지만 브리의 가족 상황으로 브리의 극심한 분노와 자해 행동을 설명하기에는 전반적으로 불충분하다. 이러한 상황이 우리를 의아하게 만들고, 브리를 도와줄 방법을 확신할 수 없게 한다.

　　잠시 시간을 내어 브리에게 어떻게 대응할지 생각해 보자.

　　브리와 같은 청소년과 작업하거나 상호작용을 할 때 당신 내면에서는 무엇이 나타나는가? 당신의 느낌, 감정, 생각, 의심, 희망 등을 떠올려 보자.

　　브리의 문제를 어떻게 개념화할 수 있을까?

　　만약 당신이 브리와 작업한다면, 이상적으로 어떤 것들을 해 보고 싶은가? 자신의 가치를 떠올려 보자.

　　브리를 도울 방법으로 무엇을 시도해 볼 수 있을까?

너무나도 흔한 브리의 이야기

15세에서 19세에 이르는 청소년 중 의도적 자해는 여성 청소년 약 17%, 남성 청소년약 12%에서 나타난다. 그러나 자해가 보고되지 않거나 발견되지 않는 경향이 있다는 점을 감안한다면 이는 과소평가된 유병률이라고 볼 수 있다(Martin, Swannell, Hazell, Harrison, & Taylor, 2010). 자해는 대개 자살 시도라기보다는 행동적 대처 전략으로 기능한다(이러한 이유로 '비자살성 자해'라고 불리기도 한다).

외양이 비자살성이든 자살성suicidality이든 간에 임상가인 우리는 이러한 상황에 압도되곤 한다. 개입에 앞서 먼저 기저에 깔린 원인이 무엇인지 파악해야 하거나, 극단적인 행동에 상응하는 복잡한 중재 방안을 마련해야 하거나, 다른 치료자에게 의뢰해야 한다고 느낄 수도 있다. 상황을 제어하기 위해 무언가 극적인 조처를 해야 한다고 느낄 수도 있겠지만, 반드시 그래야만 하는 건 아니다. 때로는 간단한 행동 변화가 도움이 된다. DNA-V 모델은 신체 신호를 이해하고, 감정을 식별하고, 행동을 조절하는 데 어려움을 겪는 많은 청소년이 가진 문제의 핵심을 향하는 시작점을 제공한다. 이러한 문제가 개선되려면 관찰자 기술을 개발해야 한다. 이번 장에서는 여기에 초점을 맞출 것이다.

관찰자로 시작하는 우리의 삶

아기는 관찰자로 세상에 찾아와 신체 감각으로 세상을 경험한다. 아기는 무섭거나, 화가 나거나, 피곤하다고 느낄 때, 그저 단순히 무섭거나, 화가 나거나, 피곤해한다. 아기는 자신의 느낌을 좋거나 나쁘다고 해석하지 않는다. 그저 나타나는 감각으로써 그 느낌을 경험할 뿐이며, 이는 종종 세상과의 상호작용으로 인한 결과이다. 이는 아기들의 필수 생존 기술로, 자신의 감각을 감지하고 울음이나 미소로 부모에게 자신의 요구를 전달한다.

그러나 그 후 몇 년 동안 감각을 해석하는 법을 배우면서 아동이 되어가는 아기에게 극적인 변화가 일어난다. 생후 12개월에서 28개월 사이 유아는 부모가 자신에게 "너 피곤하구나." "너 슬프구나."같은 말을 하는 것을 자주 듣게 된다. 점차 그 말을 물려받은 아동은 스스로 그렇게 말하기 시작한다. 취학 전(3~5세) 연령대 아동 대부분은 물리적 세상에 대한 반응에 간단한 이름을 붙이는 방법을 배우고, 이러한 반응을 전달할 수 있으며, 이를 자신의 감정을 유발하는 사건에 연결할 수 있다. 달리 말해 이 때가 되면 더 이상 단순히 신체 경험만을 통해 세상을 알아차리지 않는다. 이에 대해 다른 사람들과 대화하기 시작하면서 결국에는 자기 자신과도 대화하게 된다. 각 상호 작용은 자신과 타인의 느낌에 대한 언어적 자각 발달에 영향을 미치며, 초기 아동기를 거치며 이러한 해석은 점점 더 정교해진다.

많은 아동이 자신의 감정을 좋거나 나쁜 것으로 평가하는 법을 배우는 중기 아동기(5~10세)에는 조언자가 정말로 바빠진다. 부모님, 선생님, 또래, 사회적 세계가 평가하는 방식을 지속적으로 모델링하기 때문이다. 예를 들어 엄마가 "오, 너 슬프구나. 자, 쿠키 먹으렴."이라고 말하면 아동은 '슬픔'을 달콤한 간식으로 도피해야 하는 느낌으로 학습한다. 아빠가 "착한 여자아이는 화를 내지 않아."라고 말하면 아동은 화를 느끼면 자신이 어떤 식으로는 나빠진다는 점을 학습하게 된다. 이러한 영향으로 인해 많은 아동이 느낌을 그저 오고 가는 대로 단순히 알아차리는 것을 중단한다. 그리고 그 대신 조언자를 이용하여 느낌을 평가한다. 화는 나쁘고, 행복은 좋으며, 슬픔은 끔찍하다. 그렇게 많은 아동이 감정을 느끼는 걸 두려워하게 된다.

시간이 지날수록 조언자는 점점 더 막강한 지배력을 갖게 된다. 청소년기가 되면 "도전할 때는 두려움을 느끼면 안 돼." "슬프다는 건 나에게 문제가 있다는 거야." 같은 감정에 관한 규칙을 제공하며 영향력을 확장한다. 청소년들은 또한 "화를 내는 나는 나빠."같이 이러한 감정을 가지는 자기 자신을 평가하는 법도 학습하게 된다. 결국에는 청소년 자신의 느낌에 관한 느낌, 즉 메타(초) 감정meta-emotion까지 발달한다. 예를 들어, 청소년은 슬퍼하는 것에 당황스러워하거나 분노를 느끼는 것에 창피해할 수 있다. 그리고 동시에 상충하는 여러 감정을 느낄 수도 있어 상황이 더욱 복잡해진다. 실로 한순간에 부모를 사랑하면서도 미워할 수 있는 것이 그 예이다.

알아차림이 사라지는 이유

청소년기는 매우 감정적인 시기로, 인생의 어떤 시기보다 더욱 기억에 남곤 한다 (Siegel, 2014). 처음으로 독립을 맛보고 가정을 넘어 큰 세상을 경험한다. 사랑, 섹스,

음악, 파티, 그리고 깊은 우정 같은 최고로 짜릿한 경험을 마주한다. 한편으로는 실연, 가장 친한 친구의 배신, 학교에서 혼자 내몰린 느낌, 어색한 성적 접촉 같은 바닥을 치는 경험 또한 겪게 된다. 이러한 강렬한 경험을 다루기 위해 조언자에게 의지하게 된다. 감정을 해결할 만한 언어와 나쁜 느낌과 고통스러운 경험을 사라지게 하는 방법을 찾으려 시도하는 것이다.

이렇듯 감정은 통제하고, 찍어 누르고, 관리해야 할 무언가가 된다. 브리의 조언자는 브리가 자신의 느낌을 견딜 수 없으므로 기분이 나아지려면 자해를 해야 한다고 말한다. 맷의 조언자는 맷이 자신의 삶을 나아지게 하려고 지금 할 수 있는 게 아무것도 없으므로 환상으로 도피할 수밖에 없다고 말한다. 이런 종류의 조언을 듣게 되면 두 가지 파괴적인 결과가 나타난다. 세상으로부터, 그리고 자신의 감정 반응이 주는 지혜로부터 자신을 단절시키게 된다.

브리와 같은 청소년들이 상담가를 만났을 때 가장 먼저 바라는 건 "이 느낌을 멈추게 해 주세요!"인 경우가 많다. 그러나 안타깝게도 우리는 이들이 원하는 걸 해 줄 수 없다. 감정을 멈추게 할 방법은 없기 때문이다. 게다가 감정을 멈추게 하는 건 해결책이 아니라 오히려 문제 중 하나이다.

모든 파괴적인 행동 전략의 중심에는 감정을 회피하거나 억누르려는 시도가 자리하고 있다. 여기에는 칼로 긋기 같은 자해뿐만 아니라 물질 사용, 강박적인 인터넷 사용, 주의를 분산시키기 위한 TV 시청, 사회적 상황 회피, 걱정, 과식, 절식, 고립, 포기, 해리, 부정, 미루기, 우쭐함을 느끼기 위해 타인을 괴롭히기 등이 포함된다. 이 중 어떤 전략도 사람들이 가치 있는 삶을 살게끔 도와주지 않지만, 그런데도 청소년과 성인 모두 이러한 행동을 되풀이하며 살아간다.

우리는 청소년들이 원하는 것, 즉 감정을 제거하거나 통제할 수 있는 능력을 줄 수는 없다. 하지만 그들이 필요로 하는 것을 줄 수는 있다. 몸을 통해 세상을 경험하는 방법을 다시 학습하고, 느낌에 관한 조언자의 경직된 규칙을 느슨하게 만들도록 도울 수 있다. 청소년들이 자신의 느낌으로부터 한 발짝 물러나 단순히 그것을 알아차리는 방법을 학습하고 나면 더는 감정이 유독한 무언가로, 또는 가치 있는 행동을 가로막는 장벽으로 기능하지 않을 것이다. 그러고 나면 자신의 느낌과 싸우기를 그만두고, 더욱 재미있고 의미 가득하면서도 생산적인 삶이 주는 도전적인 과업에 자신의 에너지를 쏟을 수 있을 것이다.

느낌이 주는 지혜를 다시 발견하기

알아차림 기술과 다시 연결되는 과정은 조언자가 말하는 내용대로가 아닌 세상을 있는 그대로 경험하는 능력을 되찾는 작업이다. 조언자 공간에서 벗어나 신체 경험과 연결되도록 돕는 기술이자, 마음챙겨 잠시 멈추어 신체 감각에 이름을 붙이고, 판단과 평가에 낚이지 않으면서 호기심 어린 자세로 이를 허용하게 해 주는 기술이다.

조언자 공간에서 벗어나 신체 감각의 세계로 들어가면 감정을 억누르려는 조언자의 파괴적인 시도가 느슨해진다. 그뿐만 아니라 모든 DNA 기술을 유연하게 옮겨 다닐 수 있는 우리 존재의 중심인 현재 순간으로 돌아갈 수 있다. 이러한 이유로 알아차림은 DNA-V 모델의 중심에 자리한다.

관찰자 기술을 강화하는 접근은 다음 세 단계로 구성된다.

1단계. 정상화하기
- 보는 느낌은 성상임을 인식하기
- 느낌을 통제하거나, 뿌리 뽑거나, 바꾸거나, 줄이려 조절할 필요가 없음을 인식하기
- 모든 느낌은 지나가며, 대개는 아주 빨리 스쳐 간다는 것을 인식하기

2단계. AND 연습
- 머리글자 AND로 요약(DNA를 거꾸로)되는 연습 시작
  - A = 인식하기Aware: 몸에서 느껴지는 신체 감각을 인식하기
  - N = 명명하기Name: 신체 감각에 이름 붙이기
  - D = 설명하기Describe: 이러한 내적 경험을 느낌 또는 감정으로 설명하기

3단계. 허용하기
- 느낌을 비롯한 현재 순간에 존재하는 무엇이든 허용하기
- 느낌에 관한 판단을 허용하고, 판단에 반응하지 않기
- 일상 속 마음챙김 연습으로 '알아차리기-AND-허용하기' 기술 확장하기

위 세 단계는 '정상화하기-AND-허용하기'라는 문구로 기억하면 쉽다. 관찰자 기술 연습은 이 세 가지 간단한 단계를 통해 마음챙김 훈련으로 확장된다. 이어지는 부분에서는 이들 과정에 대해 더욱 심도 있게 다룰 것이다. 뒤이어 이번 장 후반부에서 제시하는 기본 훈련을 통해 각 단계에 관한 지침을 제공하는 방법을 살펴볼 것이다.

1단계. 정상화하기

정상화라는 용어에는 인간으로 산다는 것이 무엇인지에 대한 학습이라는 의미가 담겨 있다. 우리는 마음이 아닌 몸으로 느낀다. 나아가 우리는 행복한 감정만이 아닌 모든 감정을 느낄 운명에 놓여 있다. 이 문장은 명백한 만큼 잘못 받아들이기도 쉽다. 우리 사회는 우리가 신체 감각보다는 인지를 통해 느낌을 바라보도록 조형하기 때문이다. 우리는 대개 조언자의 말, 예를 들면 *이 긴장되고 의심스러운 느낌은 내가 해낼 수 없다는 의미*라는 해석을 믿어버린다. 그리고 때로는 긍정적인 감정만 가지려고 하거나, 모든 감정에 압도될 수 있다는 걸 알고는 감정 전부를 뿌리 뽑을 방법을 찾으려 들기도 한다.

감정에 대한 이런 버겁고 복잡한 태도에서 한 발짝 물러나 단순하게 바라보도록 하자. 감정을 뜻하는 단어 'emotion'의 라틴어 어원인 *'e-movére'*에 '움직이다.'라는 뜻이 담겨 있다는 사실을 떠올려 보면 이러한 자세를 취하는 데 도움이 된다. 이 어원은 감정의 본질, 즉 물리적 세상으로부터 메시지가 들어오면 우리의 몸은 "준비해! 무언가 일어나고 있어. 뭔가 해 봐! (또는 "하던 일을 멈추고 귀를 기울여 봐.")"같은 신체 감각으로 대응한다. 감정에는 물리적인 힘이 있고, 우리 몸에 깊은 영향을 발휘한다. 이는 뱃속의 울렁거림, 가슴의 답답함, 손바닥의 축축함, 어깨의 긴장감 같은 통상적인 묘사로 이어진다. 이것들은 모두 감정에 관한 표현이다.

동화 속 소원

자신의 감정과 느낌을 통제하고 싶었던 때가 있는가? 다음 사고 실험으로 우리가 그 소원을 들어주려 한다. 이 작업은 청소년과도 해 볼 수 있다. 감정과 느낌을 이런 식으로 바라보게 하면 청소년들은 깜짝 놀라곤 한다.

우리가 마술 지팡이로 당신의 어깨를 두드리고 나면 더는 당신에게 힘겨운 느낌이 존재하지 않는다고 해 보자. 다시는 슬픔을 경험하지 않아도 된다. 절망과 좌절도 감쪽같이 사라진다. 분노 또한 결코 슬그머니 나타나지 않을 것이다. 당신은 오직 기쁨, 행복, 사랑만을 누리게 된다. 잠시 이런 상태가 되었다고 상상해 보라.

이제 사랑하는 사람이 세상을 떠나면 어떤 일이 일어날지 곰곰이 생각해 보자. 이 상실에 슬퍼할 수 없다면 사랑하는 사람을 그리워할 수 있을까? 그 사람과의 기억을 추억하고 기릴 수 있을까? 다른 사람에게 도움이 필요하다고 알릴 수 있을까?

이제는 당신이 가치를 두고 하는 일들을 떠올려 보자. 이 일에서 뒤처지게 되면 어떤 일이 일어날까? 행복한 느낌만으로 이 상황을 극복할 수 있을까?

만약 당신이 돌보는 청소년이 학대당하는 상황이라면 어떨까? 이 상황에 분노하지 않는다면 청소년을 도우려는 동기가 저하되지 않을까?

이제 문제가 무엇인지 알겠는가? 우리가 '부정적인' 감정을 잃어버리면 우리는 인간성을 잃게 되는 것이다.

감정을 적대시하는 사회

우리 사회는 우리가 싫어하는 모든 것을 이성으로 정복할 수 있다고 가르친다. 이런 입장은 어느 정도는 일리가 있다. 우리는 이성으로 질병을 치료하고, 농업에서 괄목할 만한 발전을 이루었으며, 기후로부터 우리를 보호할 수 있는 더 진보한 건축 기술을 고안해 냈다. 이렇듯 우리는 외부 세계의 수많은 문제점을 제거해 왔기에 우리 내면세계의 '문제' 또한 우리의 강력한 이성으로 해결하려는 시도는 너무나도 자연스럽다. 그리고 우리는 내면세계에서 원치 않고 제거하고픈 많은 것들을 식별할 수 있다. 따라서 우리는 불안을 조절하고, 긍정적으로 생각하고, 불안정함을 느끼지 않고, 슬픔, 분노, 후회, 절망 같은 느낌을 방지하려 노력하기 시작했다. 이는 고통스러운 느낌이 우리가 통제할 수 있고, 통제해야 하는 대상이라는 메시지로 문화 전반에 걸쳐 전달된다.

더 나아가 우리는 감정이 우리를 특정 방식으로 행동하게 만든다고 배운다. 예를 들어 아동이 누군가를 때리면 우리는 보통 "왜 그랬니?"라고 물으며 대답하기를 종용한다. 아동은 처음에는 이 질문에 혼란스러워할지도 모르지만, 결국 행동에 대한 이유를 말해야만 한다는 것을 학습하고 "화가 났어요."라는 식으로 대답할 것이다. 이는 표면적으로는 합당한 이유인 것처럼 들린다. 하지만 이를 받아들이면 행동이 우리의 선택이 아닌 감정으로 인한 것이라는 개념을 강화하는 것이다. '이유대기로서의 감정'은 다음과 같은 긴 추론으로 이어진다.

- 화가 나서 때렸다.
- 화가 나지 않으면 때리지 않을 것이다.
- 화를 멈출 수 있다면 때리지 않을 것이다.
- 분노는 내가 나쁜 일을 하게 만들므로 나쁜 것이다.
- 화를 내면 문제가 있다는 것이다. 나에게 무언가 문제가 있다.

우리 사회에서 모든 느낌이 괜찮다는 메시지를 듣기란 실로 어렵다. 브리가 자신의 느낌이 적이 아니라 '그저 존재하는 것'이라는 사실을 이해했다고 상상해 보자. 브리의 행동이 바뀔 것 같은가? 안타깝게도 브리와 같은 청소년은 자신의 체화된 감정을 식별하지 못하곤 한다. 많은 청소년이 자신의 신체 감각을 두려워한다. 그들 중 일부는 목 아래 감각과의 연결을 차단해 버린 것처럼 보인다. 예를 들어 브리는 분노의 신체 감각을 알아차리고 이를 분노로 명명하는 능력이 부족하다. 대신 브리는 자신의 느낌을 평가로 표현한다. 슬픔은 '나는 내가 싫어'가 되어, 분노는 '나는 엄마를 참을 수 없어'가 된다. 그러나 이런 평가는 자신의 감정과 신체 감각이 주는 신호를 다루는 데 도움이 되지 않으므로, 결국 브리는 자해를 대처 전략으로 사용하게 된다.

정보의 필수 원천인 감정

감정은 때로는 나약함과 비합리성의 징후로 여겨지지만, 이는 진실과는 한참 거리가 먼 이야기이다. 감정은 우리가 합리적으로 사는데 반드시 필요하다(Ciarrochi, Chan, & Bajgar, 2001; Ciarrochi, Chan, & Caputi, 2000; Ciarrochi, Forgas, & Mayer, 2001). 자각의 일종이자, 세상에서 일어나는 사건이 우리의 가치, 필요, 욕구와 어떻게 관련되는지 이해할 수 있는 방식이 바로 감정이기 때문이다. 예를 들어 슬픔은 원치 않던 일이 일어났을 때 나타나고, 두려움은 원치 않는 일이 일어날 것 같을 때 나타난다(Ortony & Clore, 1990). 분노는 누군가 의도적으로 우리에게 잘못을 저질렀을 때 나타나는 일반적인 반응이다.

기쁨, 만족, 관심, 사랑 같은 긍정적 유인가를 가진 감정은 안전과 강화의 징후를 보이는 환경 단서에 대한 반응으로 발생하며 행동 레퍼토리를 확장하는 경향이 있다(Fredrickson, 2001). 예를 들면 기쁨은 새로운 것을 즐기고 시도하고자 하는 충동과 관련된다. 동물 연구에 따르면 장난스러움은 동물이 안전하게 쫓고, 싸우고, 한계를 시험하게 하는 일종의 훈련장 역할을 한다. 긍정적인 사회적 감정은 다른 사람들과 어울리며 탐색하려는 충동과 관련되며, 이는 우정을 쌓고 사회적 자원을 개발하는 과정을 촉진한다.

소위 부정적인 감정이라 불리는 두려움이나 분노 같은 감정들은 처음에는 위험을 알리는 환경 단서에 대한 반응으로 나타난다. 부정적인 감정은 행동 레퍼토리를 축소시키고 투쟁 또는 회피 행동을 준비시키는 경향이 있다. 환경 단서가 실제 존재한다면 이러한 행동은 합리적일 것이다. 그러나 우리의 언어적 조언자는 우리의 감정 해석을 훨씬 더 복잡하게 만든다. 자신이 느끼는 감각 탓에 죽을 것이라고 여기는 공황장애의 사례처럼 우리는 정당한 이유가 없는데도 명백한 두려움을 경험할 수 있다. 이에 따라 심지어 우리는 두려움에 대한 두려움 같은 이차 감정을 경험할 수도 있다.

관찰자 기술에는 우리가 때로는 감정을 원하지 않더라도 결국 감정 없이는 살아갈 수 없다는 것, 즉 감정이 정보의 필수 원천이라는 사실을 이해하는 작업이 포함된다. 이를 입증하는 주목할 만한 연구 하나를 소개하고자 한다(Bechara, 2004). 이 연구에서는 뇌 전두엽 손상군과 대조군에게 카드 네 묶음 중 하나를 선택하게 하는 도박 과제를 주었다. 일부 묶음을 선택하면 작은 보상이 주어지는 대신 큰 손실도 없었다('좋은' 묶음). 다른 묶음을 선택하면 조금 더 큰 보상을 받았지만 때때론 큰 손실을 보아야 했다('나쁜' 묶음). 대조군은 처음에는 나쁜 묶음을 선택했지만, 여러 차례 선택 후 그들에게 정보를 제공하는 감정 반응이 나타나기 시작했다. 나쁜 묶음을 고르려 해도 좋은 묶음으로 옮겨가야 할 것 같은 불안을 경험했다. 결과적으로 대조군은 과제 시작 시점보다 더 큰 보상을 얻게 되었다. 대조적으로 전두엽 손상군에서는 나쁜 묶음에 대한 불안 반응이 전혀 형성되지 않았고, 과제가 반복될수록 더 큰 손해를 보았다. 지적 능력이 보존되고 있었음에도 선택을 안내해 줄 불안이 없었기에 자신에게 도움이 되지 않는 위험을 추구한 것이다.

일반 인구에서도 사람마다 감정을 알아차리고 명명하는 능력은 차이가 크며, 이 기술이 취약한 사람은 결과적으로 불리한 처지에 놓이게 된다. 자신의 느낌을 식별하기 어려워하는 청소년에게서는 정서 문제가 나타나고 사회 네트워크 구축이 빈약해지는 경향이 나타난다(Ciarrochi, Heaven, & Supavadeeprasit, 2008). 성인의 경우에는 자신의 느낌을 식별하기 어려워하면 감정에 대처하기 위해 약물을 남용할 우려가 훨씬 더 커지며(Lindsay & Ciarrochi, 2009), 천식, 고혈압, 만성 통증 및 위장 장애를 경험할 가능성 또한 더 크다(Lumley et al., 2005). 설상가상인 격으로 제한된 감정 식별 기술은 심혈관 질환, 사고, 부상, 폭력에 노출될 위험의 증가로 인한 사망과도 연관된다(Kauhanen, Kaplan, Cohen, Julkunen, & Salonen, 1996; Tolmunen, Lehto, Heliste, Kurl, & Kauhanen, 2010). 요약하자면 감정 식별 기술은 감정과 이를 유발하는 사건에 대처하는 능력에 필수인 것으로 보인다.

2단계. AND 연습

느낌과 감정을 정상화하고 난 다음에는 AND라 부르는 감정을 자각하는 핵심 연습을 지도한다(DNA의 역순으로 생각하면 기억하기 편하다). 그런 다음 이를 기본 마음챙김 연습으로 확장한다.

AND 연습은 신체 신호를 호기심 어린 자각으로 알아차린 다음, 그 신호에 자동으로 반응하는 대신 몸과 연결을 유지하며 현재 순간에서 그 감각을 명명하고 있는 그대로 허용하는 과정으로 진행된다. 실제로 해 보면 매우 간단한 단계이다. 지금 바로 한 번 해 보라.

인식하기(A) : 자신의 감각을 인식한다. 몸을 쭉 훑어보면서 배, 가슴, 머리, 어깨, 손 등 신체 감각이 있는 곳 어디든 알아차린다.

명명하기(N) : 감각에 이름이나 명칭을 붙인다. 마음속에 떠오르는 어떤 이름이든 가능하다. '조이는', '뒤틀리는', '고요한', '터질 듯한', '따끔거리는' 거와 같이 무엇이든 괜찮다.

설명하기(D) : 이제 감각을 분노, 행복, 슬픔, 지침 같은 감정에 대한 명칭으로 기술해 본다. 그런 다음 필요하다면 몇 차례 천천히 호흡한다.

유용성에 따라 AND 기술을 다른 순서로 진행할 수도 있다. 만약 함께 작업하는 청소년이 '분노' 같은 감정 단어를 명확하고 빠르게 붙일 수 있다면, DAN 순으로 연습을 변형하여 적용해 볼 수 있을 것이다.

설명하기(D) : "내가 느끼는 감정은 분노이다."

인식하기(A) : 몸 전체를 쭉 훑어보며 신체 감각을 알아차린다.

명명하기(N) : "가슴이 답답하다."처럼 분노를 형성하는 신체 감각에 이름을 붙인다.

그러나 대체로 A, N, D 순으로 사용하기를 권장한다. 조언자의 평가를 느슨하게 하고 말, 생각, 해석에 사로잡히는 대신 몸 안에서 느껴지는 신체 감각으로 돌아가는 데 도움이 되는 순서이기 때문이다. AND 기술을 능숙하게 활용하려면 얼마간 연습이 필요하다. 당신 스스로 연습을 반복하다 보면 다른 사람에게 이를 지도하는 것도 더 수월할 것이다.

청소년이 감정을 잘못 명명하는 일은 흔하게 나타난다. 예를 들어 자신은 화가 났다고 표현하지만, 실제로 인식하는 감각은 무거움이나 둔함같이 일반적으로 슬픔이나 절망으로 여기는 감각일 수도 있다. 때로는 슬퍼하는 상태에 대한 분노 같은 이차 감정을 표현할 수도 있다. 또는 신체 감각에 인지가 아닌 감정을 연관시키는 기술에 제한을 보이는 문제가 나타날 수도 있다. 이러한 상황들에서는 청소년이 '올바른' 명칭을 붙이지 못하는 것을 걱정하기보다는 청소년이 감정에 대한 감각과 언어적 명칭을 변별하는 방법을 학습하도록 도와주어야 한다. 예를 들어 부드러운 어조로 다음과 같이 말할 수 있다. "화가 나면 몸에서 무거움이 느껴지는구나. 물론 그럴 수도 있지만, 많은 사람이 무거움을 느낄 때는 '슬픔'이라는 이름을, 무언가 차오르는 느낌이 들 때는 '분노'라는 이름을 쓰기도 해. 분노와 슬픔을 어떻게 느끼는지 좀 더 이야기해 볼 수 있을까?" 연습이 진행됨에 따라, 즉각적인 반응 없이 신체 감각과 이에 대한 경험을 변별하는 학습이 목표가 된다.

브리의 사례로 되돌아가 브리가 엄마와 상호작용하는 동안 AND 기술로 어떻게 도움을 줄 수 있을지 살펴보도록 하자. 먼저 브리에게 자신의 몸을 빠르게 훑어보게 한다. "너의 자각이 공항 검색대 스캐너에서 나오는 빔처럼 머리끝부터 발끝까지 몸을 쭉 훑는다고 상상해 보자. 어떤 감각을 알아차릴 수 있는지 살펴보는 거야." 그런 다음 감각에 이름을 붙이고 감정을 기술하게 한다. 브리는 "가슴이 꽉 막혀서 굳어버린 것 같아요. 답답함을 느끼고 있어요." "몸이 터져버릴 것 같아요. 화가 나요." "배에서 무거운 느낌을 알아차렸어요. 슬픈 것 같아요."라고 답할 수 있다. 감정을 기술할 때 '정답을 맞히지' 않아도 된다. 그저 자신의 물리적 몸을 인식하고, 자신이 경험하고 있는 감각과 감정을 표현하려 할 때 떠오르는 어떤 말이든 사용해도 괜찮다. 느낌과 감정을 정상화하는 연습과 함께, 이 기술을 적용함으로써 브리가 자신의 감정에 개방된 자세로 신체 감각을 지나가는 메시지로 볼 수 있도록 도와줄 수 있을 것이다.

3단계. 허용하기

부정적인 감정이 정상이라는 점을 명확히 하고(1단계) 속도를 늦추며 AND 기술을 연습하도록 돕고 나면(2단계), 청소년이 자신의 느낌과 감정을 허용할 때 얻게 되는 이점을 이해하도록 도와줄 수 있는 적당한 때가 찾아온다. 느낌을 허용해야 하는 이유는 크게 두 가지로 나뉜다. 첫째, 연구에 따르면 회피(허용하기의 반대)는 작동하지 않을뿐더러 오히려 상황을 악화시키곤 한다(S.C. Hayes, Wilson, Gifford, Follette, & Strosahl, 1996). 예를 들어 트라우마성 기억이 떠오르는 것을 막으려는 시도는 PTSD 증상이 갖는 특징 중 하나이다. 사회 불안을 겪는 경우에는 부정적인 사회적 평가를 회피하기 위해 애쓴다. 중독 질환은 대개 실망감과 수치심을 회피하려는 시도로 물질을 사용할 때 발생하며(S.C. Hayes et al., 1996), 물질에 대한 갈망 또한 이러한 느낌을 억압하려 할 때 증가한다(Hooper, Sandoz, Ashton, Clarke, & McHugh, 2012). 일반 인구 집단에서도 부정적인 감정을 억제하려는 시도는 부정적인 감정의 증가와 연관된다(Ciarrochi, Kashdan, Leeson, Heaven, & Jordan, 2011; Williams, Ciarrochi, & Deane, 2010). 감정을 허용하는 방법을 학습하면 파괴적인 통제 의제에서 벗어날 수 있다.

허용하기의 두 번째 이점은 사람들이 가치 있는 방식으로 대응하고 행동할 수 있는 능력을 크게 확장한다는 것이다. 우리는 실패에 대한 두려움을 기꺼이 허용할 때만 성공을 바라볼 수 있다. 취약해지는 느낌을 기꺼이 허용할 때만 긍정적인 관계를 맺을 수 있다. 미지의 세계로 발을 들여놓을 때 나타나는 불안감을 허용하면 긍정적인 성장이 일어난다.

기꺼이함 질문

통제의 대안은 허용하기 또는 기꺼이 하기를 선택하는 것이다. 이러한 선택은 우리가 '기꺼이함 질문'이라고 부르는 간단한 질문으로 표현된다.

_____[가치 있는 활동]을 하기 위해 기꺼이 _____[내적 상태]를 허용할 것인가?

만약 '예'라고 응답했다면, 느낌을 알아차리며 해당 활동하는 동안 그 느낌이 그저 오고 가도록 허용한다. 느낌과 싸우지 않는다.

만약 '아니오'라고 응답했다면, 다른 가치 있는 활동을 해 보는 것을 고려한다.

사람들이 무엇을 느끼고 있든지 간에 가치 있는 활동을 하도록 돕는 것이 기꺼이함 질문의 주된 목적이다. 그러나 기꺼이함은 간접적인 이점 또한 가져온다. 첫째, 기꺼이함은 사람들에게 선택권을 주어 부정적인 감정을 덜 혐오스럽게 경험하게 한다(Bown, Read, & Summers, 2003; Smith, Jostmann, Galinsky, & van Dijk, 2008). 예를 들어, 쥐와 인간 모두 전기 충격을 받아야 할 때 충격을 받는 기간을 스스로 어느 정도 통제할 수 있으면 이를 덜 혐오스럽게 여기는 것으로 나타났다(Gliner, 1972). 둘째, 기꺼이함은 부정적인 감정과 가치 있는 활동을 연결한다. 연구에 따르면 힘겨운 상황에 의미를 부여할 수 있으면 혐오감을 더 적게 경험한다(Coutu et al., 2010). 예를 들어, 한 연구에서 비슷한 정도로 부상당한 군인과 민간인을 비교한 결과 민간인들이 군인들보다 훨씬 더 많은 통증을 보고했다(Beecher, 1956). 이는 군인들에게는 부상이 의미가 있는, 무엇보다도 전쟁에서 벗어나 귀향할 수 있는 상태라는 점으로 설명해 볼 수 있을 것이다. 반면에 민간인들이 겪은 부상에는 어떠한 식으로도 의미가 없었다. 세 번째 이점은 알아차림과 기꺼이함이 느낌과 감정을 있는 그대로 바라볼 수 있도록 허용한다는 것이다. 무자비하고, 압도적이며, 해를 입히는 고정된 상태가 아닌 그저 지나가는 사건으로 이를 경험할 수 있다. 손해를 입을 거라 예상할 때 손해를 예상하지 않을 때보다 더 고통스러워한다는 연구 결과가 이를 뒷받침한다(Moseley & Arntz, 2007).

기꺼이함 은유

현대 사회에서 자신의 느낌 및 감정과 싸우도록 학습되어 이를 그저 또 다른 경험으로 허용하는 방법을 거의 훈련받지 못한 이들에게 기꺼이함을 지도하기란 특히 까다로운 작업이다. 앞서 논의하였듯 우리는 불안정함을 느끼면 나쁘다, 슬픔은 끔찍한 것이다, 남자아이는 울면 안 된다, 여자아이는 화내면 안 된다는 것과 같은 고통스러운 감정은 회피해야 한다는 메시지들을 자주 받곤 한다. 통제에 대한 메시지는 너무나도 만연하기에 우리 대부분은 대안이 있다는 사실조차 깨닫지 못한다.

DNA 기본 훈련에는 청소년에게 회피하기와 허용하기를 변별하도록 가르치는 기술이 담겨 있다. 어떤 행동이 더 적응적인지는 일반적으로 설명할 필요가 없다. 그저 두 행동 양상의 차이를 알아차리도록 도와주면 행동의 작동 여부를 스스로 발견하게 될 것이다.

은유는 느낌과 감정을 허용한다는 것이 무엇인지를 가르칠 수 있는 훌륭한 방식이다. 사람들이 자신의 경험을 새로운 방식으로 바라보는 데 도움이 되는 이미지나 이야기가 좋은 은유라 할 수 있다. 수용전념치료 문헌에는 청소년에게 쉽게 적용할 수 있는 다양한 은유가 담겨 있다. 은유의 기능을 이해하고 나면 이를 유연하게 적용할 수 있을 것이며, 결국에는 당신 자신만의 은유를 만들 수 있을 만큼 자신감이 붙을 것이다. 이어지는 바로 다음 부분에서 사람들이 자신의 느낌과 감정을 허용하는 데 도움이 되는 세 가지 은유의 뼈대를 간략히 설명할 것이다.

수용전념치료에서 사용하는 은유는 우리의 행동을 직관적으로 이해하기 위해 행동 양상(표적물)을 또 다른 양상(토대물)으로 지도를 그려 보고자 하는 시도이다(S.C. Hayes et al., 2001). 일반적으로 토대물은 물리적이며 쉽게 이해할 수 있는 것들이 가장 좋다. 다음 세 가지 예시를 살펴보도록 하자. 각 예시에서 표적물과 토대물은 서로 유사한 속성을 공유하면서도, 토대물에는 새로운 방식으로 표적물을 경험하도록 허용하는 기능이 있다는 것을 알게 될 것이다. 이번 장에서는 이들 중 처음 두 은유를 더욱 구체적으로 풀어보고자 한다. 세 번째 은유에 대한 사세한 내용은 〈*청소년을 위한 마음에서 빠져나와 삶 속으로 들어가라*(Ciarrochi, Hayes, & Bailey, 2012)〉를 참조하라.

표적물 : 느낌과 감정에 맞서 싸우고 자신과 타인에게 이를 숨기려 함

은

토대물 : 비치볼을 물속에 계속 잠겨 있게 하려 애씀

~과 같다

은유로부터 끝어내기 : 수압에 맞서려면 상당한 노력을 들여야 하지만, 이는 궁극적으로 헛된 노력이다. 힘을 빼면 비치볼은 공중으로 치솟아 버릴 것이다.

표적물 : 느낌과 감정이 오고 가는 걸 허용하기

은

토대물 : 파도에 흔들리는 해초

~과 같다

은유로부터 끌어내기 : 파도가 오가면 해초도 그 움직임에 따라 흔들린다. 해초는 바다와 싸우지 않는다. 그저 바다와 함께 흐르듯 움직일 뿐이다.

표적물 : 자신의 느낌, 감정과 싸우기

은

토대물 : 괴물과 줄다리기하기

~과 같다

은유로부터 끌어내기 : 느낌과 감정은 괴물과 같은 적이지만, 이들과 싸우는 것은 자기 자신과 줄다리기하는 것과 다름없다. 이기는 것이 불가능할뿐더러 싸움으로 인해 치르는 대가 또한 크다.

청소년에게 은유를 소개할 때는 간단히 말로 알려 줄 수도 있고, 사진이나 동영상을 이용할 수도 있다. 다음 내용은 비치볼 은유를 사용해서 청소년에게 느낌과 감정을 억누르기보다 허용하도록 지도하는 방법에 관한 개요이다.

친구들과 함께 바다에서 놀고 있다고 상상해 보자. 너에겐 비치볼이 있는데,

이걸 친구들이 못 보게 하려고 이 공을 잡아서 수면 아래로 숨기려 하고 있어. 최선을 다해 애써도 친구들은 네가 무언가를 잡아 누르고 있는 걸 볼 수 있지. 몇 분 후 잡고 있던 손에 힘이 풀려서 공이 갑자기 손에서 미끄러져 공중으로 치솟아버렸어. 이제 모든 사람이 이 공을 볼 수 있게 되었고, 여기에 관심이 쏠리게 되었지. 네가 빨리 다시 공을 잡아서 숨기려 했지만, 이제 모든 사람이 너에게 묻고 있어. "왜 우리한테 그걸 숨기려 해?"

때로는 주변에 아무도 없어도 이 공을 아래로 잡아 눌러서 너 자신에게도 숨기려 하기도 해. 심지어 너 자신마저도 이 공을 보길 바라지 않으니까.

문제는 물속에 공을 계속 밀어 넣어 두는 건 정말 지치는 일이기도 하고, 궁극적으로는 불가능한 일이라는 거야. 그렇게 하다 보면 공은 항상 물 밖으로 튀어 오르며 구경거리를 만들어 내고, 그러고 나면 너 또한 그걸 바라보아야만 해. 게다가 물속에 공을 잡아두려 끊임없이 애써야 해서 수영이나 서핑을 즐길 수도 없지.

이 공을 물속에 잡아두는 것 말고 다른 대안을 떠올려 볼 수 있을까?

'공이 수면으로 올라오도록 허용하기' '공을 잡아두는 걸 포기하기' 같은 대답을 끌어내며 필요하다면 몇 가지 힌트를 제시한다. 그런 다음 은유를 계속 이어간다.

그럼 대안을 시도하기로 했다고 가정해 보자. 공이 근처에 떠 있게 놔두는 거야. 때로는 친구들이 공을 볼 수도 있고, 심지어 때로는 툭 건드릴 수도 있지만, 대부분은 경우에는 다들 자기 일로 바빠서 알아차리지 못할 거야. 그리고 공이 저 혼자 떠올라 있게 놓아두면 친구들과 어울려 놀 수도 있다는 사실도 알게 될 거야. 그 공을 그냥 거기에 놓아두는 데는 큰 노력이 필요치 않아. 하지만 만약 공을 숨기려 한다면 정말 많이 애써야 하고, 힘이 풀리면 치솟아 올라 구경거리를 만들어 내며 한 몸에 관심을 받게 되겠지.

너의 느낌과 감정이 이 비치볼과 같다고 잠시 상상해 보자. 무엇을 알아차렸니?

청소년이 응답하게 한 다음 이 은유가 가지는 의미에 대해 토의한다.

우리의 감정은 이 비치볼과 비슷해. 우리가 감정을 누르려고 하면 얼마간은 성공할 수 있겠지만, 많은 노력이 들 뿐만 아니라 때로는 너무 지쳐서 더 이상 감정을 억누르지 못하게 되기도 하지. 그러면 우리는 폭발해 버리게 되고, 모두의 관심이 우리에게 쏠리게 되지.

우리 자신의 감정을 수용하는 건 비치볼이 바다 수면 위에 떠올라 파도에 오르내리게 하는 거야. 이렇게 되면 우리의 감정을 누구나 볼 수 있지. 때로는 우리 가까이에 떠 있고, 다른 때는 멀리 떨어져 떠 있기도 할 거야. 너의 느낌과 감정을 통제하려 들거나 싸우지 않고 그저 주변을 떠다니도록 허용한다면 어떻게 될까?

은유를 적용할 때는 청소년이 은유를 경험하게 한 다음 이를 그들의 행동과 연관 지어 주는 것이 중요하다. 여기서 다루고자 하는 표적 행동은 느낌을 허용하거나 느낌과 싸우고 있다는 것을 알아차리는 것이다. 그러므로 허용하기의 이점을 강조하는 은유를 채택하였으며, 여기에는 싸우기보다는 허용하기가 더 쉽다는 의미가 담겨 있다. 은유는 청소년이 투쟁으로 인해 치르는 대가와 투쟁을 내려놓을 때 얻게 되는 이점을 보여 주고 있다.

은유 사용은 유연하고 재미있어야 하며, 글자대로의 의미에 너무 사로잡히지 않는 것이 중요하다. 예를 들어 비치볼 은유를 들은 청소년이 사랑하는 사람이 그다지 원치 않는 선물을 주었을 때 실망감을 표현하지 않는 것처럼 특정 사람에게는 특정 감정을 표현해서는 안 된다는 타당한 지적을 할 수도 있다. 그런 경우에는 먼저 좋은 지적을 한 청소년을 수인해 준 다음, 실망감을 외부로는 내비치지 않으면서 내면으로는 허용해 줄 가능성을 탐색하며 다음과 같이 말할 수 있다. "그런 상황에서 실망감을 느끼는 건 완전히 자연스러운 일이야. 실망감을 느끼지 않으려 애쓰는 게 얼마나 어려울지 상상해 보자. 마치 비치볼을 물속으로 밀어 넣으려고 애쓰는 것과 같을 거야. 하지만 실망감을 받아들이면서도, 미소 지은 채 선물에 감사할 방법이 있다면 어떨까?"

관찰자 기술 매일 연습하기

관찰자 공간에 머무르는 세 가지 기본 단계(알아차리기-AND-허용하기)를 청소년이 이해하고 나면 마음챙김 연습을 도입하여 관찰자 기술을 쌓아가도록 도울 수 있다. 관찰자 기술은 치료자와 작업하는 동안 특정 순간에 무엇을 알아차렸는지에 관한 질문에 답하는 것처럼 일상에서(비공식적으로) 연습할 수도 있고, 마음챙김 명상 수행을 하는 것처럼 공식적으로 시간을 내어 연습할 수도 있다.

우리의 경험으로는 간단하고 일상적인 마음챙김 연습이 청소년에게 가장 효과적이었다. 핵심은 마음챙김을 일상생활에서 실천할 수 있는 연습으로, 즉 '알아차림 근육'을 키우는 방식으로 제시하는 것이다. 이를 통해 청소년은 힘겨운 상황을 마주하거나 강렬한 감정을 경험할 때, 관찰자 공간으로 이동하여 마음챙겨 멈추기가 더욱 쉽고 친숙한 방법이라는 사실을 깨닫게 될 것이다. 또한 청소년이 감정에 단순히 반응하지 않는 데도 도움이 될 것이다.

다음은 마음챙김을 연습하고 키울 좋은 기회로 작용하는 일상 활동 목록이다(도움 자료 및 안내 녹음 파일은 http://www.thrivingadolescent.com에서 내려받을 수 있다).

- 호흡하기(이번 장 후반부에 '풍선 호흡' 마음챙김 연습으로 자세히 기술되어 있음)
- 먹기
- 걷기
- 소리에 귀 기울이기
- 스트레칭하기
- 움직이기
- 요가하기
- 외부 세계 관찰하기
- 음악 감상하기
- 놀기
- 대화하기

기본 훈련 : 관찰자 기술 익히기

관찰자 기술을 익히려면 관련 개념을 먼저 소개해야 한다. 그런 다음 세 가지 기본 기술인 정상화하기-AND-허용하기에 관한 지침을 제시한다.

시각 은유로 관찰자 소개하기

그림 7 관찰자에 관한 두 가지 시각 은유

그림 7은 관찰자와 관찰자의 유익한 기능에 관한 유용한 시각 은유이다. 그림에서는 현재 순간의 긍정적인 것들과 연결되고 중요한 선택 지점을 인식하는 데 도움이 되는 관찰자의 능력을 강조하고 있다. 두 그림 중 당신과 작업하는 청소년에게 더욱 적합한 것을 선택하여 제시한 다음, 아래와 같이 질문한다.

- *이 그림을 한번 보자. 무엇을 알아차렸니?*
- *그림 속 이 친구는 무엇을 하는 것 같아? (그림을 잘 살펴보게 한다.) 알아차림을 통해 우리는 무엇을 얻을 수 있을까?*
- *알아차리지 못한다면 무슨 일이 일어날까? 예를 들면, 화가 난 걸 알아차리지 못한다면 어떻게 될까? (적절한 감정을 선택하여 질문한다.)*
- *알아차린다는 건 잠시 멈추어 잘 들여다본다는 것이기도 해. 이런 알아차림이 우리의 선택하는 능력을 어떻게 향상시킬 수 있을까? ("여러 선택을 할 수 있*

다는 걸 알아차릴 수 있어요." "생각과 감정에 반응하지 않고 또 다른 선택을 할 수 있어요."같은 답변이 나올 수 있다.)

시각 은유나 교육적인 설명을 통해 관찰자를 소개하고 나면 이번 장에서 제시하는 3단계 과정 '정상화하기-AND-허용하기'를 마저 지도할 수 있다.

1단계. 정상화하기

청소년에게 자신의 감정 경험이 정상이며 주어진 상황의 결과임을 인식하도록 돕는 것이 이 단계의 목표이다. 여기서 전달해야 하는 주요 메시지는 크게 세 가지로, 청소년이 이상한 것이 아니며, 감정에 관한 우리의 규칙이 항상 도움이 되는 것도 아니고, 청소년은 고쳐져야 할 문제가 아니라는 점이다.

내가 이상한 게 아니다

먼저 두려움, 불안정함, 분노 같은 감정들, 특히 힘겨운 감정을 갖는 것이 특이하거나 이상하지 않다는 점을 강조한다. 청소년 혼자서만 이러한 경험을 하는 것이 아니란 사실을 확고히 설명할 때 몇몇 신빙성 있는 자료가 도움이 될 것이다. 청소년 4명 중 1명이 감정에 어려움을 겪고 있다는 통계 결과가 그 예시이다(McGorry, Purcell, Goldstone, & Amminger, 2011). 이를 다음과 같이 설명할 수 있을 것이다.

너희 반에는 몇 명이 있니? (여기서는 24명이 있다고 가정한다.) 아마 들어보지 못했을 수도 있지만, 청소년 4명 중 1명이 한 해 동안 삶에서 힘겨운 일로 괴로워한다고 해. 우리 네 명 중 한 명은 불안, 슬픔, 불안정함, 또는 여러 강렬한 감정으로 힘겨워하고 있다는 뜻이지.

4분의 1이라는 통계는 청소년뿐만 아니라 성인에서도 마찬가지야. 어른들도 애쓰고 있다는 사실에 혹시 놀랐니? 하지만 사실이야. 선생님 같은 어른들도 부정적인 느낌이 일어나는 걸 막을 방법을 찾지 못했지.

한 반에 24명의 아이가 있다고 한다면, 그중 6명은 아마 올 한 해 동안 어떤 식으로든 어려움을 겪게 될 거야. 네가 아는 선생님들 스무 분 중 다섯

분은 무언가 어려움을 겪고 있을 가능성이 커. 하지만 그중에 누가 힘들어하는지는 아마 알 수 없을 거야. 대부분의 사람은 자기감정을 숨기는 데 꽤 능숙하거든.

우리 인간이 애쓰며 사는 건 자연스러운 거야. 지금 당장 그렇지 않는데도 언젠가 미래에는 애쓰게 될 수도 있지. 삶은 우리에게 유쾌하지 않은 놀라운 일들을 많이 던져주거든.

그래서 느낌에 힘겨워하거나 도움이 필요하다고 해서 이상하거나 어리석은 게 아니야. 그저 우리를 인간답게 만들 뿐이지. 우리 사회는 부정적인 감정을 고쳐야 할 문제라고 가르치기 때문에 너를 비롯한 우리 모두를 낙담하게 해.

적절한 경우라면 "선생님도 때로는 불안정하다고 느껴." 같은 말로 당신이 겪는 어려움 또한 알려 줄 수도 있다. 이러한 접근의 목적은 청소년에게 모든 것을 알고 있는 사람은 이 세상에 없다는 걸 깨닫도록 도와주는 데 있다.

감정에 관한 조언자의 규칙이 항상 도움이 되는 건 아니다

감정을 정상화하는 두 번째 핵심 측면은 자신의 조언자가 감정에 관한 수두룩이 많은 규칙을 만들어 왔음을 알도록 돕는 것이다. 감정에 관한 수백 가지 서술을 들은 누구라도 이러한 규칙들을 학습한다. 이는 평생 획득되며, 때로는 그저 계속 흘려듣거나 우연히 귀에 쏙 박히며 학습되기도 한다. 문제는 이러한 규칙이 가치를 구축하는지 확인하는 절차를 거치지 않았다는 것이다. 또한 규칙은 감정을 회피하도록 강조하는 경향이 있다. 다음은 이에 관한 예시이다.

- 이 감정은 느끼면 안 돼. (분노나 슬픔 같은 적절한 예를 든다).
- 나는 이 느낌에 대처할 수 없어.
- 이렇게 느끼는 건 나쁜 거야.

이 과정에서 청소년에게 감정에 관한 더 새롭고 유연한 규칙을 실험해 보도록 간단히 요청해 볼 수도 있다. 어떤 규칙이든 실효성을 확인해야 하고, 삶을 확장시킨다는 목표를 충족할 때만 규칙을 사용하는 것이 핵심이다. 다음은 조금 더 실효성이 있는 규칙의 예시이다.

- 이 감정을 느껴도 괜찮아.
- 느낌은 그저 있는 거야.
- 느낌은 오고 가는 거야.
- 어떤 느낌이든 괜찮아.
- 이 느낌은 지나갈 거야.

예를 들 때는 가능하다면 청소년이 직접 말한 내용을 사용하라. (이러한 개념을 강화하는 데 도움이 되는 그림들은 http://www.thrivingadolescent.com에서 내려받을 수 있다. 그림을 출력해서 사용하거나 청소년의 핸드폰으로 촬영하게 한다.) 청소년 자신이 괜찮을 뿐만 아니라, 감정을 가지는 것 또한 괜찮다는 것을 상기시킬 수 있는 예시를 만드는 게 핵심이다.

청소년의 실제 삶에서 새로운 규칙이 효과가 있는지 추적하도록 안내하고, 다시 한번 이를 확인하는 시간을 가져야 한다는 것을 명심하라. 새로운 규칙을 적용했을 때 어떤 일이 있었는지 이야기해 보게 한다. 새로운 규칙은 청소년이 감정을 담아낼 수 있게 하고, 감정이 지나가게 놓아두도록 도와주었는가? 새로운 규칙으로 청소년의 삶이 조금 더 나아졌는가?

나는 고쳐져야 할 문제가 아니다

청소년이 자신의 감정을 정상화하도록 돕는 세 번째 결정적인 측면은 당신이 청소년에게 대응하는 대인 관계 방식이다. 청소년이 강렬한 감정을 표현할 때, 어른들은 "부정적으로 보지 말고 긍정적으로 생각해." 또는 "이미 지나간 일이야." 같은 말로 그런 감정을 느끼면 안 된다는 메시지를 준다. 또한 "그냥 그걸 생각하지 마!" 또는 "X를 해 봤어?" 같은 문제 해결 전략을 성급히 제시하기도 한다.

이런 메시지들은 청소년의 느낌과 감정을 비수인하며 청소년에게 문제가 있음을 암시한다. 관찰자 작업의 목표는 청소년이 자신의 느낌과 감정을 가지며 이를 정상으로 보도록 돕는 데 있다는 것을 기억하라. 이 목표를 달성하기 위해서는 우리는 청소년이 자신의 감정적 진실을 말하게 허용하고, 청소년이 경험하는 고통을 기꺼이 들어주어야 한다. 문제를 해결할 시간은 나중에 주어질 것이다. 먼저 수용, 경청, 허용, 공유를 위한 공간을 조성하라.

이 책 전반에서 청소년에게 적용되는 과정은 성인에게도 마찬가지로 적용된다. 청소년이 그렇듯 성인 또한 자신의 느낌과 감정을 싫어하기 때문이다. 그러므로 우리 자신의 느낌과 감정을 있는 그대로 허용하는 연습을 하다 보면, 열린 마음으로 수용하는 자기연민적인 자세의 본보기로서 우리가 가진 역량 또한 더욱 커질 것이다.

2단계. AND 연습(인식하기, 명명하기, 설명하기)

관찰자 기술을 개발하도록 도와주는 두 번째 단계는 AND 연습으로, 이번 장 앞부분에서 자세히 다루었다. 앞서 제시된 연습에 따라 지도하고, 적절하다고 여겨지는 다음 추가 연습을 적용한다. 청소년이 과거에 느꼈던 방식에 초점을 맞추기보다 연습하는 그 순간 경험하는 신체 단서와 감정에 귀 기울이도록 도와주어야 한다. 이렇게 하려면 연습이 어느 정도 숙련되어야 할 것이다.

AND 연습 1: 정서적 기억 탐색하기

기본 AND 연습의 개요를 다루었다면, 이 연습으로 AND 기술을 적용하는 훈련을 해 볼 수 있다. 이 훈련은 청소년과 함께 작업하는 동안 감정을 불러일으키도록 고안되었다. 먼저 감정을 유발하는 과거 사건을 떠올리게 하고, 그 기억에 완전히 몰입하게 한다. 불러일으켜지는 감정은 사건이 일어났던 그때의 감정과 같을 수도, 다를 수도 있다. 중요한 것은 청소년이 기억을 회상하는 현재 순간 동안 자신의 경험을 신체 감각을 인식하고, 이름을 붙이고, 감정으로 설명하며 조율하도록 돕는 것이다.

즐거웠던 사건 회상하기

즐거웠던 사건을 선택하는 것으로 시작하는 것이 좋다. 즐거웠던 때의 감정에 접촉하고, 이를 허용하며 식별하는 과정이 대체로 더 수월하기 때문이다.

> 이제 관찰자 기술을 쌓는 AND 연습을 해 보겠습니다. 최근에 있었던 즐거운 사건, 예를 들어 지난주에 일어났던 일을 떠올려 봅니다. 긴 하루를 마친 후 친구나 애완동물과 함께 웃었던 순간 같은 작은 일이 될 수도 있습니다. 눈을 감고 기억에 완전히 빠져봅니다. 그 경험을 다시 한번 상상하며 잠시 펼쳐 봅니다.
>
> 이제 자신의 몸을 천천히 스캔하며 이 기억이 나에게 가져다준 신체 감각을 알아차려 봅니다. 지금 몸에 어떤 느낌이 드나요? 가슴, 배, 손, 얼굴, 팔, 다리 등 나의 몸 모든 부분을 알아차리고, 예전 그때가 아닌 지금 이 순간 느끼는 신체 감각에 주의를 기울여 봅니다. 이제 나의 신체 감각에 이름을 붙여 봅니다. '정확할' 필요는 없습니다. 그저 떠오르는 대로 붙여 봅니다. '통통 뛰는', '깃털 같은', '묵직한', '조이는', '기운 빠지는', '자유로운'…. 내가 느끼는 무엇이든, 거기에 붙여 봅니다. 이제 그 감각을 감정으로 묘사해 봅니다. '행복', '분노', '슬픔', '흥분' 등 무엇이든 적당하다 싶은 것으로 묘사해 봅니다. 이제 이 작업을 마치며, 원한다면 몇 차례 느리게 호흡합니다…

불쾌했던 사건 회상하기

즐거웠던 사건을 사용하여 이 연습을 소개했다면, 이번에는 불쾌했던 사건을 사용하여 다시 한번 연습을 진행한다. 처음 연습할 때는 적당히 불쾌했던 사건을 선택하도록 요청하는 것이 좋다.

> 이제 지난주에 일어났던 불쾌한 일을 떠올려 봅니다. 다시 말하지만, 지각했거나 숙제가 힘들었던 것 같은 작은 일이었을 수도 있습니다. 눈을 감고 기억에 완전히 빠져들어 봅니다. 그 경험을 다시 한번 상상하며 잠시 펼쳐 봅니다.

즐거웠던 사건을 다루었을 때와 정확히 같은 방식으로 연습을 계속하며 인식, 명명, 기술의 세 단계를 모두 안내한다.

AND 연습 2: 신체 감각을 신호로 바라보기

인간의 정서 시스템은 우리가 원하고 필요로 하는 것과 환경이 우리에게 주는 것 사이의 일치하는 정도를 감지하는 민감한 도구이다. 이 시스템은 신체 감각을 통해 우리에게 신호를 보낸다. 다음 연습으로 청소년이 이러한 신체 감각 신호를 알아차리고 감정과 연관 지어 보도록 도울 수 있다. 이를 통해 감정 경험을 더욱 빨리 인식함으로써 마음놓침 반응 대신 마음챙김 대응이 촉진될 것이다.

인식하기. 먼저 청소년에게 다음 질문을 스스로 해 보도록 지도하여 신체 감각에 대한 인식을 촉진한다.

> "나는 배에서 어떤 감각을 알아차리고 있지?"
> "내 가슴에선 무엇이 느껴지지?"
> "내 손에서는 무엇이 느껴지지?"
> "나는 움직이고픈 충동을 알아차리고 있나?"

명명하기. 그런 다음 명확한 진술로 자신의 경험에 이름을 붙여 보도록 지도한다.

> "뱃속이 메스껍고 토할 것 같아."
> "가슴이 답답하고 죄어드네."
> "주먹이 꽉 쥐어졌네."
> "뛰어나가야 할 것 같다고 느껴."

설명하기. 마지막으로 이 감각을 감정으로 설명해 보도록 지도한다.

"이 토할 것 같은 느낌은 내가 긴장했다는 거야."

"가슴이 답답한 건 내가 걱정하고 있다는 걸 의미해."

"주먹을 움켜쥐었다는 건 내가 화가 났다는 신호야."

"뛰고 싶다는 건 내가 무서워하고 있고, 여기서 정말 빠져나가고 싶다는 신호야."

3단계. 허용하기

관찰자 기술 학습을 돕는 세 번째 단계는 청소년이 자신의 느낌과 감정이 오고 가는 것을 허용하도록 지도하고, 이 선택이 삶에서 더 많은 여유 공간을 만들어 낼 수 있다는 사실을 안내하는 것이다. 이와는 반대로 감정을 통제하려고 하면 우리의 삶은 대체로 협소해진다. 느낌은 좋은 것도, 나쁜 것도 아니며, 느낌이 적이 아니라는 점을 청소년에게 상기시켜야 한다. 오히려 감정은 세상에서 일어나는 일에 대해 알려주는 메시지이다. 감정과 씨름한다는 것은 자연스러운 과정과 싸운다는 것이며, 슬픔에 분노하거나 불안을 부끄러워하는 것처럼 심지어는 부정적인 감정을 더 많이 느끼게 할 수도 있다.

이번 장 앞부분에서 논의하였듯이 은유는 청소년에게 감정을 허용할 때 얻게 되는 이점을 이해시키는 데 유용하다. 앞서 제시한 세 가지 은유(비치볼 은유, 해초 은유, 괴물과의 줄다리기 은유) 중 여기에는 두 번째 은유인 해초 은유를 사용할 것이다. 청소년과 함께 은유를 행동으로 직접 체험하는 과정을 통해 청소년이 이야기를 경험하며 자기 행동과 연결 짓는 지도를 그려볼 수 있도록 하는 방식이 가장 좋다. 세 은유 모두 청소년이 은유로부터 얻은 의미를 자신의 문제로 일반화하도록 돕는 것을 목표로 한다.

허용하기 연습: 바다와 함께 흔들리는 해초

우리의 경험상 직접 체험은 청소년이 핵심 개념을 이해하는 데 도움을 주지만, 설명은 그저 또 다른 어른 하나가 '해야 할' 일을 알려주는 것으로 여기게 만드는 단점이 있다. 그러므로 처음에는 조금 실없이 느껴질지라도 이 은유는 행동으로 옮기며 진행해 보길 권한다. 실제로 해 보면 효과가 정말 좋을 것이다. 물론 눈을 감고 아래 내용을 상상하게 하며 좌식 명상으로 진행할 수도 있다. 직접 시연할 때는 청소년과 함께 서서 눈을 감거나 바닥을 바라본 채 진행한다.

내가 바다에 사는 해초라고 상상해 봅니다. 오랜 시간 자라온 튼튼한 나는 해저 깊은 곳에 굳건히 뿌리내리고 있습니다.

바다는 고요하고, 작은 파도만 잔잔히 오고 갑니다. 나는 부드럽게 앞뒤로 흔들리며, 그저 평화롭습니다. 부드럽게 흔들리며 바다의 흐름과 함께 움직이는 느낌을 알아차려 봅니다. (30초)

이제 큰 파도 하나가 나타나더니, 뒤이어 많은 큰 파도가 이어집니다. 나는 강한 파도에 따라 훨씬 더 크게 앞뒤로 흔들립니다. 바다에 의해 더 강하게 흔들릴 때도 나는 여전히 해저 깊은 곳에 굳건히 뿌리내리고 있습니다. 파도에 뒤흔들리는 느낌이 어떤지 알아차려 봅니다. (30초)

이제 거대한 파도가 나를 덮치려 한다고 상상해 봅니다. 이 파도는 너무 강력할 것 같아, 나는 이 거대한 파도와 싸우려 합니다. 싸우기 위해 나는 딱딱하게 굳어집니다. 파도가 나의 주위에서 부서지는 것을 상상해 보며, 이렇게 거대한 파도가 나를 덮치는 동안 경직된 상태를 유지하려 스스로 몰아붙이는 나의 노력을 알아차려 봅니다. (20초)

이제 바다는 다시 고요해지고, 나도 다시 평화로운 바다와 함께 부드럽게 흔들립니다. 부드럽게 흔들리며 파도와 함께 움직이는 느낌을 알아차려 봅니다.

시각화 연습을 하고 나서 청소년에게 부드럽게 흔들리는 느낌, 강하게 뒤흔들리는 느낌, 파도와 싸우는 느낌이 각각 어땠는지 설명해 보게 한다. 대부분 파도에 흔들리도록 자신을 허용하는 것보다 경직된 채 강한 파도와 싸울 때 더 많은 노력을 들여야 했다는 것을 알아차린다.

이때 은유와 청소년의 감정을 다시 한번 부드럽게 연결 지어 본다. 감정이 오고 가는 것을 허용하는 건 파도에 흔들리는 것과 같다. 감정은 때로는 부드럽고 또 어느 때는 강렬하지만, 감정과 함께하는 건 경직된 채 싸우기보다 언제나 훨씬 쉽다.

마음챙김 연습: 풍선 호흡하기

청소년이 관찰자 기술에 대한 기본적인 이해를 갖추고 나면, 일상에서 비공식적인 마음챙김 연습을 통해 관찰자 기술을 쌓도록 도울 수 있다. 호흡 알아차리기 같은 기본적인 마음챙김 기술 지도는 핵심 관찰자 접근, 즉 감정 정상화하기-AND-허용하기를 촉진한다.

다음은 복부를 닻으로 사용하여 호흡을 알아차리는 마음챙김 호흡에 관한 기본 지침이다 (Ciarochi et al., 2012를 개작). 안내 녹음 파일은 http://www.thrivingadolescent.com 에서 이용할 수 있다.).

바르게 앉아 한 손은 가슴에, 다른 한 손은 배 위에 올려놓고 시작하겠습니다. 손이 편안히 쉬게 하면서 잠시 호흡을 관찰해 봅니다. 숨을 들이쉴 때 배 위에 올려둔 손이 올라가요, 아니면 가슴 위의 손이 올라가요? 둘 다 올라갈 수도 있습니다.

우리 대부분은 가슴으로 숨을 쉽니다. 이는 정상입니다. 지금 우리가 배우려는 건 약간 다릅니다. 바로 배로 숨을 쉬는 겁니다.

이제 상상력을 이용해서 조금 특이한 연습을 해 보겠습니다. 손을 그대로 둔 채 배에 풍선이 있다고 상상해 봅니다. 숨을 들이쉬면 배에 있는 풍선이 부풀어 오르면서 배가 올라갑니다. 숨을 내쉬면 풍선이 수축하면서 배가 내려갑니다.

이렇게 숨을 쉴 때 가슴에 올려둔 손은 많이 움직이지 않아야 합니다. 이런 식으로 호흡하는 데 익숙해지려면 시간이 걸릴 수도 있습니다. 지금까지 호흡했던 방식과는 다르므로 연습이 필요할 수도 있습니다. 그대로 머무르면서 계속 호흡을 관찰해 봅니다. 숨을 들이쉬면 풍선이 부풀어 오르며 커지고, 숨을 내쉬면 풍선이 수축하며 작아집니다.

호흡에 주의를 유지하기 어려워도 괜찮습니다. 이는 모두에게 일어나는 일입니다. 숨을 쉴 때마다 숫자를 세면 도움이 됩니다. 들이쉴 때는 "들어오고, 둘, 셋"이라고 말합니다. 내쉴 때는 "나가고, 둘, 셋"이라고 말해 봅니다.

이렇게 최소한 1분 동안 호흡을 연습합니다. 스트레스가 심할 때는 3분

까지 진행해야 할 수도 있습니다.

마음챙김 호흡을 안내하고 난 다음, 매주 최소한 몇 번, 이상적으로는 매일 몇 분씩 연습하도록 격려한다. 평온한 시간에 연습해 두면 상황이 힘겨울 때 이 기술을 사용하기가 더 쉬워질 수 있다고 강조한다. 마음챙김 호흡이 주는 아름다움은 버스를 기다릴 때나, 교실에 앉아 있을 때나, 음악을 들을 때나, 어려운 시험을 볼 때나, 그저 친구들과 어울릴 때든 어디서나 함께할 수 있다고 설명하라.

이번 장 앞부분에 나열된 활동을 비롯한 다른 여러 활동과 함께 이 연습을 확장해 볼 수도 있다.

사례 개념화와 중재 계획

이제 DNA-V 모델을 사용하여 브리의 행동을 조사한 다음, 브리의 감정 조절 전략과 이를 다룰 방법을 더욱 구체적으로 살펴보자. 전체 사례 개념화가 제시되어 있지만, 이번 장의 목적에 부합하기 위해 브리의 조언자 및 관찰자 기술에 주로 초점을 맞추어 살펴볼 것이다.

최근 상황과 현재 문제

자해

물질 사용

집에서 겪는 분노와 갈등

사회적, 역사적 환경

어머니: 따뜻하지만 수동적임

다른 가족: 모름

또래, 학교: 친구가 있으나 연결된 것으로 보이지는 않음

학교에서의 지지에 관한 정보는 없음

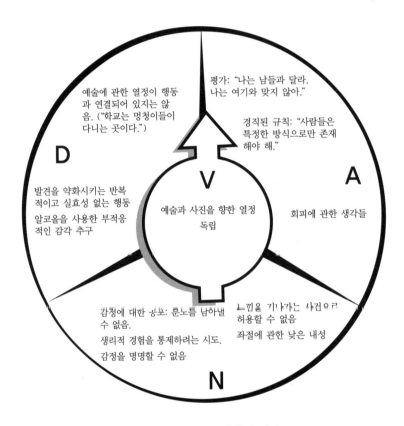

예술에 관한 열정이 행동과 연결되어 있지는 않음. ("학교는 명청이들이 다니는 곳이다.")

평가: "나는 남들과 달라. 나는 여기와 맞지 않아."

경직된 규칙: "사람들은 특정한 방식으로만 존재해야 해."

D

발견을 약화시키는 반복적이고 실효성 없는 행동

알코올을 사용한 부적응적인 감각 추구

V

예술과 사진을 향한 열정
독립

A

회피에 관한 생각들

감정에 대한 공포: 분노를 남아낼 수 없음.

생리적 경험을 통제하려는 시도.

감정을 명명할 수 없음

느낌을 가까가는 사건으로 허용할 수 없음

좌절에 관한 낮은 내성

N

자기 시각

협소한 자기 시각

이 순간의 생각과 느낌이 그 순간의 모든 것인 것처럼 반응하기

자신은 곧 자신의 언어라고 생각함

자기연민이 없으며, 자신에게 친절하기보다 잔혹함

사회적 시각

다른 사람들이 자신을 좋아하지 않는다고 봄: "다들 너무 따분해." 사회적 행위가 진솔한 연결이 아닌 "~해야 한다." 규칙에 기반을 두고 있음

> **그림 8** 브리의 DNA-V 사례 개념화

브리의 조언자 기술

브리의 조언자 기술을 평가하려면 두 가지 핵심 질문을 고려해야 한다. 브리는 유연한 규칙을 가지고 있는가? 조언자가 하는 말을 가볍게 담아둘 수 있는가? 두 질문에 대한 대답 모두 '아니오'이다. 브리는 조언자의 규칙에 묶여 있는 것 같다. 브리에게는 사람들이 '~해야 한다.'는 많은 규칙이 있다(예를 들어, 선생님은 지루하지 않아야 하고, 친구는 미성숙하면 안 된다.). 해결책을 찾는 대신 자신의 문제에 관해 반복적으로 생각하며 많은 시간을 보내고 있다. 엄마, 선생님, 또래, 자신의 미래 모두 나쁠 뿐이다. 브리의 조언자는 경직된 특성을 보인다. 브리의 생각은 화를 내고 행동하기를 요구한다. 브리의 초기 감정은 조언자의 평가에 의해 증폭된다. 결국 '나는 엄마가 싫어.'라는 느낌은 '그리고 나도 싫어.'로 이어진다.

브리의 관찰자 기술

브리의 관찰자 기술 수준은 다음 핵심 질문으로 알 수 있다. 브리는 자신의 자각을 신체로 가져올 수 있는가? 인식을 통해 자신의 감각에 이름을 붙이고 자신의 느낌을 설명할 수 있는가? 이들 질문에 대한 답 또한 '아니오'이다. 모든 면에서 브리는 관찰자로 존재하기보다 반응적으로 존재한다. 자신의 신체 감각을 알아차리기 위해 멈추지도 않고, 신체 감각에 따라 행동해야만 하는지 또는 가라앉기를 기다려야 하는지 숙고하지도 않는다. 자신의 감정을 귀중한 정보의 근원으로 보는 대신 조언자를 이용하여 감정을 고치려 한다. 실제로 브리는 자신의 감정을 견딜 수 없거나 비정상적이라고 여기는 것 같고, 감정이 일어나도록 기꺼이 허용하지도 않는 것처럼 보인다. 그리고 자신의 감정과 관련된 신체 감각을 약화하기 위해 자해를 이용한다.

어디에서부터 시작할지 결정하기

브리 같은 청소년을 중재할 때는 청소년에게 자기 행동을 추적하고 자해(또는 다른 두드러지는 문제 행동)의 장단점을 평가하도록 지도하는 것부터 시작한다. 그런 다음 이번 장에서 설명한 정상화하기-AND-허용하기 접근으로 관찰자 기술, 특히 감정 식별 기술을 개발하도록 돕는다. 브리가 이들 단계를 이해하고 자신의 느낌을 어느 정도 편하게 받아들이게 되면 마음챙김 연습을 과제로 추가해 볼 수 있다.

거듭 언급하지만, DNA-V 모델에서 시작으로 '정답인' 장소는 없다. 어떤 기술에서부터든 지도를 시작할 수 있다. 그러나 청소년이 감정 인식에 제한이 있거나 감정에 철저하게 맞서 싸우고 있는 경우라면 모델의 다른 측면으로 이동하기에 앞서 관찰자 기술에서부터 시작하는 것이 최선일 것이다. 관찰자 기술을 통해 새로운 방식으로 조언자를 경험하고, 감정에 자동적이거나 방어적으로 반응하는 것을 멈추며, 탐험가와의 접촉을 시작할 수 있기 때문이다.

기능과 형태 구별하기

DNA-V 모델은 행동의 형태보다는 기능을 이해하는 데 기반을 두고 있다. 브리의 사례에서도 브리의 자해 행동이 발생하는 맥락 내에서 이를 식별해야만 브리가 자해하는 이유를 이해할 수 있다. 대략 보자면 행동의 기능은 그 목적이지만 행동의 형태는 보이는 모습이다. 예를 들어 다양한 맥락에서 청소년이 "어이없어."라고 말할 때, 그 형태는 거의 동일할 것이다. 그러나 친구와 웃고 있던 맥락과 부모님과 다투던 맥락 사이에서 이 말의 기능은 상당히 다를 것이다.

좀 더 기술적으로 이해해 보자면 행동의 형태는 지형학석 측면으로, 성상 발달과 비교할 때 청소년의 행동이 어떻게 보이는지에 관한 것이다. 이러한 관점에서 보면 브리의 자해와 물질 사용은 부적응적인 행동으로, 농일 연령대 다른 청소년의 행농에 비해 위험이 크다. 전문가의 입장에서 이러한 행동은 상당히 두려울 정도다. 형태에 초점을 맞추면 다음과 같은 질문을 하게 될 것이다.

- 이 행동은 정상인가 또는 부적응적인가? 건강한 행동이라 볼 수 있는가?
- 이 행동은 해롭고 위험한 것처럼 보이는가? 아니면 건강에 지장을 주는가?
- 이 행동의 궤적은 어떻게 되는가? 이 행동과 관련된 미래의 결과는 무엇인가? (브리의 경우 이는 자해 행동이 자살 위험을 가리키는지에 관한 질문일 것이다.)

대조적으로 기능은 행동이 청소년에게 어떤 목적으로 작용하는지에 초점을 맞추며, 행동이 일어난 맥락에 특이적이다. 기능 평가를 할 때는 모든 행동에 목적이 있다고 가정한다. 인간이 행동하는 이유는 행동이 유인적이거나 강화되기 때문이며, 행동이 혐오적이거나 처벌을 받게 한다면 행동을 중단할 것이다. 따라서 기능적 설명에서는 행동이 어떻게 보이는지는 잠시 내려놓고(심지어 자해처럼 두려운 행동일지라도), 대신 맥락에 따른 수반성 조형(강화 또는 처벌)이 어떻게 일어났는지에 대해 고려해야 한다.

목표 행동을 파악하고 나면 다음 네 가지 핵심 질문으로 그 기능에 관한 가설을 알려주는 정보를 수집한다.

1. **맥락:** 배경 사건은 무엇인가? 과거 학습 이력, 대인 관계, 개인 내적 사건 같은 역사적 요인, 동기 수준 같은 현재 요인, 영향을 미칠 환경 요인 등을 고려한다.
2. **선행사건:** 행동 직전에 무슨 일이 일어났는가?
3. **결과:** 행동 직후 무슨 일이 일어났는가? 청소년은 그 행동으로 무엇을 얻었거나 무엇을 막았는가?
4. **기능:** 결과는 유인적(행동을 강화하고 재발 가능성 증가)인가, 혐오적(행동을 약화하고 재발 가능성 감소)인가?

이러한 질문의 내용을 바탕으로 행동의 기능에 관한 검증 가능한 가설을 제시할 수 있다. 이를 브리의 자해 행동에 적용해 보자.

맥락: 브리는 대체로 각성 수준이 매우 높다. 강렬한 감각, 고통스러운 생각과 씨름했던 이력이 있다. 학교에서의 '지루한' 하루에 극도로 날카로워진 상태에서 엄마와 다투었다.

선행사건: 이러한 강렬한 감정, 특히 분노에 찬 채 자신의 방으로 갔다.

행동: 자해한다.

결과: 자해한 직후 상당히 진정된다.

기능: 브리에게 어느 정도 안도감을 주었으므로 아마도 유인적일 것이며, 다시 발생할 가능성이 커졌을 것이다.

이 분석을 바탕으로 우리는 자해 행동이 브리가 강렬한 감정에서 벗어나게 해 준다는 가설을 세울 수 있다. 어떤 면에서는 완벽하게 일리 있는 행동이므로, 이 행동이 비합리적이라고 설득하지 않아도 된다. 우리가 물어야 할 것은 "도피 이상의 무언가를 위한 삶을 살 수 있을까? 너의 삶에서 자해보다 더 활력을 주고 의미 있는 것을 찾을 수 있을까?"라는 질문이다. 이들 질문을 다루는 방법은 다음 장에서 탐험가 기술을 발전시키는 연습들과 함께 제시할 것이다.

그러나 먼저 느낌과 감정을 허용하는 능력을 배양하여 발견 가능성의 문을 열어야 한다. 브리가 매번 느낌에 반응하지 않고, 느낌이 그저 오고 가도록 허용할 수 있도록 도와야 한다. 평소에 하던 행동(자해)을 중단하고 나면 자신의 느낌에 대한 새로운 방법과 자신의 욕구를 충족하는 새로운 방법을 발견할 준비가 된 것이다. 그리고 역설적으로 부정적인 상태를 줄이려는 시도를 중단하면 불안과 우울 같은 부정적인 기분 상태를 경험할 가능성 또한 줄어들 것이다(A-Tjak et al., 2015).

5장

발전하고 성장하도록
도와주는 탐험가

1장에서는 진화 과학의 세 가지 핵심 원리(변이, 선택, 유지)를 비롯한 DNA-V의 기반을 소개하였다. 2장에서는 가치가 행동의 선택과 유지에 토대가 되는 이유에 대해 논의하였다. 3장에서는 도움 되지 않는 평가, 믿음, 규칙과 같은 조언자의 말에 대한 지나친 의존이 우리를 오래된 실효성 없는 행동을 경직되게 반복하도록 하며 행동 변이를 제한하는 방식을 보여 주었다. 4장에서는 관찰자 기술이 결핍되면 감정에 경직된 방식으로 반응하여 감정을 회피하거나 충동적으로 행동하게 된다는 점을 설명하였다. 그러므로 조언자와 관찰자 기술을 능숙하게 사용하게 되면 행동 변이를 늘려가는 첫 단계에 들어선 것이다. 이번 장에서는 청소년이 새롭고 효과적인 방식으로 살아가게 하는 탐험가 기술로 행동 변이를 더욱 촉진하는 방법을 제시할 것이다.

이제부터는 탐험가 공간으로 향하겠지만, 관찰자와 조언자를 완전히 떠나는 것은 아니다. 탐험을 통한 발견은 힘겨운 감정을 불러일으키곤 한다. 더 나은 삶을 꾸려가기 위해 이 힘겨운 감정을 관찰하고 허용할 수 있으려면 관찰자가 필요하다. 발견은 조언자 또한 활성화시켜서 걱정을 만들고 새로운 것을 시도해서는 안 되는 이유를 대기 시작한다. 필요에 따라서 조언자의 말을 귀담아들어야 할 수도 있고, 조언자에게서 벗어나야 할 수도 있다. 궁극적으로 느낌과 감정을 허용하고, 조언자에게서 풀려나며, 새로운 것을 시도하는 모든 행동은 가치의 맥락에서 이뤄진다. 그러므로 탐험가 기술을 접하며 우리는 비로소 DNA-V 모델을 온전히 작업할 수 있게 된다.

이번 장에서도 탐험가 기술을 발달시켜야 하는 이유를 보여 주는 사례를 먼저 제시할 것이다. 뒤이어 이 기술을 쌓기 위한 세 가지 핵심 단계, 즉 조언자에 의지하기보다 행동의 실제 결과 추적하기, 가치 확인하기, 강점 쌓기를 다룰 것이다. 모두 가치, 활력, 삶의 의미에 대한 감각을 만들어 가는 기술이다.

루비의 이야기

그때 루비는 그저 어린아이였다. 부모님이 왜 서로 소리를 지르고 싸우는지 이해할 수 없었다. 아빠가 엄마를 때리는 모습을 보게 될 때면 자기 방으로 달려가 이불을 뒤집어쓰고 싸움이 끝나기만을 기다렸다.

열 번째 생일로부터 3주 정도 지난 어느 날, 학교에서 집으로 돌아오니 아빠가 자살했다고 했다. 엄마도, 언니도, 그 누구도 무슨 일이 일어난 건지 루비를 이해시켜 주지 않았다. 집 안에는 무거운 침묵만이 감돌았고 엄마는 마치 사라져 버린 것 같았다.

그때껏 단 한번 부유한 적 없던 루비의 집은 아빠가 자살한 후로부터는 더욱 가난에 시달리게 되었다.

고등학교에 가자 새로운 문제가 생겼다. 선배들 무리가 언어적, 신체적으로 루비를 괴롭혔다. 한번은 눈에 띄지 않게 생물 수업에 가려던 길에서 무리에 붙들려 바닥에 내쳐지고 머리카락이 한 움큼 뽑히기도 했다.

너무나도 수치스러웠지만 도와줄 수 있는 믿을 만한 어른이 없다고 생각했기에 이를 혼자서만 묻어두었다. 유일한 평화는 집과 학교 사이를 오가는 길에 있었다. 걷는 동안 책을 읽었고, 책 속의 이야기가 세상과 모든 것들을 씻어내 버리게 했다. 더는 길가에 놓인 쓰레기를 보거나 그날 하루의 열기를 느끼지 않았다.

특히 한 이야기가 루비를 사로잡았다. 조지라는 이름의 십 대 청소년에 관한 이야기로, 조지가 학교를 그만두고 집으로부터 달아나 해안의 버려진 집에서 근심 걱정 없이 살아가는 이야기였다. 책 속에서 조지는 다른 청소년들과 어울리며 파티를 즐기고, 키스를 나누고, 사랑에 빠졌다.

루비는 자신에게도 조지 같은 용기가 있기를 바랐다. 도로에 나가 엄지손가락을 치켜들고 히치하이킹을 해서 해안을 달리는 상상을 했다. 자신만의 집에서 지내며 맨발로 모래사장을 걷고 싶었다. 하지만 그러한 환상들이 떠오를 때면 '*너는 겁쟁이야.*

너는 절대 도망칠 수 없어.'라는 생각도 함께 들었다.

루비는 다른 선택도 바라보기 시작했다. 바로 죽음이었다. 잠들지 않고 깨어 있는 밤이면 죽음의 신이 찾아와 창문을 두드리는 상상을 했고, 죽음의 신이 들어오게 하고 싶었지만 그렇게 하기엔 자신이 너무 겁쟁이인 것 같았다. 또한 아빠가 자살한 다음 사람들이 그 사실을 어떻게 감당하고 이겨내려 했는지를 떠올렸다. 다른 사람들에게 그런 일을 겪게 하고 싶진 않았다.

그래서 루비는 그냥 자신을 놓아버렸다. 거의 먹지 않아서 체중이 줄어들기 시작했다. 학교에는 가는 척만 하고 대신 숨어서 책을 읽을 수 있는 공터로 향했다. 루비는 자신이 죽어가고 있다고 확신했다. 죽음의 호수로 끌려 내려가고 있는 것 같았지만, 자신의 등에 짊어진 납덩이처럼 무게를 제거할 수는 없을 것 같았다.

루비의 엄마는 대부분 시간을 자기 자신에 몰두한 채로 지냈지만, 조금씩 루비의 변화를 알아차리기 시작했다. 루비에게 스스로 더 잘 챙기고 더 많이 먹으라고 잔소리 하기 시작했다. 마침내 학교에서 루비의 결석 사실을 엄마에게 알렸고, 둘은 오랫동안 격렬하게 싸웠다.

싸움의 최종 결과는 루비를 상담에 보내는 것이었다. 그러나 루비는 그 무엇도 절 대로 상담사에게 이야기하지 않을 거라 다짐했다. 루비의 비밀은 루비 자신만의 것이 었다. '어른들은 나를 그냥 내버려 두어야 해.'라고 생각했다. 그래서 그냥 앉아만 있 었다. 상담사의 바보 같은 질문에는 어깨를 으쓱하며 "몰라요."라고만 대답했다. 상담 사는 더 많은 질문을 루비에게 던졌다. 루비는 커다란 책상과 책장에 진열된 상패들 을 바라보며 생각했다. '이 선생님은 부자구나. 무너져 내리는 집에 살면서 깨진 유리 창 옆에서 잠드는 게 어떤 건지, 학교에 갈 때 입을 만한 단정한 옷을 사지 못할 정도 로 가난하다는 게 어떤 건지 모를 거야. 어떻게든 한 번 자려고 애쓰는 남자애들이 처 음에는 예쁘다고 하다가 순식간에 창녀라고 말하는 게 어떤 건지도 모르겠지. 이 선생 님이 내 비밀을 받아 적게 할 일은 절대 없어.'

루비에 대한 고찰

앞선 이야기에서 우리는 루비의 속마음을 살짝 엿보았다. 그러나 실제로 상담가로서는 루비의 외부 행동(결석, 퉁명스러운 반응, 체중 감소 등)만 볼 수 있을 것이다. 루비의 내면에서 무엇이 일어나는지는 알기 어려울 것이다. 평가하려면 다른 사람들, 루비의 엄마나 학교 관계자의 보고를 이용해야 하겠지만, 그들 또한 많은 정보를 주지는 못할 것이다.

루비와 같은 청소년과 작업하거나 상호작용을 할 때 당신 내면에서는 무엇이 나타나는가? 당신의 느낌, 감정, 생각, 의심, 희망 등을 떠올려 보자.

루비의 문제를 어떻게 개념화할 수 있을까?

만약 당신이 루비와 작업한다면, 이상적으로 어떤 것들을 해 보고 싶은가? 자신의 가치를 떠올려 보자.

루비를 도울 방법으로 무엇을 시도해 볼 수 있을까?

작고 안전한 공간

겉보기에 루비는 한순간에 책 한 권으로 세상에서 벗어나 길을 잃어버린 것처럼 보인다. 선택지는 날마다 점점 더 제한된다. 루비를 둘러싼 세상은 가족 트라우마, 가난, 괴롭힘 같은 스트레스로 가득 차 있다. 루비는 세상에서 벗어나고, 협조를 거부하고, 소통하지 않으며, 먹지 않고, 자신이 안전하다고 느끼는 장소(소설 속)에 머무르려는 행동으로 이에 대응한다. 마치 루비의 조언자가 "언어로 만들어진 이 세상으로 와. 여기는 안전해. 여기에 머무르렴." 하고 속삭이는 것 같다.

만약 당신이 루비에게 안부를 묻는다면, 아마 자신은 괜찮거나 심지어는 행복하다고 말하며 어떠한 도움도 필요하지 않다는 의사를 표현할 것이다. 독서가 자신의 열정이며, 조지 같은 가상의 소녀가 나오는 이야기 속에 살고 있다고 말할 수도 있다. 그러나 내면에서는 조언자가 "너는 나약해. 너는 망가졌어. 극복해 내야 해."라고 말하며, 독서는 조언자의 가혹한 목소리를 따돌리려는 시도일 수도 있다. 루비는 발견하는 능력을 잃어버린 채 자신의 삶을 축소해서 평화를 얻으려 한다. 꿈꾸지 않고 그저 살아남으려 할 뿐이다.

다수의 청소년이 루비와 같이 트라우마를 경험한다. 12세에서 17세 사이의 청소년을 대상으로 한 조사에서는 8%가 성적 학대를, 17%가 신체적 학대를 보고하였으며, 39%가 폭행 현장을 목격했다고 응답했다(Kilpatrick, Saunders, & Smith, 2003). 다른 연구에 따르면 16세 이하 청소년 중 1/4이 성적 학대, 폭행, 위중한 사고, 사랑하는 사람의 죽음 같은 심각한 트라우마 사건에 노출될 수 있다고 한다(Costello, Erkanli, Fairbank, & Angold, 2002). 무엇보다 상황을 심각하게 만드는 것은 많은 청소년이 루비처럼 도움을 요청하지 않는다는 것이다(Ciarrochi, Deane, Wilson, & Rickwood, 2002; Ciarrochi, Wilson, Deane, & Rickwood, 2003; C. J. Wilson, Deane, & Ciarrochi, 2005).

다행스러운 점은 청소년의 모든 트라우마 이력이나 비밀스러운 생각을 알지 못해도 즉각적인 도움을 줄 수 있다는 것이다. DNA-V 모델은 기술에 중점을 두고 있으며, 모델의 어떤 지점에서든 개입을 시작할 수 있기 때문이다. 이번 장에서는 탐험가 기술에 초점을 맞출 것이며, 이는 곧 루비와 함께하는 작업 시작점이 될 것이다. 탐험가 기술에서부터 시작하면 청소년이 어떤 문제가 있었는지에 초점을 두는 대신 청소년이 잘하는 것(강점)들과 관심을 두고 사랑하는 것(가치)들에 집중할 수 있다. 하지만 DNA-V 모델의 개입 시작 지점이 어디든 다른 영역들로 연결된다는 것 또한 점차 알게 될 것이다. 감정(관찰자)과 도움 되지 않는 믿음(조언자)을 마주하지 않고서는 강점과 가치를 쌓는 탐험가에 대해 말할 수 없기 때문이다.

행동 레퍼토리 형성을 돕는 탐험가

이 책에서 일컫는 탐험이란 위험 감수의 적응적 형태로, 삶을 향상하고 새로운 행동을 선택하려는 목적을 명시적으로 수행하는 것이다. 가치를 생성하고 강점을 구축하는 과정으로, 이를 위해서는 미지의 세상을 탐사해야 한다. 우리와 작업하는 청소년이 어떤 도전을 하게 될지, 어떤 결과를 마주할지를 100% 정확히 예측할 수는 없다. 세상이 그들에게 상처를 줄지, 또는 그들을 강하게 만들지도 모른다. 미지의 위험을 제거하는 방법이란 없다는 걸 우리는 안다. 하지만 그런데도 풍요롭고 의미 있게 살 수 있다는 것 또한 우리는 알고 있다.

청소년의 위험 감수 행동은 대개 비정상적으로 보이지만, 다른 종과 비교하면 다른 면이 보이기 시작한다. 동물 또한 위험 감수, 감각 추구, 부모와의 관계 변화 등으로 특징지어지는 청소년기와 유사한 시기를 겪는다(Spear, 2004). 이들 행동은 환경에 대한 도전을 극복하고 짝을 찾는 과정에 대한 연습 등 다양한 가치 있는 기능을 가진다. 인간의 위험 감수 행동에도 원 가족으로부터 독립, 기술 발달, 새로운 관계 형성, 독립된 사회자원 구축 같은 가치가 담겨 있다.

어른들이 자신이 했던 것과 같은 실수를 방지하고자 청소년의 위험 행동을 제지하려 한다. 그러나 이런 노력은 수포로 돌아가곤 한다. 청소년기는 줄곧 높은 비율로 우발적 상해, 폭력, 물질 남용, 의도치 않은 임신, 성 매개 감염이 일어나는 시기로 특징지어진다(Casey, Jones, & Hare, 2008). 실제로 위험 행동을 방지하고자 하는 노력은 이러한 위험에 대한 매력을 더욱 증가시키기도 하며, 이러한 성향은 특히 고위험 청소년들에게서 나타난다(Ellis et al., 2012).

여기서 문제가 빚어진다. 청소년 스스로 결정을 내리고 집 밖에서 기술과 자원을 쌓길 바라지만, 동시에 위험한 실수를 저지르지 않도록 보호도 해야 한다. 이 문제에 대한 해법은 청소년의 호기심과 위험 감수를 가치가 유도하는 탐험 과정, 즉 적응적인 위험 감수 행동으로 이끄는 것이다. 이를 통해 청소년이 머뭇거리며 발끝으로 종종 걸음 하거나 눈을 가린 채 터덜터덜 걷는 대신 삶의 놀라운 방식들을 탐험하도록 도울 수 있을 것이다.

선례 따르기: 행동의 실효성 지도를 만들며 탐험가 기술 쌓기

청소년이 탐험가가 되도록 도와주는 첫 작업은 실제 세상에서 자신의 경험을 평가하고 분석하기 위한 기본 기술을 갖추게 하는 것이다. 이후 조언자에 의존하지 않고 경험에 의지하여 "이 행동은 효과가 있었나? 이 행동을 더 해 보아야 하나? 이 행동은 내가 가치와 연결되게 해 주나?"라고 스스로 질문하는 방법을 학습할 수 있을 것이다.

새로운 기술을 연습할 때는 언제나 다른 방식으로 환경과 접촉하게 된다. 그리고 자기 행동과 그 결과를 연결하며 무슨 일이 일어났는지 따라가 보아야 한다. 은유적으로 말하자면, 자기 행동이 자신을 어디로 데려가는지 확인하고자 행동을 따라가는 것이다. 어떤 새로운 행동이든 유익할 거란 보장은 없기에 행동을 따라가 보는 것이 중요하다. 그러므로 우리는 피드백을 구하는 데 능숙해져야 한다.

따라가기(추적하기) 기술을 발달시키기 위해 청소년에게 다음과 같은 질문을 스스로 던져 보도록 격려한다.

- "새로운 행동은 어떻게 되었지?"
- "새로운 행동은 내 가능성과 삶을 넓히는 데 도움이 되었나?"
- "새로운 행동은 내가 관심 있는 것들을 더 많이 하는 데 도움이 되었나?"

이번 장 후반부에 청소년이 자기 행동에 따른 결과를 추적하는 데 도움이 되는 워크시트를 실어 두었다. 지금은 이 워크시트를 사용하여 루비가 자기 행동을 어떻게 추적했는지를 두 가지 예시로 살펴보도록 하자.

상황: *상담에 가게 되었다.*

나의 행동: *상담 선생님에게 말하지 않았다.*

행동을 한 다음에 무슨 일이 일어났나? *그때 나는 통제력을 느꼈다.*

이 행동은 효과가 있었나? *처음에는 효과가 있는 것처럼 보였지만, 나중에는 조언자가 "넌 나약해. 넌 망가졌어."라고 말하기 시작했다.*

이 행동은 장기적으로 삶을 나아지게 했는가? *나를 도움받지 못하게 완전히 고립시켰던 것 같다.*

상황: *두 번째 상담 시간에 갔다.*

나의 행동: *AND 연습을 사용해서 관찰자 상태에 머무르려 했다. 신체 감각을 알아차릴 수 있었고, 나의 분노에 치밀어 오르는 쓰나미라고 이름을 붙였다. 그리고 선생님에게 분노를 느꼈다고 설명했다.*

행동을 한 다음에 무슨 일이 일어났나? *호흡하면서 기다렸다. 몇 가지 질문에 고개를 끄덕였다. 울지 않았다.*

이 행동은 효과가 있었나? *처음에는 효과가 없는 것 같아 보였는데, 몇 분 지나고 나서 조금 차분해지는 것 같았다.*

이 행동은 장기적으로 삶을 나아지게 했는가? *확실하진 않지만, 다음 시간에는 상담사 선생님에게 말을 해 볼 수도 있을 것 같다. (여기서 루비는 탐험가 과정의 조짐을 보인다.)*

가치 발견하기

청소년에게 자기 경험을 추적해 보도록 지도했다면, 탐험가 기술을 키우는 두 번째 작업은 관심 있는 것들을 가치에 따라 평가 분석해 보도록 돕는 것이다. 2장에서 우리는 가치를 선택된 행동의 특질로 정의한 바 있다. 가치란 세상과 상호작용하며 진화하는 행동 패턴이 언어적으로 구축된 결과이며, 내재적인 강화물로 작용한다(S. C. Hayes, Strosahl, et al., 2012).

가치를 구축한다는 것은 가치를 '밝혀내는' 것이 아니다. 우리는 청소년이 밝혀질 만한 잘 만들어진 가치를 가지고 있으리라 가정하지 않는다. 아울러 가치가 고정되어 있다고 가정하지도 않는다. 오히려 가치를 구축하는 과정은 청소년이 여러 존재 방식을 옮겨 다니며 실험하게 하고, 자기 행동이 즐겁고 의미 있는지 평가 분석해 보게 하면서 이뤄진다.

가치를 구축하는 당신 자신의 능력은 어떤지 잠시 생각해 보자. 다음 질문에 대해 잠시 생각해 보는 것부터 시작해 볼 수도 있다. 무엇이 당신 삶에 활력을 주는가?

성인은 이 질문에 언어로 답할 수 있지만, 실제 세상에서 새로운 무언가를 시도하면서 답을 찾지는 않는다. 그 대신 익숙한 것들이나 다른 사람이 우리에게 말했던 것들을 바탕으로 대답한다. 탐험가 기술은 우리가 '~해야 한다.'는 생각을 내려놓으라 한다.

가치로 향하는 길에는 스트레스가 존재한다. 조언자가 "만약 잘못된 선택을 하면 너는 인생을 망치게 될 거야." 같은 말로 스트레스를 증가시키기 때문이다. 심지어 자신에게 잘 맞는 가치를 선택하더라도 조언자는 당신이 실패할지도 모른다고, 그리고 당신이 소중히 여기는 것에서 겪게 될 실패는 더욱 고통스러우리라고 줄곧 상기시킬 것이다. 잠재된 문제를 심각하게 경고하는 것이 조언자의 역할이기에, 굉장히 노골적으로 이를 표현할 것이다.

전문가로서 자신의 가치 만들어 내기

지지적이지 않거나 심지어는 학대하는 어른에게 둘러싸여 있는 청소년을 보면 과연 당신이 도와줄 수 있을지 의문이 들기도 할 것이다. 당신이 청소년을 만날 기회는 고작 일주일에 한 번 찾아오는 상담 회기 한 시간일 뿐이지만, 지지적이지 않은 어른들은 모든 나머지 시간에 청소년과 마주칠 수 있다. 당신의 조언자가 이렇게 경고할지도 모른다. "진짜로 변화를 만들어 낼 수 있을까? 이 아이가 꿈을 키우도록 돕는 게 가능할까? 혹시 실패로 밀어 넣고 있는 건 아닐까?"

이러한 상황이 당신에게 어떻게 나타나는지 확인하는 간단한 실험을 해 보자. 다음에 제시될 한 문장을 보고 나서 당신의 조언자가 어떤 말을 하는지 알아차려 보라. 어떤 언어적 내용이 나타나는지 귀 기울여 보라. 준비되었는가?

당신은 한 시간 내로 청소년의 삶을 변화시킬 수 있다.

잠시 어떤 생각들이 나타나는지 알아차려 보자.

당신의 조언자가 "말도 안 되는 소리야. 불가능해." 같은 말로 이 문장을 반박하려 들지 않았는가? 또 한편으로는 무언가 긍정적인 말들을 했을지도 모른다. 그저 나타난 무엇이든 알아차려 보고, 그 말을 위한 공간을 만들자.

여기 또 다른 문장이 있다. 준비되었는가?

당신은 단 한마디로 청소년의 삶을 변화시킬 수도 있을 것이다.

다시 한번, 떠오르는 생각들을 알아차리는 시간을 잠시 갖게 하자.

당신의 조언자는 어떤 말을 했는가? 예측하고 판단하였는가? 만약 조언자가 회의적인 내용을 말했다면 우리가 해 줄 말은 바로 당신의 조언자가 틀렸다는 것이다. 그리고 만약 당신의 조언자가 하는 그 말을 받아들인다면 당신이 청소년에게 줬던 영향을 결코 발견할 수 없을 것이다.

그저 짧은 상호작용만으로 청소년기 여정을 도와주었던 멘토에 대한 이야기는 세계 각지에서 들려온다. 우리 저자들에게도 그런 경험이 있다. 루이스는 매우 힘겨웠던 몇 년 동안 단 한 문장을 붙들고 살았다. 조금은 무뚝뚝하고 엄격했던, 칭찬을 아끼던 선생님이 초등학교 6학년 때 딱 한 번 건넸던 "너는 교수가 될 만큼 아주 똑똑해. 라는 말이었다. 처음에는 선생님의 말을 믿지 않았다. 길을 잃어버려 동기도 없었고, 달라지는 것 또한 상상할 수 없었다. 그런데도 루이스는 누군가가 자신을 믿어준다는 것만으로도 들떴다. 열네 살에 학교를 자퇴할 때도 선생님이 했던 말을 소중히 붙들고 무엇을 할 수 있을지 생각했다. 자신에게 용기를 주었던 그 말로 다시 공부에 전념해서 결국 대학교를 졸업할 수 있었다.

또 다른 저자인 조셉도 마찬가지로 힘겨운 청소년기를 보냈다. 가정에서도 문제를 겪었고, 고등학교에서는 끔찍한 문제아였다. 몇 과목에서 낙제했을 뿐만 아니라 종교학 시험에서는 부정행위를 하다 걸리기까지 했다. 두말할 필요도 없이 선생님들은 조셉에게 지지적이지 않았다. 마치 조셉이 낙제한 게 자신들을 고의로 모욕하기라도 했다는 듯 조셉의 학업 부진을 사적으로 받아들이는 것 같았다. 그러나 영어 선생님만은 달랐다. 영어에서도 낙제를 받긴 했지만, 이를 사적으로 받아들이지 않았고, 언제나 조셉을 친절하게 대해 주었다. 30년이 지난 지금도 조셉은 여전히 그 선생님께 감사하고 있다. 사람들이 최선을 다하지 않을 때도 여전히 친절과 용서로 그들을 대할 수 있다는 사실을 가르쳐 주셨기 때문이다. 이 모든 시간이 흘러 조셉은 영문학 작품과 글쓰기에 열정을 간직한 채 청소년이 친절의 힘을 발견하도록 돕는 데 열의를 쏟고 있다 (이 책 10장부터 12장에서 드러난다.).

당신이 해낼 수 없다고 느낄 때도 당신 안의 가능성과 잠재력을 알아봐 준 당신만의 멘토가 있는가? 당신이 단 한 명에게라도 그런 존재가 되어 준다면 어떨까?

조언자의 예측을 자신의 가치로 뛰어넘기

가난과 학대 같은 환경 요소가 청소년기 나쁜 예후와 연관되어 있다는 통계를 보게 될 수도 있다. 그러나 이런 통계는 집단 전체의 평균에 기초한다. 청소년 개인은 이 평균과 상당히 다를 수도 있고, 모든 예측에서 벗어날 수도 있다. 알코올 중독자 부모 밑에서 자란 아이들이 그렇지 않은 가정에서 자란 아이들보다 물질 남용의 가능성이 더 크다고 볼 수도 있을 것이다(Chassin, Pillow, Curran, Molina, & Barrera Jr., 1993). 그러나 부모가 알코올 중독이었다고 해서 모든 아이가 물질을 남용할 것이라고 말할 수는 없다. 수많은 청소년이 끔찍한 환경 속에서도 자수성가하여 눈부신 삶을 일궈내었다. 그리고 좋은 가정과 안락한 환경 속에서 자란 많은 이들이 혹독한 실패로 삶을 마감하기도 한다. 만약 당신이 의심 많은 조언자가 아닌 가치와 희망에 따라 활동한다면, 청소년을 도울 수 있는 가장 좋은 위치에 서게 될 것이다.

강점 발견하기

탐험가 기술 발달을 돕는 세 번째 작업은 청소년이 세상에서 자신의 강점을 찾고 평가 분석해 보게 하는 것이다. 상담을 찾아오는 청소년은 아마도 '문제가 있는' 상태로 알려져 있을 것이며, 다른 어른들이 청소년을 여러 차례 통제하거나 '고치려' 들었을 것이다. 그러므로 우리가 만날 청소년이 우리 또한 자신을 고치려 드는 또 다른 어른일 거라 짐작하고 우리를 신뢰하지 않을 수도 있다. 청소년의 강점에 초점을 맞추는 작업은 치료 작업을 급진적으로 변화시키는 방법이자 우리가 청소년을 인정하고 믿는다는 일종의 신호이다. 또한 작업을 협력적으로 진행하며 청소년 스스로 자신의 문제를 풀어나갈 역량이 있다는 우리의 생각을 제시할 수도 있다.

수용전념치료에서 정의한 바와 같이 강점은 가치와 매우 밀접한 관련이 있다. 가치와 마찬가지로 강점 또한 우리가 소유한 무언가가 아닌 우리가 하는 행동이다. 사실 모든 강점 진술은 한 단어만 바꾸면 가치 진술이 된다. 예를 들어, '사랑하고 인내할 수 있는 능력'이라는 강점은 '사랑과 인내에 가치를 둠'이라고 달리 말할 수 있다. 강점과 가치의 주요한 변별은 특정 맥락에서 사용된 강점을 가치로 볼 수 경우 나타난다. 예를 들어, 좋은 지도자가 될 수 있는 강점을 가진 사람이 무의미하거나 비윤리적인 상황에서 이러한 강점을 이용하는 경우 이를 가치로 볼 수는 없을 것이다.

DNA-V에서의 강점 구축은 긍정심리학에서의 확장과 구축 접근과 유사하며, 두 접근 모두 청소년이 새롭고 다양하며 탐색적인 활동에 참여하게 한다(Fredrickson, 2001). 강점 구축 활동에 참여하는 시간이 늘어날수록 청소년은 점진적으로 자신의 환경을 탐색하며 환경에 대한 이해가 향상될 수 있을 것이다. 도전을 시도하며 기술을 키워가고, 새로운 관계를 탐색하며 사회 네트워크를 구축하게 될 것이다. 그리고 이러한 과정을 통해 더욱 강해질 것이다.

그러나 두 접근은 개념적으로 중요한 차이 또한 가지고 있다. 긍정심리학에서는 긍정적 감정이 사고와 행위 모두에서 레퍼토리의 확장을 촉진하며, 이와 반대로 부정적 감정은 이들 레퍼토리를 협소하게 만든다고 본다(Fredrickson, 2001). 실제로 긍정적 감정이 이런 효과를 낼 수도 있다. 그러나 DNA-V 모델에서는 확장과 구축의 시작에 긍정적 상태가 반드시 필요치는 않다. 가라앉아 있는 느낌과 삶의 불행을 느끼면서도 탐험가 행동에 참여할 수 있기 때문이다. 불안과 새로운 방식으로 관계를 구성하게 하는, 즉 불안을 장애물로 여기는 대신 무언가를 소중히 여기고 있다는 신호로 보게 하는 DNA-V 접근이 그 예시이다. 불안이 존재하는 상황에서도 효과적으로 행동하는 능력이 확장되었으므로 인내와 용기의 강점을 구축한 것이라 할 수 있다.

임상가 연습: 전문가로서 자신의 강점 발견하기

다음은 강점 발견하기의 예측 불가능하고 놀라운 특징을 알도록 돕는 사고 실험이다. 치료자가 직접 해 볼 수도 있고, 청소년에게 적용해 볼 수도 있다. 청소년에게 적용할 때는 5년 전이나 10년 전, 또는 청소년 개인에게 적당해 보이는 시기로 여행을 떠나 보게 하면서 시작할 수 있다.

1. 13살의 자신을 만나기 위해 여행을 떠날 수 있다고 상상해 보자. 당신이 지금껏 이룬 변화로 13살의 자신을 놀라게 해 주려 한다. 그 시절 당신이 어른이 되면 하려고 했던 일들, 그리고 당신이 예상했던 어른의 삶이 어땠는지를 회상해 보자. 이 예측으로부터 완전히 빗나간 것을 선택해 보자. (예를 들어, 저자 중 한 명인 조셉은 자신이 평생 직업 군인으로 살게 되리라 생각했지만, 대학에 진학했고 평화주의자가 되었다.)
2. 당신 삶에서 예상치 못했던 반전에 대해 13살의 자신에게 말하는 모습을 상상해 보자.
3. 그때는 전혀 예상치 못했지만, 지금 이 순간 당신의 삶에서 일어난 믿을 수 없는 일을 떠올려 보자.
4. 이 뜻밖의 발전에 대해 어린 자신에게 이야기해 주는 모습을 상상해 보자. (예를 들어 조셉이라면 "어느 날 너는 호주로 가서 바닷가 옆 작은 마을에서 살게 될 거야."라고 말할 것이다. 그 시절 조셉은 그런 일이 일어나리란 것은 예상조차 하지 못했다.)

자, 어땠는가?

자신의 강점으로 특징지을 수 있는 능력이 무엇인지 곰곰이 생각해 보자. 삶에서 이런 발전을 이루기 위해 어떤 강점이 필요했는가? 그 시절에는 이런 강점을 볼 수 있었는가? 그때는 가지고 있지 않았거나 알지 못했던, 지금 가지고 있는 강점은 무엇인가?

이제 자신의 조언자가 가진 예측 능력이 어떤지 생각해 보자. 그 시절 당신의 조언자는 얼마나 정확히 예측했는가? 오래전 예언은 모두 진실이 아니었을뿐더러 들어맞지도 않았을 것이다. 비록 조언자가 끊임없이 예측을 쏟아낼지라도, 이 연습이 보여 주듯 완전히 빗나갈 수도 있다.

조언자가 자기비판에 상당한 시간을 쏟고 있다는 사실을 알아차릴 수도 있을 것이다. 우리가 빈번히 자신에 대해 협소한 관점을 취한다는 점을 고려한다면, 우리가 자신의 강점을 확인할 때 조언자에게만 의지할 수 없다는 사실은 명백하다. 실제 세상으로 돌아가 경험과 피드백으로 우리의 강점을 발견하고 구축해야 한다.

기본 훈련: 탐험가를 발달시키는 단계

탐험가 공간으로 들어서기 위해서는 개방성이 절대적으로 중요하다. 더 나은 삶을 발견할 수 있다는 가능성을 몹시 두렵게 느낄 수도 있다. 천천히 하라. 조언자가 제공하는 익숙하고 협소한 삶이 더 안전하게 보일 수도 있다. 심지어 그 삶이 고통스럽고 불만족스러울지라도 말이다. 용기 있는 탐험가 정신으로 청소년과 함께 발견으로 나아갈 수 있는 창조적 공간을 조성하자.

탐험가 개념을 소개할 때는 이후에 제시할 짧은 은유로 시작한다. 그런 다음 아래의 네 단계를 통해 탐험가 기술을 더욱 견고하게 구축한다.

1. **과거 행동의 실효성 추적하기.** 청소년의 현재 행동 레퍼토리를 조사하며 시작한다. 삶에서 효과가 없는 행동뿐만 아니라 효과가 있는 행동, 즉 장기적으로 안녕감과 활력을 증진시키는 행동까지 파악한다. 특히 힘겨운 생각, 느낌, 감정, 상황에 청소년이 대응하는 방식에 초점을 맞춘다. 3장에서는 도움 되지 않는 믿음(조언자)을 따르는 행동에 대한 실효성을, 4장에서는 감정에 회피나 충동으로 반응하는 행동의 실효성을 살펴보았다. 이번 장에서는 청소년의 삶에 의미와 활력을 가져다주는 행동에 초점을 맞출 것이다.

2. **가치 발견하기.** 청소년이 중요하게 여기는 것들이 무엇인지 탐색하고 토론할 수 있는 공간을 조성한다. 청소년이 성숙해진 느낌으로 존중과 인정을 받고 있다고 여길 수 있는 방식으로 상호작용한다.

3. **강점 구축하기.** 청소년 자신에 대한 개념을 확장한다. 자신의 기술과 재능을

키울 방법을 자신의 가치와 일치하는 방향으로 학습하도록 돕는다.

4. **새로운 행동의 실효성 추적하기.** 실효성 기준으로 되돌아가 자신의 현재 행동
   과 미래에 할 행동이 삶을 더욱 즐겁고, 의미 있고, 활기차게 만드는지 추적해
   보도록 격려한다.

시각 은유로 탐험가 소개하기

그림 9 탐험가에 관한 두 가지 시각 은유.

그림 9는 탐험가와 탐험가의 유익한 기능에 관한 유용한 시각 은유이다. 그림 중
하나를 제시하며 다음 순서에 따라 질문할 수 있다.

- *이 그림을 한번 살펴보자. 무엇을 알아차렸니?*
- *탐험가 공간이 주는 이점으로는 무엇이 있을까?*
- *탐험을 통한 발견을 할 수 없다면 어떤 일이 벌어질까? 예를 들어 새로운 무언*
  가를 보고, 듣고, 배울 수 없다면 어떤 일이 생기게 될까?
- *새로운 것을 발견하거나 시도하는 건 위험할까? 어떤 식으로 위험할까?*

필요하다면 그림 속 청소년이 세상에서 새롭고 흥미로운 것들을 어떻게 발견하고
있는지, 그리고 이 과정을 통해 가치, 활력의 근원, 삶의 의미를 어떻게 발견하고 있는

지 설명한다.

1단계. 오래된 행동의 실효성 추적하기

수용전념치료에서 가장 중요한 질문은 "내 행동은 효과가 있는가? 이 행동이 내 삶을 더 재미있고, 의미 있고, 활기차게 만드는가?" 일 것이다. 청소년과 작업할 때도 이 질문을 자기 자신에게 반복해서 던질 수 있도록 지도해야 한다. 또한 이 질문에 대한 답은 마음속에서는 찾을 수 없다는 것도 알려주어야 한다. 청소년이 행동이 효과가 없다고 결론지었다면, 새로운 행동을 시도해 볼 수 있도록 도와줄 때가 온 것이다.

탐험가 연습 1: 실효성 추적하기

이 연습은 현재 행동이 삶을 풍요롭고 활기차게 만들어 주는지 평가해 보며 청소년이 조언자 공간에서 나와 탐험가 공간으로 향하도록 돕는 작업이다. 아래 추적 워크시트를 사용하여 청소년의 행동을 실효성에 관한 기본 실문과 연결한나(워크시트들 http.//www.thrivingadolescent.com에서 내려받을 수도 있다.). 이 작업을 다음과 같이 소개할 수도 있다.

탐험가 상태가 되는 간단한 연습을 해 보자. 탐험가의 가장 중요한 특징 중 하나는 행동하고 난 이후에 어떤 일이 일어나는지에 주의를 기울인다는 거야. 이 행동이 우리의 삶을 더 나아지게 하고 의미를 주었는지, 아니면 삶을 더 나빠지게 했는지 살펴보는 거지. 탐험가는 어떤 행동이 효과가 있는지, 또 어떤 행동이 효과가 없는지 발견하는 데 도움을 줘. 이걸 지금 한번 연습해 보자.

먼저 살면서 도전이 되었던 상황을 떠올려 보자. 몇 가지 상황이 떠올랐다면, 이 워크시트에 그것들을 한번 적어보자. (만약 도전이 되었던 특정 상황에 대해 이미 이야기했다면, 그 상황을 이 연습에 사용할 수 있다. 청소년이 그 상황에서의 행동이 효과가 없었다고 결론지으면 기꺼이 탐험가 공간에 들어가 새로운 행동을 찾아볼 것인지 질문한다. 여기에 대해서는 2단계를 참조하라.)

어떻게 되었나?

상황	내가 한 행동	다음에 무슨 일이 일어났나?	장기적으로 내 삶을 더 나아지게 했나?

2단계. 가치 발견하기

가치란 강화를 일으키는 현재 진행형 활동 패턴임을 기억하라. 다음 두 연습으로 청소년이 자신의 경험을 살펴보며 가치를 발견하도록 도울 수 있다. 첫 번째 연습은 과거 경험에서 가치를 발견하는 작업으로, 최근 1~2년을 돌아보며 진행한다. 두 번째 연습은 미래를 살펴보는 작업으로, 삶에서 앞으로 나아가고자 할 때 가장 실현하고픈 가치를 발견하는 과정으로 진행한다.

탐험가 연습 2: 조언자 대 탐험가

이 연습은 삶에서 중요하게 여기는 것들을 결정할 때 조언자에게만 의존하는 것이 효과가 없다는 사실을 알게 하도록 고안되었다. 사진, 소유물, 소셜 미디어를 통해 삶 속에서 직접 증거를 살펴보며 탐험가 공간에 들어서서 자신의 가치가 무엇인지 알아보게 하는 연습이다. 세 가지 전략으로 구성된 이 연습은 '내 삶의 DNA-V' 워크시트를 이용해서 진행한다(워크시트는 연습에 관한 설명 이후 제시하며, http://www.thrivingadolescent.com에서 내려받을 수도 있다.). 언제나 그렇듯 청소년에게 적용하기에 앞서 스스로 경험해 보기를 권한다.

조언자 배불리기

먼저 청소년에게 조언자의 한계를 보여 준다. 시작하는 말은 다음과 같다.

잠깐 멈춰서 지난 몇 년을 되짚어 볼까? 준비가 되면 그 해 일어났던 기억나는 일 다섯 가지를 워크시트에 적어보자.

그런 다음 이 다섯 가지 사건에 대한 조언자의 평가를 이끌어 낸다.

목록을 보고 무엇을 알아차렸니? 큼지막한 일들을 떠올렸니, 아니면 더 소소한 일들을 떠올렸니? 목록에 적은 일들이 어떤 종류의 것들인지도 알아차려 보자. 학교, 친구, 사랑 같은 중요한 주제들에 관한 일이니? 목록에 적은 각 기억을 좋은 시간이었다고 말할 수 있을까, 아니면 나쁜 시간이었다고 말할

수 있을까?

이제 이 다섯 가지 일들을 바탕으로 너의 삶에 대해 조언자가 결론을 내리게 해 보자. 마음에 떠오른 그 결론을 실제로 믿을 필요는 없어. 그저 놀이처럼 해 보자.

조언자가 얼마나 쉽게 결론을 내리는지 알아차렸니?

조언자는 대개 과거 경험에서 회상할 수 있는 일들을 기반으로 평가하고 판단한다는 점을 설명한다. 청소년이 삶에서 힘겨운 시간을 보내왔다면 좋지 않았던 일들을 많이 기억할 것이다. 이런 경우에는 긍정적인 일들보다는 고통스러운 일들이 사람들의 기억에 더 큰 영향을 준다는 사실을 설명한다(Baumeister, Bratslavsky, Finkenauer, & Vohs, 2001). 3장의 조언자 연습 1(조언자 정상화하기)로 돌아가 이러한 현상은 위험하거나 부정적인 것들을 감지하고 다루는 경향이 우리 조상의 생존을 도와주었기 때문임을 알려 줄 수도 있다. 맑은 날 상쾌한 저녁 시간 같은 긍정적인 일을 감지하지 못하는 게 독사 같은 위협을 감지하지 못하는 것보다 문제가 되지는 않는다.

이러한 사실이 갖는 함의를 청소년과 함께 협력하여 이끌어 낸다. 만약 과거 기억으로 조언자의 배를 불리고 있다면, 주로 나쁜 기억을 조언자에게 주고 있을 것이다. 이는 나쁜 일을 예측하고 좋은 일은 없을 거라 말하는 조언자의 경향성을 키워줄 뿐이다. 조언자는 특별한 삶을 꿈꾸지 않고 그저 생존에만 집중한다.

탐험가 되기

이제 이 부정적 편향을 우회할 방법이 있다는 다행스러운 소식을 공유한다. 바로 탐험가 공간으로 옮겨가는 것이다. 이를 다음과 같이 설명할 수 있다.

우리가 가치 있게 여기는 많은 활동이 있지만, 우리는 그것들을 완전히 잊어버리곤 해. 기꺼이 탐험가 공간으로 들어가고자 한다면 이 가치 있는 활동들을 다시 발견할 수 있을 거야. 한번 시도해 볼래? 조금도 위험하지 않아. 조언자가 도움이 된다고 생각되면 언제든 다시 조언자 공간으로 돌아갈 수 있어.

우리의 가치에 대한 단서를 우리 삶 속에서 찾아보는 '인생 탐정'이 되어

서 우리가 중요하게 여기는 것이 무엇인지를 발견할 수 있어. 이 작업을 하려면 머리에서 빠져나와 삶 속으로 들어가야 하지.

그런 다음 청소년이 필요한 실제 증거를 확보하도록 돕는다. 여기에는 다음과 같은 세 가지 방법이 있다.

자신에게 의미가 있어 전자기기에 저장해 둔 사적인 것들을 공유하기. 사진, 책, 영화, 동영상, 음악, 즐겨 찾는 웹사이트, 소셜 미디어에서 공유하거나 '좋아요'를 누른 내용들이 여기에 해당한다. 소셜 미디어에 관한 내용은 게임에서의 고득점, 좋아하는 밴드나 관심사 태그, 팔로우하는 블로그로 확장할 수도 있다.

다음 시간에 자신에게 의미 있는 물건 모아서 가져오기. 기념품, 티켓, 책, 장난감, 선물뿐만 아니라 청소년 자신에게 의미 있는 무엇이든 가능하다.

다음 시간에 오기 전까지 자신에게 의미 있는 것들 사진으로 찍어 보기. 이 작업은 영감을 불러일으킬 수도, 기쁨과 평화를 가져올 수도, 그저 재미있을 수도 있다. 사람, 장소, 반려동물, 좋아하는 물건 등이 여기에 포함될 것이다. 자기 방 벽에 붙어있는 포스터나 책 표지, 좋아하는 소지품 같은 소소한 것들도 포함해보도록 격려한다.

다음 단계는 청소년이 공유하기로 선택한 것들을 잘 살펴보며 감상하고 인정하는 것이다. 이는 문제를 해결하려는 과정이 아니다. 청소년이 가져온 모든 순간, 그들의 즐거웠던 순간과 힘겨웠던 순간을 음미하는 것이다. 공유하고자 하는 것들이 청소년에게 의미 있는 이유를 알려주도록 요청한다. 이 물건, 기억, 경험을 소중히 여기는 이유는 무엇인가? 공유하는 과정에서 청소년이 진정으로 소중히 여기는 것들, 자신에게 영감을 주고 울고 웃게 하며 살아 있다고 느끼게 하는 것들을 워크시트 두 번째 부분('탐험가 되기')에 간단히 적어 보게 한다. 용기를 갖고 브레인스토밍하며 워크시트를 채워 보도록 격려한다.

이번 연습에서 개인적인 어려움이나 힘겨움이 나타날 수도 있고, 이 또한 기록해도 괜찮다는 것을 분명히 언급한다. 긍정적인 내용만 공유해야 하거나 기록해야 하는 것이 아니다. 고통스러운 경험 속에 어떠한 가치가 놓여 있는지를 곰곰이 생각해 보는 것이 핵심이다. 예를 들어 힘겨움 속에서 가치를 확인할 수도 있고, 강점 구축하기에서 가치를 발견할 수도 있다.

조언자와 탐험가의 차이 알아차리기

다음 단계에서는 알아차림 기술을 이용하여 앞선 두 단계에서 작업했던 내용을 비교하게 하고, 그 차이점을 워크시트 세 번째 부분에 기록하게 한다. 다음 설명을 이 과정을 안내할 때 제시할 수 있다.

> 우리가 많은 기쁨과 활기찬 경험들, 특히 일상에서 일어나는 일들을 잊어버린다는 걸 알아차려 보자. 조언자는 때로는 우리가 기억하는 몇 가지만을 가지고 우리 삶 전체를 결론지어 버리려 해. 이러면 우리는 가치와의 접촉을 잃어버리게 될 수 있어.

> 중요하고, 의미 있고, 재미있던 시간이나 일들은 통째로 잊어버리고, 힘든 시간만 쉽게 떠올리는 경향이 우리에게 있다는 걸 알아차려 보자.

그런 다음 핵심 내용을 제시한다.

> 탐험하고 발견하려면 삶의 실제 경험에 접촉해야 해. 불완전한 기억과 조언자의 성급한 결론에 맡기기엔 너무나도 중요한 일이니까.

내 삶의 DNA-V

1. 조언자 배불리기

지난 몇 년 동안 일어났던 일 다섯 가지를 적어보자.

1. _____

_____

2. _____

_____

3. _____

_____

4. _____

_____

5. _____

_____

이 기억들이 좋았는지, 나빴는지 조언자가 판단하게 하자.

_____

_____

오직 이 다섯 가지 일만 가지고 내 삶에 대해 조언자가 내리는 결론을 알아보자.

_____

_____

2. 탐험가 되기

내 삶에 대한 증거를 모아 보자. 전자기기에 저장해 온 것들(사진, 소셜 미디어 포스트 등등)이나, 가지고 있는 의미 있는 물건들을 살펴볼 수 있다. 나에게 중요한 것들을 사진 찍어 볼 수도 있다. 여기에 대해 다른 사람과 이야기해 보자. 준비가 되면 내가 발견하고 감상한 것들을 아래에 간단히 적어보자. 열심히 브레인스토밍해 보자. 내용이 많으면 많을수록 좋다.

_____

_____

_____

_____

_____

_____

_____

3. 조언자와 탐험가의 차이 알아차리기

워크시트 1번과 2번에 기록한 내용을 비교해 보자. 그런 다음 잠시 시간을 갖고 두 내용의 차이에 대해 기록해 보자.

_____

_____

_____

_____

_____

_____

_____

탐험가 연습 3: 가치에 따른 삶 꾸리기

이 연습은 청소년이 미래에 대한 계획과 목표를 자신의 가치와 연결하면서 앞으로 나아가도록 돕기 위해 고안되었다. 섬세한 균형이 필요한 작업이다. 발견에는 위험이 따르기에 부드럽고 조심스러워야 하지만, 언제나 안전하게만 행동한다면 특별한 삶을 살아갈 수 없다. 세 단계로 구성된 이 연습은 '나만의 가치 여행' 워크시트를 사용하여 진행한다(http://www.thrivingadolescent.com에서 내려받을 수도 있다.).

이전 가치 확인하기

앞선 연습에서는 청소년의 과거에서 재미있었거나 의미 있던 일 여러 가지를 확인하였다. 이제부터는 청소년 자신의 가치를 향해 곧장 나아가기 위한 작업을 시작할 것이다.

이전 워크시트('내 삶의 DNA-V')의 두 번째 부분에서 10가지 항목을 고른 다음, 이번 워크시트의 가치 영역에 따라 분류하여 '내가 가치 있게 여기는 것들'에 적어보게 한다. 만약 새로운 것들을 떠올렸다면 추가해도 괜찮다. 규모는 클 수도, 작을 수도 있다. 자신을 미소 짓게 하고, 감동을 주고, 의미 있고, 살아 있다고 느끼게 하는 등 자신에게 활력을 가져다주는 일을 고르는 것이 핵심이다. 잘 해냈던 일인지, 충분히 해내지 못했던 일인지에 대해서는 무시하도록 격려한다. 숭고한 점은 난 하나다. 그 활동에 침여하고, 기념품을 간직하고, 사진을 찍을 만큼 중요했으며, 그래서 치료자와 공유할 만큼 중요한 일이었는가만 살펴보면 된다.

좌측 세로줄에 있는 가치 영역은 중요하게 여기는 일들을 삶의 다양한 범주로 분류하도록 돕기 위해 제시된 것일 뿐이다. 해당 청소년에게 적합지 않다면 다른 영역을 추가할 수도 있다. '도전 정신을 가지고 배우기'라는 가치 영역의 경우, 작업하는 청소년이 맞닥뜨리고 고군분투하는 힘겨움과 연결 지어 볼 수도 있다. 이 영역에서의 탐험과 발견은 회복탄력성 구축에 관한 것임을 설명한다. 우리는 투쟁이 우리를 얼마나 강하게 만드는지를 간과해 버리곤 한다.

좋아하는 것들 확인하기

이제 청소년이 가장 하고 싶은 일이 무엇인지 확인하면서 좋아하는 것들을 평가하게 한다. 평가는 1점부터 5점까지의 간단한 척도로 진행된다. 별 다섯 개는 청소년의 삶에서 극도로 중요한 부분으로, 조만간 더 많이 하고 싶은 활동을 가리킨다. 별 한 개는 당장은 그 활동에 그다지 관심이 없다는 의미이다.

이 작업을 할 때는 조언자를 주의해야 한다. 평가를 시작할 때부터 조언자가 활동할 가능성이 크다. 아마도 서로 다른 항목에 대한 점수를 비교하기 시작할 것이다. 그러므로 각각의 항목을 별개로 생각하도록 격려해야 한다. 원한다면 모든 항목에 별 다섯 개를 줄 수도 있다.

미래로 나아가기

연습 마지막 부분에서는 미래를 탐색하고 목표를 설정한다. 이번 연습의 앞선 두 작업은 청소년이 소중히 여기는 경험에 대해 무엇을 알려주는가? 청소년이 내년에 더 탐험하고 발견하고 싶은 것은 무엇인가? 늘려가고 싶은 행동들로 워크시트의 오른쪽 세로줄을 채워 보게 한다.

연습이 의무나 성취에 청소년을 묶어두려는 게 아님을 반드시 언급해야 한다. 이는 그저 삶에 활력과 의미를 더 불러일으키는, 청소년이 중요하게 여기며 꿈꾸는 것들에 대한 목록일 뿐이다. 실제로 만약 목표를 세울 준비가 되지 않았다면, 미래에 무엇을 할 것 같은지 단순히 상상만 해 볼 수도 있다. 연습을 마칠 때는 탐험가가 되기 위한 첫 번째 단계는 탐험가 공간에서 생각하기를 기꺼이 선택하는 것이라는 점을 핵심으로 강조해야 한다. 그저 생각일 뿐이라는 것을 깨닫기 전까지는 이 작업마저 위험하게 느껴질 수도 있다.

나만의 가치 여행

가치 영역	내가 가치 있게 여기는 것들 (나를 웃게 하고, 나에게 감동을 주고, 재미있고, 의미있고, 살아 있다고 느끼게 해 주는 것들)	선호도 ★★★★★= 최고 ★★★= 중간 ★= 보통	미래를 향한 발걸음 (내년에 이런 것들을 더 많이 경험하려면 어떤 행동을 해야 할까? 내가 시도해 볼 수 있는 작은 행동 단계로는 무엇이 있을까?)
다른 사람들과 연결되기			
다른 이들에게 베풀고 긍정적인 영향 주기			
활동적으로 살기			
현재 순간을 받아들이기			
도전 정신을 가지고 배우기			
나 자신 돌보기			
기타:			
기타:			

3단계. 강점 구축하기

다음 탐험가 기술 구축 단계는 청소년이 강점을 확인하고 발달시키도록 돕는 것이다. DNA-V 모델에서는 강점 구축이 가치 그 자체는 아니다. 그보다는 청소년이 새로운 도전을 시도하고, 자신의 세상을 탐색하며, 가치 있는 활동을 발견하도록 돕는 과정이다.

탐험가 연습 4: 강점 카드 분류하기

이 연습은 청소년의 강점을 확인할 수 있는 간단한 방법으로, 강점 탐색 카드를 이용한다. 카드는 http://www.thrivingadolescent.com에서 내려받을 수도 있고, 홈페이지에서 구매할 수도 있다. 판매 수익금은 모두 자선 단체에 기부된다.

청소년에게 강점 카드를 주며 세 더미로 분류하게 한다. 첫 번째 더미는 자신의 가장 큰 강점 다섯 가지, 두 번째 더미는 그다음 강점 열 가지, 세 번째 더미는 나머지 카드로 분류한다. 모든 언어 활동에서와 마찬가지로 카드 속 언어들도 가볍게만 담고 있어야 한다. 청소년의 발달과 성장에 도움을 주는 유용한 도구일 뿐이다. 청소년에게 카드에 제시되지 않은 강점이 있다면 빈 카드에 적어 넣을 수도 있다.

카드를 분류하고 나면 다음 질문에 따라 탐색을 시작한다.

각 개인적 강점이 청소년의 가치나 활력과 어떤 방식으로 연결되는가?

가치 있는 활동을 하는 데 강점이 어떻게 도움이 되는가?

이 강점으로 현재와 미래에 무엇을 하길 바라는가?

다음 두 접근으로 이 연습을 확장해 볼 수도 있다. 두 접근 모두 이 연습을 하는 동안 나타날지도 모를 도전을 극복하는 데 도움이 될 것이다.

관점 바꾸기

청소년이 자신의 강점을 알기 힘들어하는 경우가 있다. 이럴 때는 다른 사람의 시선으로 자신을 바라보는 관점 취하기가 도움이 될 수 있다. 다음은 관점 취하기를 할 때 도움이 되는 기법들이다.

다른 사람이 청소년에게서 발견하는 강점에 기초해서 한 번 더 카드를 분류하게 한다. 이 사람은 청소년의 멘토일 수도 있고, 만약 치료자가 이 청소년을 잘 알고 있다면 치료자일 수도 있다. 그런 다음 청소년이 보는 자신의 강점과 다른 사람이 보는 강점을 비교한다.

집단 작업에서 구성원들이 서로에 대해 어느 정도 알고 있는 경우라면 짝을 지은 다음 서로의 시선으로 강점을 분류한 결과를 공유할 수도 있다. 이는 청소년이 다른 사람의 관점으로 자신을 보는 기회일 뿐만 아니라, 대인 관계를 구축하는 강력한 방법이기도 하다.

비현실적인 카드 분류 결과 다루기

때로는 치료자가 관찰한 행동과 견주었을 때 상당히 비현실적인 것으로 보이는 강점을 청소년이 선택하기도 한다. 자기애성 경향을 가진 청소년이 자신의 최고 강점 중 하나로 겸손을 선택하는 경우를 그 예로 들 수 있다. 이럴 때는 청소년에게 반박할 필요는 없다. 오히려 청소년이 선호하는 강점을 구축하는 새로운 행동을 만들 기회로 삼으면 된다. 다음 전략들을 시도해 볼 수 있을 것이다.

미래에 해당 강점을 사용해 볼 수 있는 상황을 상상해 보게 한다.
해당 강점을 어떻게 드러낼 것인지, 그렇게 할 때 어떤 결과가 예상되는지 상상해 보게 한다.

아름다움을 감상하는 능력	사랑하는 능력	협동하는 능력
예술, 음악, 그림, 춤 등 아름다움을 표현한 것들을 감상할 수 있음	사랑을 표현하고 받아들일 수 있음	단체 활동을 잘함
우정을 키우는 능력	**호기심**	**공정함**
좋은 친구가 되어 줄 수 있음	세상을 매우 흥미롭게 보며 새로운 일에 참여하기를 좋아함	내가 틀렸다는 걸 인정할 수 있으며, 모든 사람을 평등하게 대하려 노력함
관대함	**감사함**	**희망을 간직하는 능력**
되갚아 주려고 하지 않음 친구들과 사랑하는 사람들이 완벽하지 않다는 사실을 받아들임	감사함을 표현할 수 있으며, 감사한 태도로 살아감	내가 목표를 달성할 수 있다고 믿음
유머 감각	**인내심**	**정직함**
다른 사람의 하루를 밝히기 위해 유머를 사용할 수 있음 어떤 행동에도 유머를 곁들이려 함	중요하게 여기는 일이라면 힘들거나 실패해도 계속함	내가 중요하게 여기는 것들을 사람들 앞에서 이야기하고, 약속을 지키며, 거짓말하지 않음
신중하게 판단하는 능력	**친절함**	**통솔력(리더십)**
상황을 전체적으로 생각하고 모든 사실을 알고 난 다음 결론을 내림	친구들을 도와주며, 다른 사람들을 북돋기 위해 노력하고, 다른 사람들을 행복해지게 하는 걸 좋아함	책임감이 있으며, 단체 활동을 함께 잘 해낼 수 있도록 도움

배움을 사랑함	겸손함	창의력
배우고 성장하는 걸 특히 좋아함	특별한 존재인 것처럼 행동하지 않고, 자만하지 않으며, 내게 일어난 좋은 일들에 겸손해함	새로운 아이디어나 새로운 방식을 떠올리는 걸 좋아함
현명함	**신중함**	**자제력**
삶에서 정말 중요한 것이 무엇인지 잃어버리지 않음	불필요한 위험을 피하고 말하기 전에 한 번 더 생각함	절도 있게 행동하며, 포기하게 만들려는 유혹에도 불구하고 목표에 집중함
높은 사회성	**영성**	**용기**
곤란한 상황에도 잘 적응하며, 다른 사람의 느낌을 알아채는 데 능숙함	신성한 힘 또는 신의 존재를 믿으며, 힘든 시기에도 믿음을 유지함	두려울 때나 불확실하다고 느낄 때도 내가 중요하다고 여기는 걸 할 수 있음
열정	**관점 취하기**	**발견을 잘함**
내가 하는 일을 사랑하며, 일을 추진하는 것을 좋아함	다양한 관점으로 상황을 바라보며, 타인의 관점을 이해함	새로운 것을 시도하고 가능성을 탐색하는 것을 좋아함

내면을 잘 알아차림	주변 환경을 잘 알아차림	자신에게 친절함
내가 무엇을 느끼고 생각하는지 대부분 잘 알아차림	지금 내 주변에서 일어나고 있는 일들과 내 행동이 다른 사람에게 미치는 결과를 잘 알아차림	나 자신의 기대에 못 미쳤을 때도 자신을 용서하고 목표에 다시 전념할 수 있음
기꺼이함	내면의 균형을 잘 잡음	실효성에 초점을 둠
슬픔, 분노, 불안정함 같은 괴로움을 느끼거나 동기 부여가 잘되지 않는 힘든 상황에서도 나에게 중요한 일을 하기로 선택함	힘겨운 생각이나 느낌은 나를 괴롭히지 못함. 자기 의심에 빠질 수도 있고 두려울 수도 있지만, 여전히 성공을 향해 나아갈 수 있음	내 행동이 나의 삶을 더 나아지게 했는지에 초점을 맞춤

4단계. 새로운 행동의 실효성 추적하기

이번 장에서 소개한 탐험가 기술 기본 훈련 1단계에서는 청소년이 과거 행동에서 가치와 활력의 자원을 확인하도록 도와주었다. 4단계에서는 현재와 미래의 행동들이 실효성 기준을 충족하는지 결정하기 위해 다시 한번 추적하기를 이용할 것이다. 아울러 목표 설정을 시작해 보고, 이 목표가 자신의 삶에 가치를 더해 주는지를 알아가도록 도울 것이다. 비범하고 남다르거나 야심 찬 목표일 필요는 없다. 소박한 목표 또한 괜찮다. 삶을 더 즐겁고 의미 있게 만들고자 하는 소망으로부터 유도된 새로운 목표인지가 핵심이다. 다음 장에서는 이러한 가치 있는 목표에 도달할 기회를 극대화하기 위한 구체적인 조언이 제공될 것이다.

사례 개념화와 중재 계획

이제 사례로 돌아가서 루비를 탐험가 공간으로 데려올 방법을 모색해 보도록 하자. 먼저 DNA-V 사례 개념화 모델로 루비의 주요 문제가 무엇인지 살펴볼 것이다.

조언자 측면에서 보자면 루비는 도움 되지 않는 생각들을 가지고 있다. 루비의 내면 대화의 중심 주제는 아무도 자신을 이해할 수 없다는 것이다. 또한 자기 자신에게 '*나는 겁쟁이야.*'라는 말을 빈번히 들려주고 있다. 관찰자 측면에서는 현재 느낌을 알아차리거나 수용하는 능력이 부족한 상태로, 오히려 조언자가 자신이 해야 할 일을 말하게 허용하며 생각들 속을 서성이고 있다. 이번 장의 주제인 탐험가 측면 같은 경우에는 관련 기술을 조금도 사용하지 않고 있는 것이 분명하다.

마지막으로 다시 가치로 돌아가 살펴보자. 루비는 독서에 가치를 두고 있지만, 느낌을 회피하는 방식으로 이를 이용하고 있다. 독서가 조언자를 잠잠하게 만들고 감정을 나아지게 하는 데 도움은 되지만, 활력 있는 삶을 만들어 내는 효과는 없는 것으로 보인다. 따라서 독서 행동은 가치임에도 불구하고 장기적으로는 효과가 없다. 형식 대 기능이라는 개념을 다시 되짚어 보면, 루비의 독서 자체가 문제는 아니라는 것을 알수 있다. 문제는 루비의 삶 속에서 독서의 기능이 무엇인지에 달려 있다. DNA 기술을 배우고 나면 순수한 재미를 느끼기 위한 독서도 가능해질 것이다. DNA-V 모델에서 본질적으로 유용하거나 해로운 행동은 없다는 것을 명심하길 바란다. 우리가 주목해야 할 것은 주어진 행동의 기능을 이해하는 데 필요한 행동의 결과이다.

최근 상황과 현재 문제

등교 거부

친구, 가족들과 단절됨

도움을 거부함

사회적, 역사적 환경

폭력과 트라우마의 가족력

아버지의 작고

어머니의 철수

가족, 또래 관계에서 친밀한 관계 부재

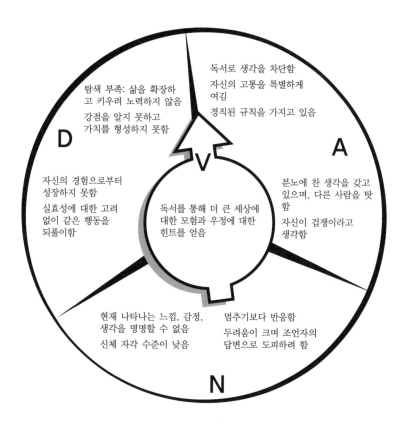

D

탐색 부족: 삶을 확장하
고 키우려 노력하지 않음

강점을 알지 못하고
가치를 형성하지 못함

자신의 경험으로부터
성장하지 못함

실효성에 대한 고려
없이 같은 행동을
되풀이함

독서로 생각을 차단함

자신의 고통을 특별하게
여김

경직된 규칙을 가지고 있음

A

분노에 찬 생각을 갖고
있으며, 다른 사람을 탓
함

자신이 겁쟁이라고
생각함

V

독서를 통해 더 큰 세상에
대한 모험과 우정에 대한
힌트를 얻음

현재 나타나는 느낌, 감정,
생각을 명명할 수 없음

신체 자각 수준이 낮음

멈추기보다 반응함

두려움이 크며 조언자의
답변으로 도피하려 함

N

자기 시각

고정된 자기 시각

자기연민 없음

자기 자신에게 불친절함

사회적 시각

다른 사람들과 학교로부터 철수함

다른 사람들이 자신의 내면세계를 알 수 있다고
가정함

그림 10 DNA-V 사례 개념화 모델

조심스레 탐험가 공간에 들어서는 루비

루비를 삶 속으로 안내하며 자신이 중요하게 여기는 것들을 함께 찾는 작업을 할 때는 부드럽고 조심스럽게 시작해야 한다. 이를 통해 우리는 루비가 '우연히' 자신의 삶에서 긍정적인 부분을 볼 수 있도록 도울 수 있을 것이다.

접근은 '우연히' 일어나야 한다. 루비는 강력한 조언자를 가지고 있다. 만약 우리가 "너는 정말 똑똑해." 같은 단순한 긍정적인 말을 한다면 루비의 조언자가 "제 기분을 좋아지게 하려는 말일 뿐이잖아요. 실제로는 그렇게 생각하지 않잖아요." 같은 비판적인 말로 우리의 시도를 차단해 버릴 것이다.

이번 장에서 우리는 루비가 워크시트를 채우는 과정을 예시로 제공할 것이다. 첫 번째 워크시트('내 삶의 DNA-V')를 검토하는 동안에는 루비에게 무엇을 알아차렸는지 물었다. 루비의 조언자가 부정적이고 루비 또한 자신의 삶이 끔찍하다고 말했지만, 실제 세상에서 경험하는 현실은 상당히 다르다는 사실이 분명히 드러났다. 요리, 밴드 공연, 일기 쓰기, 현장 학습 등에서 경험했던 즐거운 순간들을 흐지부지 넘겨버리고 있었던 것이다. 만약 루비가 조언자가 하는 말과 실제 경험 사이의 차이를 알아차리지 못했다면 우리가 부드럽게 이 점을 알려주었을 것이다. 이는 삶에 대한 루비의 생각에 도전하는 것이 아니며, 실제 세상에 발견하는 것과 실제 세상에 대해 생각하는 것이 서로 나트나는 짐을 일터구는 핏이다.

내 삶의 DNA-V

1. 조언자 배불리기

지난 몇 년 동안 일어났던 일 다섯 가지를 적어보자.

1. 학교에서 괴롭힘을 당함.

2. 좋은 책들을 읽음.

3. 상담을 받아야 했음.

4. 학교를 너무 싫어하게 됨.

5. 정말 멋진 뮤직 페스티벌에 감.

이 기억들이 좋았는지, 나빴는지 조언자가 판단하게 하자.

1, 3, 4는 나빴다. 2와 5는 좋았다.

오직 이 다섯 가지 일만 가지고 내 삶에 대해 조언자가 내리는 결론을 알아보자.

삶에서 약간 좋은 일도 있었지만, 대부분 엉망진창이었다.

2. 탐험가 되기

내 삶에 대한 증거를 모아 보자. 전자기기에 저장해 온 것들(사진, 소셜 미디어 포스트 등등)이나, 가지고 있는 의미 있는 물건들을 살펴볼 수 있다. 나에게 중요한 것들을 사진 찍어 볼 수도 있다. 여기에 대해 다른 사람과 이야기해 보자. 준비가 되면 내가 발견하고 감상한 것들을 아래에 간단히 적어보자. 열심히 브레인스토밍해 보자. 내용이 많으면 많을수록 좋다.

새로 나온 스티븐 킹 소설책을 새벽 5시까지 읽었음. 내가 좋아하는 밴드의 새 앨범이 나옴. 뮤직 페스티벌을 맨 앞줄에서 봄. 새 청바지를 삼. 일기를 씀. 내 방을 노란색으로 칠함. 학교에서 박물관으로 현장 학습을 감. 중국 음식 요리법을 배움. 결석했는데 걸리지 않음. 크리스마스에 요리해서 먹음. 해변 캠프에 감. 여동생과 뮤직페스티벌에 감.

3. 조언자와 탐험가의 차이 알아차리기

워크시트 1번과 2번에 기록한 내용을 비교해 보자. 그런 다음 잠시 시간을 갖고 두 내용의 차이에 대해 기록해 보자.

이 연습을 하기가 겁난다. 좋았던 많은 일을 잊어버리고 있었다는 걸 알게 되었다.
아마 많은 것들을 이렇게 잊어버리고 있을 것 같다.

지금부터가 까다로운 부분이다. 루비에게 가치 있는 미래에 대해 기꺼이 꿈꿀 것인지 물어보아야 하는 순간이기 때문이다. 루비는 상당히 정직되어 있었기에 광범위한 목표 설정 및 가치 명료화 작업으로 넘어가기 전에 조언자 기술과 관찰자 기술에 대한 기본 훈련을 진행해야 했다. 여기서는 그 이후의 연습이 어떻게 펼쳐졌는지 보여줄 것이다. 먼저 루비에게 자신의 조언자가 인생을 상당히 조악하게 기록하고 있다는 것을 기꺼이 알아차려 볼 것인지 물은 다음, 자신의 미래에 대한 몇 가지 개념을 기꺼이 다루어 볼 것인지를 물어보았다. 기꺼이 해 보겠다는 응답을 듣고 나서 '나만의 가치 여행' 워크시트를 함께 작업하였다. 다음은 작업에서 루비가 떠올렸던 내용이다.

나만의 가치 여행

가치 영역	내가 가치 있게 여기는 것들 (나를 웃게 하고, 나에게 감동을 주고, 재미있고, 의미 있고, 살아 있다고 느끼게 해 주는 것들)	선호도 ★★★★★= 최고 ★★★= 중간 ★= 보통	미래를 향한 발걸음 (내년에 이런 것들을 더 많이 경험하려면 어떤 행동을 해야 할까? 내가 시도해 볼 수 있는 작은 행동 단계로는 무엇이 있을까?)
다른 사람들과 연결되기	여동생과 뮤직 페스티벌 가기	★★★★★	다른 페스티벌에, 다른 사람과 가기?
다른 이들에게 베풀고 긍정적인 영향 주기			
활동적으로 살기			
현재 순간을 받아들이기	새로운 작가 발견하기	★★★	책과 작가에 대한 온라인 세미나 등록하기
	좋아하는 음악 듣기	★★★★★	내가 좋아하는 음악을 공유하기

가치 영역	내가 가치 있게 여기는 것들 (나를 웃게 하고, 나에게 감동을 주고, 재미있고, 의미 있고, 살아 있다고 느끼게 해 주는 것들)	선호도 ★★★★★= 최고 ★★★= 중간 ★= 보통	미래를 향한 발걸음 (내년에 이런 것들을 더 많이 경험하려면 어떤 행동을 해야 할까? 내가 시도해 볼 수 있는 작은 행동 단계로는 무엇이 있을까?)
도전 정신을 가지고 배우기	소설 읽기	★★★★★	내 이야기 적어보기 시 쓰기 배우기
	박물관 가기	★★	
	중국 요리 배우기	★★★	고모(우리 가족 중 가장 요리를 잘함)에게 요리책 빌리기
나 자신 돌보기	멋진 새 옷 사기	★★★★	
기타:			
기타:			

워크시트 내용을 살펴보면 여전히 혼자 하는 행동이 많고 사회적 연결 또한 거의 없지만, 루비는 탐험가 공간에서의 여정을 시작했다. 해 봄 직한 새로운 행동을 만들며 자신을 위한 선택을 창조해 낸 것이다. 이제 루비는 조언자의 말을 계속 따를 수도 있고, 탐험가 공간으로 작은 발걸음을 기꺼이 내디딜 수도 있다. 어떤 새로운 행동에도 반드시 이로우리란 보장은 없으므로, 우리는 루비가 새로운 행동을 시도하기 전

에 환경으로부터 오는 피드백을 받아들일 수 있는 기술을 발달시키도록 도와야 한다. 그곳이 실효성이 자리할 지점이다. 만약 루비가 탐험가 공간에 머물고자 한다면 가치 있는 활동 계획에 상응하는 행동의 결과를 추적해야 할 것이다. 다음은 루비가 행동의 결과를 이해하는 데 도움을 준 질문이다.

- *이 행동은 내가 중요하게 여기는 걸 더 많이 하는 데 도움이 될까?*
- *이 행동은 내 삶을 더 열려 있게 할까, 아니면 닫히게 할까?*
- *이 행동은 내가 계속 나아갈 수 있게 해 주었나?*

루비가 자신이 했던 행동의 결과를 추적했던 구체적인 예를 살펴보자.

1. 루비는 자신이 해 보고픈 첫 번째 가치 활동으로 시 쓰기를 선택했다.
2. 활동하려 할 때 나타나는 조언자의 말과 자신의 느낌을 알아차린다. 달리 말하자면 관찰자 기술을 사용한다. 잘 쓰지 못할까 봐 무섭고 두려운 느낌을 발견하고, 그러한 느낌으로부터 오는 긴장감이 그저 거기에 머물도록 허용한다.
3. 잠시 그 느낌들과 함께 머무른 다음 자신이 괜찮은지, 그리고 시 쓰기가 삶에 활력을 더하고 자신을 성장하게 하는 것 같은지 자기 자신에게 질문한다.
4. 루비는 이 활동이 그러한 효과가 있다고 결론 내린다. 이러한 인식은 가치 활동을 계속하기 위해 자신의 느낌을 다루는 루비의 능력을 더 향상시킨다. 만약 활동이 효과가 없었다는 결론이 났다면, 시도해 볼 수 있는 다른 행동을 발견하려 준비할 것이다.

새로운 활동은 절대적인 성공과 절대적인 실패 사이 어딘가에 위치하게 될 가능성이 크다. 만약 루비가 자신의 감정을 알아차리고 이름을 붙이는 데 매 순간 열려 있는 상태를 유지한다면 새로운 활동을 시도할 능력이 더 향상될 수 있을 것이다. 가치 활동으로 매번 나아갈 때마다 루비는 자신의 느낌이 있는 그대로 존재하도록 허용하고, 이렇게 할 때 어떤 재앙적인 일도 발생하지 않는다는 것을 발견하게 될 것이다. 결과적으로 이러한 피드백은 루비가 자신의 느낌에 대한 두려움을 줄여가는 데 도움이 될 것이다. 그러나 탐험가가 되고자 하는 루비의 선택이 두려움을 반드시 줄여주지는 않을 것이다. 실제로 처음에는 오히려 두려움이 커질 것이다. 그래도 괜찮다. DNA-V의 목표는 느낌과 감정을 사라지게 하는 것이 아니다. 우리에게 가장 중요한 느낌과 감정의 많은 부분은 우리가 새로운 무언가를 시도하거나 새로운 경험으로 나아갈 때, 그리고 그로부터 피드백을 받을 때 나타난다.

6장

가치로 되돌아가 행동에 전념하기

청소년과의 가치 작업을 시작하는 방법은 2장에서 간략한 형식으로 다룬 바 있다. 상담 초기 시점에는 청소년이 가치에 대해 깊이 생각하기 힘들어하기도 하고, 새로운 가능성을 고려하기엔 회피 행동과 나쁜 습관에 너무 강하게 붙들려 있곤 하기 때문이다. 그러나 기본 DNA 기술을 학습하고 나면 가치 활동 레퍼토리를 확장하는 능력이 향상된다. 이들 중 도움 되지 않는 규칙과 평가(조언자)로부터 풀려나기, 감각과 감정을 회피하거나 그것들에 반응하는 대신 알아차리고 허용하기, 행동의 장기 결과에 둔감해지지 않고 실효성 기준을 이용하여 행동 선택하기를 청소년의 레퍼토리를 특히 확장시키는 기술이라 볼 수 있다.

활동에 가치 연결하기

가치로 되돌아가 작업할 때는 청소년 자신이 중요하게 여기는 것들과 더욱 깊이 연결되게 하고, 자신의 가치와 일치하는 목표를 세우도록 도와주는 연습들을 이용한다. 이들 연습은 개인과 집단 모두를 대상으로 진행할 수 있다.

가치에 대한 이론 기반은 이미 2장에서 다루었으므로 여기서 다시 언급하지는 않을 것이다. 그러나 DNA-V에서, 더욱 일반적으로는 수용전념치료에서 가치는 목표와 다르다는 점은 다시 한번 강조하고자 한다. 가치는 우리가 늘 실현하기로 선택하는 삶의 방향이지만 이에 도달할 수는 없는 반면, 목표는 가치를 위해 수행하는 성취 가능한 목표임을 기억하라.

물론 목표를 향해 전념하기란 어려울 수 있다. 우리는 모두 적어도 가끔은 우리 자신에게 중요한 목표들을 성취하지 못한다. 이번 장에서는 청소년이 자신의 가치를 확인하고, 가치에 따른 목표를 이끌어 내며, 목표의 성공 가능성을 극대화하는 방식으로 전념하도록 돕는 근거 기반 양식들을 제시할 것이다.

가치 연습 2: 가치 카드 분류하기

이 연습은 5장에서 소개한 탐험가 연습 4(강점 카드 분류하기)와 어느 정도 유사하다. 이번에는 가치 카드와 간단한 가치 진술을 이용하여 진행한다(가치 카드는 http://www.thrivingadolescent.com에서 내려받을 수도 있으며, 대화를 이끌어 내는 그림과 함께 인쇄된 실물 카드도 구입할 수 있다. 판매 수익금은 전액 자선 단체에 기부한다). 청소년이 중요하게 여기는 것들을 탐색하도록 돕는 대화를 시작하는 도구로 이 가치 카드를 사용할 수 있다. 그리고 나면 자신의 가치가 세상 속 자기 행동을 안내하게 할 수 있을 것이다.

가치 카드 내용은 크게 '자신을 돌보기' '다른 이들과 연결되기' '도전하기' '현재 어려움 속에서 발견하는 가치'의 네 영역으로 분류할 수 있다. 개인이 생각하는 카드 내용의 의미에 따라 각 카드가 속하는 영역을 달리 볼 수도 있기 때문에 이 분류는 느슨하다고 볼 수 있다. 일부 카드에 적힌 용어는 2장에서 형식적으로 정의 내린 것들로, 가치로 고려되지 않을 수도 있다는 점을 참고하기 바란다. 예를 들어 '다르게 느끼기' '현재 어려움 속에서 발견하는 가치'는 처음에는 가치 행동으로 보이지 않을 수도 있지만, 우리의 경험상 많은 청소년이 이들 카드를 선택하여 가치 대화로 이어 나간다. 예를 들어 불안한 청소년이 '투쟁하기' 카드를 선택하는 경우, 불안을 작업하고 자신이 중요하게 여기는 것들을 지지하는 활동 속에 이 가치가 어떻게 담겨 있는지에 관한 이야기로 대화를 시작할 수 있다. 청소년은 카드를 선택하며 그저 그게 중요해서 선택했다고 말할 것이다. 우리가 해야 할 일은 이를 가치 행동으로 전환하도록 돕는 것이다.

카드 분류 작업에는 질문으로부터 얻는 것 이상으로 두 가지 이점이 있다. 첫째, 카드의 물리적 속성이 주의의 닻으로 작용한다. 청소년은 카드를 살펴보고, 카드를 들고, 카드에 대해 이야기할 수 있다. 이렇게 하면 치료자와 얼굴을 맞대고 이야기하는 것보다 더 안전하게 느낄 수 있는 약간의 거리가 만들어진다. 둘째, 카드에 쓰인 말들이 간단해서 청소년 자신만의 의미를 유도할 수 있다. (홈페이지에서 구매할 수 있는 실물 카드는 이 작업을 더욱 확장시키는 데 유용하다.) 예를 들어 '순간을 포용하기'는 마음챙김, 편안한 행동 즐기기, 소중한 친구, 심지어는 떠오르는 어린 시절 기억을 소중히 여기는 행동 등에 관한 대화로 이어질 수 있다. 언제나 그렇듯 청소년이 자신의 말로 이야기하는 가치의 내용에 귀를 기울여야 한다. 협조적인 환경에서 나누는 거의 모든 대화에는 가치가 놓여 있으므로 대체로 발견하기 어렵지는 않을 것이다.

카드 분류하기

카드에 적힌 내용은 많은 사람이 중요하다고 여기는 가치를 바탕으로 작성되었다는 이야기로 시작한다. "내용에 정확한 의미는 없어. 너에게 떠오른 어떤 의미로든 여겨도 괜찮아."라는 식으로 청소년에게 말할 수 있다. 그런 다음 카드를 세 더미로 분류하게 한다.

지금 그다지 중요하지 않음

지금 어느 정도 중요함

지금 가장 중요함

카드를 모두 분류하고 나면 '지금 가장 중요함'으로 분류한 카드 중에서도 가장 중요한 카드 다섯 장을 선택하게 한다. 그런 다음 아래 순서에 따라 질문하며 청소년의 선택에 대해 논의한다.

카드를 분류하며 무엇을 알아차렸니? 카드를 분류하기 어려웠니, 쉬웠니? 제외하기 쉬웠던 카드는 어떤 것이었지? 제외하기 어려웠던 카드는 어떤 것이었지?

'지금 그다지 중요하지 않음'으로 분류한 카드에 놀랐을까?

가장 중요한 카드 다섯 장만 선택하면서는 무엇을 알아차렸니? 마치 너의 삶에서 가치를 제외시키는 것 같은 느낌이 들지는 않았니? (만약 청소년이 이런 느낌이 들었다고 한다면, 이것들은 단지 카드일 뿐 실제 가치가 아니라는 점, 그리고 다섯이라는 개수는 임의적이라는 점을 상기시킨다. 이렇게 카드를 마치 실제 가치인 듯 여기는 상황을 조언자가 상황을 왜곡하는 방식의 예시로 들 수도 있다.)

최종 선택한 카드 다섯 장에 대해서는 무엇을 알아차렸니? (청소년은 자신만의 독특한 분류 방식으로 카드를 선택하곤 한다. 독립적인 삶에 관한 한 가지, 자신이 몰두하고 있는 문제에 관한 한 가지 등으로 선택했을 수 있다.)

이 가치들 중 어떤 한 가지를 더 많이 얻으려면 어떤 탐험가, 관찰자, 조언가 기술이 필요할까?

끝으로 우리의 느낌이나 소망이 아닌 우리가 세상에서 하는 실제 활동이 가치에 어떻게 반영되는지를 토의한다. 다음 단계인 가치로 나아가는 목표를 실징하기 위한 무대를 미련히는 것이다.

대안 분류 작업
대안적인 방식으로는 우리가 정의해 둔 영역이나 청소년에게 의미 있는 영역별로 카드를 분류하게 할 수도 있다. 이 접근 방식을 사용할 때는 특히 유연해야 한다. 예를 들면 특정 영역의 카드 수가 다른 영역의 카드 수보다 더 많을 수도 있다.

자신을 돌보기

신체 활동하기	나 자신을 수용하기
자신에게 감사하기	가능성 발견하기
도움 요청하기	즐거움 느끼기
평화로움 찾기	이해하기

다른 이들과 연결되기

신뢰하기	사랑하기
정직하기	감탄하기
연결되기	다른 이들에게 감사하기
소속되기	언민 이린 상대 되기

도전하기

신나게 춤추기	상상하기
과감히 꿈꾸기	창조하기
자유 찾기	성취하기
지식 추구하기	순간을 포용하기

현재 어려움 속에서 발견하는 가치

용서하기	지혜를 추구하기
내려놓기	투쟁하기
불확실함 속에서 머물기	안전감 느끼기
비벌하기	디르게 느끼기

가치 활동 연습 1: 목표 설정하기

청소년이 실천하고픈 가치 활동을 확인했다면 다음 단계는 목표를 설정하도록 돕는 것이다. 이 작업에서는 2장에서 개요를 제시한 여섯 가지 가치 활동 방식에 초점을 맞춘 워크시트를 사용한다. 청소년에게 모든 영역을 작성할 것인지, 일부 영역만 작성할 것인지 선택지를 제공하기를 권한다. 아울러 청소년의 가치가 워크시트 영역과 맞지 않는다면 자신에게 의미 있는 어떤 영역이든 추가해 보도록 격려한다. 어쨌거나 가치는 개인의 선택이기 때문이다.

가치를 반영하는 목표 설정하기

다음은 많은 사람이 가치를 두는 여섯 가지 삶의 영역에 관한 설명이다. 각 영역을 읽고 나에게는 무엇이 중요한지 결정해 보자. 그런 다음 그 영역에서 나의 가치와 나의 삶을 더욱 일치시켜 줄 목표를 브레인스토밍하는 시간을 잠시 가진 다음, 빈 공간에 자신의 목표를 적어보자. 지금 나에게 그다지 의미가 없는 영역은 자유롭게 건너뛰어도 괜찮다. 만약 나에게 더 잘 맞는다고 여겨지는 영역이 있다면 무엇이든 추가해 볼 수도 있다.

다른 사람들과 연결되기. 가족, 친구, 이웃 등이 여기에 해당한다. 다른 이들과 보냈던 멋진 시간을 떠올려 보자.

_____

_____

_____

다른 이들에게 베풀고 긍정적인 영향 주기. 다른 이들에게 베풀면 나 자신의 안녕감이 커진다는 것을 믿기 어려울 수도 있지만, 이는 분명한 사실이다. 누군가에게 감사함을 전하거나, 누군가를 칭찬하거나, 누군가가 문제를 해결하도록 도왔을 때같이 누군가를 위해 뭔가를 했을 때를 떠올려 보자. 또는 누군가의 말을 들어주거나 수용해 준 것같이 누군가에게 베풀었을 때를 떠올려 보자. 동물을 돌봐주었거나 환경을 지킨 것 또한 베푸는 행동에 포함된다.

_____

_____

_____

활동적으로 살기. 여기에는 달리기, 자전거 타기, 웨이트 트레이닝, 테니스, 춤추기 같은 운동이나 연습이 포함된다. 걷기나 스트레칭 같은 더욱 온화한 형태의 활동이나 움직임도 해당한다. 신체 활동을 즐겼거나 몸을 움직이며 의미를 발견했던 순간을 떠올려 보자.

_____

_____

_____

현재 순간을 받아들이기. 오감(시각, 청각, 후각, 미각, 촉각)으로 주의를 기울이며 관찰자 상태로 존재했던 순간을 떠올려 보자. 자연에서 무언가를 알아차렸을 수도 있고, 무언가의 참맛을 경험했을 수도 있고, 음악을 감상했을 수도 있다. 친구와의 대화에 완전히 몰입했던 순간이었을 수도 있다. 호기심을 갖고 열린 자세로 주의를 기울였던 때를 떠올려 보자.

_____

_____

_____

도전 정신을 가지고 배우기. 자기 자신에게 도전이 되었던 순간이나 새로운 무언가를 배울 때 어떻게 했는지 떠올려 보자. 재미있었거나, 의미 있었거나, 개인적으로 중요했던 도전적인 활동은 무엇이었는가?

_____

_____

_____

자기 자신 돌보기. 자기 돌봄에는 나의 몸과 마음이 잘 작동하게 한다는 확신이 드는 모든 활동이 포함된다. 학교에서 힘든 하루를 보내고 재미있는 활동으로 자기 자신을 치유하거나, 힘겨운 시간 동안 자기 자신을 친절하게 대했다거나, 잘 먹고 푹 잤던 순간들을 떠올려 보자. 우리는 자기 돌봄을 다른 모든 할 일을 끝낸 다음 마지막에 하려고 미뤄두곤 한다. 그러나 자기 돌봄은 우리가 하는 그 일들을 모두 지탱하기에 시간을 투자할 가치가 있다.

_____

_____

_____

목표 설정을 위해 DNA-V 도식 사용하기

목표를 작성한 다음에는 하나 또는 여러 가지 목표와 가치를 위해 'DNA-V 목표 설정 워크시트'를 이용해 보게 할 수 있다. 워크시트에 있는 모든 질문에 답하며 각 목표와 가치별로 워크시트를 작성하게 한다. 청소년이 자신의 목표와 DNA 기술이 서로를 어떻게 지지하는지 이해하도록 돕는 연습이 될 것이다.

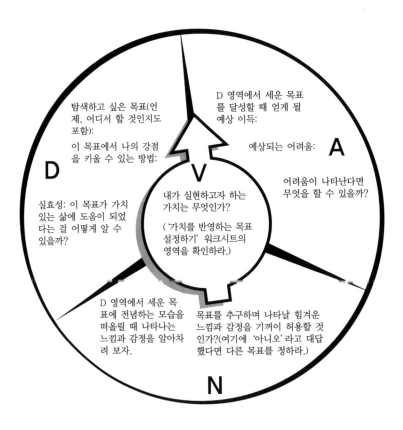

그림 11 DNA-V 목표 설정 워크시트

가치 활동 연습 2: 대조하고 준비하기

청소년이 목표를 세우도록 돕는 과정에서도 DNA-V의 핵심 원리를 잊지 말아야 한다. DNA-V에서는 좋고 나쁨이라는 이분법으로 나누려 들지 않는다. 괴로움은 나쁜 느낌 없이 좋은 느낌만을 느끼려는 욕망으로부터 시작된다. 목표를 달성할 최고의 기회를 얻고자 한다면 좋은 일과 나쁜 일은 함께 발생한다는 사실을 인식해야만 한다.

좋은 것들과 나쁜 것들을 함께 유지하는 심리적 방법에는 정신적 대조mental contrasting가 있다. 목표를 달성하며 발생할 이점과 잠재적 어려움을 의도적으로 식별하는 방법이다(Duckworth, Grant, Loew, Oettingen, & Gollwitzer, 2011). 연구에 따르면 정신적 대조는 목표 달성 가능성을 증진한다(Duckworth et al., 2011). 앞서 소개한 DNA-V 목표 설정 워크시트에서도 청소년에서 목표를 달성하며 얻을 이점과 발생할 어려움을 예상하며 정신적 대조를 연습하게 했다.

실행 의지implementation intention를 다지는 것 또한 목표 달성 가능성을 증대시키는 것으로 나타났다(Gollwitzer, 1999). 실행 의지는 두 가지 요소로 구성된다. 첫 번째 요소는 목표 달성을 위해 실천할 활동을 확인하고, 실천 과정에서 단서가 되어 줄 만한 것들을 구체화하는 것이다. 두 번째 요소는 목표 달성에 방해가 될 잠재적 장애물들을 확인하고, 그것들을 어떻게 다룰지 살펴보는 것이다. 단계마다 '만약-그렇다면' 진술을 만들고, 장애물이 나타날 때마저도 활동을 이어갈 수 있는 구체적인 행동 계획을 만드는 것이 핵심이다. DNA-V 목표 설정 워크시트에서는 '어려움이 나타난다면 무엇을 할 수 있을까?'라는 질문으로 실행 의지를 구체화했다.

청소년은 새로운 활동을 실천하고, 위험을 감수하며, 목표를 설정하는 순간마다 세상이 그에 대한 답으로 무엇을 주는지 알아차릴 수 있어야 한다. 달리 말하자면 앞선 장에서 제시하였듯 행동의 실효성을 추적해야 한다. 이를 통해 자신이 달성한 목표가 실제로 삶을 더 활기차고 의미 있게 만들었는지 확인할 수 있다. 만약 새로운 행동이 자신의 성장에 도움이 되지 않는다면 다른 목표를 추구하면 된다.

이제부터는 목표의 이점과 장애물에 대한 정신적 대조와 '만약-그렇다면' 전략을 통한 실행 의지 등 목표 설정을 위한 네 번째 핵심 단계들을 제시할 것이다. 다음은 단계마다 치료자가 할 수 있는 말들과 청소년으로부터 얻어야 할 반응 유형에 대한 간략한 지침이다.

1단계. 목표 확인하기

치료자: *너의 목표는 무엇이니?* (구체적이고 측정할 수 있는 목표를 설정해야 한다는 점을 명심하라.)

청소년: *제 목표는_____예요. _____를 목표로 계획하고 있어요.* [이상적으로는 시간, 날짜, 장소, 목표에 임하는 맥락 등이 구체화되어야 한다].

2단계. 이점 확인하기

치료자: *목표를 달성했을 때 얻게 될 이점은 무엇일까?* (목표를 달성했을 때 가장 긍정적인 측면을 상상해 보게 한다.) *어떤 모습으로 나타날까?* (구체적으로 이야기해 보도록 격려한다.) *이 목표는 가치와 어떻게 연결되어 있니?*

청소년: *_____[목표]에 다가갈수록, _____[이점]들이 생길 거예요. 그건_____라는 저의 가치와 연결되어 있어요.*

3단계. 장애물 확인하기

치료자: *이 목표를 달성해 가는 과정에서 맞닥뜨릴 수 있는 가장 핵심적인 장애물로는 무엇이 있을까?*

청소년: *불안해지거나, 저 자신을 의심하게 되거나, 유혹에 빠질 수도 있을 것 같아요. 시간이 충분하지 않다고 느끼거나, 산만해질 수도 있을 것 같아요. 그리고 실제 장애물이 생길 수도 있을 것 같아요. 돈이 부족하거나, 타고 이동할 수단이 없거나, 주변 어른들에게 지지받지 못하는 것 같은 상황이요.*

4단계. 장애물 대비하기

치료자: *그런 장애물들을 맞닥뜨리면 무엇을 해 볼 수 있을까?* (장애물을 마주했을 때도 계속 목표로 나아가기 위해 할 일들을 구체적으로 떠올려 보게 한다. 힘겨운 감정을 알아차리고 그 감정에 대한 공간을 만든 다음 목표를 향해 나아가거나, 전체 목표

가 너무 버거울 경우 그중 일부분에만 전념하는 방법 등이 예가 될 수 있다.)

청소년: *만약_____[장애물]이 나타난다면, _____[목표지지 활동]을 해 볼 거예요.*

5단계. 기회 준비하기

치료자: *이 목표를 위해 행동하는 데 도움이 될 만한 기회가 있을까? 지금까지 이야기해 보지 않은 기회가 있는지 떠올려 보자. (목표 달성을 촉진할 수 있는 상황들을 떠올려 보게 한다. 예를 들어 시 쓰기에 흥미가 있다면 시 경연 대회에 참가할 기회를 알아볼 수 있을 것이다.)*

청소년: *만약 _____[기회]가 있다면 _____[목표 연관 활동]을 할 거예요. (예를 들어 "토요일 점심 이후에 자유 시간이 생기면 TV를 보는 대신 제 목표를 위한 작업을 할 거예요."라고 대답할 수 있다.)*

6단계. 실효성으로 되돌아가기

치료자: *이 활동들을 시도해 보고 나면, 네가 가치와 연결되는 데 이 활동들이 도움이 되었는지 확인하는 탐험가 공간으로 들어가 보자.*

청소년: *네. 하고 나서 "이 활동이 효과가 있었나? 내 가치와 연결되는 데 도움이 되었나?"라고 저 자신에게 물어볼게요.*

가치 활동 연습 3: 담대해지기(BOLD)

청소년이 자신의 새로운 DNA-V 기술을 연습하고 목표를 향해 작업하는 단계로 넘어갔다면, 마지막으로 머리글자 'BOLD'로 축약되는 기술을 지도한다. BOLD 기술에는 모든 DNA-V 기술이 한데 담겨 있으므로 새로운 상황에 들어서며 걱정이나 불안을 느낄 때 유용하다. 다음은

BOLD 기술에 대한 간략한 설명이다.

B(호흡하기) = *천천히 깊게 호흡한다.*

O(관찰하기) = *자기 생각과 느낌을 관찰한다. 자신의 주변을 관찰한다.*

L(귀 기울이기) = *지금 이 순간 자신의 가치에 귀를 기울인다. 내가 되고 싶은 사람은 어떤 모습인가?*

D(결정하기) = *지금 이 순간 어떻게 행동할지 결정한다. 자신의 가치를 실현한다면 어떤 모습일 것 같은가?*

BOLD 기술을 청소년 친화적으로 제시한 예를 보고자 한다면 <*청소년을 위한 마음에서 빠져나와 삶 속으로 들어가라*(Ciarrochi et al., 2011, p. 75)>를 참조하라. BOLD에 대한 동영상을 http://www.thrivingadolescent.com에서 추가로 이용힐 수도 있다.

7장

함께 쓰는 DNA-V로
유연한 강점 발달시키기

앞선 장들에서는 청소년이 가치를 확인하고 목표를 설정하며 탐험가, 관찰자, 조언자 기술을 개별적으로 키워가도록 도와주는 방법들을 다루었다. 이번 장에서는 심리적 유연성에 관한 청소년 친화적 용어로 청소년의 *유연한* 강점을 촉진하는 방법을 DNA-V 모델 전체를 결합하여 설명할 것이다.

보호자, 교육자, 청소년을 만나는 모든 임상가에게 흥미 있을 질문으로 시작해 보겠다. 우리는 청소년의 심리적 강점 발달에 어떤 도움을 줄 수 있을까? 의지력, 회복탄력성, 용기, 인내심, 끈기 같은 특성을 발달시키려면 우리가 어떤 도움을 주어야 할까?

여기에 대한 답을 심리학 문헌에서 구하려 했지만, 결과는 복잡하고 혼란스러울 뿐이었다. 각 심리적 강점마다 저마다의 연구 주체와 한 무더기의 출판물들을 보유하고 있었다. 예를 들어 의지력에 관해서는 〈*의지력 본능The Willpower Instinct*〉, 〈*의지력: 가장 위대한 인간의 강점의 재발견Willpower: Rediscovering the Greatest Human Strength*〉, 〈*자기 조절과 의지력 본능을 되찾는 방법Regain Your Self-Control and Rediscover Your Willpower Instinct*〉 같은 책들이 즐비했다. '회복탄력성'이라는 단어를 제목으로 쓴 책들은 문자 그대로 수십 권이 넘었다. 또한 많은 심리학 문헌이 용기(〈*용기: 두려움을 극복하고 자신감에 불붙이기Courage: Overcoming Fear and Igniting Self-Confidence*〉, 〈*내면의 용기 발견하기Finding Inner Courage*〉 등) 또는 인내심과 끈기(〈*인내심과 끈기의 예술: 견디고, 번영하고, 성공하기 위한 새로운 과학The Art of Persistence and Grit: The New Science of What It Takes to Persevere, Flourish, and Succeed*〉 등)에 초점을 맞추고 있었다. 대부분 좋은 내용이 담겨 있는 책들이다. 그렇다면 청소년의 강점을 발달시키는 방법을 이해하기 위해서 그 모든 책을 읽으며 앞으로 10년 더 시간을 보내야 하는 것일까?

우리는 그렇게 여기지 않는다. 각 강점을 완전히 개별적으로 바라본다면 강점을 발달시키는 과정이 너무나 벅차게 느껴질 것이다. 각각을 분리해서 이름을 붙이고 발전시키려면 끝이 없다. 그러나 5장에서 논의하였던 강점을 행동으로 다루며 이를 증대하는 데 행동학적 개념을 적용한다면 상황이 간명해진다. 신발을 갖게 되는 방식으로 용기를 '가져야' 한다고 가정하는 것이 아니다. 행동에는 용기가 함께할 수도 있고, 그렇지 않을 수도 있다. 언제 어떻게 용기를 가지고 행동할지는 맥락으로 결정된다. 이 맥락은 현재 맥락일 수도 있고, 역사적 맥락일 수도 있다. 예를 들어 일부 문화권에서는 육체적 용기를 크게 강조하며 더 많은 전사를 배출하려 하지만, 퀘이커교도 같은 다른 문화권이나 하위 집단에서는 전쟁은 잘못된 것이라고 가르치며 무력 충돌을 통해 육체적 용기를 표출할 가능성을 줄이려 한다. 그 대신 정신적 용기를 기꺼이 드러내며 자신의 신앙을 지키기 위해 커다란 사회적 위험을 감수하는 이들을 배출하려 한다.

DNA-V 모델에서는 유연한 강점을 발달시기기 위한 간단한 접근을 제시한다. 다음은 의지력, 회복탄력성, 용기, 인내심, 끈기를 촉진하는 DNA-V 접근 개요이다.

- **의지력**이란 자기 자신을 통제하고 행동을 결정하는 능력이다. 의지력이 거의 없는 이들은 짧은 순간의 유혹과 충동의 노예가 되는 경향이 있다. DNA-V에서는 알아차림 기술을 지도하여 의지력을 크게 촉진한다. 청소년은 현재 순간의 느낌, 감정, 생각, 유혹, 자극에 반응하지 않으면서 이를 감지할 수 있게 된다. 알아차림은 또한 장기적인 가치에 기반하여 멈추고, 계획하며, 행동을 선택하는 공간을 제공한다.

- **회복탄력성**이란 부정적인 일을 겪은 후 다시 강건해지고 성공하는 능력이다. DNA-V에서는 부정적 사건에 대한 조언자의 도움 되지 않는 걱정과 반추로부터 현재 순간에서 가치를 알아차리고 연결하는 상태로 이동하는 청소년의 능력을 강화시키며 회복탄력성을 촉진한다. 아울러 삶의 과정에서 자연스레 나타

나는 부정적인 감정과 싸우기보다는 이를 수용하게 한다. 마지막으로는 부정적 사건 너머로 나아갈 새로운 방법을 발견하기 위해 탐험가 공간으로 옮겨가도록 격려한다.

- **용기**는 힘겹거나 위험한 상태로 알려진 무언가에 행동할 수 있는 능력이다. DNA-V에서는 생각과 느낌이 정상이며 위험하지 않다는 아이디어를 강화(조 언자 훈련)하고, 청소년이 자신의 가치를 위해 오고 가는 불안을 허용하도록 격 려(관찰자 기술과 기꺼이함을 발달)하며 용기를 촉진한다.

- **인내심 또는 끈기**란 힘겨움이나 다른 사람들의 반대를 무릅쓰고서라도 무언가 를 시도하거나 계속하는 능력이다. DNA-V는 청소년이 단기적인 충동보다는 장기적인 가치 활동에 연결되게 하고, 가치 활동을 실천할 때 나타날 수 있는 힘겨운 느낌이나 시련을 위한 공간을 마련하도록 격려하며 이러한 기질을 촉진 한다.

요약하자면 DNA 기술의 발달이 강점의 발달 또한 가져올 것이라 본다. 5장에서 청소년이 자신의 강점을 확인하도록 돕는 연습을 이미 제시한 바 있다. 그러나 강점만 으로는 충분하지 않다. 강점이 도움이 되려면 자신의 강점을 유연하게 적용할 수 있어 야 한다. 예를 들어 용기는 힘겨운 상황에서 빛을 발하겠지만, 술을 마시고 차량 절도 를 하는 데 용기를 발휘한다면 퇴색될 것이다. 인내심은 가치 활동을 촉진할 때는 강 점으로 작용하겠지만, 의미 없는 일에 시간을 낭비하게 한다면 약점이 될 것이다. 다 른 사람을 용서하고 한 번 더 기회를 주는 것은 사랑하는 관계에서는 미덕이겠지만, 또 다른 학대를 가져오는 용서는 미덕이라 볼 수 없다.

따라서 본질적으로 강점이거나 약점인 행동 양식은 존재하지 않는다. 청소년에게 가치 있는 결과에 도달하게 만드는 행동이라면 강점으로 볼 수 있다. 다시 한번 강조 하건대 중요한 것은 행동의 형태가 아닌 기능, 즉 행동이 우리를 위해 무엇을 했는지 에 관한 것이다.

이번 장 나머지 부분에서는 청소년이 유연한 강점을 발달시키도록 돕는 방법에 대해 다룰 것이다. 그 전에 먼저 자신의 강점을 소모하고 있는 한 청소년의 사례를 검토해 보도록 하자.

스티브의 이야기

스티브는 자신에게 내려오라고 고함치는 엄마를 옥상에 앉아 팔짱을 낀 채 잔뜩 화가 난 얼굴로 째려보며 소리친다. *"나 좀 내버려 두라니까! 상담하러 안 가. 안 가도 된다고 할 때까지 여기서 안 내려갈 거야."*

올해로 열여섯 살이 된 스티브는 키도 크고 체격도 좋지만, 어색하고 서투른 면이 있다. 자동차와 엔진을 정말 좋아해서 자동차 후드 아래에서 온종일을 보내기도 하고, 무언가를 조립하고, 고치고, 돌아가게 하면서 시간을 보낸다. 이럴 때 스티브는 평온함을 느낀다.

학교에서는 이야기가 달라진다. 아이들은 늘 스티브를 밀어붙여 어리석은 일들에 뛰어들게 만들려 한다. 스티브가 싸움에서 물러날 일은 없지만, 다 떠나서 왜 학교에 가야 하는지 의문이다. 학교에서 스티브가 유일하게 즐기는 활동은 체육뿐이다.

스티브는 가족을 사랑한다. 엄마는 가족을 지휘하며 스티브가 헤갈리지 못하는 일들을 도와준다. 엄마는 온 가족을 하나로 뭉치게 한다. 하지만 한편으로는 스티브에게 무언가를 해야 한다고 늘 잔소리한다. 이 잔소리는 절대 멈춰지지 않을 것 같지만, 스티브는 신경 쓰지 않는다. 간단히 무시해 버릴 수 있기 때문이다.

아빠는 엄마와 다르다. 스티브처럼 아빠도 차를 좋아한다. 스티브가 운전면허를 따게 되면 몰 수 있도록 낡은 V8 머스탱을 차고에서 함께 고치는 중이다. 아빠는 맥주를 정말 좋아하고, 맥주를 '진짜 사나이의 물'이라고 부른다. 직장에 다니면서 지역 축구팀을 후원하기도 한다. 그리고 가족과 함께하는 시간을 갖기도 하지만, 저녁 시간 대부분을 과음하며 분노한 채 보낸다. 최근 스티브에겐 아빠와 서로 고함치며 부딪히는 일이 많아졌다. 대부분 아빠가 술에 취했을 때였다.

일주일 전쯤 아빠가 스티브의 코앞에서 소리를 질렀을 때 상황은 극으로 치달았다. 스티브는 더는 참을 수 없었다. 아빠에게 주먹을 들어 올리며 "안 비키면 칠 거야."라고 말했다. 아빠는 살짝 몸을 빼면서 위풍당당하게 "어디 한번 덤벼 보든가."라고 말했다. 스티브는 겁이 나 그 자리에서 물러났다.

스티브가 사는 삶의 다른 부분들, 특히 학교는 스티브에게 고통일 뿐이다. 스티브는 자신이 멍청하다고 확신한다. 그리고 학교는 자기 자신에 대한 이러한 느낌을 더 나쁘게 만들 뿐이다. 최근에는 상당히 자주 자제심을 잃고 다른 아이들과 싸우기 시작했다. 교장 선생님 앞에서도 감정을 조절하지 못하고 꺼지라고 말했다. 그로 인해 정학 처분을 받게 되었고, 분노 조절 상담을 마치기 전까지는 학교로 돌아올 수 없다는 이야기를 들었다.

스티브는 돌아가고 싶지 않다. 하지만 엄마가 이 일에 나서기 시작했다. 스티브는 생각했다. *'만약 저 사람들이 나를 좀 내버려 두고, 거지 같은 학교에 가라고만 하지 않거나 잔소리만 하지 않으면 감정을 조절할 수 있을 텐데. 더는 못 참겠어. 그냥 죽어 버리거나 아니면 어디든 다른 곳으로 가고 싶어.'*

스티브에 대한 고찰

스티브는 나이에 비해 상당히 미성숙한 것으로 보인다. 분노 폭발이 여러 차례 관찰되었으며, 이런 사건들은 주변 사람들의 주의를 잡아끌기에 교사나 건강관리 전문가들이 자주 보는 유형의 사례이기도 하다. 스티브와 같은 청소년은 분노 조절 기술을 배워야 한다는 이야기를 듣는 경우가 많다. 기술은 마치 즉효가 있을 것처럼 처방된다.

잠시 시간을 내어 스티브에게 어떻게 대응할지 생각해 보자.

스티브와 같은 청소년과 작업하거나 상호작용을 할 때 당신 내면에서는 무엇이 나타나는가? 당신의 느낌, 감정, 생각, 의심, 희망 등을 떠올려 보자.

머지않아 우리는 DNA-V 사례 개념화로 단계별 작업에 들어갈 것이다. 지금은 당신이라면 스티브 같은 청소년과 어디서부터 작업을 시작할지 마음속으로 그려 보자.

DNA-V 모델에서는 모든 행동에는 목적이 있다고 가정한다. 그러므로 스티브의 분노가 스티브에게서 어떤 역할을 하고 있는지를 이해하는 것이 우선이다. 분노가 스티브에게 무엇을 해 주고 있을까? 그저 스티브가 자신의 감정을 조절하는 방법을 모르는 것만이 문제가 아니다. 힘겨운 가족 문제와 학업 문제도 다루어야 한다. 이로써 스티브는 자제심을 잃게 되었고, 이 행동은 실제로 여러 부분에서 스티브에게 효과가 있다. 정학을 받아 학교에 가지 않아도 되고, 가족도 스티브를 혼자 있게 해 주었다. 스티브가 보이는 문제의 큰 부분이 맥락과 관련되어 있다. 자신에게 맞지 않는 시스템에 갇혀 있으며, 아버지와 부딪히고 있고, 화를 내는 것 말고 다른 방법으로 이 상황을 처리할 방법을 스티브는 알지 못한다.

공격과 위험 감수: 예외가 아닌 정상

이번 장에서는 스티브의 사례를 적용하여 DNA-V 모델을 한데 모아 다룰 것이다. 먼저 스티브의 공격 행동이 비정상적인지를 살펴보는 것부터 시작해 보자.

　인간은 공격적이지 않은 상태를 학습하기까지는 공격적이라는 사실을 알게 되면 아마 놀랄 것이다. 가장 공격적인 인간은 청소년이 아닌 설음마기 아동이나 (Tremblay, 2000). 수년에 걸친 종단적 연구에 따르면 인간은 상당한 공격성을 이용하며 삶을 시작한다. 이후 아동기에 접어들며 사회화 과정이 일어나 신체적 갈등이 서서히 줄어드는 것이다. 12개월에서 18개월 사이의 아동에서 일어나는 상호교환은 그중 50%가 파괴적이거나 싸우는 것처럼 보이지만, 2세 6개월쯤이 되면 이 비율은 20%로 떨어진다. 그리고 나이가 들어감에 따라 계속 감소한다(Connor, 2002). 아이들이 나이를 먹을수록 자신의 감정을 조절하고 원하는 것을 얻기 위해 신체 행위 대신 언어를 사용하는 사회화가 일어난다. 또한 공격적인 행동을 계속 보인다고 할지라도 공격성의 특성 자체가 변화한다. 언어적 특성은 늘어나고 신체적 특성은 줄어들며, 더욱 은밀해지고, 소유물을 획득하는 대신 자존감을 유지하는 방향으로 공격성이 나타난다.

　그렇다 하더라도 신체적 싸움은 일부 사회에서 여전히 흔히 발생한다. 미국에서 시행된 조사에 따르면 14세부터 18세 사이의 남성 청소년 42%, 여성 청소년 28%가지난 한 해 동안 신체적 싸움을 경험했다고 보고하였다(Marcus, 2007). 호주에서 시행된 한 조사에서는 13세부터 14세 사이의 남성 청소년 52%, 여성 청소년 15%가 지난 한 달 동안 신체적 싸움을 경험한 것으로 확인되었다(Smart et al., 2003). 미국에서 시행된 또 다른 연구에서도 고등학교 3학년 청소년 중 80% 이상이 때때로 또는 자주 폭력과 범죄에 대해 염려한다고 보고하였다(Connor, 2002).

신체적 충돌은 대다수 현대 사회에서 우려하는 여러 위험 감수 행동 중 하나일 뿐이다. 다른 유형의 위험 감수 행동 또한 놀라울 정도로 일반적이다. 17세부터 18세 사이의 청소년을 대상으로 시행한 한 연구 결과에 따르면 연구 참여자의 10~20%가 절도나 손괴 행동에 참여한 바 있으며, 85%가 음주 경험이 있고, 39%에서 흡연 경험을, 19%에서 마리화나 사용 경험을 보고하였다(Smart et al., 2003).

따라서 위험 감수 행동이 청소년에게 상당히 정상적이며 적응적인 목적이 있으리라는 결론을 내릴 수 있다. 예를 들어 공격성은 청소년이 사회적으로 자기주장을 발달시키고, 게임에서 경쟁하며, 자신의 목표에 대한 장애물을 극복하는 데 도움이 될 수 있다. 부모가 내세운 잣대를 거부하고 적응적 위험을 감수하면 독립성을 키우고 또래 사이에서 강한 지지 네트워크를 형성하는 데도 도움이 될 것이다. 다음은 치료자가 공격성과 위험 감수 행동의 목적을 식별하는 데 도움이 될 만한 질문 목록이다.

- 이 청소년이 맞닥뜨린 도전적 상황은 무엇인가?
- 이 행동은 청소년이 원하는 것을 얻는 데 어떤 도움이 되는가?
- 느낌과 생각을 다루는 적응적인 행동 레퍼토리를 이 청소년이 배운 적이 있는가?
- 이 청소년이 중요하게 여기는 것은 무엇인가? 이 행동이 청소년의 삶에 어떠한 효과를 주는가?

사례 개념화와 중재 계획

전체 DNA-V 모델로 청소년이 보이는 문제를 개념화하는 방법을 논의하는 것부터 시작해 보자. 그런 다음 개념화를 구축하며 이를 통해 구체적인 상황에 적용하는 방법을 살펴볼 것이다. 이 과정에서도 그동안 사용한 것과 같은 사례 개념화 워크시트를 사용할 것이다. 이어서 읽어보기 전에 지금까지 획득해 온 지식을 평가해 보길 바란다. 이번 장 초반에서 제시된 스티브의 사례 정보를 참고하여 비어 있는 사례 개념화 워크시트를 채워본 다음, 자신이 완성한 것과 그림12에 있는 결과물을 비교해 보자(워크시트 서식은 http://www.thrivingadolescent.com에서 내려받을 수 있다).

먼저 스티브의 가치, 즉 스티브에게 생동감을 주는 것들부터 개념화해 볼 것이다. 스티브가 알고 있는 자신이 중요하게 여기는 것은 자동차, 운동, 그리고 가족이다. 이는 즉시 작업을 시작할 지점을 제공해 주며 지지적 관계를 형성할 문을 열어 준다. 그러나 한편으로는 작업하는 동안 스티브가 가치를 발달시키고 변화시킬 수 있다는 점 또한 잊지 말아야 한다. 실제로 스티브가 탐험가 기술을 구축해 가며 가치 목록이 확장되리라 본다.

다음으로는 스티브의 조언자 행동을 살펴볼 것이다. 스티브는 자기 자신과 다른 사람들, 그리고 세상에 대한 많은 부정적인 평가와 경직된 규칙을 가지고 있다. 게다가 자기 생각이 세상을 언제나 정확하게 대변한다고 믿는 것처럼 보인다. 예를 들어, 학교에서 부진한 모습을 보이고 나면 자신이 멍청하다는 자기 생각을 믿는다. 실제 세상과 접촉해서 이 부정적 가정을 평가하지 않는다. 따라서 자신의 우수한 기계 조작 기술을 소홀히 여기며, 자신에 대한 모든 면에서 '나는 멍청해'가 진실인 것처럼 행동한다. 더구나 스티브의 생각은 매우 고통스럽기에 이런 생각을 하는 것만으로도 분노가 치밀게 된다.

관찰자 기술 측면에서 보자면 스티브는 자신의 감정을 거의 인식하지 못하고 있다. 오히려 신체 단서에 즉각적이고 충동적으로 반응한다. 스티브가 분노 외에 다른 느낌이나 감정에 이름을 붙일 수 있다는 증거는 없다. 자신의 감정에 대해 분노를 경험하는 것으로 보이며, 따라서 슬픔이나 좌절을 경험할 때도 그러한 감정들이 분노로 나타나고 있을 가능성이 있다. 예를 들어, 아버지와 부딪힐 때 슬픔을 느끼더라도 이 감정은 스티브에게 너무 두렵기에 우리에겐 분노밖에 보이지 않는다. 알아차림 기술에는 두 가지 불가분의 구성 요소가 담겨 있다는 점을 기억하길 바란다. 하나는 힘겨운 내적 경험과 함께 머무르는 능력이며, 또 다른 하나는 그 경험에 반응하거나 경험을 조절하려 들지 않고 허용해 주는 능력이다. 스티브는 자신의 느낌과 감정에서 종종 도피하려 하는 것 같다. 스티브의 도피 행동으로는 엄마를 무시하는 것, 긴 시간 동안 자동차를 수리하는 것, 말다툼이나 싸움을 하는 것 등이 있으며, 지붕 위에 올라가는 행동 또한 말할 것도 없이 여기에 해당한다.

마지막으로 탐험가 기술도 스티브가 구축했다고 보기는 어렵다. 실효성 없는 행동을 계속해서 반복하고 있으며, 자신의 삶에 이 행동들이 장기적으로 미칠 영향 또한 추적하지 않고 있다. 신체적, 언어적 공격성이 배제된 대처 전략을 이용할 가능성 탐색에도 실패했다. 결국 스티브는 자신의 강점을 인식하거나 발달시키지 못하고 있다.

사례 개념화 워크시트에는 핵심 DNA 기술에 더해 사회적 시각과 자기 시각, 그리고 개인의 역사적 환경과 사회적 환경 관련 측면을 기술하는 공간이 마련되어 있다. 8장부터 12장에 걸쳐서 워크시트의 이 부분들을 자세히 다룰 것이다. 여기서는 스티브와 스티브가 처한 상황에 대한 이해를 풍부하게 하는 정도로만 간략히 살펴볼 것이다. 자기 시각 측면에서 스티브는 자기연민이 매우 부족하고, 자기 자신을 부정적인 자기 평가와 동등하게 여긴다. 자신이 진실로 멍청하다고 생각한다. 이러한 자기 평가가 지배하는 한 스티브는 자신의 지적 능력을 발달시킬 방법을 찾으려 고군분투할 것이다. 또한 자기 행동이 가정과 학교에서 다른 사람들에게 어떤 영향을 미치고 있는지 알지 못하기에 사회적 상황에서도 명백한 도전에 처해 있다.

최근 상황과 현재 문제

학업 수행의 어려움

학교에서의 분노 폭발(정학을 야기할 수준)

집에서의 분노

사회적, 역사적 환경

과음하며 자주 화를 내는 아버지

다정하지만 계속해서 잔소리하고 스티브의 삶을 통제하려는 어머니

힘들 때 이야기를 나눌 사람이 없는 것처럼 보임

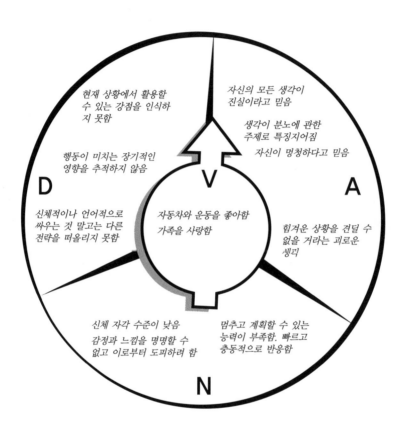

자기 시각

자기 자신을 힘들게 대함

자기연민 부족

자기 평가와 자신을 별개로 볼 수 있는 능력이 제한되어 있음

사회적 시각

다른 사람들을 탓하며 그들이 변화해야 한다고 이야기함

가정에서나 학교에서 자기 행동이 가져오는 사회적 결과를 볼 수 없음

그림 12 스티브의 DNA-V 사례 개념화

DNA-V 유연성 소개하기

가치를 비롯하여 조언자, 관찰자, 탐험가 기술에 대한 각 중재를 실행하는 방법에 대해서는 2장부터 6장까지에 자세히 안내하였다. 여기에서는 청소년이 세 가지 DNA 공간을 유연하게 옮겨 다니는 방법을 배우도록 돕기 위해 DNA-V 요소를 한데 가져오는 방안을 심도 깊게 제시할 것이다.

이전 장들에서처럼 각 요소를 개별적으로 다루는 대신, 하나의 연속된 논의 선상에서 DNA-V 모델의 모든 요소를 청소년에게 소개하는 방법에서부터 시작해 보자. 여기서 다루는 내용 중 일부는 3장에서부터 5장까지 다룬 내용과 불가피하게 유사할 것이다. 이러한 반복이 DNA-V 모델의 개념과 접근을 분명하고 굳건하게 만드는 역할을 하길 바란다. 1장에서는 D, N, A, V를 적은 네 장의 종이로 DNA-V 모델을 소개하는 방법인 '삶 속으로 DNA-V 발걸음 내딛기' 연습을 제시한 바 있다. 여기에서는 'DNA-V 발걸음 워크시트 안내하기'를 이용하여 DNA-V 모델을 소개하는 대안적인 방식을 제공할 것이다(워크시트 서식은 http://www.thrivingadolescent.com에서 내려받을 수 있다). 작성을 완료한 워크시트는 그림 13을 참조하라. 탐험가, 관찰자, 조언자에 대한 기술이 부족한 예시와 숙련된 기술을 가지고 있는 예시와 함께 DNA-V 모델을 소개하는 간단하지만, 효과적인 방식이 제시되어 있다. 그림 13에서는 기술이 부족한 예시를 가치를 지지하거나 이와 연결되지 않는 고리 모양의 화살표로 표현하였으며, 반대로 숙련된 기술은 가치 영역에 기여하는(향하는) 화살표로 표현하였다. 이어지는 대화는 '삶의 DNA-V 발걸음 워크시트'를 완성하는 과정에 대한 예시이다.

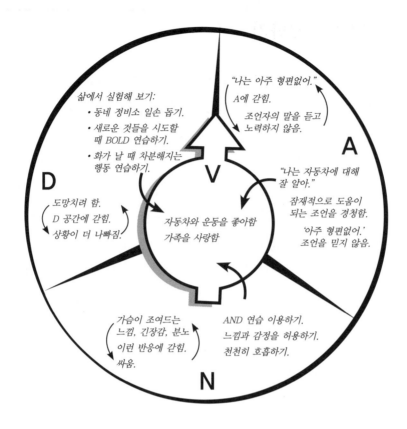

삶에서 실험해 보기:
• 동네 정비소 일손 돕기.
• 새로운 것들을 시도할
  때 BOLD 연습하기.
• 화가 날 때 차분해지는
  행동 연습하기.

"나는 아주 형편없어."
A에 갇힘.
조언자의 말을 듣고
노력하지 않음.

D

도망치려 함.
D 공간에 갇힘.
상황이 더 나빠짐.

V

자동차와 운동을 좋아함
가족을 사랑함

A

"나는 자동차에 대해
잘 알아."
잠재적으로 도움이
되는 조언을 경청함.
'아주 형편없어.'
조언을 믿지 않음.

가슴이 조여드는
느낌, 긴장감, 분노
이런 반응에 갇힘.
싸움.

AND 연습 이용하기.
느낌과 감정을 허용하기.
천천히 호흡하기.

N

그림 13 '삶의 DNA-V 발걸음 워크시트'로 실효성 없는 행동 확인하기

1단계. 가치 소개하기

DNA-V 모델의 중심에 자리한 가치를 소개하는 것부터 시작한다. 실제로 가치는 DNA-V 작업의 목적이기도 하다. 수월한 묘사를 위해 이어지는 대화의 전체 과정에서 독자인 당신을 스티브와 함께 작업하는 임상가로 가정할 것이다. DNA-V 원을 이용해서 이 모델을 소개할 때는 과정에 따라 각 영역을 가리키며 진행한다.

지금부터 잠깐 우리가 함께할 작업에 대해 이야기하는 시간을 가질 거야. 앞으로 우리가 할 작업은 전부 이 V에 관한 거야. V는 가치를 의미해. 네가 관심을 가지고 있는 것들, 네가 즐겁고, 의미 있고, 중요하다고 여기는 것들이지. 스티브 너 자신, 그리고 네가 원하는 것들에 대해 우리가 함께 작업하게 될 거야. 이 그림에서 V는 일종의 포인터라는 걸 알길 바라. 여러 면에서 우리의 가치 있는 에너지가 향할 방향을 가리키거나 지시하는 게 바로 V거든. 우리에게 선택지를 주는 거야.

청소년이 무엇을 위해 작업을 해야 하는지, 자신의 가치가 무엇인지와 연결되도록 도와주는 것이 핵심이다. 작업의 상당히 이른 시기에 모델을 소개할 것이므로, 워크시트 중앙에 청소년의 가치에 관한 초기 아이디어를 임상가가 간단히 적어줄 수도 있다. 시간이 지날수록 당신과 청소년은 가치를 재고하며 정교하게 다듬어 볼 수 있을 것이다.

우리가 함께 작업하는 동안 네가 원하는 것과 관심 있는 것들에 연결되어 있어야 해. 지금까지 이야기해 준 걸로 보면 너는 자동차 정비를 좋아하고, 운동을 좋아하고, 가족을 사랑하지. 선생님이 이해하는 게 맞니? 그래, 그럼 이 것들을 V에 적어둘게. 우리의 작업이 이것들에 관한 것이라는 점을 기억할 수 있게 말이야.

앞으로 너에게 중요한 것들과 네가 선택할 수 있는 것들을 탐색해 가면서 가치 영역에 관한 것들을 더 많이 떠올리게 될 거야. 정말 멋진 작업일 거야. 너에게 중요한 것이 무엇이든 작업해 볼 수 있어. 하지만 지금은 이것들에서부터 시작해 보자.

우리가 관심을 둔 일들을 한다는 게 늘 쉽지만은 않아. 이건 선생님과 너에게만 해당하는 이야기가 아니야. 모든 사람이 그렇지. 왜 우리 인간은 이렇게 힘들어하는지 지금부터 한번 알아보자.

2단계. 조언자 소개하기
다음으로는 조언자를 소개한다.

조언자는 너의 내면의 목소리야. 거의 항상 너의 머릿속을 뛰어다니고 있는 생각들이지. 우리는 모두 많은 시간 동안 우리 머릿속을 뛰어다니는 생각들을 가지고 있지만, 대부분 그 생각들을 알아차리지 못하지. 마치 우리가 무엇을 해야 하는지를 끊임없이 말하는 작은 사람이 우리 어깨에 앉아 있는 것과 같아.

지금 바로 조언자를 한번 경험해 보자. 선생님이 문장 몇 개를 말할 거야. 이 문장을 듣는 동안 너의 머릿속에서 어떤 일이 일어나는지 알아차려 보자. 여기에는 정답도 오답도 없어. 그저 선생님이 각 문장을 이야기할 때 너의 조언자가 무슨 말을 하는지만 알아차리면 돼. 준비됐니?

나는 좋은 사람이다.

나는 가치 있는 사람이다.

나는 완전하다.

나는 완벽하다.

그런 다음 스티브의 마음에 나타난 것들에 대해 호기심 어린 자세로 단순히 알아차리면서 디브리핑한다. 이 문장들은 대개 청소년에게 '이건 사실이 아니야' 같은 평가를 끌어내곤 한다.

그래, 너의 마음이 그 순간에 했던 말, 그게 바로 조언자야. 대답을 굳이 떠올리려 할 필요가 없지. 그저 일어났을 뿐이니까.

우리 모두 조언자를 가지고 있어. 때로는 좋은 조언을 얻기도 하고, 때로는 나쁜 조언을 듣기도 하지. 그다지 유용할 것 같지 않은 생각을 종종 가지고 있기도 해.

궁금해할까 봐 말해두자면, '조언자'라는 용어는 그저 우리의 마음이 작동하는 방식을 설명하기 위해 쓰는 것일 뿐이야. 조언자가 이야기하는 가장 흔한 말 중 하나는 바로 이거야.

'나는 아주 형편없어.'를 워크시트의 조언자 영역에 적는다.

모든 사람은 이런 부정적인 생각을 가지고 있어. 우리가 함께 작업하는 동안 조언자가 이런 말을 하는 게 왜 정상인지 배우게 될 거야. 하지만 지금은 우리가 무엇을 작업할 것인지에 대한 아이디어를 보여 주려 해.

자, 이런 말을 들었을 때 너에게는 어떤 일이 일어나니? '나는 아주 형편 없어.'라는 말을 네가 정말로 믿는다면, 어디 보자, 학교에서 그런다면 무슨 일이 일어날까?

스티브가 '노력하지 않을 거예요.'라고 대답했다고 떠올려 보자. '나는 아주 형편 없어.' 아래에 '조언자의 말을 듣고 노력하지 않음'을 적는다. 그런 다음 그림 13에서 처럼 '아주 형편없어.'에서 '노력하지 않음'으로 향하는 화살표를 그린다.

그래, 조언자의 말을 듣는 한 학교에서 노력하지 않겠구나.

때로는 조언자가 그다지 유용하지 않기도 해. 너에게 도움 되지 않는 조언을 하거든. 예를 들면, 이 '아주 형편없어.'라는 조언을 들으면 학교에서 노력하는 걸 그만두게 되지. 하지만 노력을 그만두면 더 많이 힘들어질 거야.

선생님은 이걸 '조언자 안에 갇힌 상태'라고 불러. (워크시트 그림에 적은 다음 끊임없는 악순환을 표현하기 위해 '노력하지 않음'에서 '아주 형편없어.'로 향하는 두 번째 화살표를 그린다.)

이 악순환이 보이니? 네가 조언자의 규칙을 따르는 한, 네가 아주 괜찮지 않고 노력하지 않는 고리에 갇히게 되는 거지. 여기가 네가 머무르고 싶은 곳일까?

하지만 때로는 조언자가 유용하기도 해. 예를 들면, 너는 자동차를 아주 좋아하지. (그림 13과 같이 그림에 계속 기록하며 진행한다.) 자동차 정비 작업을 잘한다는 이야기를 너 자신에게 들려주면 어떤 일이 일어나니? (스티브는 자신감을 느끼고 몇 시간 동안 자동차 작업을 한다고 대답한다.)

그래, 자동차를 정비할 때 겪은 너의 경험을 확인해 보면 조언자가 때로는 도움이 된다는 걸 알 수 있을 거야. 이걸 너의 가치에 힘을 불어넣는 것으로 설명할 수도 있지. ('아주 형편없어.' 조언을 믿지 않는다는 내용으로부터 가치 영역으로 들어가 화살표를 그린다.)

　모든 사람이 때때로 조언자 공간에 갇히곤 해. 하지만 우리가 풀려날 수 있는 쉬운 방법이 있어. 그저 다른 기술 영역으로 이동해서 무슨 일이 일어나는지 바라보는 거지. 네가 가진 생각, 조언자가 하는 말을 항상 통제할 수는 없어. 그렇지만 조언자를 믿을 필요도 없지. 나쁜 조언을 무시했던 적이 있니? 그것과 비슷해. 그래서 조언자의 말을 듣는 대신, 그저 관찰자나 탐험가 공간으로 옮겨갈 수 있어.

3단계. 관찰자 소개하기

이제 관찰자 소개로 향한다.

관찰자는 우리가 무엇을 해야 할지 확실하지 않을 때 언제나 갈 수 있는 공간이야. 차의 중립 기어와 비슷하지. 가끔은 그저 멈춰서 주위를 둘러보는 거야. 잘못된 방향으로 빨리 달려가기보다 중립적인 상태에 머무르는 게 더 나을 때도 있거든.

　조언자가 도움이 되지 않을 때, 조언자 공간에서 나오게 도와주는 몇 가지 간단한 관찰자 기술이 있어. 이 중 한 가지를 지금 기꺼이 해 볼 수 있을까?

허락을 받고 나면 4장에서 제시한 AND 연습을 지도하고 연습해 보게 한다. 신체 감각에 주의를 기울이게 하자, 스티브가 가슴이 조여드는 느낌을 명명하고 이를 긴장감과 분노로 설명한다. 이들 감각과 감정을 워크시트의 관찰자 부분에 적는다. 이 지점에서 느낌과 감정을 정상화 할 모든 기회를 포착한다. 스티브의 사례에서는 "모든 느낌과 감정은 정상이야. 우리는 모두 때때로 몸이 긴장되어 있지. 어떨 때는 계속해서 느끼기도 해." 그런 다음 이어서 관찰자를 소개한다.

관찰자는 우리가 내면의 신호에 주의를 기울이게 하고, 우리의 감정이 정보와 강점의 원천이 되는 귀중한 것임을 알 수 있게 도와주지.

우리의 느낌을 알아차리지 못하고 허용하지 못한다면 무슨 일이 일어날지 한번 살펴보자. 네가 분노를 가지고 있는 상황을 생각해 볼까? 그 분노를 알아차리고 허용하는 대신 즉각적으로 그 분노에 따라 행동한다면 어떤 일이 일어날까?

싸우게 된다는 스티브의 대답을 그림에 적은 다음, '분노'에서 '싸움'으로 향하는 화살표를 그린다. 그런 다음 이 화살표가 가지는 함의로 스티브의 주의를 가져온다.

자, 싸우는 행동이 긴장감과 분노를 사라지게 하니? 무슨 말인가 하면, 장기적으로 보았을 때 싸움이 너의 기분을 나아지게 하니, 아니면 더 나빠지게 하니?

스티브는 싸움이 더 부정적인 감정을 가져온다고 말할 것이다. 그러고 나면 그림에다 '반응에 갇힘'을 적는다. 그리고 끝없는 악순환을 표현하기 위해 '싸움'에서 '분노'로 두 번째 화살표를 그린다.

우리는 때로 알아차림 없이 우리의 느낌이나 감정에 반응하곤 해. 관찰자 기술이 부족하면 우리는 곧바로 반응하게 되고, 더 부정적인 감정들을 느끼게 되고, 끝없는 반응의 악순환에 갇히게 되지. 이러면 우리는 지치게 돼.

하지만 여기에는 대안이 있어. 우리의 가치와 연결되도록 도와주는 관찰자 기술을 사용해 볼 수 있지. 예를 들면, 느낌과 감정을 알아차리는 방법을 배우는 AND 연습을 한 다음 그 느낌들에 곧장 반응하는 대신 있는 그대로 허용할 수 있어. 필요하다면 너 자신에게 집중하기 위해 몇 차례 심호흡할 수도 있지. 네가 중요히 여기는 것들과 다시 연결되고, 너의 가치를 반영하는 대응 방식을 선택할 수 있는 시간을 마련해 줄 거야. (가치로 들어가는 에너지를 표현하는 화살표를 비롯한 모든 내용을 워크시트에 기록한다.)

관찰자 공간에 있는 동안 우리는 또 다른 선택을 할 수도 있어. 조언자 공간으로 되돌아갈 수도 있고, 탐험가 공간으로 옮겨갈 수도 있지. 기꺼이 탐험가 공간으로 옮겨가서 거기에는 무엇이 있는지 한번 살펴볼까?

4단계. 탐험가 소개하기

스티브가 동의하고 나면 탐험가를 소개하기 시작한다.

탐험가 공간에서는 우리 자신을 위한 것들을 탐색하고 찾아볼 수 있어. 삶에서 직접 실험해 보고 무슨 일이 일어나는지 볼 수 있지. 조언자 행동이 우리가 늘 하던 행동이라면, 탐험가 행동은 새로운 무언가를 시도하는 행동이야.

이 사실을 한번 곰곰이 생각해 보자. 조언자의 규칙을 따르면서 우리가 늘 하던 것만 계속한다면, 우리는 언제나 같은 결과만을 얻게 될 거야. 만약 같은 결과를 원하지 않는다면 무언가 다른 걸 시도해야만 해.

조언자와 관찰자 공간에서처럼, 탐험가 공간에서도 '서툰' 기술이라고 부를 만한 행동들이 존재할 수도 있어. 생각하지 않고, 가치와 연결되지 않은 채 새롭고 위험한 행동을 시도하는 거지. 예를 들어 네가 모든 것에 진절머리가 나서 도망쳤던 어느 날에 대해 이야기해 보자. (이 내용을 탐험가 부분에 적는다.) 이게 네가 가치 있는 삶을 살도록 도와주었니? (V를 가리킨다. 바라건대 스티브는 충동적인 행동이 도움이 되지 않았다고 이야기할 것이다. 그 답변을 기록한 다음 충동적 행동과 부정적 결과 사이에 고리를 그린다.)

지금부터 탐험가 공간을 기꺼이 경험해 볼 수 있을까? (스티브가 동의했다고 가정하자. V를 가리키며 계속 이야기한다.)

네가 선생님에게 너의 가치라고 말한 것들이 여기에 있어. 그렇지? 잠시 여기에서 머물러 보자. 그저 즐겁게, 너의 가치와 일치하는 것 중 네가 시도해 볼 만한 어떤 것이든 이야기해 보는 거야. 심지어 아주 이상해 보이는 것들이라도 괜찮아. 알겠지? 탐험가가 되어서 네가 해 보고픈 새로운 것들을 떠올려 보자. 그 아이디어나 괜찮은지 별로인지, 가능한지 불가능한지에 관한 판단은 신경 쓰지 않아도 돼.

스티브가 자신의 가치에 따라 삶을 사는데 도움이 될 새로운 활동을 브레인스토밍하도록 격려한다. 단지 새로운 활동을 떠올리는 것일 뿐, 실제로 그 행동을 해야 하는 것이 아님을 명확히 알려주어야 한다. 별도의 종이에 스티브의 아이디어를 받아 적을 수도 있다. 그런 다음 스티브가 실험적으로 해 볼 수 있는 하나 또는 두 가지 활동, 또는 대응 방식을 선택하게 한다. 그림 13에서처럼 이것들을 탐험가 영역에 기록한다.

새로운 시도에는 위험이 따를 수도 있어. 네가 이것들을 시도한다고 생각해 보자. 어떤 문제가 생길 수 있을까? (예시들을 이끌어 낸다. 아마도 견습 기계공으로서 실패하거나, 차분해지는 활동을 연습할 수 없다는 점 등을 이야기할 것이다.)

맞아. 그런 일들이 일어날 수 있어. 탐험가 실험이 좋은 결과를 가져오지 않을 수도 있고, 또 때로는 좋은 결과를 낼 수도 있을 거야. 그래서 이 부분을 탐험가 공간이라고 부르는 것이기도 해. 실제 세상에서 시도해 보고, 어떤 일이 일어나는지 살펴보는 공간이니까.

탐험가가 될 때는 새로운 무언가를 시도할 때 불편할 수도 있다는 점을 기억하는 게 중요해. 새롭거나 도전적인 일을 시도할 때는 불편함을 느끼곤 하니까. 시도할 때는 정말로 불편했지만 어떻게든 해냈던 일이 있니?

스티브가 새로운 일을 시도할 때 불편했던 순간들을 이끌어 낸다. 그런 다음 불편함이 존재하더라도 그 활동을 계속할 수 있다는 개념을 강화한다. 우리 마음속 가치에 관한 새로운 일을 시도할 때면, 우리의 삶을 더 재미있고, 더 의미 있고, 더 활기차게 만드는 또 다른 새로운 일을 발견하기도 한다. 삶에서 직접 해 보는 실험은 우리의 가치를 지지하고 발전시킨다.

이 단계를 마무리 지으며 BOLD 연습을 상기시킨다(아직 BOLD 연습을 지도하지 않았다면 이 시점을 이용한다.).

새로운 무언가를 시도할 때 도움이 될 기술이 있어. 바로 BOLD라고 부르는 기술인데, 총 네 단계로 이루어져 있지. (6장 마지막 부분에 있는 '담대 해지기(BOLD)' 연습에 제시된 대로 이 연습을 안내한다.) 네가 새로운 것을

향해 나아갈 때 굉장히 유용한 도구가 되어 줄 거야.

5단계. 요약하기

마지막으로 간략히 요약하며 전체 모델을 한데 모은다.

자, 이제 마무리해 보자. 우리가 함께할 작업은 네가 삶에서 중요히 여기는 것, 즉 가치와 활력을 상징하는 V를 더 많이 얻을 수 있는 걸 목표로 해. 우리의 작업이 무엇을 목표로 할지는 네가 선택할 수 있어.

D, N, A를 사용하는 방식에는 두 가지가 있다는 걸 알아차리길 바라. 한 가지 방식은 우리를 끝없는 악순환에 갇히게 해. 인간인 우리가 자주 하게 되는 전형적인 방식으로, 이걸 '전형적인 방식'이라고 불러. 전형적인 방식으로 살아갈 때는 탐험가 공간에서는 우리의 가치에 연결되지 못한 채로 새롭고 위험한 행동을 하고, 관찰자 공간에서는 느낌이나 감정을 알아차리거나 허용하지 못한 채로 그저 반응해 버리지. 조언자 공간에서는 도움 되지 않는 조언자의 평가를 믿어버리게 돼. 우리는 모두 때때로 이렇게 살아가지. 이런 전형적인 방식은 우리의 가치를 지지하고 키우지 않는다는 걸 알아차리길 바라. 그 대신 우리가 원치 않는 것들을 더 많이 만들어 낼 뿐이야.

반대로 이 세 공간을 능숙하게 옮겨 다니며 머무를 수 있다면 우리의 가치를 지지하고 키울 수 있어. '나는 아주 형편없어.' 같은 도움 되지 않는 조언은 믿지 않으면서도 조언자에 귀 기울일 방법을 배울 수 있지. 감정과 느낌에 반응하는 대신 이를 허용하는 관찰자 기술을 사용하는 방법을 배울 수도 있어. 새로운 행동을 시도하는 방법을 배우고, 우리의 가치에 따라 살 수 있게 탐험하는 방식으로 우리의 경험을 이용하는 방법을 배울 수도 있지.

좋은 소식은 네가 이미 DNA 기술을 가지고 있다는 거야. 너에게 이 기술들이 부족한 게 아니야. 이미 조언자, 관찰자, 탐험가가 되는 능력이 너에게 이미 있을 뿐만 아니라, 가치를 키우기 위해 DNA 기술을 사용할 수 있는 능력도 있어. 그리고 어떤 기술을, 언제, 왜 사용할지 선택할 수 있는 사람도 바로 너야. 앞으로 우리는 네가 중요하게 여기는 것들을 위해 각 영역의 기술들을 유연하게 옮겨 다닐 수 있는 능력을 키우는 작업을 할 거야. 네가 유연한 강점을 키울 수 있도록 도와줄 거야.

물이 가진 유연한 강점

유연한 강점이란 배움과 성장을 촉진하는 방식으로 DNA 과정들 사이를 옮겨 다닐 수 있는 능력을 일컫는다. 유연한 강점이 작동하는 방식을 청소년이 이해할 수 있도록 다음과 같이 물에 관한 은유를 들 수 있다.

물은 어떤 상황에서든 적응하지. 방해받지 않을 땐 일정하게 흐르지만, 장애물에 막혔을 때는 경로를 조정해서 장애물의 위, 아래, 주변으로 흘러가. 물은 온화할 수도, 맹렬할 수도 있어. 때로는 고요하게 흐르지만 때로는 거대한 파도로 엄청난 소리를 내며 몰아치지. 바위 표면을 부드럽게 지나갈 수도 있고, 그 바위를 반으로 쪼개버릴 수도 있어.

유연한 강점이란 마치 물처럼 너에게 즐겁고, 중요하고, 의미 있는 것들에 에너지를 향하게 하는 능력이야. 바꿀 수 없는 것들은 돌아서 흘러가고, 바꿀 수 있는 것들은 파도처럼 뚫고 나가는 방법을 배울 수 있어. 온화해지는 방법, 맹렬해지는 방법 모두 배울 수 있지.

물은 공간을 마련해서 외부에 있는 모든 것들을 수용할 수도 있어. 예를 들어, 유리잔 속의 물은 얼음 조각을 위한 공간을 마련하지. 물처럼 유연한 강점 또한 네가 다른 사람을 비롯한 외부의 것들을 위한 공간을 마련할 수 있는 능력이기도 해. 유연한 강점을 통해 시간과 에너지를 공유하는 방법을 배울 수 있어. 그리고 네가 물이고 다른 사람이 얼음 조각이라면, 둘 다 같은 유리잔 안에 머무르고 있다는 것, 그리고 둘 다 근본적으로 같은 물질로 만들어져 있다는 것도 알게 될 거야.

유연한 강점을 한 단어로 줄이면? 기꺼이함!

유연한 강점에는 의지력, 회복탄력성, 용기, 인내심, 끈기 등 다양한 개별 요소가 담겨 있다. 그러나 이들 모두 가치를 위해 힘겨운 느낌과 감정을 허용하는 기꺼이함이라는 공통 요소를 가지고 있다. 인내심을 가진 사람은 장기적인 목표의 성취를 위해 느린 진전, 장애물, 차질 같은 괴로움을 기꺼이 허용한다. 용기 있는 사람은 과감한 행동을 위해 두려움을 기꺼이 허용한다. 회복탄력성이 큰 사람은 역행과 함께 나타나는 부정적인 느낌과 생각을 위한 공간을 기꺼이 마련한다. 그리고 강한 의지력을 가진 사람은 유혹과 충동에 저항할 때 나타나는 불편감을 기꺼이 허용한다.

그러므로 DNA-V의 핵심 질문은 '기꺼이함을 어떻게 촉진할 수 있는가?'이다. 한 가지 간단한 기법(S. C. Hayes, Strosahl, & Wilson, 1999에서 소개함)으로 영어에서 가장 간단한 단어인 '하지만but'과 '그리고and'를 이용한 방법이 있다. 우리 중 대부분은 '하지만'으로 가득한 세상에 살고 있다. 우리는 꿈을 좇고자 한다. *하지만* 우리에겐 자신감이 부족하다. 우리는 사람을 위해 위험을 감수하려 한다. *하지만* 상대방이 우리를 실망시킬까 봐 두려워한다. 우리는 위대한 소설을 쓰고자 한다. *하지만* 지금은 영감이 부족하다. 만약 우리가 모든 '하지만'을 '그리고'로 바꾼다면 어떨까? 이 한 단어로 우리가 내적 경험과 관계를 구성하는 방식을 급진적으로 변화시킬 수 있다. 우리는 꿈을 좇고자 한다. *그리고* 우리에겐 자신감이 부족하다. 우리는 효과적으로 행동할 수 있다. *그리고* 우리를 낙담시키려 소리치는 조언자를 가지고 있다. 우리는 알맞은 느낌, 감정, 생각, 자신감이 나타날 때까지 기다릴 필요가 없다. 우리의 느낌을 적으로 돌릴 필요도 없다. 우리는 지금 당장, 우리의 느낌과 *함께* 행동할 수 있다.

중재 계획

스티브의 사례로 돌아가서 학교 정학을 논의할 방법을 살펴보자. 이에 대한 접근 방식은 그림14에 제시되어 있다. 다시 한번 전형적 행동과 DNA 기술 모두를 DNA-V 원그림을 사용하겠지만, 이번에는 원반 바깥 공간에 있는 '내가 해 온 행동' 부분을 함께 이용하며 약간 다른 접근을 취할 것이다. 이 부분에 적는 내용 대부분은 낮은 기술 수준을 반영하고 있거나, 청소년이 갇혔다고 느낄 때 전형적으로 하는 행동을 반영하고 있을 것이다. 그런 다음 원 그림 내부에 청소년이 적용할 수 있을 높은 수준의 기술을 기록한다. 이런 식으로 워크시트를 이용하면 청소년이 일상에서 시도할 수 있는 더 많은 행동을 DNA-V 원 내부에 작성할 수 있을 것이다. DNA-V 원 그림을 이용하는 방식은 이외에도 많을 것이다.

우선 간단한 질문 몇 가지를 던진 다음 청소년이 DNA-V에 적힐 답변을 알아차리도록 안내하며 기꺼이함에 대한 대화에 초점을 맞출 것이다. 앞선 내용과 같이 독자인 당신을 스티브와 함께 작업하는 임상가로 가정하며 대화를 제시할 것이다. 이들 문구를 정확하게 따라 해야 하거나 DNA-V 원 그림을 이 방식대로만 사용해야 한다고 권유하는 것이 아님을 기억하길 바란다. 다만 그림을 사용하는 방법에 대한 어느 정도 명확한 예시를 제공하고자 함이다. 대화 내용이 기꺼이함을 촉진하는 전체 과정을 그리고 있으므로 다소 길게 느껴질 수 있다. 청소년과 작업할 때는 속도를 더 늦추어 진행할 수도 있다. 이 내용 전체를 여러 회기에 걸쳐 작업할 수도 있다. 언제나 그렇듯, 함께 작업하는 청소년 개인과 맥락에 맞는 접근 방식에 맞추어 적용하길 바란다.

내가 상황을 나아지게 하려고 해 온 행동

- 아빠에게 맞섬

- 지붕 위에 올라감

- 같은 행동을 거듭해서 반복함

내가 생각을 대해 온 방식

- "나는 이런 느낌을 견딜 수 없어."

- "나는 다른 사람에게 휘둘릴 수 없어."

- 조언자의 말을 들으면 싸움을 하게 되고, 이성을 잃고, 나만의 세상으로 들어가 고통을 막을 수 있다.

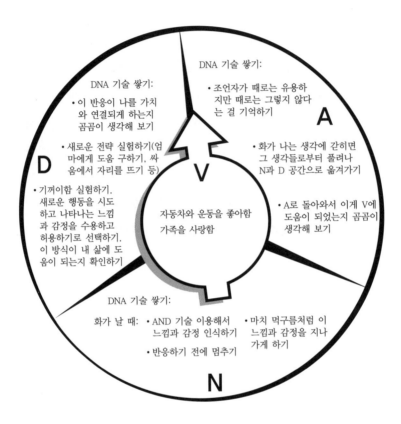

내가 느낌과 감정을 대해 온 방식

- 휘몰아치는 느낌이 들고 에너지가 솟구치는 걸 느낌. 화를 냄. 크게 대들며 느낌과 감정에 반응함.

- 정학을 받은 것에 대해 죄책감을 느낌. 학교 친구들이 그리움. 외로움.

그림 14 DNA-V 원 그림으로 기꺼이함 촉진하기

가치와 함께 시작하기

이전 가치 작업으로 돌아가서 연결하는 작업부터 시작한다. 사례 속 스티브는 그림 14에 반영된 것과 같이 자신의 주요한 가치인 친구 및 가족들과 연결되는 데 온 신경을 쏟아 왔다.

관찰자에 접근하기

다음 단계에서는 '어떤 느낌과 감정이 떠오르는가?'에 대한 대답에 초점을 맞춘다.

스티브, 학교 정학 건을 다루기 위해 우리가 DNA-V를 어떻게 사용할지 탐색해 볼 수 있을까? (청소년의 동의를 구한다.)

관찰자 공간으로 옮겨가는 것부터 시작해 보자. 지난 시간에 했던 AND 연습 기억나니? 우리 자신과 세상을 관찰해서 우리의 강점을 더 잘 사용하게 도와주는 게 관찰자의 역할이었지.

지금 알아차리기를 한번 연습해 보자. 학교에서 정학을 받았던 순간을 떠올려 보자. 그 상황 속으로 지금 바로 되돌아간다고 상상해 보는 거야.

먼저 신체 감각을 인식해 보자. AND에서 A였지. 정학 받은 것을 떠올릴 때 지금 이 순간 몸에서 알아차릴 수 있는 신체 변화를 발견해 보자. 마치 휴대용 스캐너가 머리부터 발끝까지 훑고 지나가는 것처럼 너의 몸을 자세히 스캔해 보자. 거기에서 어떤 감각이 나타나지?

만약 스티브가 '분노' 같은 감정을 말한다면(AND의 설명 부분) 이를 신체 감각에 연결하고 먼저 이름부터 붙여보게 한다. 4장에서 언급했던 대로 이는 조언자의 언어, 생각, 해석, 평가를 느슨하게 하고 몸의 신체 감각으로 되돌아가게 하는 방식이다.

분노가 너의 몸에서 어떻게 느껴지니? 어디에서 느껴지니? 너의 몸을 자세히 훑어본 다음, 그걸 지금 느낄 수 있는지 살펴보자. 그런 다음 알아차린 어떤 감각에든 이름을 붙여 보자. 떠오르는 어떤 이름이든 써도 괜찮아.

여기에 대해 스티브는 '휘몰아치는 느낌과 에너지가 솟구치는 게 느껴져요.'라고 말할 수 있다. 이를 N 영역 아래 '내가 해 온 방식'에 기록한다. 그런 다음 원 안에 스티브가 배웠던 관찰자 기술을 기록한다. 이는 다음에 스티브가 화가 날 때 사용할 수 있는 관찰자 기술을 좀 더 명확히 확립할 수 있다. 그런 다음 AND 연습의 설명하기 단계로 넘어간다.

다음 번에 그 휘몰아치는 감각이 나타난다면 거기에 어떤 이름을 붙일 수 있을까?

스티브는 이미 여기에 대한 감정을 설명했기 때문에 '분노'라고 답할 것이다. 이를 해당 신체 감각에 이어서 기록한다. '휘둘리기' 같은 말을 할 수도 있겠지만, 이는 그 자체로 감정이 아니므로 알아차림으로 기록하지 않는다. 작업을 진행하며 스티브의 레퍼토리를 구축하여 슬픔이나 좌절 등 다른 감정의 신체 신호 또한 명명하고 설명하게 할 수도 있을 것이다. '휘둘리기'가 개별 감정 상태는 아니지만, 스티브가 완전히 표현하지 못하는 복잡한 감정들을 포착하는 것일 수도 있다.

알아차림 기술로 통제 전략의 비실효성 이끌어 내기

이제 수용전념치료에서 '창조적 절망감'이라 불리는 접근으로 진행할 수 있다. 창조적 절망감이란 감정을 통제하려는 시도가 '절망스럽거나' 실효성이 없다는 것을 배우고, 통제 의제를 내려놓는 것이 새롭고 가치 있는 활동을 위한 기회를 만들어 낸다는 것을 배우는 경험적 과정을 일컫는다(S. C. Hayes, Strosahl, & Wilson, 1999). 통제 의제에는 '고쳐야' 한다는 경직된 규칙도 대개 포함되어 있다.

스티브가 자기 행동을 추적하며 그 행동이 가치와 생동감에 연결되게 하는 효과가 있는지 곰곰이 생각해 보도록 돕는 것에서부터 이 과정을 시작한다. 예를 들어, 대들거나 지붕에 오르는 것 같은 감정 통제 전략이 자신의 삶을 더 나아지게 했는지, 오히려 더 나빠지게 했는지 스티브에게 물어볼 수 있다. 창조적 절망감을 촉진하기 위해 생각과 감정을 통제하려는 자신의 노력이 자주 문제가 되고, 자신의 가치를 증진하는 일은 거의 없다는 점을 깨닫도록 스티브를 대화로써 안내할 수 있다. 그러나 통제 전략을 내려놓는 것이 새로운 가능성을 위한 공간을 마련할 수 있다는 점은 스티브가 직접 확인해야 한다. 다음은 이에 대해 스티브와 대화를 시작하는 방법이다.

그럼 스티브, 네가 이 느낌과 감정에 반응하게 된다고 해 보자. 네가 정말로 이런 분노와 휘둘리는 느낌을 견딜 수 없다고 해 보자. 그런 다음에는 무슨 일이 일어날까?

느낌을 더 나아지게 하려고 스티브가 사용하는 전략들을 이끌어 낸다. 이 사례에서 스티브는 대안 행동을 고려하지 않고 맹목적으로 대들게 된다고 말할 것이다. 이것을 '분노' 다음에 적는다. 이런 방식으로 반응하는 것은 서툰 관찰자 행동이므로 원 바깥 N 영역 아래에 속한다.

계속해서 전략들을 이끌어 낸다. 이어서 스티브가 '나는 이런 느낌을 견딜 수 없어' '내가 다른 사람에게 휘둘리게 둘 수 없어'라고 말할 수 있다. 이는 서툰 조언자 행동에 가까운 것으로 보인다. 듣고서 그대로 해야 한다는 생각을 믿고 있기 때문이다. 그러므로 이것들은 조언자 영역 바깥 부분의 '내가 해 온 방식'에 기록한다.

탐험가를 이용하여 창조적 절망감 확립하기

스티브가 특히 실효성 없는 전략을 사용해 왔다는 점을 알도록 돕는다. 창조적 절망감이 허용하는 가능성을 스티브가 볼 수 있도록 탐험가 영역으로 들어가야 한다.

이제 탐험가 공간으로 옮겨가 보자. 너는 새로운 것들을 시도해 왔니, 아니면 주로 같은 행동을 계속 반복해 왔니?

D 영역 바깥의 '내가 해 온 행동'에 스티브가 반복하는 것처럼 들리는 행동, 즉 탐험하고 발견하는 행동이 아닌 것들을 적는다. 스티브에게는 아빠와 맞서는 행동이 여기에 속할 것이다. 지붕으로 도망치는 것같이 가치를 촉진하지 않는 것 같은 새로운 행동을 보고한다면 그것 또한 기록한다. 끝으로 만약 스티브가 자신의 가치와 연결된 새로운 행동을 공유한다면 이것 또한 D 영역 바깥에 적어둔다(곧 이를 다룰 것이다).

그런 다음 실효성에 관한 핵심 질문으로 옮겨간다.

> 이제 탐험가에 관한 중요한 질문을 하려 해. 이때껏 너 자신에게 물어보았던 질문 중 가장 중요한 질문일 수도 있어. 이 모든 것들이 효과가 있니? 이 조언자 행동(A 영역 바깥 내용을 가리키며)이 분노를 없애주니? 너의 분노에 급격하게 반응하는 행동(N 영역 바깥 내용을 가리키며)이 도움이 되었니? 이 행동들(D 영역 바깥 내용을 가리키며)이 너의 가치, 네가 가장 원하는 것들에 너의 에너지를 쏟게 해 주니?

전형적인 행동 전략이 잘못되었다고 스티브를 설득하는 등 당신 자신의 의제를 갖지 않으려 노력하라. 설득은 어떤 경우에는 유용할 수도 있지만 다른 경우에는 유용하지 않을 것이다. 그 대신 단기간 효과가 있는 전략과 장기간 효과가 있는 전략의 차이를 알아차리도록 도우라. 만약 스티브가 자신의 전략이 가치와 연결된다고 말한다면 그것들을 원 안으로 이동시킬 수 있다. 이때에도 스티브는 자신의 전략들 중 장기적으로는 유용한 것이 없다는 것을 깨닫게 될 것이다.

> 만약 너의 느낌, 감정, 생각들을 통제하기 어렵다면, 너만 그런 게 아니란 걸 기억하길 바라. 선생님도 부정적인 감정을 사라지게 하지는 못하고, 최소한 몇 가지 부정적인 생각들은 매일 떠올리는 것 같거든. 마치 날씨처럼 나타날 뿐이야. 특히 선생님에게 정말 중요한 일이나 힘겨운 일을 할 때 나타나는 것 같기도 해.

이 점에 대해 경험적으로 이해하도록 돕는 것이 중요하며, 다양한 방법들을 이용할 수 있다(이 책 4장 또는 S. C. Hayes, Strosahl, & Wilson, 2012를 참조하라). 다음은 생각과 느낌을 통제하려는 시도의 비실효성을 설명이 아닌 증명을 통해 보여 주는 접근이다.

> 선생님이 말하는 걸 믿지 않아도 돼. 너 자신의 경험을 들여다보면 되니까.

간단한 탐험가 실험을 한번 해 보자. 선생님과 함께할 거야. 이제 이 방을 걸어 다닐 텐데, 걷는 동안 왼발에 대해 생각하지 않는 거야. 대신 조건이 있어. 왼발에 대해 생각할 때마다 걷는 걸 멈춰야 해. 그 생각이 사라지고 나면 다시 걷기 시작할 수 있어.

이 연습을 1~2분 동안 진행한다. 이 주제의 보편성을 제시하기 위해 정기적으로 걸음을 멈춘다. 그런 다음 스티브에게 자신의 경험에서 무엇을 알아차렸는지 질문한다. 당신이 목표로 하는 대답은 왼발에 대한 생각을 하지 않기가 어렵다는 점이다. 스티브에게 답을 알려주고픈 유혹을 삼가야 한다. 탐험가 기술을 발달시키는 가장 효과적인 방식은 청소년이 새로운 방식으로 이해하는 경험과 연결되도록 허용하는 것이다.

불가능하지 않다고 하더라도, 우리 내면에서 일어나는 일들을 통제하기란 어려워. 우리 둘 다 왼발에 대해 생각하는 걸 멈출 수 없었지. 이 행동(D, N, A 바깥에 적힌 내용)으로 다시 돌아가는 게 효과가 있을까? 너의 분노에 도움이 될까? 너를 정학으로부터 보호해 줄까?

다시 한번 스티브가 자기 자신과 연결될 시간을 준다. 필요할 때만 적절한 방향을 부드럽게 가리키며 스티브의 경험적 학습을 조형한다. 스티브 스스로 행동의 비실효성을 인식하고 나면 이를 다루는 작업을 시작할 수 있다.

그래서 이럴 때는 조언자에게 귀를 기울이면 다른 사람들과 연결되는 데 도움이 되지 않고, 어쩌면 실제로는 너의 부정적인 감정을 더 키울지도 몰라. 예를 들어 조언자의 말을 듣고 싸움할 때 부정적 감정을 경험하니? 어떤 감정들이지?

스티브가 정학을 받은 것에 대해 죄책감을 느끼고 학교에서 친구들과 어울리지 못해 외롭다고 말했다고 해 보자. 이는 스티브가 알아차린 감정이므로 N 영역 바깥에 적는다.

> 그래서 조언자가 도움이 되지 않았을 뿐만 아니라, 처음보다 더 많은 부정적인 감정도 가져왔구나. 그리고 너를 가치로부터 더 멀어지게 했고. 그래서 이렇게('휘몰아치는 느낌'과 '분노'를 가리키며) 네가 단지 살아가며 나타나는 감정이 있고, 또 이렇게('죄책감'과 '외로움'을 가리키며) 감정을 통제하려 하다가 나타나게 되는 감정을 가지고 있구나.

탐험가를 이용하여 가치 있는 삶과 기꺼이함 촉진하기

이제 통제 의제의 비실효성을 확립했으므로, DNA-V의 중심인 가치로 다시 돌아간다.

> 원 바깥에 있는 이 많은 행동에 대한 또 다른 사실은 이것들이 너의 가치와 네가 중요하게 여기는 것들과 연결된 적이 없다는 거야. 학교에서 정학을 받고 싶지 않았고, 정학이 가족과 친구들의 관계에도 도움이 되지 않는다고 말했지. 그래서 조언자가 때로는 상당히 유용할지라도, 조언자의 말을 확신하려면 우리의 경험과 대조해서 확인해 보아야 해. 이런 부분에서 스티브, 너의 조언자는 도움이 되니? 조언자에게 귀를 기울이면 가치와 더 많이 연결되니, 아니면 더 적게 연결되니?

다시 한번 스티브가 이 행동이 효과가 없다는 사실과 연결되게 한다. 너무 빠르게 건너뛰지 않도록 충분한 시간을 주어야 한다. 침묵과 여백을 허용한다면 일반적으로 청소년은 스스로 연결을 발견하게 된다. 이렇게 되면 기꺼이함을 목표로 하는 작업을 시작할 수 있다.

> 그래서 조언자는 여러 방식으로 너에게 싸우라고 말할 거야. 신체적으로 싸우라고 말할 수도 있고, 너 자신의 느낌과 싸우라고 말할 수도 있어. 그리고 너는 이게 효과가 없다고 이야기했지. 만약 조언자의 말을 듣는 것처럼 DNA

영역에 갇힌다면 무엇을 할 수 있을지 떠올려 볼 수 있을까?

바라건대 스티브는 관찰자 또는 탐험가 공간으로 옮겨갈 거라고 이야기할 것이다. 만약 이런 답변을 하지 않는다면 옮겨갈 수 있는 능력을 알아차리도록 돕는다. 그런 다음 마저 진행한다.

그래, 정확해. 탐험가나 관찰자 공간으로 옮겨갈 수 있지. 하지만 여기에는 까다로운 부분이 있어. 조언자 공간 밖으로 나오려 한다면 통제를 남겨두어야 해. 통제는 조언자의 전문 분야거든. 달리 말하자면 분노와 휘몰아치는 느낌을 기꺼이 가지고, 거기에 대해 아무것도 하지 않아야 하는 거지. 그런 생각과 느낌을 가진 채 조언자가 해야 한다고 말하는 익숙한 것들을 하지 않는다는 게 힘든 이야기로 들리니?

그런 다음 작성해 둔 워크시트를 스티브가 기꺼이함을 경험적으로 붙들기 위해 이용한다.

여기에 기꺼이함에 대해 선생님이 말하려는 의미가 담겨 있어. 이 종이가 네 삶의 전부라고 상상해 보자. 가치가 한가운데 있고, 여러 기술이 가치를 둘러싸며 지지하고 발전시키고 있지. 그런데 요즘 너는 이 원의 바깥에 머물러 왔어. 가치로부터 너무나도 멀어져 버린 거지. 이 바깥에서 너는 무엇을 하고 있니? 너의 감정을 무시하며 감정으로부터 도망치려 하고 있니? 대드는 것으로 너의 느낌에 반응하고 있니?
마치 네 삶의 원 안에 감정과 느낌을 놓아두고 싶지 않아서 원 밖으로 밀어내려 싸우고 있는 것 같아. 네가 얼마나 지쳤는지 알 수 있겠니? 모든 에너지를 이 느낌들이 삶 속으로 들어오지 못하게 하는 데 쏟고 있는 거야. 다른 걸 할 수 있는 에너지가 남아 있지 않은 거지.
자, 이제 기꺼이함에 대해 말해 보자. 원 안으로 들어가서 좋든 나쁘든 너의 모든 느낌을 그 안으로 가져올 수 있을까? 그것들과 싸우지 않으면서 그저 거기에 머무르도록 허용할 수 있을까? 이 느낌 모두를 담아내며 중요하게 여기는 것들을 할 수 있을 정도로 네가 아주 강하다는 걸 알 수 있을까?

만약 우리가 기꺼이함을 시도해 보기로 한다면, 우리는 조언자로부터 관찰자나 탐험가 공간으로 걸음을 옮기며 원 안에서 유연하게 움직일 수 있어. 여기에는 정답도 오답도 없어. 다만 그저 먹구름이 하늘을 지나가듯 분노가 너를 통해 흘러가도록 기꺼이 허용한다고 해 보자. 앞으로는 분노를 없애려 하지 않는다고 상상해 보는 거야. 그 대신 너를 통해 분노가 흘러가도록 허용하는 거지. 신체적인 싸움을 시작하는 것으로 분노에 반응하지 않고, 그저 오고 가게 하는 거야. 이렇게 하면 탐험가 공간으로 들어가서 네가 할 수 있는 다른 행동이 무엇인지 볼 수 있을 거야.

그림 14에서처럼 탐험가 영역에 기꺼이함에 대한 간략한 설명을 적는다. 잠재적으로 할 수 있는 새로운 행동들도 함께 적는다. 그런 다음 이를 일종의 실험으로 설명한다.

선생님이 이야기했듯이 여기에는 정답도 오답도 없어. 그리고 탐험가가 되는 데는 단점도 있지. 예를 들어 탐험가 행동을 할 때 힘겨운 느낌들이 나타날지도 몰라. 그런 느낌들로는 무엇이 있을까?

시행착오를 통한 발견에서 마주하는 탐험가의 도전에 관해 이야기한다. 그리고 이것이 탐험과 발견을 위해 기꺼이함이 필요한 이유 중 하나라는 점을 제시한다.

이 작업의 결과로 스티브는 통제가 종종 문제가 된다는 점, 그리고 학교, 가족, 친구들과의 문제를 해결하는 열쇠가 자신의 가치를 위한 불편감을 기꺼이 허용하는 데 있다는 점을 알기 시작할 것이다. 이는 스티브가 한 걸음 한 걸음씩 목표를 확립하고 가치 활동의 레퍼토리를 구축해 갈 발판이 되어 줄 것이다.

2부

DNA-V
심층 기술:
자기와 세상에
적용하기

8장

행동하는 자기

자기에 관한 주제는 우리에게 중요한 주제 중 하나이다. 당신의 강점과 약점은 무엇인가? 당신은 어떤 사람인가? 당신에게는 어떤 문제나 장애가 있는가? 당신은 특별한가, 아니면 평범한가? 사랑스럽지 않은가, 아니면 강건한가? 이러한 질문은 삶에서 가능한 것들이 무엇인가를 고려하며 대답하게 된다. 부정적 자기개념으로 오랫동안 싸워나갈 수도 있다. DNA-V 모델은 자기개념이 우리 자신과는 다르며, 우리를 설명하지 못한다는 대안을 제시한다. 이 장과 이어지는 두 장에서는, 청소년이 유용하지 않은 자기개념의 영향을 감소시켜며 갈등에서 벗어나는 방법을 소개한다. 청소년이 세상의 요구에 유연하게 대응할 수 있을 때, 자기개념을 활용하는 방법도 다루려 한다.

이 장에서는 자기를 자세히 살펴보고, DNA-V 모델의 렌즈를 통해 자기를 보는 힘을 확인한다. 우리 문화가 청소년에게 자존감을 반드시 지켜야 한다고 믿게 함으로써, 어려움에 대처하지 못하거나 중요한 일을 중단할 수 있는 것에 대해 논의하려 한다. 또한 자기를 이해하기 위한 DNA-V 모델로서, 유연한 자기 시각이라는 대안을 제시하려 한다. 행동 원리와 관계구성이론에 기반을 둔 이 새로운 접근 방식은 실용적이고 이해하기 쉽다. 9장은 청소년의 모든 맥락에서 유용할 수 있는 유연한 자기 시각 계발을 위한 연습을 안내한다. 10장에서는 학대, 방임 또는 트라우마로 인해 복잡한 자기 문제로 어려움을 겪는 청소년을 위하여 자기연민을 증진하기 위한 연습을 소개하려 한다.

자기개념Self-Concept과 자존감Self-Esteem의 차이

"자존감"과 "자기개념"이라는 단어는 과학 문헌에서 약간 다른 의미를 가지며 사용된다. "자존감"은 "나는 가치 없는 사람이다." 처럼, 자기에 대한 일반적인 평가를 말한다(Marshall, Parker, Ciarrochi, & Heaven, 2014). "자기개념"은 일반적으로 학문적 또는 신체적 능력과 같은 특정한 자기 영역을 언급하기 위해 사용된다(Parker, Marsh, Ciarrochi, Marshall, & Abduljabbar, 2013). "나는 수학을 잘하지 못해."와 같은 평가와 "나는 법대생이야."와 같은 지식을 모두 포함할 수 있다. 이 책에서, 우리는 행동적으로 자기개념을 정의한다. 평가("충분하지 않아."), 범주화("미국"), 또는 설명("아버지처럼")과 같이, 개념과 연관되는 상징적 자기를 포함한다. 이 정의에 따르면, 자존감은 자기개념에 포함된다. 자기에 대한 태도를 강조하고 싶을 때 자존감이라는 용어를 사용한다.

자기가 문제 되는 이유

인생은 끊임없이 변하지만, 자기개념은 지속적으로 뒤쳐져서 따라다닌다. 우리의 직업, 태도, 거주 지역, 우정, 그리고 신체적인 특징들은 오랜 시간 동안 변해간다. 특히, 청소년은 극적인 변화를 경험한다. 의존적 아이에서 독립적 어른으로 변화하기 위해 노력하는 동시에, 친구, 동료, 그리고 새로운 관계를 만들어 간다. 하지만 인생이 바뀌어도, 자기개념은 종종 정적인 상태로 남아 있기도 한다.

우리는 과거에 일어났던 일로부터 자기감sense of self을 얻는다. 학업의 성공과 실패 경험을 바탕으로 지적 능력의 정도를 추측한다. 다른 사람들로부터 받아들여지고 거절당하는 경험을 한 후 호감의 정도를 추측한다. 이러한 자기개념은 원하는 것 (유인 자극)으로 안내할 때와 원하지 않는 것 (혐오 자극)에서 벗어날 때 도움이 된다. 예를 들어, 만약 운동을 잘하고 체스에 약하다면, 미래의 스포츠 팀에 들어갈 수 있고, 자기개념은 잘할 거라고 기대하게 할 것이다. 체스를 피할지도 모르지만, 게임을 좋아하지 않는다는 것은 전혀 문제가 되지 않는다. 자기개념이 활력과 의미를 주는 활동 방향으로 이끌 때 유용하다는 것이 중요하다.

과거의 경험으로 형성된 자기가 가치 있고 다양한 행동들로 이끌지 않을 때, 자기개념은 도움 되지 않는다. 그때, 자기는 우리를 과거에 묶어 놓는다. DNA-V 용어로 말하면, 조언자 관점 안에 갇히게 된다. 새로운 환경에 성장하는 데 실패하고, 유연한 조언자, 관찰자 그리고 탐험가 관점의 현재와 미래를 탐색할 수 없다. 예를 들어, 아버지로부터 끊임없이 억압을 경험하고, 결과적으로, 자신이 사랑스럽지 않다고 믿는 청소년을 예를 들어 보자. 독립을 한 후에도, 이러한 자기개념은 계속해서 영향을 줌으로써 관계는 단지 고통스럽다고 믿고, 개인적 친밀감이나, 사회적 활동을 피하게 될 것이다. 비록 친밀감이 인간의 기본적인 욕구이기는 하지만, 단지 자신의 꼬리표 때문에 혐오적인 자극이 된다. 사랑스럽지 않다는 믿음은 사랑을 배제하는 활동을 하도록 이끈다. 그의 과거는 깨워야 하는 악몽이 된다. 깨우지 않으면, 현재의 순간에도 계속해서 부정적 역사를 만들어 갈 것이다.

조언자는 변하지 않고, 종종 비판적 동반자가 되며, 그 목적은 문제를 탐지하고, 회피하도록 한다. 외부 세계의 문제를 탐지하는 데 매우 유용하지만, 자기의 내면세계에서 다음 질문을 하면서, 문제를 끈질기게 찾을 때 도움이 되지 않는다.

- 누군가는 나를 사랑할 수 있을까?
- 나에게 무슨 문제가 있나?
- 다른 사람이 나보다 더 잘하고 있나?

이런 종류의 질문은 대부분 부정적 결론으로 이어진다. 지지받지 못하는 환경에 청소년이 놓이게 되면 조언자의 도움 되지 않는 대답을 만들어 내기 쉬울 것이다. 그렇다면 도움 되지 않는 자기 개념과 함께 부정적 과거에 갇혀 있기보다는, 계속해서 성장하도록 도우려면 어떻게 해야 할까? 일반적이고 직관적 대응은 다음과 같은 격려와 긍정적 말들로 자존감을 만들어 가는 것이다.

- 당신은 사랑스럽다.
- 당신은 아무 문제가 없다.
- 당신은 다른 사람들보다 더 잘하고 있다.

자존감을 높이기 위한 이 방법이 효과가 있을까? 누군가를 이런 방식으로 도우려다 거절당하거나 무시된 적이 있는가? 잠시 생각해 보자. 왜 이런 격려에 반응이 좋지 않을까? 우리는 다음 장에서 이 점을 조명할 것이다. 현재 맥락에서 어떻게 자기가 발달하는지 자세히 살펴보고, 일부 맥락에서는 격려하는 말이 전혀 도움이 되지 않을 수도 있다는 것을 확인하려 한다. 청소년에게 자존감이 어떤 대가를 치르더라도 얻고 지켜야 할 보물과 같다는 것을 가르칠 때, 의도치 않게 문제가 생길 수 있다. 이것은 가치 기반의 삶을 살기 위해 노력하기보다는 자기개념을 위해 노력하는 결과를 낳는다.

자존감이란 무엇인가?

인간 사고의 많은 부분은 은유적이다(Lakoff & Johnson, 2008). 사랑은 전쟁이다. 창의성은 틀 밖에서 생각하는 것이다. 의식은 흐름이다. 지식은 쌓인다. 인생은 여행이다. 이것들 모두 은유다. 자존감 역시 은유다. 자존감을 완전히 이해하려면 관련된 은유를 먼저 이해해야 한다. 은유는 사물에 대해 생각하는 방식을 강력하게 변화시킬 수 있다.

자존감은 흔히 컴퓨터의 정보 처리 은유로 표현된다. 그림 15는 인지행동치료에서 일반적인 정보 처리 모델의 유형을 보여 준다(Ciarrochi & Bailey, 2009). 이 은유의 핵심은 상황 자체가 어떻게 반응하는지를 결정짓지 않는다는 것이다. 중요한 것은 그 상황에서 정보를 어떻게 처리하느냐 하는 것이다. 그림 15를 보면 중간 믿음, 자동사고, 그리고 그것으로부터 생기는 반응과 함께 가장 깊은 수준에서 자존감이 위치한다. 따라서 애매한 상황이 발생할 때, 믿음과 생각이 활성화된다. 이것은 부정적 감정 반응을 유발한다. 그림 15의 예에서 낮은 자존감은 친구를 피하는 결과를 낳는다. 이러한 정보 처리 은유에서 행동을 변화시키는 분명한 방법으로서 자존감을 증가시켜야 한다고 강조한다. "나는 매력적이야." 또는 "나는 호감 가는 매력이 많아."라는 말을 믿도록 돕는 인지 기술을 사용하여 흐름을 바꿔야 한다. 자존감에 변화가 있다면, 중간 믿음, 자동사고 그리고 반응 등이 바뀔 것이다.

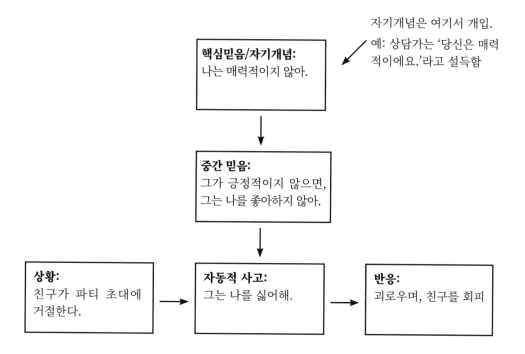

그림 15 자기에 관한 정보 처리 관점

이 장의 내용들을 소개하면서, 우리는 DNA-V 접근법이 이 관점과 어떻게 다른지 보여 주려 한다. 우리는 부정적 자기개념을 긍정적인 것으로 대체해야 한다고 가정하지 않는다. 오히려 자기개념이 기능하는 방식을 바꾸려는 목표를 가지고 있다. 하지만, 자존감의 은유가 우리 사회에 어떤 영향을 주고 있는지 우선 생각해 보자.

자존감도 과하면 문제가 될까?

그림 16에서 보듯이 1960년대 이전에는 "자기개념"과 "자존감"과 같은 단어가 거의 사용되지 않았다. 그러나 1960년대 중반에 자존감 관련 개념은 확고히 자리 잡았으며 그 인기는 꾸준히 성장했다. 이는 책 (구글북스 Ngram 뷰어, 2015), 잡지와 신문 기사 (Twenge & Campbell, 2008)의 사용이 증가한 것에서 알 수 있다. 자존감에 대한 생각은 직관적으로 일리가 있는 것 같았다. 사람들은 문제로 어려움을 겪을 때 의심, 불

안, 긴장 등 낮은 자존감으로 인한 증상도 경험한다는 사실을 알게 되었다.

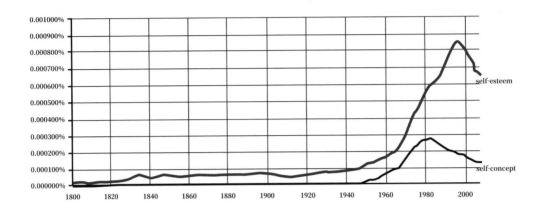

그림 16 영문 서적에서 '자기개념'과 '자존감'이라는 단어를 사용한 빈도

그 후 청소년의 자존감을 높이기 위한 프로그램들이 전 세계적으로 개발되었다 (Baumeister, Campbell, Krueger, & Vohs, 2003). 자기계발서가 책장을 가득 메우며 우리가 해야 할 일은 자존감을 "얻거나" "안에 있는 거인을 깨우는" 것이고 거대한 보상이 뒤따를 것이라고 말해 주었다(Robbins, 2021; Schweiger, 2010). 자기는 소중하고 연약하며 지속적인 보호가 필요한 존재가 되었다. 자존감 상태를 감시하기 시작했고 심리적인 위협으로부터 보호하려고 노력했다. 예를 들어 청소년이 스포츠에서 질 수 있도록 하는 상황을 차단하였다. 이제 모두가 승자로 선언된다. 만약 한 아이가 다른 아이를 놀린다면 그것은 나쁜 행동 그 이상으로서, 자기에 대한 '상처'를 만드는 범죄에 가까운 행동이다.

그런데, 1995년경부터 책에서 "자존감"이라는 단어의 사용이 감소하였다. 무슨 일이 있었을까? 사람들이 지금까지 열광하였던 것에 싫증이 났을까? 우리는 대중적인 언론의 비현실적 주장에 대한 반응일 가능성이 크다고 생각한다. 예를 들어, 자존감이 무한한 힘을 가져다줄 수 있고(Robbins, 1998), 삶의 모든 영역에서 스스로가 멈추지 않으며, 거부하지 않고, 두렵지 않게 만들 수 있다는 것을 시사했다(Tracy, 2012년). 결국 연구원들은 낮은 자존감은 원인이 아니라 부정적인 경험의 결과이지 않을까 하는 의문을 가지면서 자존감에 대한 심각한 문제를 제기하기 시작했다(Baumeister et al., 2003). 만약 그렇다면 자존감을 높여주는 것은 아무런 의미가 없을 것이다. 불타는 집에 불을 끄는 대신 에어컨을 켜서 온도를 조절해 주는 정도일 것이다.

사람들은 심지어 자존감 훈련의 일부 방식에 문제가 있다고 주장하기 시작했다. 첫째, 자존감을 높이는 것은 본의 아니게 자신에 대한 의심이 나쁘고 피해야 한다는 메시지를 전달할 수 있다(Ciarrochi & Bailey, 2009). 우리는 내적 경험을 피하는 것이 어떻게 고통과 자기 의심을 증가시키는 역설적 효과를 가질 수 있는지 이미 언급했다. 둘째, 청소년에게 특별한 존재라고 말하는 것이 좋은 행동에 영향을 주지 않기 때문에 더 반사회적으로 이끌 수 있다. 그들의 사고방식은 나쁜 일을 할 때도 내면은 훌륭하다고 할 수 있다(Baumeister et al., 2003). 셋째, 자존감을 높이기 위해 노력하는 것은 우월감과 특별대우를 받아야 한다는 믿음으로 나타나면서, 의도치 않게 사람들의 자아도취를 증가시킬 수 있다(Paulhus & Williams, 2002). 안타깝게도 이러한 걱정들을 뒷받침하는 몇 가지 증거가 있다. 우리 문화가 청소년의 자존감을 높이기 위해 노력했던 수십 년 동안 (1950년대 이후) 자기애적 인격장애는 194% 증가했고, 부모보다 훨씬 더 많은 것을 소유할 것이라는 학생들의 기대는 156% 증가했고, 성형수술은 490% 증가했으며, 흔하지 않은 아이들 이름이 73% 증가했다. 동시에 이타심이 줄어드는 듯 보였고, 다른 사람들을 덜 신뢰하게 되었고, 공공기관에서 일할 의도는 감소하였다(Twenge & Campbell, 2008). 이러한 자료들은 충격적인 가능성을 시사한다. 자존감을 높이기 위한 이러한 시도는 이기심을 퍼뜨리는 것 외에는 다른 역할을 하지 못한 것으로 보인다.

자기를 연구하는 과학자들은 다른 결론에 관해서도 주장해 왔다(Marsh & O'Mara, 2008). 자존감은 하나의 자기개념이 아니라 수학, 독서, 외모, 신체적 능력, 가족 및 또래와의 관계 등 많은 영역과 관련된 다양한 자기개념이 존재한다고 주장했다. 이는 한 사람이 한 영역에서 긍정적인 자기개념을 가질 수 있고, 다른 영역에서 부정적 자기개념을 가질 수 있다는 것을 의미한다(Marsh & Shavelson, 1985). 게다가 특정한 자기개념이 관련 영역의 행동과 결합할 때, 그 개념이 행동을 예측할 수 있다는 명확한 증거가 있다. 예를 들어 학문적 자기개념은 성적을 명확하게 예측한다(Marsh & Craven, 2006; Marsh et al., 2014). 사회적 자기개념은 긍정적인 사회관계망의 개발을 예측한다(Marsh et al., 2015). 이러한 종적 증거 외에도 실험 연구는 자기개념에 개입이 많은 영역에서 긍정적 영향이 나타난다고 보고한다(Haney & Durlak, 1998).

자존감에 대한 지지와 반대의 비율이 비슷하게 정체되어 보인다면, 우리는 무엇을 믿어야 할까? 우리는 의도적으로 청소년의 자존감을 높이려고 노력해서, 그들을 이기적이고 자기애적인 사람으로 만들 것인가? 이러한 모호한 상황은 자존감을 높이기 위해서 많은 다른 방법들이 존재 하며, 방법마다 유용함이 다르다는 것을 인식함으로써 해결된다. 이 점이 DNA-V가 특정 개인에 대한 자기개념의 기능에 집중하는 이유이다. 모든 상황에서 모든 사람에게 이로운 자기개념은 있을 수 없다.

교사, 부모, 그리고 과학 연구가 자기개념을 발전시키는 방법에 대해 항상 같은 의견을 내지 않는다. 예를 들어, 연구를 통해 재능을 칭찬하는 것이 부정적인 영향을 미칠 수 있다는 것을 안다. 청소년이 자신의 재능감을 유지하려 하고, 배우는데 방해가 되는 위험을 피하기 위한 동기를 유발하기 때문이다. 그러나 이런 연구는 어른들이 청소년에게 재능이 있다고 반복해서 말하는 것을 금지해야 한다고 주장하지 않으며, 또한 그렇게 하지도 않는다. 청소년에게 재능이 있다고 말하는 것이 현명할 때도 있고, 좋은 생각이 아닐 때도 있다. 과학적 증거는 우리에게 주어진 순간에 어떤 개인에게 무엇을 해야 하는지 정확히 알려주지 못한다. 그렇다면, 우리는 부엇을 해야 할지 어떻게 결정할까?

자존감은 곧 행동이다

첫 번째 단계는 자존감을 실질적 존재가 아니라, 행동의 한 종류로 보는 새로운 방식을 배우는 것이다. 우리가 자존감을 우리 안에 있는 실질적 존재로 볼 때, 한 사람의 자존감이 잘 작동하지 않는다면 그것을 고쳐야 한다는 것을 암시한다. 하지만 자존감은 물질적 대상이 아니다. 어떤 외과 의사도 몸 안에서 그것을 찾을 수 없다.

문제는 자존감이 성공에 필요한 것이라고 가정할 때 발생한다. 고압적인 조언자는 다음과 같은 추론을 할 가능성이 있다.

• 자존감이 없다면 성공할 수 없다.

- 자존감은 가치 있는 것이다. 그러므로 도난당하거나 손상될 수 있다.
- 자존감을 지키기 위해서는 항상 주의해야 한다.
- 만약 누군가가 나의 자존감을 떨어트린다면, 자존감이 가치 있고 성공에 필요하다는 점에서 잘못된 것이다.
- 부정적인 경험들이 자존감을 손상시키거나 어떤 식으로든 영향을 미치도록 해서는 안 된다. 부정적인 경험으로부터 방어하고 무시해야 한다.

이것은 한 가지 결론으로 이어진다. 자존감을 매우 중요하다고 생각한다면, 그것을 높이려고 노력하는 데 갇혀 있게 되고, 다른 대안이 없어진다. 하지만 자존감을 행동이라고 생각하면 개입할 방법을 늘릴 수 있다.

자기 탐색에 행동 원리 적용하기

DNA-V 모델에서 자존감은 "자기 행동"의 한 가지 유형이다. 따라서 그것은 관계 반응의 조작적 원리를 따를 것이다. 자기의 설명은 관계 구성 안에 있고, 수반성으로 강해지거나 약해질 수 있다. 예를 들어, 제인으로 불리는 소녀는 제인으로 정의되는 물리적 특성이 있는 것이 아니라 제인이라 불린 강화의 역사만 있다. "제인"은 사실 그녀의 일부분이 아니다. 그녀는 매리와 같은 다른 이름에 반응하도록 쉽게 강화될 수 있지만, 연관 짓는 임의적 이름에 상관없이, 여전히 동일한 사람이다. 그러나 "제인"이라는 소리는 임의적이지만, 오랫동안 중립으로 남지 않는다. 제인은 자신의 이름을 구분하게 된다. 한 연구는 만약 자기 자신을 좋아한다면 이름을 좋아하게 될 것이고, 특히 문자 j, a, n, e를 좋아할 것이라고 하였다(Koole, Dijksterhuis, & van Knippenberg, 2001).

자기개념은 이름과 유사하게 기능할 수 있으며, 반복적으로 강화됨에 따라 감정적으로 강력해진다. 또한 통상적인 조언자 관점의 행동으로서 자기개념과 관계 맺는 것을 배운다면, 즉 오고 가는 내부 대화로서 관계를 맺으면, 자기개념은 약해질 수 있다. 청소년을 면담할 때, 청소년이 자기를 자신의 부분으로 구체화하기보다, 행동으로 보도록 돕는 것을 목표로 한다.

우리가 강조했듯이, 어떤 행동도 본질적으로 좋거나 나쁘지는 않다. 행동은 특정한 맥락에서 더 효과적이거나 덜 효과적이다. 이 가정은 자기 행동에 적용된다. 예를 들어, 청소년이 우정을 소중히 여기지만 또한 "나는 괴상해. 친구들은 날 피할 거야."라는 자기개념을 가지고 있다고 가정해 보자. 만약 이 자기개념이 우정으로 이어질 수 있는 상황에 참여하는 것을 회피하도록 한다면, 자기 시각이 좁고 도움이 되지 않는다고 말할 것이다. 반대로, 만약 어떤 심리적 "거리"에서 자기개념을 볼 수 있고, 친구를 만드는 데 영향을 미치지 않는다면, 자기 시각이 유연하다고 말할 것이다. 유연한 자기 시각은 청소년이 좁은 자기개념을 넘어 성장할 수 있게 해 준다.

우리는 한 걸음 더 나아가 맥락, 선행사건, 그리고 결과가 사람의 자기 시각을 어떻게 조형하는지 살펴볼 수 있다. 두 가지 예를 살펴보겠다. 하나는 좁은 자기 시각으로, 다른 하나는 더 넓고 유연한 자기 시각을 가정한다.

맥락 1 : 친구들과의 교제를 중요시하고, 좁은 자기 시각을 가지고 있는 청소년이 파티에 친구를 초대한다.

선행사건 : 친구는 초대를 거절한다.

가치 불일치 행동 패턴:
- 자신의 감정적인 신호를 알아차리지 못한다.
- 조언자는 즉시 "나는 매력이 없어. 나를 좋아하지 않아."라고 말한다.
- 조언자에게서 벗어나는 데 능숙하지 못하며 마치 말하는 것이 문자 그대로 사실인 것처럼 반응한다. 다시 말해, "나의 조언자가 이것을 판단할 수 있는가? 또 다른 관점이 있는가?"라는 질문을 하지 않는다.

결과 :
- 부정적인 감정을 줄이기 위해 그 관계를 피한다.
- 단기 결과: 사회적으로 거절당할 것 같아 회피한다.

• 장기 결과: 우정을 만들어 나가는 데 실패한다.

맥락 2 : 비슷한 가치를 가졌으나, 넓은 자기 시각을 가진 청소년이 파티에 친구를 초대한다.

선행사건: 친구는 그녀의 초대를 거절한다.

가치 일치 행동 패턴 :
• 자신의 육체적 고통을 알아차린다. "이거 정말 속상해."
• 조언자가 "나는 매력이 없어 나를 좋아하지 않아."라고 말하는 것을 알아차린다. 조언자 관점의 역할이 매우 중요하며, 조언이 과거에는 유용했지만, 지금은 유용하지 않을 수 있다는 것을 기억한다. 그 조언은 오고 가는 사건이며, 따라야 할 필요는 없다고 생각한다. 실제 효과를 보기 위해 확인할 수 있다.

결과 :
• 괴로움을 감수하고 그것에 반응하지 않기로 했다. 그 관계를 피하지 않는다.
• 탐험가 관점의 공간에 발을 들여놓으며, 친구에게 초대를 왜 거절했는지를 묻는다.
• 단기 결과: 사회적 거부를 경험할 위험이 있다.
• 장기 결과: 사회 기술을 발달시키고 우정의 기회를 스스로 준다.

우리가 자기를 행동으로 볼 때, 자기개념이 결과를 초래한다고 가정하지 않는다. 오히려 위의 예에서 알 수 있듯이, 동일한 자기개념이 상당히 다른 결과와 연관될 수 있을 것으로 기대한다. 우리는 DNA 기술을 가르침으로써 결과를 바꿀 수 있고, "나는 사랑스럽지 않아."와 같은 평가적 사고를 할 때, 효과적으로 행동할 수 있게 해 준다. 앞의 예들을 행동 용어로 설명하면, 첫 번째 사례에서는 부정적 자기개념이 혐오 기능을 가지고 있어, 청소년이 사회적으로 위축되도록 이끌었다고 할 수 있다. 두 번째 사례에서는 부정적 자기개념이 여전히 혐오 기능을 가지지만, DNA 기술을 이용하여 더 많은 선택을 할 수 있었다. 청소년은 위축되거나 또는 유연한 조언자, 관찰자, 탐험가 관점의 행동에 참여할 수 있다. 자기 시각은 도움 되지 않는 자기개념을 느슨하게 잡고 있다.

DNA-V에서 자기 시각

자기 시각은 새로운 DNA 기술이라기 보다는 새롭게 변화되는 자기를 보기 위해 DNA 기술들을 전체적으로 사용하는 방법이다. 그림 17에 표시된 네 가지 주요 자기 행동은 D, N, A 및 V에 연결되어 있다.

광범위한 자기 시각이 없는 경우, 우리는 전형적으로 자신을 그림 17의 조언자 관점 영역 안에 보이는 것과 같이 고정된 개념으로 본다. 예를 들어, 사람들은 종종 매력이 없다고 생각하고, 이것을 글자 그대로의 자기 자신에 대한 설명이라고 믿는다. 마치 "매력이 없는" 것이 자신의 본질, 즉 자신의 일부분을 설명하는 것 같다. 하지만 DNA 기술을 개발함으로써, 청소년이 희망을 만들고 성장을 촉진하며 실행할 수 있는 자기개념을 개발할 수 있다. 실행 가능한 자기개념을 강화하기 전에, 유연한 자기 관점의 훈련을 통해 실행 불가능한 자기개념을 느슨하게 잡아야 한다.

조언자는 과거 경험을 통해서 현재 세상과 사건을 빠르고 효율적으로 해석하는 방식일 뿐이라는 것을 청소년에게 알려줌으로써, 우리는 유연한 자기 시각 기술을 가르치기 시작한다. 관찰자 기술을 사용하는 것이 엄격한 자기 정의에서 벗어나는 데 어떻게 도움이 될 수 있는지 살펴보자. 조언자는 내용을 만들어 낸다는 것을 관찰하게 된다. '나는 매력적이지 않다'와 같은 생각에 빠진 대신에, 관찰자 관점은 현재에 머물면서, 그 경험을 '내가 매력적이지 않다는 생각을 관찰한다.'로 전환한다. 관찰한다는 것은 감정적 고통의 감각과 같은 비언어적 내용에 대한 인식을 포함한다. 마지막으로, 두 가지 다른 유형의 자기 행동을 가르친다. 그것은 물리적 세계에서 새로운 것을 시도하고 시험하는 것을 연결하는 탐험가 공간에서의 자기 행동과 "나는 다른 사람을 돌본다."와 같은 가치 진술을 연결하는 가치 기반의 자기 행동이다.

이 모든 것을 종합하면, 유연한 자기 시각은 자기 행동에 관련된 모든 방식을 바라보는 관점 취하기를 본질적으로 포함한다. 전통적인 ACT 관점에서 가장 유연한 자기 시각은 자기를 내용이 아닌 맥락으로 보는 것이다. 즉 만약 당신이 지금 여기에서 머물면서, 그때 거기에서 가졌던 생각을 바라본다면, 당신은 당신의 생각과 같지 않다는 것이다. 같은 방식으로, 판단, 이야기, 심지어, 당신의 가치 행동과 같지 않다. 당신이 한 것을 알아차리는 당신이 있을 뿐이다. 청소년이 DNA-V 모델에 익숙해지면서, 조언자, 관찰자, 탐험가 관점의 행동을 만들어 내는 것을 보게 된다.

유연한 자기 시각은 심리적 관점을 바꾸는, 뇌의 놀라운 능력을 이용하는 방법이다. 움직이지 않고도 유연한 관점을 가지고, 자기 생각과 감정을 볼 수 있다. 어린 시절로 돌아갈 수 있고, 어느 정도는 그 당시와 같은 사건들을 볼 수 있다. 쉽게 미래를 볼 수 있고 인생의 마지막에 자신을 볼 수 있다. 또한 다른 사람의 눈으로 세상을 보기 위해 빠르게 관점을 바꿀 수 있다. 심지어 냉정한 외계인의 관점에서 인간을 볼 수도 있다. 이 모든 관점의 공통적인 요소는 항상 보고 있는 당신이다. 당신이 관점을 얼마나 많이 바꾸더라도, 당신은 항상 그곳에 있고, 다시 관점을 바꿀 수 있다.

유연한 자기 시각 실행은 자신에게 반응하는 방식에 있어서 급진적인 변화를 촉진할 수 있다.

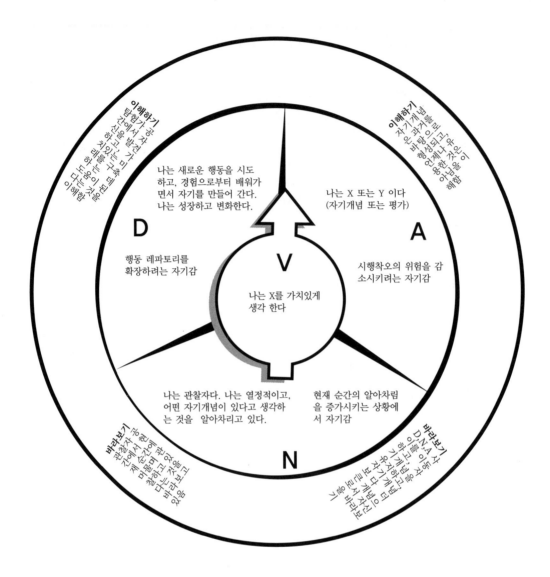

나는 새로운 행동을 시도
하고, 경험으로부터 배워가
면서 자기를 만들어 간다.
나는 성장하고 변화한다.

나는 X 또는 Y 이다
(자기개념 또는 평가)

D

A

행동 레파토리를
확장하려는 자기감

V

시행착오의 위험을 감
소시키려는 자기감

나는 X를 가치있게
생각 한다

나는 관찰자다. 나는 열정적이고,
어떤 자기개념이 있다고 생각하
는 것을 알아차리고 있다.

현재 순간의 알아차림
을 증가시키는 상황에
서 자기감

N

그림 17 유연한 자기 시각 취하기: 자신의 한 부분으로 자기 행동의
패턴을 바라보기

맥락 속에 자기개념 놓기

9장에서는 경직된 자기개념의 힘을 약화시키기 위해 자기 시각 연습을 사용하는 방법
을 안내한다. 이 장에서는 자기개념을 개발하는 최적의 방법, 즉 높은 수준의 조언자

의 행동에 대해 설명한다.

우리 사회가 청소년들에게 자기 행동을 훈련시키는 가장 일반적인 방법은 자기개념의 긍정성을 향상시키는 직접적 시도를 통해서이다. 그러나 앞에서 논의된 바와 같이, 그러한 훈련은 나르시시즘과 이기주의로 이어질 수 있으며, 이로 인해 많은 연구자는 그러한 훈련이 유익한지에 대해 의문을 제기하게 되었다. 하지만 우리가 사물이 아닌 행동으로 자기개념을 재구성할 때, 이 질문은 터무니없게 된다. 맥락, 선행사건 그리고 결과를 고려한다면, "청소년은 긍정적인 자기개념이 필요한가?"라는 질문은 "청소년이 자기개념 행동에 참여할 필요가 있는가?"라고 해야 적절하다.

"청소년의 점프 능력을 향상시킬 필요가 있는가?"라는 질문을 생각해 보자. 점프에 대한 맥락을 보지 않고는 이 질문에 대답할 수 없다. 만약 농구 선수들을 훈련시키고 있다면, 점프는 경기력을 향상시키므로, 대답은 아마 '그렇다'일 것이다. 컴퓨터 프로그래머를 교육하는 경우, 대답은 아마 "아니오."이다. 문제를 다른 관점에서 바라보면, 수학의 자기개념을 향상시키는 것은 청소년이 수학에 쏟는 노력을 증가시키는 방법으로 진행된다면 유용하다. 하지만 만약 이 노력이 혐오하는 방식으로 이루어진다면, 수학 도전을 피하는 결과를 낳을 수 있다.

중요한 메시지는 다음과 같다. 만약 우리가 특정한 영역에서 청소년의 자기개념을 향상시키려 한다면, 적어도 두 가지를 확실히 할 필요가 있다. 첫째, 자기개념을 관찰할 수 있고, 가치와 일치되는 행동으로 연결할 필요가 있다. 둘째, 자신의 탐험가 관점의 기술을 사용하고, 자기개념을 활성화하려는 노력이 청소년에게 유용한지 시험해 볼 필요가 있다. 이는 변화된 자기개념이 가치 기반 행동과 연결되는지에 따라 유용한지 결정된다. 이 장의 나머지 부분은 이 두 가지를 자세히 말할 것이다.

성장하는 마음가짐 구축하기

어떻게 하면 청소년이 성장하고 발전할 수 있도록 동기를 부여할 수 있을까? 청소년을 비난하는 것이 동기부여가 되지 않는다는 것을 안다면, 재능이 있다고 믿도록 격려하는 것은 어떨까? 다음 문장이 동기 부여인지를 생각해 보자

- 넌 아주 영리하구나.
- 넌 정말 재능이 있구나.
- 넌 훌륭한 예술가가 될 거야.

연구에 따르면 이러한 진술은 놀랍게도 종종 의욕을 꺾는다고 한다(Yeager & Dweck, 2012). 재능을 칭찬하거나 누군가를 범주 (예: "예술가")로 묘사하는 것은 처음에는 강화되는 경향이 있지만, 자신에게 도움 되지 않는 모든 종류의 평가와 규칙을 생각하게 만들 수 있다. 이 부분을 설명하기 위해, 3장에서 맷의 예시로 돌아가자. 맷은 작가가 되길 열망한다. 맷이 훌륭한 단편 소설을 쓰고 그의 선생님이 "너는 정말 영리하구나!"라고 말한다고 해 보자. 맷의 조언자 관점이 도출할 수 있는 몇 가지 규칙은 다음과 같다.

- 내가 글을 잘 쓴다면, 나는 영리하다.
- 내가 글을 잘 쓰지 않으면, 나는 영리하지 않다.
- 영리해지는 것은 매우 중요히다.
- 내가 잘못하면, 나는 영리함을 잃을 수도 있다.

맷은 선생님의 격려에 기뻐하지도 못하면서, 자신이 영리하다는 생각을 지키고 싶어 할 것 같다. 어쨌든 그것은 누군가에게 들었던 것 중 가장 좋은 평가일 수 있다. 하지만 맷이 뽑아낸 규칙을 살펴보면, 전에는 없었던 위험이 있다는 것을 알 수 있다. 만약 맷이 글을 잘 쓰지 못한다면, 자신이 영리하다는 평가를 "잃어버릴" 수도 있다.

일반적으로, 재능을 칭찬하는 것은 두 가지 문제로 이어질 수 있다. 첫째, 재능이 있다는 생각에 매달리게 할 수 있다. 조언자가 우리에게 얼마나 재능이 있는지 언제나 말해 주길 바라며, 자신에 대해 부정적으로 생각할 수 있는 행동은 무엇이든 두려워할 수 있다. 심지어 도전하는 상황을 피할 수도 있다. 하지만, 도전하지 않는다면 성장하지도 못 할 것이다. 둘째, 우리의 좋은 성과가 재능을 나타낸다고 확신하게 된다면, 나쁜 성과는 무엇을 의미할까요? 나쁜 성과는 재능 부족을 가리킨다는 것이 뒤따를 수밖에 없다. 그리고 실패를 경험했을 때, 의기소침해지고 자존심이 상하게 된다. 그리고 필연적으로 성장하거나 개선하려는 의욕이 없어진다.

최근의 연구는 청소년에게 재능이 있다고 말하는 것의 위험성을 보여 준다 (Yeager & Dweck, 2012). 언어 능력이 비슷한 두 그룹의 아이들이 있다. 두 그룹 모두 일련의 문제를 해결하도록 요청한다. 성과와 상관없이 한 그룹에 문제를 해결하는 데 재능이 있다고 말하면, 이것은 고정된 재능의 사고방식을 강화한다. 두 번째 그룹에는 열심히 하고 있다고 말하면, 이것이 성장의 사고방식을 강화한다. 나중에 두 그룹에 쉽거나 어려운 퍼즐을 제공하면 재미있는 일이 벌어지게 된다. 재능으로 칭찬받는 아이들은 쉬운 퍼즐을 선택하는 반면, 열심히 하는 것으로 칭찬받는 아이들은 어려운 퍼즐을 선택한다. 첫 번째 그룹의 아이들은 "재능 있는" 자기개념을 잃어버리는 모험을 하지 않을 것이다. 반대로, 두 번째 그룹의 아이들은 잃어버릴 수 있는, 고정된 자기개념을 가지고 있지 않았다. 그들의 목표 행동은 열심히 시도하는 것이다.

또한 이 연구는 재능을 칭찬하는 것이 아이가 실패로 인해 화를 내는 정도를 증가시킬 수 있다고 하였다. 게다가 재능으로 칭찬받는 아이들은 나쁜 성과를 시험이나 다른 사람들의 탓으로 돌릴 가능성이 더 크다. 이것은 재능을 칭찬하는 것은 조언자의 꼬리표를 붙드는 경향을 키우지만, 성장을 칭찬하는 것은 탐험가 기술을 촉진하기 때문에 DNA-V 모델에서도 설명이 된다. 마지막으로, 재능으로 칭찬받는 아이들은 꾸준히 뭔가를 하려 하지 않는다. 그들은 당면한 과제에 효과적으로 대처하기 위해 노력하기보다는 근본적으로 자존감을 위해 행동한다(Dweck, 2000; Dweck, Chiu, & Hong, 1995; Mueller & Dweck, 1998; Yeager & Dweck, 2012).

따라서 사람들에게 자신을 재능이나 특별함 같은 개념으로 믿도록 가르치는 것은 조언자가 이러한 개념에 좀 더 관심을 두도록 만들고, 이기거나 질 수 있는 자기의 일부분으로 보게 한다. 그러나 유연한 자기 시각은 "나는 특별해"가 단지 평가일 뿐이며, 조언자의 속삭임이라는 것을 분명하게 한다.

청소년이 자기개념에 집착하는 것을 막는 방법은 사람보다 과정에 칭찬을 집중하는 것이다. 위의 예에서, 청소년에게 열심히하고 있다고 말하는 것은 그 일에 노력을 쏟고 지속하는 과정을 강화했다.

다음은 칭찬 및 피드백을 제공하는 4가지 효과적 방법이다(Yeager & Dweck, 2012).

- **노력에 대한 칭찬** : 청소년이 최고 점수를 받을 때, 이렇게 말할 수 있다. "와, 그거 열심히 했구나. 포기하지 않았잖아."
- **전략에 대한 칭찬** : 청소년이 어려운 결정을 내리는 데 신중할 때, "그 결정을 내리기 전에 많은 선택을 고려했다는 것은 멋진 일이야."라고 말할 수 있다.
- **선택에 대한 칭찬** : 청소년이 친구를 위해 옹호할 때, 이렇게 말할 수 있다, "너의 친구 편에 서는 것은 힘들었지만, 우정이 너에게 중요하다는 것은 분명하네. 잘 됐군."
- **교정 피드백 제공** : 청소년이 시험을 잘 보지 못할 때, 이렇게 말할 수 있다, "너의 공부 시간이 이번 시험에 비해 너무 짧았을지도 모르겠네. 어떻게 하면 전념할 시간을 늘릴 수 있을까?"

마지막 전략인 교정 피드백은 가치 방향으로 행동을 조형하고, 강점을 발전시키기 때문에 특히 중요하다. 교정 피드백은 자기개념을 강화하는 것이 아니라 가치 일치 행동을 강화하는 것을 목표로 한다. 차이점을 이해하려면 다음 예를 보자. 누군가가 실수했을 때, 무심고 "당신의 문제는 게으른 것이다."와 같은 말을 함으로써 자기개념을 강화할 수 있다. 대신에, 교정 피드백은 교정될 수 있는 행동을 구분하고, 앞의 목록의 예에서 보듯이, 그 사람이 실행할 수 있는 새로운 또는 대안적인 행동을 제안하는 것이다.

칭찬을 사용할 때, 최고가 아닌 차선의 행동에 대해 변명하지 않는 것이 중요하다. 예를 들어, 만약 아이가 학교에서 성적이 좋지 않다면, 부모는 선생님을 탓하려고 할지도 모른다. 이것은 마치 아이의 최고 관심사인 것처럼 보일 수도 있다. 하지만 이러한 행동은 암묵적으로 아이의 조언자가 "내가 실패하면, 그것은 내가 다른 사람들에게 부당한 대우를 받았기 때문"이라는 새로운 규칙을 가르치게 한다. 청소년이 피드백을 무시하고 다른 사람들을 비난하도록 훈련시킬 수 있다. 유용한 피드백에 마음을 열고 성장하고 개선할 수 있다는 것을 인식하도록 도와야 한다.

인생의 모든 영역에서 성장을 돕는 일반적 공식은 조언자가 말하는 것을 알아차린 다음, 탐험가 공간으로 옮겨 가도록 돕는 것이다. 아래의 예시를 참고하자.

조언자: 나는 이번에 별로였고, 좋아질 수가 없네.

탐험가: 성장이 중요한 가치라고 할 수 있어. 성장이 가능하다고 가정하고, 무슨 일이 일어나는지 발견하도록 선택하자.

조언자: 이것에 대해 새로운 것을 배우더라도 더 잘할 수 있게 하지 않아.

탐험가: 나는 이것에 대해 배우는 것을 가치로 선택했어. 내가 배울 때 무슨 일이 일어나는지 알게 될 거야.

조언자: 아무리 많이 연습해도 나아지지 않을 거야.

탐험가: 나는 연습을 중시하기로 선택했어.

조언자: 내가 이 일에 고군분투하고 힘들어한다는 것은 내가 잘 못한다는 것을 의미해.

탐험가: 나는 좌절을 중요하게 여겨. 좌절은 어떻게 개선해야 할지 발견하는 데 도움이 되기 때문이야. 실패할 때 조언자가 부정적인 말을 하리라는 것을 알고 있어. 나는 그 부정적인 내용을 위한 공간을 만들고, 계속 성장해 갈 거야.

경직된 규칙으로부터 자기 해방하기

DNA-V 모델의 궁극적인 목표는 청소년에게 언어를 유연하게 사용하는 방법을 가르쳐 삶에서 더 많은 것을 얻을 수 있도록 하는 것이다. 자기 시각 연습은 청소년에게 규칙이 가볍게 지켜지는 것이 가장 좋다는 것을 보여 주면서 이러한 기술을 안내할 수 있다. 새로운 관점을 취하는 많은 방법이 있고, 9장에서 많은 연습을 소개할 예정이다. 이 장에서는 청소년이 새로운 시각을 알 수 있도록 대화를 시작하는 방법을 보여 주려 한다.

아래는 맷의 예시로서, "글쓰기 수업에서 좋은 점수를 받는 것은 나를 좋은 작가로 만들고, 나쁜 점수를 받는 것은 나쁜 작가로 만든다."는 불필요한 규칙에 "힘을 빼는" 방법을 살펴보려 한다. 우선 이 규칙이 제안하는 것보다 더 많은 선택권을 이미 가지고 있다는 것을 알리면서 시작한다. 그런 다음, 실행 가능성에 대한 아이디어를 다루고 잠재적인 가치를 발견하는 데 도움이 되는 토론에 참여한다. 알다시피 규칙에 대한 강조는 규칙의 진실이나 거짓에 있지 않다. 오히려 규칙은 유용성 측면에서 평가된다. 규칙을 따르는 것이 인생에서 원하는 것을 더 많이 가져다줄까? 만약 아니라고 대답한다면, 그 규칙이 스쳐 지나가도록 내버려 두는 것을 고려해 볼 수 있을까?

단계: 선택 가능성을 드러내기

DNA-V 접근: 새로운 아이디어가 가능함을 보여 주는 경우에서 은유로 규칙 지배를 약화

예시: *조언자는 엄격한 선생님처럼, 반드시 규칙을 따라야 해 "안 그랬단 봐!"라고 말하는 것 같아. 그러나 만약 이 선생님이 너는 항상 수학 그리고 오로지 수학만을 공부해야 한다고 말했다면 너는 어떻게 할 것이니? 너는 그 선생님의 말을 들어야만 한다고 생각할까?*

단계: 실효성으로 돌아가기

DNA-V 접근: 기초 실효성 관련 질문하기: 그 행동은 효과가 있을까? 그것이 도움이 된다고 생각하니? 만약 네가 이 행동을 더 한다면 어떻게 될 것 같아?

예시: *너는 항상 좋은 성적을 받아야만 한다는 규칙을 따르는 것이 너를 위해 어떻게 영향을 줄까? 그것이 너의 글쓰기를 도왔다고 믿니? 아니면 방해했다고 믿니?*

단계: 탐험가 관점을 가질 가능성

DNA-V 접근: 청소년이 조언자가 판단하는 생각에 관점을 취하도록 돕자. 너는 조언자와 동일하지 않아. 이것은 단지 실행할 수 있는 하나의 가능한 방법일 뿐이지. 너는 관찰자가 되거나 탐험가가 될 수도 있어. 이 경우에 탐험가가 되는 결정은 어떨 것 같아?

예시: 조언자가 너에게 형편없는 작가라고 말하는 것을 가정해 보자. 조언자에서 벗어나고 그것을 듣지 않는다면 어떨까? 대신에 탐험가 공간으로 옮기고 글쓰기를 시도하는 결정을 한다면 어떨까? 어떤 일이 일어날까? (글쓰기는 좋거나 나쁘거나 혹은 둘 다일 수 있다는 것을 인정하자. 만약 청소년이 조언자의 말에 귀 기울인다면 아마도 글을 쓰지 않을 것이고, 얼마나 글을 잘 쓸 수 있는지를 영원히 알지 못할 것이라고 이야기해 보자.)

단계: 탐험가 관점의 가치

DNA-V 접근 : 청소년에게 탐험가의 공간에 발을 들여놓게 함으로써 가치를 탐구하게 한다. 이것에 관해 네가 좋아하는 것은 무엇일까? 어떤 부분들이 너를 흥미롭게 하니? 모든 부분을 살펴보고 우리가 거기에서 네가 좋아하는 것을 찾을 수 있는지 알아보자.

예: 너는 창의적인 부분, 즉 앉아서 아이디어를 정리하는 것을 좋아하는 것 같아. 그런데 글쓰기의 마무리는 피하려 하면서, 그림을 그리거나 낙서하는 게 더 쉬워 보이네. "난 뭔가 부족해."라는 규칙에 대해 어떻게 생각하니? 효과가 있니? 만약 글쓰기 마무리에 도움을 줄 새로운 규칙을 만든다면 어떨까? 그게 뭘까? 그리고 어떻게 하면 이 새로운 규칙을 유연하게 사용할 수 있을까?

희망을 키워가기

아마도 청소년이 가질 수 있는 최악의 믿음 중 하나는 그들이 하는 어떤 것도 자신의 삶을 향상시키지 못한다는 것이다. 이것은 때때로 학습된 무력감이라고 한다(Maier & Seligman, 1976). 이 용어는 개들에게 충격을 주고 지렛대를 눌러 충격을 피할 방법을 주거나, 충격을 피할 수 있는 모든 수단을 제거하는 방법들이 사용된 잔인한 동물 연구(엄격한 윤리 개관 시대 이전)에서 유래되었다. 후자의 집단에 속한 개들은 결국 그 충격에서 벗어나려고 하는 것을 포기했다. 이후 방법을 바꿔서 충격을 피할 방법을 제공하여도, 여전히 탈출을 위한 어떤 행동도 하지 않았다.

인간의 경우, "나는 희망이 없다."라는 언어 규칙도 비슷한 방식으로 작동할 수 있다. 이 규칙을 믿는 청소년은 기회가 주어진다고 해도 자신의 상황을 개선하려고 애쓰는 경우는 거의 없다. 절망적 규칙에는 두 가지 주요 유형이 있으며, DNA-V 모델의 두 가지 주요 측면과 일치한다.

- **사회적 시각:** 낮은 사회적 가치 의식은 "아무도 나를 사랑하지 않아. 그러므로 사회적 관계를 만들려는 노력은 소용이 없어."와 같은 진술에서 나타난다.
- **자기 시각:** "나는 비능률적이어서 목표를 달성하려는 것은 소용이 없어."와 같은 표현에는 낮은 자기 효능감이 나타난다.

청소년은 종종 이러한 규칙 중 하나 또는 둘 모두를 믿는데, 이것은 사회관계망을 개발하지 못하거나, 중요한 목표를 위해 노력하지 않는 것과 같은 비참한 결과를 초래할 수 있다. DNA-V 모델은 이 규칙을 극복하기 위한 두 가지 경로를 제시한다. 하나는 유연한 자기 시각을 실천하는 것인데, 특히 절망이 떠오를 때 관찰자 기술을 사용하고 새로운 경험을 시도하기 위해 탐험가 기술을 구축하는 것이다. 다음 장에는 이것을 촉진하기 위한 많은 연습이 있다. 두 번째는 타인에 대한 유연한 관점을 실천하는 것으로, 관계를 형성하는 행동을 촉진한다(11장 참조).

절망에 대한 DNA-V 접근은 그것을 부정하고 안심시키기 위해서가 아니라, 청소년이 새로운 행동을 시도하려고 하며, 희망을 만들어 가려는 맥락을 생성하는 것이다(10장에서 위로하기의 문제점에 대해서 논한다). 우리는 청소년이 현실과 완전히 단절되거나, 어떤 대가를 치르더라도 자존감을 느끼고 싶은 욕구를 강화하는 방식으로 희망을 발전시키는 것을 원하지 않는다. 그렇다면 어떻게 희망을 주고, 노력하도록 격려하는 언어 규칙을 도울 수 있을까? 이것을 확인하기 위해, 글을 쓰려는 맷의 강렬한 소망을 한 번 더 가져오려 한다. 이 예를 위해서, "내가 열심히 노력하면, 나는 좋은 이야기를 쓸 수 있다."라는 규칙을 개발하는 것이 도움이 될 것이라고 가정한다. 이 새로운 희망을 심어주는 규칙을 만드는 데 도움이 되는 몇 가지 전략이 있다.

성공 또는 숙달을 경험할 기회를 만들자

새로운 행동에 대한 초기 시도가 강화되는 것이 중요하므로, 성공할 가능성을 높이기 위해 작은 단계를 선택하는 것은 여전히 의미가 있다. 맷의 경우, 더 많은 단편소설을 쓰도록 격려할 수 있고, 어쩌면 학교 경연 대회에 그 단편 소설들을 출품할 수도 있다. 혹은 만약 대회가 너무 큰 단계라면, 다양한 수업 프로젝트를 위해 글을 쓰도록 격려하고, 더 좋은 작품에 쏟는 노력을 인식하도록 돕는 것으로 충분할 것이다. 이는 규칙 ("내가 열심히 노력하면 좋은 글을 쓸 수 있다.") 과 그 결과 (대화에 참여하거나, 작품이 개선되는 것을 확인하는 것 등) 사이에 명확한 연관을 확립하여 희망을 심어주게 된다.

성공이란 결과가 아니라 가치와 함께 행동하는 것임을 강조하자

DNA-V의 관점에서 볼 때, 성공은 자신의 가치에 따라 행동하는 데 있다는 이해를 강화하는 것이 중요하다. 따라서 맷이 어떤 대회에 참가하여 실패하더라도, 맷이 열심히 하고 있고, 글을 향상하고자 하는 욕망을 가지고, 꾸준히 활동함으로써 성공했다는 것을 여전히 언급할 수 있다.

여기서 중요한 목적은 본능적으로 강화되듯이 시도하는 행동을 확립하는 것이다. 그래서 맷이 얼마나 글쓰기를 즐겼는지 알아차리도록 도울 것이다. "내가 관심 있는 일에 나 자신을 던지면, 내가 원하는 모든 결과를 얻지 못하더라도 나 자신을 즐길 수 있을 거야." 그리고 "나는 내 가치에 따라 흔들림 없이 행동하는 힘을 가지고 있어."와 같은 희망이 담긴 규칙을 배울 수 있다.

재능이 아닌 가치로서 성공적으로 살아가는 모델을 확인하자

청소년이 멘토와 연결되도록 격려하자. 만약 환경에 좋은 역할 모델이 없다면, 그들의 영웅을 찾아볼 수 있다. 이것은 언어의 미덕 중 하나이다. 이것은 우리가 직접 관찰한 적이 없더라도 가능한 세계와 존재 방법을 상상할 수 있게 해 준다. 그러므로 존재하지도 않았던 자신을 위한 세상을 만들기 위해 작업할 수 있다. 심지어 상상력을 사용하여, 주변의 세계가 지지하지 않을 때 희망을 만들 수 있다. 맷이 작가가 되기를 갈망하기 때문에, 비슷한 배경으로, 즉 열심히 일해서 성공적인 작가가 된 사람에 대한 자서전을 읽도록 격려할 수 있다.

청소년을 격려하고 믿어 보자

인간은 강렬한 사회적 동물이고, 중요한 다른 사람들로부터 우리 자신에 대한 단서를 얻는다. 그러므로, 청소년을 위해 할 수 있는 가장 강력한 일은 그들을 믿는 것이며, 연구 결과는 이런 점을 강조한다. 선생님이 자신의 학급에 재능 있는 학생들로 많다는 말을 듣게 되면, 선생님은 학생들에게 이전과 다르게 행동하고, 학생들은 더 잘하게 된다(Jussim & Harber, 2005; Rosenthal & Jacobson, 1992년). 청소년과 가치 있는 활동이 연결되도록 이끄는 방식으로 이 믿음을 표현하는 것이 중요하며, 단순히 듣고 싶은 것을 말하는 것이 아니다. 청소년은 거짓된 믿음을 쉽게 알기 때문에 믿음은 반드시 진실해야 한다는 것을 기억하자.

맷의 경우, 평균 이상의 점수를 받았지만 최고 점수는 받지 못하여서, 에세이에 대한 피드백을 주고 있다고 가정해 보자. (사람이나 재능보다는) 행동과 노력을 칭찬하기 위해 이렇게 말할지도 모른다, "맷, 이 에세이는 많은 잠재력을 보인다. 네가 열심히 하는 것 같아." 사회적 유대감을 강화하고 열심히 하는 행동을 조형하기 위해, "나는 읽는 것이 즐거웠고, 네가 이렇게 해나간다면, 좋은 작가가 될지도 모른다고 생각했어."라고 말할 수 있다. 행동을 더 조형하기 위해서, 가장 잘 쓰인 부분을 언급할 수도 있다 : "잘했어. 특히 이 부분을 재미있게 읽었어."

실패 경험과 자기의 연결을 중단시키자

우리는 모두 좌절과 실패를 경험하고, 때때로 이러한 실패들은 부정적 자기개념을 지지하는 증거로 간주한다. 이러한 경향에 맞서 청소년을 지지하기 위해, 자기 시각을 넓히기 위한 DNA 기술을 사용하도록 가르친다. 실패를 경험하고, 조언자의 자기 평가에 귀를 기울이고, 이러한 평가와는 같지 않다는 것을 알게 한다. 맷의 경우 실패는 경험이고, 실제로 경험의 표시일 뿐이며, "실패"라는 꼬리표와 같지 않다는 것을 인식하도록 격려해야 한다. 유연한 자기 시각을 개발하도록 돕기 위한 관점 취하기 연습이 여기에서 유용할 수 있다. 맷의 경우 다음 장에 있는 관찰자로서의 자기 연습 1: 단어들로 가득 찬 컵A Cup Full of Words이 시작하기에 좋은 출발점이 될 수 있다.

9장

유연한 자기 시각 개발하기

이 장과 다음 장에서는 어떻게 하면 청소년이 유연한 자기 시각을 개발할 수 있을지에 대한 심도 있는 내용을 제공한다. 우리는 자기에 초점을 맞춘 관점 취하기에 대해 사용자 친화적인 용어로 "유연한 자기 시각"을 선택했다. 유연한 자기 시각은 청소년이 실행 가능한 믿음(조언자 기술)을 개발하고, 사람들과 환경에 상호작용할 때 신체에서 받는 신호에 적응하고(관찰자 기술), 새로운 개발 및 성장 방법(탐험가 기술)을 찾는 데 도움이 될 수 있다.

유연한 자기 시각 개발을 위한 연습

이 장은 전적으로 임상적 또는 강의실 환경에서 유연한 자기 시각을 구축하는 데 유용한 연습에 전념한다. 다음 장은 학대나 방임과 같은 복잡한 이력을 가진 청소년에서 유연한 자기 시각을 만드는 것에 초점을 맞추고 있다. 어쩌면, 여기 나오는 모든 자기 시각 연습을 이용할 필요가 없을 수도 있다. 개입과 어떻게 전달할 것인지는 도움을 주려는 청소년의 요구에 맞춰나가야 한다.

조언자로서 자기 연습 1: 나는 자기를 어떻게 바라보고 있을까?

전형적으로 청소년의 현재 자기 이야기를 평가함으로써 자기 시각 연습 수행을 시작한다. 자신을 어떻게 볼까? 대부분 조언자의 렌즈를 통해 보는가? 고정되고 바꿀 수 없다는 것을 암시하는 자기개념을 가지고 있는가? 자신을 위한 유연한 또는 경직된 규칙을 가지고 있는가?

이 연습을 위해 두 개의 워크시트를 제공한다(http:// www.thrivingadolescent.com 에서 내려받을 수 있는 형식으로 제공). 둘 다 청소년의 자기 행동을 드러내고, DNA 기술 개발의 이점을 탐구하도록 돕는다. 이 연습은 청소년과 함께하기 전에 당신이 직접 해 보기를 권한다.

변화가 가능할까?

여기 30초짜리 간단한 퀴즈가 있다. 다음 문장을 읽고 1에서 6까지의 척도를 사용하여 각 의견에 동의하는 정도를 평가해 보자. 여기서 1은 "강력히 동의"를 의미하고 6은 "강력히 동의하지 않음"을 의미한다.

_____사람들은 변하지 않는다.

_____나는 지적 능력을 향상시킬 수 없다.

_____내가 어떤 것을 잘 못하면 그것은 아마 내가 그것을 결코 잘하지 못하리라는 것을 의미할 것이다.

_____나는 다른 재능을 개발할 수 없으며, 재능은 가지고 있든지 없든지 둘 중 하나이다.

점수 : 4점 이상의 답은 유연한 자기 시각을 반영한다. 3점 이하의 답은 고정된 자기 시각을 반영한다.

고정된 자기 시각으로, 조언자의 규칙에 얽매여 있고, 이것은 변화하거나 개선할 수 없는 것처럼 보이게 한다. 유연한 자기 시각을 통해 성장을 돕는 규칙을 갖게 되고, 유용하지 않을 때 경직된 규칙을 버릴 수 있다. 고정된 자기 시각을 갖는 것은 조언자의 공간 안에 자신을 가두어 놓지만, 유연한 자기 시각을 갖는 것은 모든 DNA 기술을 사용할 수 있게 해 준다.

우리는 모두 때때로 고정된 자기 시각에 발을 들여놓는다. 가능성보다는 한계만을 본다. 예를 들어, 대부분의 어른은 "나는 이 일을 하기에 너무 나이가 많아."라는 자기개념을 가지고 있다. 어른들은 얼마나 자주 구름다리에 매달리거나, 놀면서 땅바닥에서 구르거나, 수레바퀴를 돌리고 있는가? 만약 우리가 그 "너무 오래된" 개념을 받아들인다면, 결코 이런 종류의 것들을 하지 않을 것이다.

다음 워크시트에서 다루는 이 연습의 후반부는 청소년이 스스로 한계를 두려는 자기개념을 구분하는 데 도움이 될 수 있다.

고정된 자기 시각에서 유연한 자기 시각으로 옮겨가기

나에게 중요하지만, 종종 하기가 어려운 것들을 생각해 보자. 수학, 영어, 과학, 특정 스포츠, 친구 만들기, 춤, 또는 자신에게 적당한 것은 뭐든, 충분히 잘하지 못한다고 생각하는 활동을 선택한다.

고정된 자기 시각 알아가기

위에서 식별한 활동을 사용하여 다음 문장을 완성하자.

나는 내가 충분히 잘하지 못한다고 믿는다. _____,

내가 이 활동을 시도하고, 상황이 어려워질 때, 그것에 대해 나 자신에게 뭐라고 말하는가? 조언자라면 "똑똑하지 못하다.", "너무 느리다.", "너무 서툴다.", "흥미롭지 않다.", "너무 약하다.", 또는 "너무 원칙이 없다."와 같은 비판을 할 것이다. 조언자가 "쓸모없는", "게으른", "멍청한" 같은 최악의 공격을 할 수도 있다.

_____

_____

_____

_____

자 이제 조언자의 부정적 측면에만 완전히 빠져 있다고 가정해 보자. 조언자가 말하는 대로 남은 삶 동안 어떻게 행동할지가 결정된다. 조언자의 메시지 중 몇 개에 대해 다음 문장을 완성해 보자.

내 조언자가 말하듯 _____,

남은 삶 동안 나는 이렇게 해야 한다. _____

_____

내 조언자가 말하듯 _____,

남은 삶 동안 나는 이렇게 해야 한다. _____

_____

이제 자신에게 부정적인 조언자의 메시지를 반복하고 진정으로 그것을 믿도록 노력하자. 이렇게 할 때, 관찰자 공간으로 들어가 감각과 느낌을 위해 자신의 몸을 스캔해 보자. 몸에서 어떤 감각이 나타나는가? 어떤 감정이 나타나는가?

_____

_____

_____

탐험가 기술 탐색

이제 자신이 훌륭한 탐험가 기술을 보유하고 있고, 이를 사용하는 데 쉽게 전환할 수 있으며, 관찰자 공간에 쉽게 드나들 수 있다고 상상해 보자. 어떤 것이든 가능하다면 지금 이 활동에 어떻게 접근할 수 있을까? 나의 가치 활동에서 더 나아지기 위해 어떤 새로운 것을 시도할 것인가?

_____

_____

_____

그러면 이러한 활동에서 벗어나서, 만약 평생 새로운 것을 탐험하고, 발견하고, 시도할 수 있다고 가정한다면, 무엇을 할 것인가?

_____

_____

_____

믿음의 도약을 기꺼이 시도할 수 있는가? 비록 작은 단계일지라도, 탐험하고 변화할 수 있다고 기꺼이 가정할 수 있는가? 만약 그렇다면 잘했다! 강력한 탐험가 관점의 단계를 밟았다. 아니더라도 괜찮다. 선택할 수 있다는 것을 명심하라. 만약 자기 제한적인 믿음에서 벗어나 탐험가 관점의 공간으로 발을 들여놓을 의향이 있다면, 변화할 힘을 가지고 있다.

이 연습에서는 조언자 공간에서 탐험가 공간으로의 이동을 DNA-V 모델 내에서 이동으로 볼 수 있다. 조언자는 기본적으로 "나는 X이기 때문에 성장하거나 더 나아질 수 없다."고 말한다 ("패배자" 등). 이동은 먼저 "나는 X."라는 조언자의 혼잣말을 중단시키고 벗어나기 위해 탐험가 기술을 사용하게 된다. 이는 단순히 조언자의 진술을 받아 적고, 그것을 보는 것으로 어느 정도 가능하다. 다음 단계는 신체에서 감정적인 반응을 알아차리고 허용하는 것이다. 마지막 단계는 탐험가의 공간으로 이동하는 것이다. 이런 방식으로 이동하는 것을 연습하는 것은 청소년이 스스로 말하는 것에 대해 많은 선택권이 있다는 것을 알 수 있게 도와준다. 그것에 복종할 필요가 없다. 새로운 접근 방식을 선택하고, 시험하고, 무슨 일이 일어나는지 볼 수 있다.

조언자로서의 자기 연습 2: 조언자의 눈으로 바라보기

청소년에게 유연한 자기 시각을 가르치는 한 가지 방법은 자기개념이 아닌 것과 대조하는 것이다. 이 연습은 (연필과 종이가 필요하다) 청소년이 의도적으로 조언자 관점의 눈을 통해 보게 함으로써 그 관점을 촉진한다. 일단 당신이 "방 안에" 있는 조언자의 관점을 갖게 되면, 청소년이 다른 관점에서 그들의 조언자 관점을 바라보는 연습을 하도록 안내할 수 있다.

많은 경우, 청소년에게 조언자의 비판을 떠올려 보라고 요구할 필요는 없다. 그런 내용은 말하지 않아도 나올 것이다. 이전 연습에서와 같이 자신들에 대해 가지고 있는 생각에 몰입하도록 제안하기만 하면 된다. 예를 들어, 청소년이 현재 겪고 있는 어려움에 대해 말하게 할 수 있다. 그들의 투쟁이 자신을 이상하게 하거나, 결함이 있도록 만들지 않는다는 것을 이해시키기 위해 꽤 많은 정상화 노력이 필요할지도 모른다.

여기 청소년이 현재의 투쟁 속에서 조언자 관점을 경험하도록 도울 수 있는 한 가지 예시가 있다.

그 조언자는 종종 우리에 대한 이야기를 만들어 낸단다. 이 이야기들은 "나는 X이다."를 주요 주제로 하고 있어. 흔한 이야기는 "나는 항상 부족해."이다. 이것은 우리가 망쳤다고 느낄 때 조언자가 우리에게 말해 주는 것이야. 우리는 종종 스스로 혹독하게 대하고, 어떻게 해서 망가지고, 결함이 있거나, 열등해지는지에 대한 이야기를 만들어 내지. 우리는 모두 "난 모자라고 부족해."라는 이야기를 가지게 된단다. 만약 우리가 알아채지 못한다면, 우리는 떠밀려 다니게 될 것이야.

예를 들어, 내가 축구공을 차는 것에 대해 희망이 없다고 생각한다면, 나는 축구 연습을 피할 수 있을지 모르지만, 그것을 더 잘할 수는 없어. "나는 축구를 잘 못해."라는 이야기는 연습하는 데 방해될 수 있어. 모든 사람이 이런 방식으로 행동하곤 해. 어떤 사람은 사랑스럽지 않다고 스스로 말하고는 친구 사귀는 것을 회피해. 또 다른 사람은 스스로 아무것도 제대로 할 수 없다고 말하고는 어떤 것도 시도하지 않아.

잠시 너 자신의 "나는 X이다." 이야기를 알아보도록 하자. (이 예에서는 "많이 부족해." 이야기라고 부른다.)

네가 때때로 자신을 나쁘게 대하는 방법을 생각해 보고 나서, 너의 "많이 부족해." 이야기를 적는 데 시간을 가져보자. 구두점이나 철자에 대해 걱정하지 말고 생각나는 대로 써보자. 이야기를 다 썼을 때, "패배자", "사랑할 수 없는 사람" 또는 "통제할 수 없는 사람"과 같은 제목을 붙여 보자. (이야기를 쓸 때까지 기다리자)

"많이 부족해." 이야기가 너의 일상생활에서 언제 나올 것 같아? 학교에서? 친구들과 이야기할 때? 특정한 활동을 할 때?

이것은 조언자의 이야기를 정상화하는 작은 노출 연습이다. 일단 당신이 청소년 자신의 이야기를 보도록 도와주면, 분명히 더 유연한 자기 관점을 만드는 연습을 시작할 수 있다. 이를 위해 다음 연습 중 하나를 사용할 수 있다.

관찰자로서의 자기 연습 1: 단어로 가득 찬 컵

이 연습과 다음 연습은 청소년이 자신의 관찰자로서의 자기와 연결되도록 한다. 이것은 다음 워크시트를 사용하여 조언자의 진술과 청소년들이 같지 않은 것을 보고, 경직된 자기 감각에서 벗어날 수 있도록 돕는 글쓰기 작업이다. 이런 관점에서, 자신의 내용을 옹호하거나 그것에 집착할 필요가 없으며, 반박할 필요도 없다. 조언자는 오고 가는 언어적 내용을 만들 뿐이며, 청소년은 내용 그 자체가 아니라 내용을 위한 상자라는 것을 이해하면서 조언자와 화해할 수 있다. (워크시트 서식은 http://www.thrivingadolescent.com에서 내려받을 수 있다.)

나는 누구인가?

지시 : 이것은 5분간의 시간제한 있는 작업이다. 각 문장에 대해 생각나는 대로 써라. 옳고 그른 답은 없다. 각 문장을 어떻게 완성하는지 주목하자.

당신	자신과 연결하라	내용(단어)	
		답 1	답 2
나는	~이다		
나는	이 아니다		
나는	무엇이다		
나는	가치		
나는	사랑		
나는	증오		
나는	~가 중요하다고 믿는다		
나는	~가 중요하다고 믿는다		
나는	~을 할 수 없다		
나는	~을 할 수 있다		
나는	~ 때문에 매력적이다		
나는	~ 때문에 비호감이다		
나는	~ 때문에 좋다		
나는	~ 때문에 나쁘다		
나는	~ 때문에 강하다		
나는	~ 때문에 약하다		

지정된 시간 내 작업을 수행한 후, 다음 대화에서 결과를 이야기 나눈다.

치료자   누가 그 단어들을 연결했지?

청소년   제가 했죠.

치료자   맞아. 네가 단어와 자신을 연결한 사람이지. 그리고 누가 단어를 사용했을까?

청소년   제가요.

치료자   맞아. 네가 단어의 사용자이면서, 연결한 사람이지. 너는 단어 그 자체가 아니야. 그리고 아무리 "나"를 다른 단어와 연결해도 여전히 연결 작업을 하는 사람은 바로 너라는 거지. "나"는 항상 거기 있어. 너는 이 단어들이 오고 갈 때, 컵에 다른 액체를 담는 것과 같은 방식으로 이 단어들을 들고 있는 것이야. 컵에 오렌지 주스를 넣을 수는 있지만, 컵에 변화가 있지는 않아. 컵에 우유를 넣어도 컵은 그대로 유지되는 거지. 이제 위에 쓴 모든 단어를 잘라서 컵에 넣었다고 상상해 보자. (원한다면 물리적으로도 가능함.) 그러면 컵이 바뀔까? 우리가 컵에 모든 긍정적인 것들을 넣으면 어떨까? 그러면 컵이 바뀔까? 만약 우리가 부정적인 것들을 모두 집어넣는다면 어떨까? 우리가 무엇을 넣든 간에, 컵은 여전히 내용물을 담고 있을 것이야. 컵은 변하지 않는 거지. 이제 다음을 고려해 보자. 만약 우리가 너를 긍정적인 생각으로 가득 차게 한다면, 너는 긍정적 생각을 위한 상자가 될까?

청소년   네

치료자   그리고 만약 우리가 너를 부정적인 생각으로 가득 차게 한다면, 너는 부정적 생각을 위한 상자가 될까?

청소년   네.

치료자   그래서 너는 항상 거기 있는 거니?

청소년   네.

치료자   단어가 바뀔 때 너는 거기에 있어. 네 머릿속에 있는 단어들보다 너는 더 크다는 것을 의미하는 거지. 단어들이 아무리 부정적이거나 진실해 보이더라도, 너는 단지 그것을 들고 있을 뿐이야. 너는 그것들과 싸우거나 바꿀 필요 없이, 그냥 오고 가게 내버려 둘 수 있어.

이 연습은 스스로 경험의 상자로 인식하도록 돕는 많은 방법 중 하나일 뿐이다. 당신은 조언자, 관찰자, 탐험가를 자신의 한 부분으로 반영하게 함으로써 비슷한 것을 얻을 수 있다.

너는 조언자를 인식하여 붙잡고 들고 다닐 수 있어. 그러므로 너는 조언자 와 일치하지 않아. 너는 잠시 멈추고 감정과 신체 감각을 알아차리고 있다는 것을 알아차릴 수 있어. 그러므로 너는 단지 감정이나 몸의 감각만이 아니야. 그리고 너는 자신이 새로운 방법을 탐험하고 발견하는 것을 볼 수 있어. 그러 므로 너는 단지 탐험가 와 일치하지 않아. 너는 조언자, 관찰자, 탐험가 관점 의 공간으로 들어갈 수 있는 사람이지. 너는 DNA 기술 사이를 이동하는 사 람이지. 알겠니? 만약 네가 스스로 DNA 이동자로 볼 수 있다면, 유연한 자기 시각을 가지는 것이야.

평가가 우리를 가두어 둘 필요가 없다는 것을 알게 되었을 때 우리는 해방된다. 우리는 일부 단어들("나는 특별해.")과 다른 단어들("나는 많이 부족해.")을 가지려고 노력할 이유가 없다는 것을 알 수 있다. 그 단어들은 우리가 아니다.

관찰사로서 자기 연습 2: 관점 옮기기를 이용하여 유연한 자기 시각 개발하기

우리가 조언자의 이야기에 완전히 몰입한다면, 삶을 지배당할 수 있다. 그것은 냄새나는 늪에 잠기는 것과 비슷할 수 있다. 이 연습은 늪에서 나와서 조언자 이야기와 나 사이의 현명한 거 리를 얻는 방법이다(Grossman, Na, Varnum, Kitayama, & Nisbett, 2013; and Kross & Grossman, 2012로부터 영감을 얻음).

첫 번째 방법은 청소년이 자신의 상황에 대해 3인칭 관점을 갖도록 하는 것이다. 예제 대 본을 단순화하기 위해 7장의 스티브와 함께 작업하고 있는 치료자의 이름을 마리아라고 한다.

스티브, 다른 방식으로 자신을 볼 수 있게 하는 연습을 해 보자, 알았지? 우선 너의 인생에서 어려운 사건, 즉 고군분투하고 있는 사건을 알아보는 것으로 시작하자. 지금 이 사건에 대해 설명할 수 있을까? (마리아는 스티브가 사건 에 대해 설명할 수 있는 시간을 허용한다.)

자, 이제 조금 다른 것을 해 보자. 이 연습에서는 먼 곳의 관찰자로서 너와 함께 진행되고 있다고 상상해 보자. 쉬운 방법은 단순히 이름으로 자신을 지칭하며 제삼자의 입장에서 자신에 대해 말하는 것이야. 예를 들어, 나는 직장 생활과 가정생활의 균형을 맞추기 위해 고군분투하고 있어. 내가 먼 곳에 있는 관찰자라면, 이렇게 말하는 거지 "나는 마리아가 직장에서 그리고 집에서 해야 하는 모든 것을 하려고 애쓰는 것을 봅니다. 나는 그녀가 사람들을 실망시킬까 봐 걱정하는 것을 봅니다."

이해가 되니? 자, 이제 그 힘든 사건을 떠올리고 은유적으로 자신으로부터 몇 발짝 물러서도록 하자. 여기 네가 이 관찰자의 관점과 연결시키고 제삼자의 입장에서 자신에 대해 이야기하는 데 도움이 될 수 있는 몇 가지 질문이 있다.

"스티브는 이 상황에서 어떤 기분이 드나요?" "스티브는 이 상황에서 어떤 생각을 갖고 있나요?" "스티브는 그의 생각에 사로잡혀 있나요?" "스티브는 생각에 사로잡혔을 때 어떤 모습일까요?" "스티브는 자신의 심정을 알고 있나요?" "스티브는 자신의 가치를 알고 있나요?"

이 과제의 목적은 청소년이 생각하고 느끼는 것에 도전하는 것이 아니라, 경직된 조언자의 관점을 보게 하고, 관찰자의 공간으로 발을 들여놓게 하는 것이다. 만약 진정으로 제삼자의 입장에서 자신에 대해 말할 수 있다면, 그들의 관점이 바뀌도록 한 것이다. 이러한 관점의 변화는 종종 행동 변화의 전조가 된다. 관점 취하기의 언어를 사용해서, 청소년은 여기에 머물면서, 거기에 있는 "아주 좋지 않은" 이야기를 보고 있다. 이것은 자기와 이야기 사이에 공간을 만드는 것이고, 그 공간 안에서 변화는 가능하다.

제삼자 입장에서 자신에 관해 이야기하는 것은 도움이 되지 않는 언어 내용으로부터 거리를 알아차리고 만들어 내는 방법의 하나이다. 여기 다른 간단한 방법이 있다. 이것은 특히 과거의 사건을 다루려고 애쓰는 사람들에게 도움이 된다.

우리는 과거에 너를 괴롭히는 이 사건에 대해 말해왔어. 다양한 관점에서 경험해 보도록 하자.

이것은 눈을 감은 채로 하는 연습이야. 그러니 편안히 있으면서 눈을 감는 거야. 잠시 호흡에 집중해 보자

먼저, 마치 네가 거기에 있는 것처럼, 활동의 중심에서 몰입된 관점으로 이 사건을 보도록 하자. 마치 그 당시 그곳으로 네가 돌아간 것처럼 너의 눈앞에서 펼쳐지는 사건을 상상하자. 잠시 시간을 내어 그렇게 해 보자.

이제 동일한 사건을 멀리서 보자. 다시 펼쳐지는 사건을 상상해 보자. 하지만 이번에는 네가 그 장면에 있기보다는 먼 곳에 있는 관찰자라고 상상해 보자. 마치 너 자신을 지켜보고 있는 것 같은데... 그 거리에서, 네가 어떻게 보이는지 관찰하자 또한 다른 사람들이 무엇을 하는지 관찰해 보자. 다시 잠시라도 시도해 보자.

시각화 후 두 번째 시나리오에서 그 사람이 사건을 다르게 경험했는지를 묻는다. 옳고 그른 답이 없다는 것을 강조하자. 그 연습은 더 많은 선택을 보도록 배우는 것이라고 설명하자. 청소년이 그러한 사건들을 멀리서 볼 수 있을 때, 그러한 경험을 그대로 두는 것에 자유로워지고 삶을 향상시키는 활동을 선택하는 것으로 돌아간디. 이 활동과 이 책의 모든 활동을 가치와 활력에 연결하는 것이 중요하다.

탐험가로서 자기 연습 1: 변화하고 성장하며 자신을 바라보기

이 연습은 "나의 자기 시각 강화" 워크시트를 사용하며, 그리기 또는 낙서하기 위해 종이와 연필 또는 펜이 필요하다. 이 접근법에서, 유연한 자기 시각은 청소년이 한 시기에서 다른 시기로 이동하도록 돕는 대화와 질문을 통해 더욱 발전된다. 이 작업은 고정된 개념이 아니라 변화하고 진화하는 인간으로 자신을 경험할 수 있는 시간적 관계를 만들어 낸다. 예를 들어, 청소년에게 자신을 어린 시절에 있는 것처럼 보거나 10년 후에 있을 것처럼 상상하라고 요구할 수 있다. 연습을 설명하는 방법은 다음과 같다. :

이 연습은 너희 자신을 보는 새로운 방법을 만들도록 돕는 것을 목표로 하고 있어. 내가 "새로운"이라고 했는데, 왜냐하면, 우리가 자신에 대해 토론할 때,

우리는 종종 동시에 자신을 창조하기 때문이야. 너는 너를 새롭게 만들어 가고 있지. 그것은 자유롭기도 하고, 무섭기도 해.

너의 경험의 다른 측면을 낙서하거나 그리는 시간을 가졌으면 해. 나는 "낙서"라고 말하는데, 왜냐하면 그것은 아름다운 예술품이 될 필요가 없기 때문이야. 그림을 그릴 때, 형제자매, 학생, 친구와 같이, 인생에서 네 가지 역할을 포함해 보자. 또한 긍정적인 세 가지 자기개념과 부정적인 세 가지 개념을 포함해 보자.

너는 문장을 쓸 수도 있지만, 조금 창의적이고, 이미지를 사용하는 것이 더 풍부한 경험을 만들 거야. 너에게 맞다고 느끼는 것을 표현해 보자. 너의 이름을 사용하지는 말자.

다음은 청소년이 무엇을 그릴 수 있는지 보여 주는 워크시트의 예시와 청소년에게 줄 수 있는 서식이다(서식은 http://www.thrivingadolescent.com에서 내려받을 수 있다.).

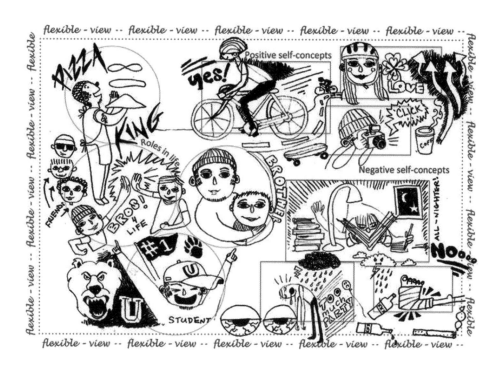

그림 18 '나의 자기 시각 강화' 워크 시트의 완성된 예시

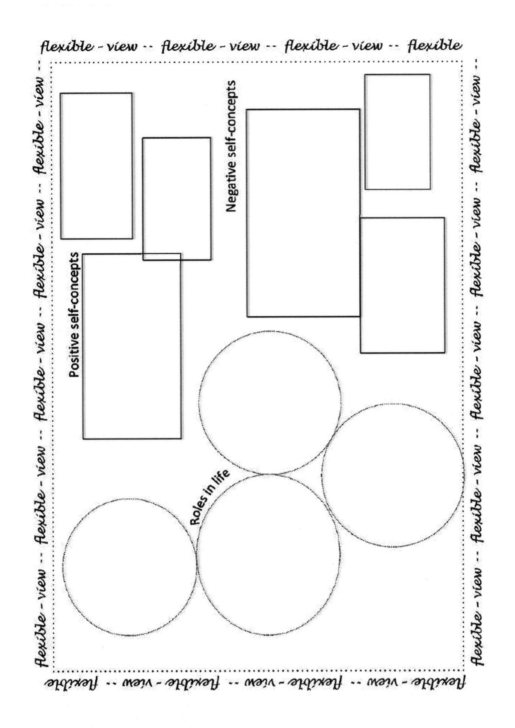

그림 19 "나의 자기 시각 강화" 워크시트

그림 또는 낙서를 완성한 후 다음과 같이 탐색한다. 그룹보다는 개인에게 적용하는 경우, 각각의 역할과 자기개념에 대해 따로 물어보고 진행하면서 각각의 이름을 붙여 보자. 청소년이 질문을 숙고할 수 있도록 충분한 시간을 제공하자.

인생의 네 가지 역할로 시작하여 다음 질문을 한다.

10년 전으로 돌아가 보자. 10년 전에 각각의 역할을 맡았을까? 네가 가지고 있는 현재 역할들은 그 당시에도 똑같았을까?

지금으로부터 10년 후의 자신을 상상해 보자. 아직도 이 역할들을 맡을 거니? 10년 후에 각각의 역할에 대해 어떻게 생각할 것 같아?
과거와 미래의 이러한 역할들을 볼 때 자신에 대한 관점이 바뀌었을까?

다음 질문으로 세 가지 긍정적인 자기개념을 살펴보자.

10년 전의 자신을 떠올려 보자. 10년 전에 자기개념이 너에게 잘 맞니?

만약 10년 전에 이러한 자기개념이 너에게 적용되었다면, 지금과 그때는 똑같을까?

네가 10년 후에 이런 자기개념을 갖게 될 것이라고 상상했었니? 그렇지 않다면, 무슨 일이 일어날까?

네가 10년 후에 이러한 자기개념에 대해 어떻게 생각할 것이라고 보니?

네가 다른 시간적 관점에서 이러한 자기개념을 보았을 때 자기개념은 어떻게 바뀌었을까?

다음으로, 긍정적인 자기개념과 같은 질문을 사용하여 세 가지 부정적 자기개념을 탐색한다. 마지막으로, 그림에 대해 전체적으로 논의하고, 이러한 흐름을 따라서 유연한 자기 시각을 모델링한다.

이 그림의 모든 부분에서 공통적인 요소는 무엇일까? (당신이 찾고 있는 답은 "그것들은 모두 나에 관한 것이다.")

어떻게 너는 이런 것 중 하나에 불과할 수 있지? 너의 역할과 자기개념이 시간이 지남에 따라 변화하거나 강해지거나 약해질 수 있다는 것을 알고 있었니?

이 연습에 대해 생각하는 한 가지는 네가 그린 이 모든 개념과 생각들이 자기 삶의 내용이라는 것이야. 너는 이 모든 내용을 담고 있는 페이지와 같아. 마치 내용이 긍정적이든 부정적이든 중립적이든 어떤 내용이든 담을 수 있는 무한히 넓고 긴 종이와 같은 거야. 내용이 변경되면 새 내용을 저장할 충분한 공간을 너는 가지고 있어. 이것이 유연한 자기 시각이야.

이 연습을 진행하면서, 때때로, 연습을 함께 하는 청소년을 알아차리도록 하자. 그들이 몇 가지 질문에 대한 답을 즉시 알았는지 물어보자. 이런 식의 신속한 반응은 조언자가 자신을 묘사하기 위해 과거 경험에 의존하며 일하고 있다는 신호이다. 유연하게 적용할 때는 괜찮지만, 신속한 반응이 경직된 자기 시각을 반영하는지 알아보기 위해 확인하는 것이 좋다.

마지막 단계는 대화에 가치를 부여하고, 탐험가 기술을 구축하도록 돕는 것이다.

이제 네가 각각의 자기개념을 사용할 수 있는 것으로 생각해 보자. 네가 관심을 가지는 방식으로 사는 것이 너에게 도움이 되는지 자문해 보자. 만약 너의 답이 '예'라면, 자기개념이 너를 안내하도록 하자. 만약 대답이 '아니오'라면, 그것은 너에게 효용성이 없을 것이고, 너는 아마도 자기개념에서 벗어나고 싶을 것이다. "벗어남"이라는 말은 네가 그 개념을 알아차리지만, 그것에 반응하지 않는다는 뜻이야.

그 순간에 어떤 자기개념이 떠오르면, 스스로 "내 조언자가 내가 관심 있는 일을 도와주는가?"라고 물어봄으로써 그것이 어떻게 작동하는지 볼 수 있

어. '아니오'라고 대답할 경우, 이는 조언자의 공간에서 벗어나 탐험가 또는 관찰자의 공간으로 들어가라는 신호가 되는 거야.

마지막으로, 어떤 면에서는 네가 연습하는 동안 자신을 창조하는 것처럼 느껴졌니? 만약 그랬다면, 너는 자신을 발견하고, 바꿔나가는 능력을 보았던 거야. 네가 생각하는 것처럼 자신이 고정되어 있지 않다는 것을 알았으면 좋겠어. 너는 스스로를 만들어 갈 수 있어. 그것은 멋지고, 동시에 두렵기도 하고 아름답기도 해.

탐험가로서 자기 연습 2: 시와 함께 관찰자 자기를 확장하기

이 연습은 탐험가의 공간에 들어가서 자기 시각에 접촉하는 창조적 접근이다. 청소년에게 짧은 시를 만들어 보라고 요청한다. 만약 "시"라는 말에 부담이 느껴진다면, 사색하는 글이라고 부를 수 있다. 다음 형식을 사용한다.

1. "나는"이라는 진술로 시작하는 조언자의 부정적 자기개념 (예: "나는 많이 부족해.").
2. 조언자의 부정적인 평가에 대한 반응으로 발생하는 감각을 느끼고 허용하는, 마치 관찰자가 된 것과 같은 진술
3. 어떻게 그 사람이 탐험가가 될 수 있는지에 대한 하나 또는 두 가지 진술, 즉 새로운 것을 시도함으로써 어떻게 그 사람이 성장, 변화 또는 발전할 것인가?
4. 그 사람의 삶이 어떻게 가치 위에 중심을 잡는지에 대해 설명하는 내용.

청소년이 글을 쓰기 시작하기 전에, 제안된 형식은 단지 제안일 뿐이며, 이 연습을 하는 올바른 방법이 없다는 것을 강조하자. 긴장을 풀고 글을 쓰도록 하자. 이것은 위대한 작가가 되는 것이 아니다. 또한 조언자가 비판적인 의견을 제시하고 그들의 창의성을 방해하는지를 알아차리라고 요청할 수 있다. 평소에 청소년은 학교에서 정기적으로 글을 쓰기 때문에 이런 종류의 일에서 자유롭게 자신을 표현한다. 하지만 DNA-V의 모든 연습과 마찬가지로, 청소년에게 맞는 특정한 연습을 선택하도록 하자. 모든 연습이 모든 사람에게 효과가 있는 것은 아니

다. 아래에 예시를 참조하자.

> 나는 조언자가 "나는 망했어."라고 말하는 것을 들어요.
> 조언자가 "망했어."라며, 되돌릴려고 할 때 조차도, 나는 관찰자가 되어서 보고,
> 냄새를 맡고, 들어요.
> 나의 경험을 통해 가치를 향한 길을 밝힐 수 있도록 미지의 땅으로 여행을 시작했
> 어요.

유연한 자기 시각 연습 1: 자기를 언어적 은유와 연결하기

이 장의 마지막 두 가지 연습으로, 청소년이 탐험가, 관찰자, 조언자, 즉 DNA의 모든 측면을 가지고 있다는 것을 알 수 있도록 돕는다. 부정적 조언자가 유발하는 복잡한 토론에 휘말리지 않기 위해, 유연한 자기 시각을 논의할 때는 은유에서 시작하는 것을 항상 추천한다. 물론, DNA는 그 자체가 은유다. 그래서 만약 당신이 DNA를 소개했다면, 이미 시삭한 것이나.

여기 유연한 자기 시각을 기르는데, 특히 효과적인 것으로 확인한 몇 가지 은유들이 있다.

DNA 이동하기. 이 은유는 우리의 모델에 기초하고 있으며, 우리의 개입을 통해 활용된다. 여기서는 유연한 자기 시각을 생성하는 데 어떻게 사용할 수 있는지 보여 준다.

> 우리가 모두 생물학적 DNA로 만들어진 것처럼, 우리 자신에 대한 감각은 모
> 든 D, N, A 기술로부터 만들어진다고 할 수 있어. 때때로 우리는 스스로 조언
> 자가 말하는 그대로 그 존재라고 생각하게 된단다. 예를 들어, 우리는 "나는
> 부족해."는 조언자의 말을 듣고 우리가 정말로 나쁘다고 믿게 되지.
> 그러나 "나는 부족하다."는 이 말은 우리 자신이 아니란다. 예를 들어, 조
> 언자에게서 벗어나 탐험가의 공간에 들어가 자신을 개선할 방법을 찾을 수
> 있어. 만약 조언자의 공간에서 벗어나 탐험가의 공간으로 이동할 수 있다면,
> 너는 이 조언자의 진술 내용이 될 수가 없지. 마찬가지로, 만약 네가 관찰자

공간에 발을 들여놓고 "나는 부족해."라는 말을 인식하며 호기심이 생긴다면, 너는 "나는 부족해."가 될 수 없어. 너는 항상 조언자가 말하는 것보다 훨씬 더 큰 존재야.

아마도 질문이 생길거야. 만약 네가 조언자가 말한 것과 다르다면 너는 누구일까? 너는 DNA 기술을 가진 사람이지. DNA 기술 사이를 이동하는 사람, 그리고 DNA 기술을 표현하는 사람이지. 너 자신은 가능성 자체라고 할 수 있어.

DNA-V 원. DNA 원을 DNA 이동하기 은유에 시각적 부록으로서 추가할 수 있다. 자기는 전체 원 또는 유연한 자기 시각이다. 탐험가, 관찰자, 조언자는 원 안에 있으며, 가치는 중심에 있다. 모든 것이 원을 구성하는 데 필요하며, 어떠한 것도 전체 원은 아니다.

컵과 내용. 자기는 컵이고, 생각, 느낌, 감각은 컵의 내용물이다. 컵은 어떤 것이 들어 있든 그대로 유지된다.

하늘과 날씨. 당신은 하늘이고, 생각과 느낌과 고통은 날씨와 같다. 때로는 날씨가 안 좋을 때도 있고 때로는 좋을 때도 있지만 항상 왔다 갔다 한다. 당신은 모든 날씨를 품고 있고, 당신은 날씨보다 더 크다(더 자세한 은유를 알고 싶으면 Kabat-Zinn, 1990, p. 127.을 참고).

체스판. 이 은유에서, 자기는 체스판이고, 긍정적이고 부정적인 감정은 체스판의 말들이다. 체스판은 말들이 아니고, 체스판 위에 말들이 놓여져 있으며, 체스 시합이 어떻게 진행되든 판은 그대로 남아 있다(더 자세한 은유를 알고 싶으면 S. C. Hayes, Strosahl, & Wilson, 2012, p. 231.을 참고).

유연한 자기 시각의 경험을 위해 청소년 자신의 은유를 생각해 내도록 할 수도 있다. (4장에서 은유에 관한 부분을 다시 한번 살펴보고 싶을 수도 있다) 당신 그리고 함께 작업하는 청소년들 모두 연습과 창의력으로 이 분야에서 기술을 습득할 것이다. 그림 그리기, 시, 낙서까지도 다음 연습에서와 같이 이 과정을 촉진할 수 있다는 것을 확인하였다.

유연한 자기 시각 연습 2: 자신만의 시각적 은유 만들기

이 연습은 청소년이 자신을 좀 더 유연하게 전체적으로 볼 수 있도록 도와준다. 이 작업은 자신만의 자기 시각을 만들어 내는 데 도움이 된다. 이를 위해 종이, 색연필, 펜, 또는 다른 미술 관련 준비물이 필요하다(청소년들이 작업한 예시는 은 http://www.thrivingadolescent.com에서 볼 수 있다). 다음은 몇 가지 제안된 지침이다.

> 오늘은 우리 자신에 대해 배우고, 좀 더 유연한 자기 시각을 만들기 위해 그림을 그릴 거야. 자기 시각이 커질수록, 우리는 자신에 대한 부정적 생각들이 중요한 일을 방해하는 것을 덜 하게 된단다.
>
> 우리가 지금 하는 작업에 대해 몇 가지 유의 사항이 있어. 첫 번째는 그림을 그리는 것이지만, 훌륭한 예술 작품을 창조하려고 하는 것이 아니야. 평가하지 않고 그냥 그림을 그리거나 낙서하거나 추상적인 이미지를 만들어. 말하는 대신 자신을 표현하는 방법으로 색과 모양을 사용해 보자. 자신을 예술가라고 생각하든 그렇지 않든 아무런 상관이 없어. 이 일은 예술을 하려는 것이 아니야.
>
> DNA-V의 원반을 닮은 모양을 그려 보자 (예를 보여 주자). 종이에 들어갈 수 있을 만큼 큰 원을 그리는 것부터 시작하자. 이제 중앙에 더 작은 원을 그려보자. 그리고 큰 원을 같은 크기로 삼등분 해 보자.
>
> 조언자를 위해 세 곳 중 하나를 정하고, 그 영역에 조언자가 하는 작업을 그려 보자. 이름을 부르고, 문제를 해결하며, 조언해 주고, 너를 판단하는 등 무엇이든 간에 그려보는 것이다. 네가 원하면, 자기 비판적 내용을 그릴 수 있지만, 과거 경험에서 효과적 방법으로 이용하고 유용했던 내용도 그릴 수 있어. 조언자를 케릭터로 만들 수도 있고, 이미지나 추상적인 그림일 수 있어. 초상화 같은 자신의 그림은 그리지 말자. 너는 단지 조언자와 같지 않다는 것을 기억하자. 조언자를 환상적이거나 은유적 이미지로 그려 보자 (이 그림과 다음 두 그림의 경우, 약 5분 정도 시간을 준다. 작업이 중단되면, 색, 도형 또는 스케치로 추상화를 그리도록 한다.)

다음으로, 세상을 보고, 느끼고, 감각을 통해 경험하는 자기. 잠시 멈추는 자기, 즉 관찰자로서 자기를 그려 보자. 다시 말하지만, 이미지든 낙서든 상관없이 유용한 방식으로 이 작업을 진행하면 된단다. 단지 자신의 초상화를 그리지는 마라.

이제 모험을 보고, 새로운 것을 시도하고, 새로운 풍경을 탐험하는 자기인 탐험가의 자기를 그려 보자. 이 부분은 또한 사물을 테스트하고 시간이 지남에 따라 자신의 장점을 발견하고 가치를 구분하는 데 도움을 줄 거야. 그림의 이전 두 영역에 적용한 지침을 그대로 따르면 된다.

마지막으로, 중심 원 안에는 깊이 관심을 두고 있는 것, 즉 너에게 가장 중요한 것을 보여 주는 것들, 몇 가지를 쓰거나 그려 보자.

그림이 완성된 후, 청소년이 작성한 내용을 공유하고, 다음의 내용을 언급하면서 토론한다.

이제 너 자신에 대한 유연한 시각을 시도해 보자. 누가 이 모든 이미지를 만들었을까? 누가 너의 조언자, 관찰자, 탐험가를 그렸었니? 누가 중심에 가치를 채웠었니?

물론, 정답은 너 자신이야 : 네가 이 그림을 완성한 사람이야. 너는 자신의 일부로서 이 세 가지 DNA 기술 중 어떤 것에든지 초점을 맞출 힘을 가지고 있어. 이런 방법으로, 너는 세상에서 자신을 탐험하고 만들어 갈 수 있단다. 너는 또한 무엇에 관심을 가질 것인지를 선택할 수 있어. 이 그림은 유연한 자기 시각을 보여 주고 있어. 너는 조언자, 관찰자, 탐험가의 역할을 모두 가지고 있어. 이제 이 그림에 제목을 추가해 보자. 그것은 아마도 "나의 유연한 자기 시각"일 거야.

마지막으로, 모든 사람이 때때로 자신에 대해 고정된 생각을 하고 있다는 것을 상기시켜 주자. 그건 당연히 정상이다. 핵심은 이러한 고정 관념에 대해 알아차리고, 자기개념으로부터 느슨해지기 위해 관찰자 공간이나 탐험가 공간에 발을 들여놓는 것이다. 그렇게 함으로써, 우리가 관심을 가지는 일을 하는 데 방해가 되지 않는다.

10장

자기 학대에서 자기연민으로

자기는 우리가 성장함에 따라 변하는 지속적 행동의 흐름이다. 그러나 우리는 항상 자기를 고정된 것으로 보게 된다. 제8장에서 언어적 조언자가 어떻게 자기 평가와 꼬리표를 심장이나 팔다리처럼, 신체 일부와 같이 고집하는지를 논의했다. 제9장에서 청소년이 고정된 자기개념으로부터 스스로 벗어나도록 돕는 많은 연습을 제공했다. 이러한 연습은 도움이 되지 않는 자기 평가를 내려놓도록 촉진하여 성장과 가치 있는 삶을 이끄는 유연한 자기 시각을 만들 수 있게 한다.

이 장은 학대, 방임, 수치심 등을 경험한 청소년을 돕는 접근 방식을 확장하는 데 집중한다. 그런 청소년은 전형적으로 무조건적 사랑이나 연민의 표현이 드문 환경에서 자라왔다. 우리는 그러한 경험의 해독제가 자기연민 (이 장의 초점)이며 새롭고 사랑스러운 관계를 맺는 능력을 개발하는 것이라고 믿는다. 이 장의 전반에 걸쳐서 마야의 이야기를 통해 우리의 접근 방식을 설명할 것이다. 겉보기에는 좋은 집안에서 자란 마야의 사례는 방임이 어떻게 외부 관찰자들에게 보이지 않을 수 있는지를 명백히 보여 준다.

마야 이야기

마야는 울어서 눈이 붉어져서는 치료실 의자에 털썩 주저앉는다. "나 또 망했어요," "이번엔 정말 심각해요. 너무 무서워요."라고 말했다.

마야는 무슨 일이 일어났는지 이야기하였다 이틀 전 밤, 마야는 술을 마시고 운전하다가 차를 들이받고 현장에서 도망쳤다. 깨어났을 때, 무슨 일이 일어났는지 기억할 수 없었다. "기억상실증이 계속 지속되었으면..."이라고 말했다. 누군가 현관문을 두들겼을 때 가족과 함께 아침을 먹고 있었던 모습을 묘사하였다. 경찰이었다. 그들은 마야가 난폭 운전과 범죄 현장을 떠난 혐의로 체포될 것이라고 말했다. 부모님은 마야를 혐오스러운 사람을 보듯 쳐다보았다. 마야는 토할 것 같았다.

마야는 울기 시작했고, "이번에 결국 망치고 말았어요. 난 정말 엉망이었어요. 누군가를 죽일 수도 있었어요. 감옥에 갈지도 몰라요."라고 말했다.

마야는 겨우 열아홉 살이지만, 무모한 행동, 알코올 남용, 신경 자극제 사용, 그리고 과속 운전의 오랜 과거들을 가지고 있었다. 마야는 자제력이 없어 보였다. 한번은 여자 친구와 싸운 후 기차에서 뛰어내려 척추가 부러질 뻔한 적도 있었다.

마야는 자신의 삶을 정말 좋아하지 않는다고 하였다. 술을 한 잔 마시고 집에 가는 "지루한" 친구처럼은 되고 싶지 않다고 주장하였다. 흥분하고 초조하게 사는 것이 자신이 살아 있다는 것을 느끼게 하는 유일한 것이라고 말하였다.

마야에게는 두 살 난 아들 조쉬도 있는데, 마야는 조쉬를 매우 사랑하였다. 그녀는 조쉬를 위해 살아 있을 뿐이라고 말하였다. 하지만 지금은 상황이 매우 안 좋았다. 마야는 모든 삶이 곤경에 빠지고 경계를 넘나든다고 말하였다. 부모님은 상류층 전문직 직업을 가지고 있었고, 마야가 어릴 적 부모님은 겉보기에는 완벽했다. 마야는 부모로부터 항상 가족을 멋지게 보이게 하는 방법을 배웠다. 옷을 잘 입고, 매너도 완벽하고, 학교에서 잘 지냈다.

하지만 부모님, 특히 아버지는 보이는 모습이 전부가 아니었다. 마야는 10살 때쯤 아버지가 주차장에서 젊은 여자와 키스하는 모습을 본 것을 회상한다. 마야가 그 이야기를 꺼냈을 때, 아버지는 그것을 부인하였고, 마야가 일을 꾸미고 있다며, 가족을 망치고 있다고 비난했다. 이후에는, 아버지가 마야를 냉대하고 학대하며, 소리를 지르고, 비난하고, 가끔은 때리기도 하는 악순환이 시작되었다. 마야의 어머니는 멀찍이 거리를 둔 채, 자신의 직업에 몰두해 있었다. 어머니는 늦게 집에 들어왔고 마야와 남편 모두에게 무관심했다.

친구나 가족 앞에서는 부모가 모두 모범 부모처럼 행동했다. 그러나 사석에서, 마야가 분노할 때마다 부모는 "그만둬. 애처럼 굴지 마."와 같은 비난을 하면서 마야를 멈추려고 시도했다. 마야는 슬픔이나 두려움, 혼란스러움을 느끼는 것이 나쁘고 심지어 위험하다고 배우게 되었다.

마야는 느끼는 것을 멈추려고 계속 시도하지만, 잘되지 않는다고 말하였다. 더 화를 내고 어리석은 짓을 더 많이 하였다. 때로는 부모님에게 "당신들도 망가져 봐."라고 말하며 일부러 바보 같은 짓을 하였다. 마야는 자신만의 장소로 이사할 돈이 있었으면 좋겠다고 간절히 바랐다. 하지만, 부모가 자신과 조쉬를 경제적으로 부양하기에 함께 살아야 한다는 것에 답답함을 느꼈다.

이제 마야는 감옥에 가기 직전의 자신을 마주하고 있다. "내가 왜 이러는지 모르겠어요."라고 말했다. "난 그냥 엉망진창이고, 이제 내 인생을 망쳤어요."

마야에 대한 고찰

마야의 이야기를 더 깊게 들어가서 중재를 고려하기 전에, 아래의 질문에 대해 생각하는 시간을 잠시 갖자. 이는 당신의 DNA-V 평가 기술을 연마할 것이고 몇 가지 심층적인 연습을 제공할 것이다.

당신은 마야의 조언자를 어떻게 서술할 것인가?

당신은 마야가 어떤 DNA 기술이 약하다고 생각하는가?

그녀는 어떤 DNA 기술을 잘하는 것 같은가?

마야의 자기개념에 대해 어떻게 접근할 것인가? 당신은 마야를 안심시키려고 노력하거나, 망가진 사람이 아니라고 설득하려 하는가?

만약 당신이 직접적으로 마야에게 자기 자신에게 친절해지라고 요구한다면, 어떤 일이 일어날 거라고 생각하는가?

마야의 혼잣말 기능은 무엇인가? 그녀는 무엇을 성취하기를 원하는가?

학대하는 조언자의 탄생

마야가 자라는 동안 부모님은 마야에게 가족들의 모든 것이 괜찮은 척하도록 강요했다. 마야는 무모해지고, 반항 행동으로 "망하기" 시작했다. 너무 많이 망가져서 "난 망했어."는 학습된 자기개념이 되었다.

왜 마야는 이런 상황에서 자책하는가? 마야는 지적이며, 아버지가 잘못했고 어머니가 냉정하다는 것을 안다. 그러나 지성만으로는 부모와 관계에서 직면하는 딜레마를 극복할 수 없다. 모든 아이가 부모에게 원하는 사랑을 위해서 마야는 아버지에게 의존하였다. 때때로 아버지는 특히 다른 사람들이 있을 때 마야에게 애정을 과시했지만, 다른 때는 심하게 비난했다.

　　이제 그녀는 합리적인 것처럼 보이는 아버지를 싫어하지만, 자신도 싫어한다. 마치 아버지의 학대하는 소리가 내면화된 것 같다. 그녀는 더 이상 자신을 비난하기 위해 아버지가 필요 없다. 이제 혼자서 그 모든 것을 한다. 심지어 자기비판이 안전을 지키고 바보 같은 짓을 하는 것을 막는 데 도움이 되는 것으로 볼 수도 있다. 비슷한 상황에 부닥친 많은 청소년과 같이, 마야는 마치 보호자처럼 학대하는 조언자에 매달리는 것으로 묘사될 수도 있다.

　　자기 학대에서 안전을 찾는 것은 임상가에게 이상하게 보일 수 있다. 치료자는 칭찬해 주거나, 안도시키려 할 수도 있지만, 마야와 같은 사람들은 학대를 수반하더라도 계속해서 예측할 수 있는 자기 파괴적 패턴에 빠지는 경향이 있다. 다음 단락에서는 그 이유를 설명한다.

안심이 역효과를 낼 수 있는 이유

마야와 비슷한 자기 학대를 다루는 일반적인 방법 중 하나는 다르게 생각하도록 직접적으로 포진하는 것이다. 예를 들어, 선의의 이론은 마야에게 긍정적인 일을 했을 때를 회상함으로써 "나는 망했어."에 대한 마야의 평가에 의문을 제기할 수 있다. 다른 잠재적 접근은 논리적으로, 어떤 사람도 항상 하나의 개념이 아니라는 것을 이야기하는 것이다. 또 다른 시도로서, 마야가 많은 일을 잘하고 잠재력이 충분하다고 말함으로써 마야를 직접적으로 안심시키는 것이다. 그러나 우리가 마야의 자기 학대가 마야에게 어떤 기능이 있는지 주의를 기울이지 않는다면, 이 모든 선택은 역효과를 낼 수 있다. 우리는 증거나 논리로 논쟁할 때, 무슨 일이 일어나는지 볼 필요가 있다. 나아지고 있는가, 아니면 조언자의 활동에 점점 더 말려드는가?

　　예를 들어, 우리가 마야의 부정적 자기개념과 다투려고 한다면, 마야는 분노와 반론으로 반응할 가능성이 크다. 마야는 "선생님은 어떻게 내가 엉망이 아니라고 말할 수 있죠? 나는 음주운전으로 방금 체포되었고 곧 감옥에 갈 거예요. 내 인생에 대해 뭘 안다는 거예요?"라고 말할 것이다.

많은 사람들 중 일부는 위안에 맞서 싸우려 한다. 특히 어린 시절에 학대나 방임의 경험이 있는 청소년의 경우가 더 많은 것 같다. 당신이 도우려는 사람이 저항하거나 오해할 때, 이런 종류의 역효과를 경험해 본 적이 있는가? 아마도 당신은 힘든 시간을 보내며 자신을 학대하는 친구를 안심시키려고 했을 때, 그 친구는 당신에게 반론을 폈을 것이다. 도대체 말이 되는가? 위로는 멋진 일이고 심지어 기분이 나아지게 하려는 것인데, 왜 위로 받을 수 없다고 할까?

조언자 안에서 삶

이러한 저항을 가장 잘 이해하기 위해서는 관계구성이론을 재검토하게 된다. 그럼으로써 개별적인 과거 경험이 우리를 어떻게 조형하여 안심시키기로부터 독특한 의미를 뽑아내는지 알게 된다. 이 의미는 화자가 의도한 것과 매우 다를 수 있다. 우리가 듣는 것과 사람들이 자신에게 하는 말의 내용을 뛰어넘어, "왜 그 사람이 이런 말을 하는 거지? 그것이 이 사람에게 어떻게 작동하지? 그 단어가 이 사람에게 가지는 유도된 관계는 무엇일까?"와 같은 질문을 통해 기능으로 되돌아가야 한다. 마야의 경우, 왜 자신에게 "난 망했어."라고 말하는 것이 강화되는지 물어볼 수 있다. 자주 그 말을 하므로 그것이 강화되어야 한다는 것을 안다.

비언어적 동물들에게는 강화가 매우 간단하다. 그것은 보통 물리적 세계에서 발견되는 개별적 형태로 나타나며, 이후 행동의 빈도를 증가시키는 기능을 한다. 예를 들어, 강아지 이름을 부르는 것을 보자. 처음에는 강아지가 오지 않지만, 한번은 강아지가 오게 되면, 반갑게 맞이하며 "착한 강아지"라고 불러주며 보상을 해 준다. 이제 그 강아지는 다음에 이름이 불릴 때, 다시 오게 될 확률이 더 높다. 환대와 "착한 강아지" 목소리 톤은 대부분 개를 쉽게 훈련하는 강화제이며, 일단 훈련을 받으면 대부분 효과가 있다.

인간에게는 상황이 훨씬 더 복잡하다. 마야가 어른들이 "좋다."고 생각하는 일을 할 때 반갑게 맞이하며 마야의 행동을 바꾸려고 노력한다고 상상해 보자. "착한 강아지" 목소리 톤으로 "착한 아이"라고 과장되게 말함으로써 강화하려고 한다고 상상해 보자. 아마도 마야는 당신의 머리에 무거운 물건을 던질지도 모른다.

인간에게는 강화가 훨씬 더 복잡하다. 왜냐하면 우리는 세상의 사물뿐만 아니라 사물과 연관된 언어적 관계에도 반응하기 때문이다. 예를 들어, 개는 울타리에서 벗어나서 자유롭게 달리는 큰 기쁨을 경험할 수 있지만, 인간은 단지 울타리에서 벗어나는 생각만으로도 큰 기쁨을 경험할 수 있다. 가정이 있는 중년 남성이 자신의 독립을 확인하기 위해 요란한 오토바이를 구매할 때와 마찬가지로 인간은 자유에 대한 상상을 사려할 수도 있다. "당신이 생각하는 것을 신경 쓰지 않아. 나 좀 내버려 둬."라고 세상에 상징적으로 말하기에는 시끄러운 오토바이만 한 것은 없다. 그 개는 시끄러운 오토바이가 지나가는 것을 알아차리겠지만, 그 남자의 "독립성"은 알아채지 못할 것이다. 우리에서 나와 동네를 뛰어다니는 물리적 독립만을 이해하는 개에게는 독립과 자유의 사상을 전혀 볼 수 없다. 반면에, 인간에게 자유는 물리적 세계에 대한 연결고리가 거의 없는 완전히 상징적일 수도 있다.

사회적 연결은 강화가 상징에 의해 어떻게 복잡해질 수 있는지를 보여 주는 또 다른 예이다. 개는 다른 개 무리와 함께 있는 것을 좋아한다. 그 다른 개들은 육체적이다. 무게를 재고, 보고, 쓰다듬을 수 있다. 이와는 대조적으로, 인간은 단지 페이스북에서 500명의 친구를 갖는 것 혹은 사회적 지위를 부여하는 증명서와 같은 사회적 수용의 상징으로 만족할 수 있다. 이것들은 애정이나 지원을 제공할 준비가 된 다른 인간들과의 실제적 관계와 연결될 수 있는 사회적 상징이다. 아니면, 단지 물리적 세계의 관계와 관련이 없는 단어일 수도 있다. 그리고 인간은 종종 실제적 관계와 상징적 관계의 차이를 구별하는 데 어려움을 겪는다. 이것이 왜 그렇게 많은 사람이 모르는 사람과 지인들의 상징적 승인을 필사적으로 추구하는지를 설명한다.

자기 규칙이 강화되는 이유와
안심시키기가 심각하게 문제되는 이유

우리가 자신에 대한 규칙을 개발할 때 상황은 가장 복잡하다. 이전 연구는 결과가 끔찍하더라도 규칙을 따르도록 강화된다는 것을 확인하였다. 다시 말해서, 규칙의 내용이 삶을 악화시킬 때조차도 규칙을 따를 때 우리는 규칙에 의해 강화된다(S. C. Hayes, 1989). "난 똑똑하지 않아."라는 규칙을 발전시킨다고 말하자. 그런 다음 규칙을 만족시키는 방식으로 행동하기 시작한다. 그래서 어려운 주제가 나올 때, 별로 노력하지 않는다. 자기개념의 규칙에 따라서 사는 것이다. 시험 볼 때가 되면 공부 안 해서 낙제를 하게 된다. 시험에 떨어진 것에 대해 기분이 나쁘지만, 규칙을 따르는 것에 대해 강화되었다. "나는 똑똑하지 않아, 그래서 물론 실패했다." 그리고 사실, 실패해도 괜찮다고 느낄지도 모른다. 이런 식으로, 자기개념 규칙은 계속해서 그 규칙에 의해 살 때 힘을 얻는다.

우리는 개의 행동을 강화하는 몇 가지 방법밖에 가지고 있지 않지만, 언어의 힘은 인간을 수많은 상징적 방법으로 강화할 수 있게 한다. 그리고 이 이야기는 인간이 또한 수많은 상징적 방법으로 처벌될 수 있다는 당연한 결론을 가진다. 조언자는, 특히 부모의 사랑을 경험하지 않은 청소년의 반응에서 일을 복잡하게 뒤죽박죽으로 만들 수 있다.

이 점을 염두에 두고, 우리의 자기 규칙이 얼마나 끈적끈적해질 수 있는지, 그리고 왜 안심시키기와 같은 긍정적으로 보이는 것이 사람을 강화하지 못하고 심지어 자기개념에 더 단단히 집착하게 만들 수 있는지 자세히 살펴보자.

다음의 모든 사례에서, 맥락은 청소년이 "나는 엉망이야."라고 말하고, 선행 사건은 그 사람이 그렇지 않다는 것을 안심시키려고 노력했다는 것이다. 우리는 선행 사건에 대한 반응에서 언어 행동과 잠재적 언어 규칙을 제공한다. 가정된 언어 관계나 규칙은 괄호 안에 나타내었고, 저항의 기능으로 가설을 만들었다. 모든 경우에서 규칙을 따르는 것이 혐오적인 것을 피하는 데 도움이 되는 것처럼 보이므로 규칙 따르기가 강화된다.

안심시키기에 따른 자기 진술: "내가 뭔가를 제대로 하려고 노력한다면, 나는 그것을 망칠 것이고, 그 뒤에 나는 내가 노력한 것을 싫어할 것이다."

잠재적 언어 규칙: 노력은 실패로 이어지고, 실패는 자기혐오로 이어진다(인과 관계).

안심시기키에 대한 저항의 기능: 나는 다시 실패하거나 나를 미워하고 싶지 않아. 그래서 노력하지 않을 거야. 그리고 네가 괜찮다고 말할 때 난 널 믿지 않을 거야.

안심시키기에 따른 자기 진술: "넌 내가 착한 여자가 되길 바라지만, 난 널 괴롭히기 위해 망가질 거야."

잠재적 언어 규칙: 내가 착한 여자가 되면 당신이 날 통제하게 될 거야(인과 관계).

안심시기키에 대한 저항의 기능: 나는 통제 당하고 싶지 않으니까, 당신이 원하는 것과는 반대로 할 거야(역순응).

안심시키기에 따른 자기 진술: "X란 사람이 나를 망쳤어. 내가 잘못될수록 다 그 사람 때문이다."

잠재적 언어 규칙: 내가 망친 것은 X의 잘못이고(인과 관계), X는 벌을 받아야 마땅해 (규칙: 나쁜 행동은 처벌받아야 한다).

안심시키기에 대한 저항의 기능: 당신의 안심시키기는 X를 자유롭게 하는 방법이야. 당신이 그렇게 하도록 놔둘 수 없어.

안심시키기에 따른 자기 진술: "내가 충분한지 모르겠다."(다양한 형태로 반복해서 말했다)

잠재적 언어 규칙: 나의 자기개념은 당신이 생각하는 것이다(등가 관계). 당신의 안심시키기는 나를 더 기분 좋게 만들 것이다(인과 관계).

안심시기키에 대한 저항의 기능: 당신이 계속 나를 안심시켜 줘야 내 기분이 나아진다. 내가 안심한다고 말하면, 넌 날 안심시키지 않을 거야. 그래서 나는 내심 그것을 찾으면서도 겉으로는 그 안심시키기에 동의하지 않아.

안심시키기에 따른 자기 진술: "제가 정말 망쳤기 때문에 어쩔 수 없었어요."

잠재적 언어 규칙: 나의 자기개념은 내가 진짜 누구인지(등가 관계) 설명하고, 내가 누구이기 때문에, 나는 특정한 방식으로 행동해야 한다(등가와 인과적 자기개념은 참된 서술 같으며, 행동을 유발한다).
안심시키기에 대한 저항의 기능: 당신은 내가 특정한 행동을 하지 않아야 한다고 말하고 있다. 그게 사실이라면 내 탓이야. 나는 비난받고 싶지 않다.

안심시키기에 따른 자기 진술: "나는 자신에게 친절할 수 없어요. 나 자신을 혹독하게 대하면 더 강해질 거예요."

잠재적 언어 규칙: 나의 비판적 자기개념은 강함(인과 관계)으로 이어진다.

안심시키키에 대한 저항의 기능: 나는 나약함을 피하고 싶다.

안심시키키에 따른 자기 진술: "내가 망쳤다는 사실은 내 인생 전체의 증거와 일치한다."

잠재적 언어 규칙: 나의 자기개념은 나의 삶에 대한 일관된 설명을 제공하며(등가 관계), 일관성이 없다는 것은 위험과 예측 불가능을 의미한다(등가 관계).

안심시기키에 대한 저항의 기능: 일관성이 없는 것은 너무 위험하다. 내가 망쳤다는 증거는 얼마든지 있으니까, 나는 규칙을 더 굳게 지킬 거야.

우리는 이 예시들을 통해서, 청소년들에게 안심, 논리, 그리고 증거의 사용이 조언자에 더 말려들게 할 수 있고, 어디로 향할지 모르는 복잡하고 혼란스러운 토론으로 이끌 수 있다는 것을 보여 줬기를 바란다. 언어 세계에 말려들었을 때 두 가지 선택이 있다. 결국 자기개념이 잘못되었다고 설득할 것이라는 희망을 가지고 안심시키기를 계속하거나, 조언자 공간에서 나와서 관찰자 또는 탐험가 공간으로 옮겨갈 수 있다.

방패막이가 되어 주는 수치심

마야의 경우, 수치심은 단지 과거의 경험에 대한 반응일 뿐 아니라, 아버지에게 더 학대받는 잠재적 위험으로부터 자신을 보호했기 때문에 강화된 행동 패턴이다. 마야가 어렸을 때, 수치심은 자신이 "심각한 결점"을 가지고 있고 아버지와 같은 다른 사람들이 자신을 해치지 않도록 "자신을 숨길 필요가" 있다는 것을 암시했다. 이것이 마야를 안전하게 지켜주는 것 같았다. 아버지는 마야를 학대로 통제했고, 마야가 방심했을 때 경계하고 자신에게 몹시 화를 내면서 위험을 피했다. 시간이 지남에 따라, 마야 역시 학대하는 조언자가 필요하다고 믿게 되었다.

불행하게도, 조언자에 관한 모든 것이 절대 간단하지 않다. 마야는 학대하는 조언자가 필요하다고 생각하고, 또한 무의식적으로 그것을 싫어한다. 마야는 행동을 표출하고 경계를 넓혀서 그것에 반응한다. 마치 조언자에게 "너는 나를 부끄럽게 할 수 없어, 내가 원하는 건 뭐든지 할 거야."라고 말하는 것 같다. 마야는 조언자와 전투에 휘말리면서, 간혹 저항하려고 도망칠 필요가 있다고 생각한다. 하지만 도망칠 수 없다. 조언자는 그녀 안에 있다. 우리가 보게 될 것처럼, 마야를 위한 해결책은 조언자에게 매달리거나 맞서는 방식으로 반응하지 않고, 조언자를 위한 공간을 만드는 법을 배우는 것이다.

청소년은 자신이 결함이 있고 나쁘다는 믿음을 발전시킬 때, 흔히 수많은 통제의 움직임을 시작하려 한다.

- **학대하는 조언자에게 매달리기.** 자기를 비판하는 것은 유익하고 자기를 비판하지 않는 것은 어떤 면에서 위험하다고 믿는다.
- **자기에서 분리.** 종종 약물을 사용하거나, 비디오 게임이나 소셜 미디어와 같은 산만함을 경험하거나, 환상의 세계로 도피함으로써 자기의 "나쁜" 부분에서 탈출하려고 시도한다.
- **타인에서 분리.** 스스로 심각한 결점을 가지고 있다고 보기 때문에 사람들에게서 물러나고, 다른 사람들이 이러한 결점으로 인해 그들을 해칠 것이라고 믿는다.
- **외부에서 자기 고정.** 학대하는 보호자에게 자신이 "아주 훌륭하다."고 설득하려고 한다. 청소년은 때때로 만약 자신이 아주 훌륭하다고 다른 사람들을 설득할 수 있다면, 자신 역시 충분히 기분이 좋을 것이라고 믿는다.
- **수치심에 저항.** 수치심을 "타파"하거나 그것이 중요하지 않다는 것을 증명하려고 시도하는 방식처럼 수치심과 전혀 일치하지 않는 방식으로 행동하려고 한다.

학대자를 남겨두고 떠나가기

우리는 동기 부여와 통제력을 유지하기 위해 내면의 학대자가 필요하다고 생각할지 모르지만, 연구는 그 정반대가 사실이라는 것을 시사한다. 상당한 자기비판과 학대를 하는 사람들은 더 낮은 안녕감, 부정적 삶의 사건들, 실패에 대한 극단적 반응 그리고 개선을 위한 낮은 동기를 갖는다(Leary, Tate, Adams, Batts Allen, & Hancock, 2007; Neff, 2011; Neff, Hsieh, & Dejitterat, 2005).

　자기비판에 매달리는 것은 자신의 관찰자 또는 탐험가 기술이 부족하여 조언자 기술이 자기 자신을 보호하기 위한 유일한 수단이라고 우기는 것과 같다. 그러나 자기비판은 인간으로서 자연스러운 부분이며 자동적으로 부정적 결과와 연관될 필요는 없다. 핵심 쟁점은 청소년이 자신을 비판하느냐가 아니라, 그 비판과 연결되는 방법이다. 청소년 대상 연구는 자기비판이 나쁜 정신건강의 발달로 이어지지만, 자신의 결점과 불완전함에 대한 자기연민이 부족한 사람들 사이에서만 일어난다는 것을 보여 주고 있다(Marshall et al., 2015). 이와는 대조적으로 친절과 연민으로 대응할 수 있는 청소년에게서는 자기비판이 발달에 부정적 영향을 미치지 않는다.

자기 규칙을 완화하고, 자기연민을 쌓기 위한 연습

자기연민은 회복탄력성을 위한 필수적 요소이다. 그것은 청소년이 좌절과 자기비판에서 회복하고 가치 있는 목표에 다시 전념하는 것을 돕는다. 이 장의 자기연민 연습에서 우리는 세 가지를 이루려고 한다. 첫째, 청소년이 비판적 조언자를 알아차리고 자기비판을 지키는 것처럼 보임으로써 학대하게 되는 경향이 있다는 것을 알 수 있도록 돕는다. 둘째로, 청소년의 조언자가 학대할 때, 신체에 나타나는 감각과 감정을 알아차리고 허용하도록 돕는다. 이것은 자기 학대를 피하거나 그것에 반응하려고 하지 않고, 자기 학대의 순간에 머무르는 것을 연습하도록 도와준다. 다시 말해, 조언자의 학대에 얽매이지 않고 학대를 허용하는 연습을 한다. 셋째, 비판적 조언자를 남겨두는 것에 대한 두려움, 즉 자기연민의 공포라고 일컬어지는 역동성과 연결되도록 돕는다.

(Gilbert, McEwan, Matos, & Rivis, 2011) 일단 자기연민의 공포에 반응하고 있다는 것을 알게 되면, 자기연민에 기꺼이 더 다가갈 수 있다.

자기연민 연습 1: 관점 변화에 따른 자기 규칙 바라보기

관점 취하기를 포함하는 연습은 치료 중 중요한 심리적 전환을 만들어 낼 수 있다. 이 예에서 우리는 대화를 통한 중재를 보여 주려 한다. 이런 종류의 자기 시각 연습이 모든 것을 고칠 수 있는 마법의 약은 아니지만, 조언자의 엄격한 규칙과 자신에 대한 사람들의 부정적 개념은 완화되기 시작한다. 만약 유연성이 유지되고 주변 사람들과 연결되어 있다면, 많은 관점에서 자신을 볼 수 있게 도울 수 있다.

 이 예에서, 치료자는 마야에게 치료실에 어린 소녀가 있다고 상상하도록 요청한다. 관점의 변화를 촉진하는 다른 많은 방법이 있다. 이 예시의 대화 아래에 몇 가지를 열거하였다.

치료자	네가 얼마나 힘들었는기 보기 위해 자신을 어린 소녀로 보는 시도를 해 볼 수 있을까?(마야는 고개를 끄덕인다.) 좋아, 눈을 감고 네가 시간을 되돌리고 있다고 상상해 보자. 네가 가족들이 사는 집에 있다고 상상해 보자. 이제 네가 부모님이 다투는 것을 보면서 가족들 속에 있는 어린 마야를 보고 있다고 상상해 보자. 너는 어린 마야가 어떻게 보이는지 알 수 있을까? 어떻게 보이는지 말해 보자.
마야	완벽한 드레스와 반짝이는 구두, 그리고 머리를 완벽하게 손질한 이 어린 소녀를 보아요. 그 아이는 예의가 바르고 또 그래야만 했어요. 나는 침실 문에 서서 부모님이 싸우는 것을 보고 있는 그 아이를 봅니다. 어머니는 아버지의 뺨을 때립니다. 아버지는 돌아서서 마야가 지켜보고 있는 것을 보았고, 그 아이는 두려움으로 마비되었어요.
치료자	그 순간 어린 마야는 어땠니?
마야	그들은 내가 중요하지도 않다고 생각해요. 마치 내가 존재하지 않는 것 같아요. (한숨). 만약... 만약 그 어린 소녀가 사랑만 받았더라도. 만약 그녀가 어떻게 해야 할지를 알기만 했더라도. 만약 그녀가 그렇게 행실이 나쁘지만 않았어도.
치료자	이제 어린 마야가 우리와 함께 여기 있다고 상상해 보자. 뭐가 보이니?

마야	저는 예쁘고, 세상에 대해 호기심이 많고, 항상 그렇듯이 완벽하게 단장한 아이를 봅니다.
치료자	어린 마야가 너를 보고 도움을 요청한다고 상상해 보자. 어떻게 하면 더 행복해질 수 있는지 묻고 있어. 너는 그 아이에게 뭐라고 말할 수 있을까?
마야	(화나서 말한다.) 아이의 뺨을 때리고 싶어요.
치료자	정말? 왜?
마야	(화를 조금 줄여가며 말한다.) 저는 아이에게 그냥 잘하라고, 규칙을 따르라고 말하고 싶어요.

이 시점에서, 치료자는 어른 마야가 어린 자신에게 엄격한 것을 알게 된다. 그녀가 자신은 나쁘고, 통제되어야 한다는 조언자의 생각을 계속 믿는 한, 마야는 연민하는 방식으로 행동하는 데 어려움을 겪을 수 있다. 그래서 치료자는 마야가 다시 관점을 바꾸도록 돕고, 이번에는 마야의 아들 조쉬를 불러낸다. 마야는 조쉬의 엄마가 가지지 못한 것들을 조쉬가 가지길 원하고, 무엇보다도 더 나은 삶을 가지길 원한다.

치료자	너의 어린 자신에 대한 분노를 볼 수 있게 해 줘서 고마워. 나는 이것을 또 다른 방식으로 보고 싶은데. 괜찮겠어? (마야는 고개를 끄덕인다.) 여기에는 옳고 그름이 없단다. 네가 생각해 낸 것은 무엇이든 좋아. 다른 걸 시도해 보고 어떻게 되는지 볼 수 있을까?
마야	좋아요.
치료자	새로운 관점을 시도해 보자. 조쉬가 방에 있다고 상상해 보자. 조쉬는 규칙을 어겨서 곤경에 빠졌기 때문에 슬퍼해. 그걸 만지지 말라고 몇 번이고 들었는데 깨트려 버렸어. 조쉬는 규칙을 어겼어. 조쉬에게 뭐라고 말할까?
마야	(간단히 웃는다.) 어린아이일 뿐이에요 물론, 조쉬는 배울 필요가 있죠. 제가 화가 났을 수도 있지만, "괜찮아 내가 도와줄게."라고 말할 겁니다. 나는 조쉬를 안을 겁니다. (마야는 자신이 조쉬를 어떻게 대해야 하는지와 자신을 어떻게 대해야 하는지에 큰 차이가 있다는 것을 깨닫고 깜짝 놀라며 치료자를 바라본다.)
치료자	(부드럽게 말한다.) 어린 마야를 때리는 게 필요하니?

마야	(눈물을 흘리며 고개를 흔든다.) 네. 그냥 어린애들이라는 걸 알아요. 어린 마야, 단지 아이였어요.
치료자	네가 조쉬를 얼마나 사랑하는지 알겠어. 정말 대단한 것 같아. 네가 조쉬를 어떻게 친절히 대하고 싶은지 알 수 있어. 어쩌면 네가 저지른 실수에 대해서도 너의 삶에 친절함을 가져다줄 수 있을까?
마야	모르겠어요.
치료자	어떻게 되는지 볼까? 우리가 마야를 다양한 방법으로 볼 수 있다고 생각하니? 우리는 마야를 화난 눈뿐만 아니라 친절한 눈으로도 볼 수 있을까? 뭔가 새로운 것을 발견하게 될지도 몰라. (마야는 고개를 끄덕이고 시도하는 것에 동의한다.)

우리는 이런 종류의 연습이 사람들이 놀랄 만큼 새로운 방식으로 사물을 볼 수 있도록 문을 여는 것을 종종 보아왔다. 관점을 바꾸기 위한 많은 기술이 있다. 내담자에게 유용해 보이는 모든 방법으로 역할을 바꾸도록 요청할 수 있다. 여기 몇 가지 아이디어가 있다.

그 사람에게 두 사람이 역할을 바꿔서 청소년이 당신, 즉 전문가이고 당신이 그라고 상상하도록 하자. 그는 같은 처지에 있는 사람에게 뭐라고 말할까? 그가 당신에게 말을 하도록 하자.

그 사람에게 그녀의 가장 친한 친구가 같은 문제를 가지고 있다고 상상하게 하자. 그녀는 자기 친구에게 어떻게 반응할까? 그녀가 뭐라고 말할까?

그 사람이 아이라고 상상하게 하자. 아이에게 무엇이 필요한가? 그는 아이에게 그가 필요한 것을 줄까?

그 사람이 열 살 더 먹었다고 상상하게 하자. 그녀의 미래 자신은 이 문제에 대해 어떻게 생각할 것인가?

자기연민 연습 2: 학대하는 조언자의 정체를 드러내기 위해 관찰자를 사용하기

이 연습은 청소년이 학대하는 조언자를 멈추게 하고 벗어나서 관찰자 기술을 사용하도록 돕는 시각화 작업이다. 내면의 학대를 사물로 물질화하여 "형태를" 부여한다. 4장에 있는 AND 연습을 사용해서 대응하는 신체 경험을 알아차리게 하여 이 감각을 알아차리고 허용한다. 이는 본질적으로 자기개념에 대한 온화한 형식의 노출이다. (자기개념이나 "나는-이다I am" 유형의 행동에 중점을 두며, 4장에 있는 어떤 기술이든 사용할 수 있다.) 아래에서 보는 것처럼, 그것은 두 단계 과정인데, 처음에 학대하는 조언자를 묘사하고, 이후에 조언자를 가지는 두려움, 그것을 내려놓는 두려움 또는 둘 모두에 대한 두려움을 알아차리는 것이다.

너의 내면에 비평가를 더 잘 이해하기 위하여 나를 기꺼이 도와줄 의향이 있는지 궁금해 (둘이서 함께 만들어 낸 어떤 용어든 사용할 수 있다. 학대하는, 부정적인 내면의 목소리, 또는 어떤 것이든) 이것은 너의 내적 학대가 세상에서 볼 수 있는 신체적인 것이라고 가정하는 연습이야. 네가 원하는 대로 볼 수 있어. 상상력을 발휘해 보자.

눈을 지그시 감거나 바닥에 있는 점을 보자. 이제 너의 내면의 학대가 너의 밖에 것이라고 상상해 보자. 어떤 모양으로 해 볼까? 무슨 색일까? 몇 도인가? 뜨겁다, 차갑다, 따뜻하다? 얼마나 큰가?

자, 이제 이걸 보면서, 네 몸을 스캔하고 나서 AND 연습을 할 시간을 가져 보자. 관찰자가 되어 보자. 너의 몸을 의식하고, 거기에 있는 어떤 감각들을 말하고, 원한다면, 그것들이 어떤 감정들과 연결되어 있는지 이야기 해 보자.

좋아, 계속하자. 조금만 더 지켜 보다가 이렇게 하면서 숨을 부드럽게 쉬어 보자.

이 연습의 목적은 학대하는 관찰자를 없애거나 그것과 논쟁하기 위한 것이 아니야. 그 목적은 네가 그것을 알아차릴 수 있도록 돕는 것이지. 왜냐하면 네가 그것을 알아차린다면, 그것을 듣거나 듣지 않는 선택권을 갖게 되기 때문이야. 관찰자 공간으로 들어가는 것은 학대하는 조언자를 포함하여 나타나는 모든 것을

허용한다는 것을 기억해야 해. 부정적인 경험들이 나타날 때, 너는 그것들과 싸우거나 물리칠 필요 없이 그냥 허용할 수 있어. 그것들은 왔다가 갈 거야. 만약 네가 그것들과 싸운다면, 종종 더 많은 에너지를 주게 되지. (필요하다면, 청소년에게 바닥 위에 있는 그들의 발이나 당신의 목소리 또는 의자에 있는 그들의 몸을 알아차리도록 요구함으로써 현재 순간에 있게 한다.)

너는 조언자의 정보가 너의 삶에 도움이 되는지 아니면 도움이 되지 않는지 선택할 수 있는 사람이지.

이제 자신에게 친절하게 행동하면 어떻게 되는지 스스로 물어보자. 지금 잠시 자신에게 친절하게 행동하는 자신을 상상해 보자. 어떤 감정이 나타날까? 아마 두려움이나 분노? 이것들도 알아차리자. 숨을 쉬어보자. 그 뒤에 하늘의 날씨처럼 너의 감정을 그냥 그대로 내버려 두자. 때때로 날씨는 맑기도 하고 흐리기도 하지.

이제 너 자신에게 이 질문을 하자: 너는 성장하기 위해 기꺼이 두려움이나 다른 강렬한 감정을 가질 의향이 있니? 너는 부정적인 관찰자의 공간에서 벗어나서 기꺼이 자신을 친절히 볼 의향이 있나? 모든 인간에게는 스트레스와 자기비판이 일주일에 여러 번 찾아오지. 이것이 우리가 인간이라는 의미이기도 해. 우리가 날씨를 멈출 수 없는 것처럼, 항상 자기비판을 멈출 수 없어. 하지만 스스로 가혹하게 대할 때 인지할 수 있어. 그리고 이것이 때때로 인간이 하는 행동이라는 것을 받아들일 수 있어. 조언자가 부정적일 때도 자신에게 친절한 것을 선택할 수 있어.

면담 중인 청소년이 더 많은 자기연민을 기르고 싶다고 말한다면, 4장에서 설명한 대로, 어떻게 관찰자가 되는지 실습하고, AND 연습을 사용하고, 감정을 허용함으로써 조언자의 공간으로부터 이동할 수 있는지에 대해 이야기 나누자. 만약 그들이 두려움이나 다른 어떤 감정들이 생겨나는 것을 원하지 않는다고 말한다면, 이 또한 괜찮다고 알려주자. 8장과 9장의 다른 관찰자 연습이나 자기 시각 연습으로 이동하고 이후에 자기연민으로 돌아가자.

자기연민 연습 3: 자기연민의 요소

이 30초짜리 퀴즈는 자기연민에 대한 이해를 돕는다. 당신의 이해를 높이기 위해 스스로 그것을 할 수도 있고, 청소년에게 그것을 완성하도록 요청할 수도 있다. 아니면, 청소년에게 보이는 행동을 고려하기 위해 간단하게 사용할 수도 있다. (퀴즈는 http://www.thrivingadolescent.com에서 내려받을 수 있다.)

자기연민 퀴즈

1은"전혀"를, 2는 "드문"을, 3은 "가끔"을, 4는 "자주"를, 5는 "항상"을 의미하는 1-5의 척도를 사용하여 아래의 각 문장에 동의하는 정도를 평가한다.

_____종종 당신의 이상에 부응하지 못하리라는 것을 인정하는가?

_____자신의 이상에 부응하지 못할 때 종종 자기비판과 불편함을 경험하게 된다는 것을 인정하는가?

_____자기비판과 불편함을 위한 공간을 마음속으로 만들어 나쁜 날씨처럼 그것들이 오고 갈 수 있도록 기꺼이 허락할 의향이 있는가?

_____자신을 친절함으로 대할 가치가 있는가?

_____실패를 겪을 때 자신에게 동기를 부여하기 위해 친절을 사용하는가?

만약 여러분이 이 모든 질문에 4점(종종) 또는 5점(항상)으로 대답할 수 있다면, 자기연민 사용을 잘하는 것이다. 하지만, 많은 사람은 적어도 몇 개의 질문에 4보다 낮은 숫자로 대답한다. 괜찮다. 이 퀴즈는 자신에게 상처 줄 때 또 다른 핑계가 아니다. 그저 당신에게 어려울 수 있는 자기연민에 대한 인식을 높이는 방법으로 사용하면 된다.

자기연민 연습 4: 시간여행

이 연습은 청소년이 자신의 삶을 다르게 보기 시작할 수 있도록 돕고, 상황과 문제(실제 또는 주관적 인식이든)에 대하여 기꺼이 친절하게 대응하려는 의지를 높이기 위해 고안되었다. 전체 연습을 수행하거나 과거 또는 미래 구성 요소를 단독으로 사용할 수 있다. 시각화로 여기에 제시되지만, 역할극으로도 수행할 수 있다.

시간여행 게임을 하면서 새로운 관점을 알아보도록 하자. 우리는 과거로의 여행, 현재로의 여행, 그리고 미래로의 여행을 가장할 거야. 눈을 지그시 감고 의자에 앉아보자.

먼저, 너의 어린 시절을 방문하기 위해 과거로 돌아가는 것을 상상해 보자. 네가 어린아이였을 때 그리고 정말로 무엇인가를 위해 고군분투하던 때를 생각해 보자. 아마 5년 전쯤의 자신을 떠올리며, 그때 네가 싸워나가던 그 시간과 연결해 보자. 이제 현재의 모습에서 과거로 돌아가서 너의 어린 자신에게 무언가를 말할 수 있다고 상상해 보자. 뭐라고 할까? 이제 좀 더 어린 자신에게 말해 보자.

이제 현재로 돌아가 보자. 지금 방에 있는 건 너와 나뿐이네. 우리는 서로 다른 방식으로 세상과 우리 자신을 보고 있어. 우리가 함께 무엇을 발견할지 누가 알까? 이 순간들을 이용하여 함께 탐험가가 되어 보는 거야.

자, 이제 미래로 들어가 보자. 네가 훨씬 더 나이 들고 더 현명해질 수 있는 행운을 가졌다고 상상해 보자. 자세한 방법은 걱정하지 말고, 네가 더 현명해졌다는 것만 알아 두자. 나이 들고 현명한 너는 현재 순간으로 거슬러 와서 지금 고군분투하고 있는 너를 볼 수 있다고 상상해 보자. (간단하게 그 사람의 현재 투쟁을 설명하자.) 너의 미래 자신이 너를 돕기 위한 말을 하고 싶어. 나이 들고 현명한 자신이 지금 이 순간, 너의 현재 상황에서 말하도록 해

보자. 너의 미래 자신이 현재 너에게 제일 하고 싶은 말은 무엇일까?

이제 현재로 돌아가 보자. 우리는 AND 연습으로 알아차리기 위한 시간을 가질 거야. 우선, 너의 몸을 알아차리고, 그 뒤에 너를 경험하고 있는 신체적 감각에 이름을 붙이고, 그 뒤에 그것이 강렬하다면, 너의 감정을 묘사해 보자. (소리 내거나 조용히 할 수 있다.)

이제 현재로 돌아가 보자. 눈을 뜨면서 진정으로 관찰자가 되고, 마치 처음 보는 것처럼 호기심을 가지고 방을 둘러보자

그 후, 과거나 미래의 관점이 사물을 다르게 보는 데 어떻게 도움이 되었을지 청소년의 관심을 끌면서 결과를 알려준다. 아마도 그들은 자신의 잔인한 조언자가 몰래 들어오는 것을 알아차렸을 것이다. 다음 내용들을 촉진하는 관점의 방식을 강화할 기회를 찾아보자.

감정과 평가를 정상적이고 괜찮은 것으로 보는 것 (예를 들어, "나는 어린 자신에게 '이렇게 느껴도 괜찮아'라고 말할 것이다.")

감정과 생각을 일시적인 것으로 보는 것 (예를 들어, "나는 내 어린 자신에게 언젠가 기분이 나아질 것이라고 말할 것이다.")

실행 가능성에 반대하는 생각을 실험하는 것 (예를 들어, "나는 생각하는 것보다 더 똑똑할 수 있고, 계속 노력하면 무엇을 할 수 있는지 알게 될 것이라고 어린 자신에게 말할 것이다.")

고통에 직면했을 때 가치 있는 행동을 장려하는 것 (예를 들어, "나는 어린 자신에게 계속하라고 상황은 나아질 것이라고 말할 것이다.")

가치관 진술을 공식화하거나 명확히 하는 것 (예를 들어, "나는 1년 안에 중요하지 않은 일에 휘말리고 있다고 어린 자신에게 말할 것이다.")

자기연민 연습 5: 사랑을 외치다

이전의 시간여행 연습은 종종 도움이 되지 않는 자기비판의 통제를 느슨하게 하고 자기연민을 촉진하는 데 도움이 된다. 하지만, 때때로 청소년은 특히 무조건적인 사랑을 경험해 본 적이 없다면, 자신과 과거를 향해 부드럽게 행동하는 방법을 찾는 것이 힘들수 있다.

여기 이러한 경우에 효과가 있을 수 있는 대체 연습이 있다. 먼저 그 청소년에게 사랑하는 사람을 정하도록 부탁하자. 친구, 부모, 남자친구 또는 여자친구일 수 있다. 친구들은 종종 좋은 선택이다. 왜냐하면 그들은 부모들보다 오랫동안, 복잡하고, 양가적인 관계를 맺을 가능성이 작기 때문이다. 이 사랑하는 사람이 그 청소년과 비슷한 상황에 처했을 때 그 청소년이 어떻게 반응할 수 있는지 역할극을 해 보자. 당신은 사랑하는 사람의 역할을 하게 될 것이고, 청소년은 자기 발견을 촉진시키기 위해 자기 자신으로 행동한다. 이 예에서 우리는 마야 예시를 사용하려 한다. 마야는 친구 캐서린을 그녀의 사랑하는 사람으로 선택했다. 당신은 이렇게 말할 수 있다.

> *내가 캐서린이라고 생각해 봐. 나는 가장 친한 친구인 너를 만나러 왔어, 나는 자기 의심과 자기비판에 시달리고 있어. 그 과정을 진행하는 학대 조언자가 있어. 난 내가 망치고 제대로 된 일을 하지 못하는 것 같은 느낌으로 정말 힘들어. 내가 캐서린이라면 너는 나에게 뭐라고 말할 거니?*

그 청소년이 말할 시간을 충분히 줄수도 있으며, 어떤 침묵도 괜찮다. 자기를 향하여 새로운 언어 행동이 만들어지는 것이 매우 중요하므로, 청소년이 새로운 관점을 발견하도록 하자. 당신은 완전히 침묵할 수도 있고, 또는 초기 중재에서 청소년이 사용하던 말로부터 얻은 단어를 사용할 수도 있다. 여기 당신이 사랑하는 사람으로 역할극을 할 때 말할 수 있는 몇 가지 일반적인 예시가 있다. 자기와 자기에 대한 경직된 언어 규칙을 중심으로 더 많은 유연성을 창조하는 데 초점을 맞춘다는 것을 주목하자.

> *난 나쁘다 [패배자, 쓸모없는 자, 실패자, 바보 같은 자 등].*
> *나는 망가졌어. 내가 이렇게 느끼는 게 뭔가 잘못됐어.*

난 쓸모없어. 왜 그냥 넘어가지 못하지?

포기하고 싶다.

나를 증오한다.

내 삶을 증오한다.

정말로 아무도 나를 사랑하지 않는다.

다음으로, 4장의 AND 연습을 통해 청소년에게 잠시 시간을 내어 자신에게 무슨 일이 일어나고 있는지 알아보라고 한다. 그런 다음 연습에서 무슨 일이 일어났는지 토론할 수 있는 공간을 마련하고 정리한다.

자기 시각 연습과 함께, 청소년의 생각 내용에 극적인 변화를 강요하지 않는 것이 중요하다. 자기개념을 없애는 것이 아니라 매우 미묘한 방식을 통해서 불필요한 자기개념에 대한 통제를 느슨하게 하는 것을 목표로 하고 있다. 그 목적은 청소년이 좀 더 유연한 자기 시각을 발견하고 완전히 새로운 방식으로 자기를 볼 수 있도록 돕는 것이다. 연습에서 어떤 경험을 하든, 새로운 관점을 연습할 때, 수인하고, 개방되어 머물도록 격려하는 것이 중요하다.

당신의 임무는 청소년이 그들의 내용에 반응하는 방법의 변화를 알아차리는 것이다. 단어 자체의 변화가 아니라 단어 기능의 변화를 찾는 것이다. 예를 들어, 마야가 이를 악물고 10분 동안 화를 내면서 "나는 엉망이야."라고 말하는 것이 첫 번째 일이다. 같은 말을 하고 얼굴에 슬픔이 번뜩이며 눈물이 몇 번 흐른 다음 자신이 할 수 있는 일에 관해 이야기하기 시작하는 것은 그녀에게 또 다른 일이다. 두 경우 모두 "나는 엉망이야."와 관련된 부정적인 감정들이 있지만, 두 번째 예에서는 기능이 바뀌었다. 마야는 자신에게 친절을 베풀었고, 그 결과 이 단어들의 통제가 느슨해졌다. 그녀는 생각을 가지고 앞으로 나아가고 있다. 단어의 기능 변화를 발견하는 것이 청소년의 발전과 성장을 도울 수 있게 할 것이다. 이 경우, 당신은 "나는 네가 슬프고 절망적이지만 그런데도 너의 삶을 개선할 방법을 찾고 있다는 것을 알고 있어. 용기가 필요해."라고 말하면서 마야를 수인할 수 있다.

자기연민 연습 6: 나 자신과 친구 되기

이 간단한 연습은 청소년이 전형적으로 자기비판에 어떻게 반응하는지 볼 수 있도록 돕고, 자기 자신에 대해 다른 관점을 취하도록 격려한다. 다음 워크시트인 "나 자신과 친구 되기"를 사용한다. 워크시트 서식은 http://www.thrivingadolescent.com에서 내려받을 수 있다.)

나 자신과 친구 되기

당신의 실수들

당신이 실수했거나, 실패했거나, 혹은 당신이 잘못이라고 여기는 일을 했을 때를 생각해 보라. 여기서 어떤 실수가 있었는지 간략히 설명하라.

_____

_____

_____

이제 실수에 어떻게 대응했는지 알아보고 다음 질문에 답하라.

당신의 조언자가 당신을 비판했나요?

　　　네_____ 약간요_____ 아니오_____

당신 자신을 바보, 게으름, 나약함 같은 이름으로 불렀나요?

　　　네_____ 약간요_____ 아니오_____

자책했나요?

　　　네_____ 약간요_____ 아니오_____

하루나 이틀 이상 자신에게 힘든 시간을 보냈나요?

　　네_____ 약간요_____ 아니오_____

친구의 실수

이제 친한 친구가 실수했거나 실패했거나 혹은 당신이 잘못이라고 여기는 것을 했을 때를 생각하자. 당신에게 상처를 입히지 않았거나 부정적인 영향을 미치지 않았던 실수를 선택하자.(당신은 시험에 떨어지거나 직장에서 해고되는 것 등을 선택할 수 있다.) 간략하게 여기에 실수한 것을 기술하자.

_____

_____

_____

이제 친구의 실수에 어떻게 반응했는지, 즉 친구에 대한 말이나 생각을 직접 확인해 보자

당신은 당신의 친구를 비난했나요?

　　네_____ 약간요_____ 아니오_____

친구를 바보, 게으름, 나약 같은 이름으로 불렀나요?

　　네_____ 약간요_____ 아니오_____

당신 친구를 원망했나요?

　　네_____ 약간요_____ 아니오_____

당신은 하루나 이틀 이상 친구에게 화가 난 채로 있었나요?

　　네_____ 약간요_____ 아니오_____

당신의 채점 비교

만약 당신이 자신에 대한 세 개 이상의 질문에 예라고 대답했다면, 당신은 스스로 심하게 대하고 있고 친절을 베풀고 싶을지도 모른다. 친구를 어떻게 평가했는가? 당신의 채점을 비교할 때 차이가 있는가? 당신 자신보다 친구에게 친절을 베푸는 것이 더 쉬운가?

자기 친절을 실천하는 한 가지 방법은 친구의 관점을 취하는 것이다. 다른 말로 하면, 비슷한 실수를 한 친구를 대하는 것처럼 자신을 대하자. 당신은 자신에게 친구가 될 수 있나? 어떤 일이 일어나는지 보기 위해 탐험가 공간에 들어가고 자기 친절을 베풀어 보라. 당신은 항상 자기 비판으로 돌아갈 수 있다.

또한 자기 친절은 자기 방종이 아니라는 것을 명심하자. 그것은 당신이 좌절을 극복하고 당신의 가치 길에 다시 전념하는 데 도움을 줄 정도로 효과가 있다.

자기연민 연습 7: 친절 신념

이 연습에서는 언어의 이점과 조언자가 규칙을 사랑한다는 점을 활용한다. 모든 DNA 기술을 유연하게 결합한 새로운 일련의 자기 친절 행동이 스며들게 하려는 것이다. 다음 공식을 이용하여 청소년이 개인화된 신념을 생성하도록 돕는 작업이 핵심이다.

1. 당신의 문제를 어떻게 보는지 설명해 보자.
2. 당신이 문제에 대한 생각과 자기개념이 있는 상태에서 AND를 연습할 때 알아차리는 것을 묘사하자.
3. 이것이 인간의 상태임을 인정함으로써 반응을 정상화한 다음 어려운 감정이 그냥 있게 하자.
4. 자신을 가치로 선택하자.
5. 자신을 용서하고, 가치에 다시 전념하고 미래에 다르게 행동할 계획을 생각하자.

여기 마야의 예가 있다.:
1. 술을 마시고 차를 박살 내서 망친 기분이다.

2. 내가 어떻게 망쳤는지 생각하면 가슴과 배가 조이는 것을 경험하게 되는데, 이를 불안이라고 표현한다. 때로는 온몸이 무겁고 눈물이 흐르는 것을 느끼기도 하는데, 이를 슬픔이라고 표현한다.

3. 나는 내가 완벽한 로봇이 아닌 인간이라는 것을 알고 있다. 모든 사람이 그러하듯이 나도 실수할 것이다. 실수하면 기분이 나빠질 것이고, 그런 감정을 위한 공간을 만들 수 있다. 나의 조언자는 비판적일 것이다. 그리고 나는 이것이 비판이기보다는 인간의 중요한 부분이라는 것을 알 수 있다.

4. 나는 나 자신을 소중히 여기기로 한다.

5. 나는 나를 용서하고 나의 가치 목표에 다시 전념할 것이다. 나는 술을 마신 뒤 운전하지 않는 선택으로 차질을 빚는 일이 재발하지 않도록 할 것이다.

11장

DNA에 새겨져 있는 우정과 사랑

청소년은 수학 문제를 풀고, 에세이를 쓰고, 생물학과 물리학을 배우는 데 많은 시간을 보낸다. 하지만, 우정을 위한 중요 기술들을 배우는 데 얼마나 많은 시간을 보낼까? 우리는 마치 청소년이 이런 기술을 이미 알고 있다고 가정하는 것 같다. 이 장에서는 청소년의 우정과 사회적 관계 형성은 너무나 중요하기 때문에 운에 맡기듯이 내버려 두어서는 안 된다는 것을 강조하고 있다.

이 장에서는 "사회적 시각"이라고 할 수 있는 다양한 관계 형성 기술들에 초점을 맞춘다. 사회적 시각은 상반되어 보이는 두 가지 능력을 포함한다. 첫째, 다른 사람의 입장에서 추측할 수 있는 능력이다. 둘째, 그 추측을 가볍게 붙잡기 위한 능력으로서 관찰자와 탐험가 기술을 사용하는 것이다.

이전 연구 결과들은 인간이 다른 사람 마음에 무슨 일이 일어나는지를 추측하는 데 능숙하다는 것을 보여 준다. 예를 들어, 사람들은 5분 이내에 다른 사람의 행동을 관찰하여, 성격, 성적 지향, 업무 기술 수준 및 사회경제적 지위를 파악하는 데 능숙할 수 있다(Abady, Hallahan, & Conner, 1999; Ambady, Krabbenhoft, & Hogan, 2006; Carney, Colvin, & Hall, 2007; Kraus & Keltner, 2009). 하지만, 분노, 슬픔, 또는 불안을 경험하고 있을 때, 다른 사람에 대한 추측이 틀릴 수 있다(Abady & Gray, 2002; Crick & Dog, 1994). 예를 들어, 슬픈 사람은 다른 사람의 의도와 정동을 파악하는 것이 정확하지 않다(Abady & Gray, 2002). 공격적인 아이는 다른 사람의 적대적 의도를 쉽게 알아차릴 가능성이 크다(Crick & Dodge, 1996). 사회불안장애를 가진 청소년은 사회적 관계가 나빠질 것이라고 지나치게 생각할 가능성이 크다(Rheingold, Herbert, & Franklin, 2003).

DNA-V 사회성 훈련 모델에서는 조언자의 힘을 이용하여 다른 사람에 대해 정확한 추측을 하며, 동시에 관찰자와 탐험가 기술을 활용하여 조언자의 추측을 확인하고 향상시키려 한다. 다음 내용은 사회적 시각의 핵심 DNA-V 요소이다.

조언자

- 과거 학습을 이용하여 다른 사람이 느끼고 행동하는 것을 예측하는 능력 ("이런 종류의 상황에 부닥쳤을 때, 나의 조언자는 자주 X라고 말했고, 종종 Y를 느꼈어. 아마 지금 이 사람도 비슷한 것을 경험하고 있는 것 같아.")
- 과거의 학습이 항상 유용한 것은 아니라는 인식과 함께, 조언자 관점의 선입견과 예측에서 벗어날 수 있는 능력 ("어쩌면 이 사람에 대한 내 생각이 잘못되었을 수도 있어.")
- 조언자의 공간에 갇혀 있음을 인식하고, 선입관에 가까운 신념에서 벗어날 수 있는 능력 ("지금 친구가 나를 싫어할까 봐 계속 걱정하고 있어. 이 모든 걱정 때문에 난 아무것도 할 수가 없어. 그냥 친구에게 얘기해야 할지도 몰라.")

관찰자

- 사회적 상황에서 자신의 감정을 인식하는 능력 ("가슴 두근거림을 느껴. 그 사람과의 대화가 긴장되네.")
- 자신의 감정을 다른 사람의 감정과 구별할 수 있는 능력("나는 슬프고, 상대방은 실망하고 있어.")
- 다른 사람의 표정과 목소리 톤, 그리고 현재의 다른 사회적 자극을 이용하여 다른 사람의 느낌을 합리적으로 추측할 수 있는 능력

탐험가

- 선입견과 판단에 따라 행동하는 것이 가치를 따르는지 확인하는 능력
- 자신의 감정에 반응하는 것이 가치를 지지하는지 시험하는 능력
- 사회적 가치와 일치하는 새로운 삶의 방식을 찾기 위해 사회적 행동을 실험하는 능력

청소년은 익숙한 세상인 가족과 어린 시절 친구를 넘어서 새로운 관계, 친구, 사회관계망이라는 넓은 세계로 가기 위해 유연한 사회적 시각을 가질 필요가 있다. 청소년기를 통과할 때, 일반적으로 부모와 친구로부터 비슷한 정도의 지지를 받게 되고, 이후에는 친구의 지지를 더욱더 찾게 된다(Furman & Winkles, 2010; Helsen, Vollebergh, & Meeus, 2000). 후기 청소년에 이르면, 사회적 지원은 우정에서 벗어나 낭만적인 관계로 변화하게 된다(Connolly, Furman, & Konarski, 2000).

많은 새로운 학습과 함께, 공포와 짜릿함을 동시에 경험하게 된다. 다른 사람과 함께하고, 가까운 사람들의 이야기를 듣게 되고, 욕구를 충족시키고, 사랑받고 스스로 중요하다고 느낀다. 세상에서 자신의 길을 만들어 가고 있다고 느끼기 위해 싸울 때, 청소년은 깊은 고통이 생긴다는 것을 곧 배우게 된다. 마찬가지로 가장 큰 기쁨도 관계로부터 나오는데, 은밀한 비밀을 교환하기 위해 눈 맞춤을 하는 가장 친한 친구, 새로운 연인과의 키스, 부모와 편안한 포옹 등일 수 있다. 청소년 모두는 이 순간들을 열망한다.

우리는 청소년이 이런 순간을 가지도록 도우려 한다. 만약 청소년이 사회적 관점 취하기에 참여하는 방법을 배운다면, 진정한 우정과 사랑을 만들고, 지적으로나 학문적으로 기능을 최적으로 할 수 있도록 도와줄 강력한 사회관계망을 구축하며, 따뜻하고 보살핌받는 공동체를 만드는 것을 더 잘 할 수 있을 것이다. 이번 장에서는 사회적 연결이 청소년에게 중요한 이유를 이야기하고, 유연한 사회적 시각을 향상할 수 있도록 돕기 위한 연습을 제공하여, 중요한 관계를 강화할 수 있게 할 것이다. 우선 청소년의 이런 기술이 부족한 경우, 어떤 일이 일어나는지 살펴보도록 하자.

우리를 죽음으로 이끄는 주요 원인

다음의 모든 상태를 유발할 수 있는 한 가지 심리적 문제가 있다. 그 문제가 무엇인지 생각해 보자.
- 심장 질환
- 비만

- 저하된 인지 수행
- 수면의 질 저하
- 면역기능 저하
- 정신건강 문제
- 자기 통제력 부족

연구에 따르면, 이러한 모든 문제는 만성적 외로움으로 인하여 나타날 수 있다 (Hawkley & Caciopo, 2010; Hainrich & Gulone, 2006). 사회적 연결은 생물학적 욕구이다. 집단에서 사람을 고립시키면 건강은 악화된다.

외로움은 안전하지 못하며 가족이나 구성원과 다시 연결해야 한다는 신호이기에, 필수적인 반응이다. 그러나 15~30%의 사람들은 외로움이 만성적 상태며, 결정적으로 건강에 해롭다(Hawkley & Caciopo, 2010). 만성적 외로움은 스트레스, 사회적 위협에 대한 과각성이 유발되며, 다른 사람의 행동을 부정적으로 볼 가능성이 증가한다. 이 모든 과정은 외로운 사람이 다른 사람들을 피하게 하고, 그로 인해 고립과 외로움이 증가하는 악순환을 일으킨다.

어떤 연령대보다 청소년은 외로움을 느낄 가능성이 가장 크다(Hawkley & Caciopo, 2010; Hainrich & Gulone, 2006). 한 연구에 따르면, 18세 이하 청소년 79%가 가끔 또는 자주 외로움을 느낀다고 한다. 이 보고는 일반적으로 청소년이 가족, 형제자매, 친구, 교사들에게 둘러싸인 환경을 고려할 때 이상한 결과일 수 있다. 그러나 외로움은 객관적인 사회적 고립이 아니라 주관적으로 지각되는 사회적 고립으로 결정된다. 청소년은 자신의 사회적 욕구가 충족되지 않고 있다는 것을 느낄 때 외로움을 느낀다.

청소년은 외로움을 일으킬 수 있는 두 가지 사회적 도전을 겪고 있다. 첫째, 심리적으로 부모와 분리되어 익숙한 관계의 편안함과 안전함을 벗어나고 있다. 둘째, 또래와 함께, 활동 중심의 관계를 넘어서, 충성심, 지지, 친밀감, 그리고 공유된 가치를 바탕으로 하는 관계로 나아가기를 열망한다. 많은 청소년이 그러한 관계를 시작하거나 유지하기 위한 충분한 기술을 가지고 있지 않다는 것이 문제이다. 결과적으로, 피상적이거나 거짓처럼 보이는 관계에 실망하거나, 타인의 의도나 감정을 오해함으로 인하여, 무심코 관계를 망칠 수도 있다.

오늘날에는 사회적 관계의 기회를 감소시킬 수 있는 환경적 요소가 많다. 예를 들어, 아이들은 더 이상 다른 아이와 뛰어놀 필요가 없다.; 전자기기나 텔레비전으로 시간을 채울 수 있다. 더 위험한 것은 집 안에만 있으면서 사회적으로 고립되는 것이지만, 종종 안전에 대한 걱정으로 밖에서 노는 것이 허락되지 않는다. 청소년은 더 이상 교제하기 위해 친구의 눈을 쳐다볼 필요가 없다. 사회관계망 사이트에서 자신의 상태를 업데이트하여 얼마나 많은 '친구'를 가졌는지로 자부심을 가질 수 있다. 현대 사회에서는 얼굴을 맞대고 연결될 기회는 점점 줄어들고 있다.

이 문제는 전형적으로 개인주의를 조장해 온 서구 문화에 만연되어 있다. 1인 가구 비율은 1970년대 17%에서 2012년 27%로 늘어났지만, 가족 가구 비율은 81%에서 66%로 떨어졌다(Vespa, Lewis, & Krieder, 2012). 1984년과 2005년 사이 미국에서, 진정한 사회적 관계인 사람 수 평균이 한 사람으로 줄어들었고, 중요한 문제에 대해 의논할 사람이 아무도 없다고 말하는 사람들의 수는 거의 세 배가 되었다(McPherson, Smith-Lovin, & Brashears, 2006).

게다가 사람들은 종종 진정한 연결을 위한 기회 대신, 관계를 일로 바꾼다. 육아를 생각해 보자. 육아는 종종 계획되어 있는 한정된 시간에 하거나, 다른 다중 작업 중 하나이거나, 전문가에게 넘긴다. 부모는 아기에게 우유를 먹일 때, 멈춰 서서 눈을 바라보며 먹이기보다는, 다른 일들로 촉박한 상황에서 젖병을 물려 줄 수 있다. 많은 부모는 양육 역할을 분담하고 있고, 인근에 자녀 양육을 도울 친척이나 가까운 친구가 없다. 중압감을 느끼며 부모 노릇을 하는 것이다.

분명히 이야기하지만 우리는 위와 같은 현대 사회 특성의 예들이 전적으로 나쁘다고 말하는 것이 아니라 단지 우리의 필요를 충족시키지 못할 수도 있다고 말하는 것이다. 소비주의에 근거한 행동은 인간의 연결과 접촉을 대체할 수 없다. 우리는 사회적 연결이 인간의 발달에 중요하다는 것을 이해하고 사회적 연결을 위한 기술을 가르치는 것은 필수적임을 믿는다.

사랑을 위한 투쟁

앞에서 언급한 맷, 브리, 루비, 스티브, 마야 다섯 명의 청소년을 통해, 외로움과 사회적 연결에 관하여 구체적으로 살펴보자. 각자에게 그들의 사회적 관계를 묘사하는 짧은 예시를 보여 줄 것이다. 각 사례를 읽으며, 다음 질문에 대한 답을 생각해 보자.

- 여기에 청소년들이 어딘가에 연결되어 있다고 느끼는가?
- 무조건 사랑받고 있다고 느끼는가?
- 우정, 친절, 그리고 사랑을 주고받는 방법을 알고 있는가?
- 스스로 가치 있다고 느끼는가?

맷은 수업 시간에 가만히 있지 못하고, 창밖을 응시하며 클리블랜드 인디언스 팀을 위한 투구를 하고 있다고 상상한다. 선생님이 수학에 관해 이야기할 때, 맷은 마지막 타자에게 공을 던졌고 관중들은 환호하며 열광하고 있다. "맷! 맷!"

브리는 교실 뒷줄에 앉아서 얼굴을 찡그리며 생각에 잠겼다. *나는 더 이상 이것을 참을 수 없어. 선생님은 너무 지루해. 그리고 남자들에 관한 메모를 다시 보내고 있는, 친구라는 것들을 봐, 그들의 관계는 정말 거짓이야. 아무도 내가 무엇을 좋아하고 무엇을 원하는지 신경 쓰지 않아.* 그녀는 조용히 손톱으로 손바닥 깊숙이 누르고 있다.

루비는 검은 호수로 빨려 들어가 죽어가고 있다는 것을 확신한다. 아빠는 죽었고, 엄마는 절망에 빠져 있다. 루비는 서퍼가 되어 사람들과 어울리는 것을 꿈꾸었지만, 외로움을 멈추기 위해 할 수 있는 것이 없었다.

스티브는 엄마가 하는 말이 한마디도 들리지 않는다. 학교에 가는 것은 오래 전에 포기했다. 지금 옥상에 앉아 아빠와의 싸움에 관해 곰곰이 생각하고 있다. 아빠의 음주를 더 이상 참을 수 없다. 머릿속 여기저기에서 아빠가 자기 얼굴을 향해 소리를 지르고, 스티브가 "물러서지 않으면, 가만히 있지 않을 거야."라고 말하는 모습이 소용돌이 친다.

마야는 그룹에서 가장 나이가 많지만, 또 한 번 일을 망쳐놓고 처벌받을까 봐 두려워한다. 부끄러움을 느낀다. "내가 더 많은 사랑을 받고 자랐더라면"이라고 말한다. "감정만이라도 조절할 줄 알았어야 했는데... 그렇게 반항까지 하지 않았어야 했는데" 다른 삶을 갈망하는 모습은 고통스럽고 끝이 없어 보인다.

청소년이 시도하는 모든 것들이 더 큰 고립으로 이어진다.; 그들은 싸우고, 소리를 지르고, 관계를 끊어버리고, 사람들을 밀어낸다. 그들의 행동은 완전히 반사회적으로 보인다. 모두 흔한 사례라는 점에서, 많은 어른이 청소년에게 분노와 비판으로 반응하는 것은 어쩌면 당연하다. 예를 들어, 맷은 수업에 필요한 펜을 가져오지 못했고, 다른 학생들이 보는 앞에서 선생님은 그가 무례하다고 말한다. 브리의 엄마는 브리가 자신의 삶을 포기한 채, 자기 자신 외에는 아무도 신경 쓰지 않는다고 비난한다. 마야의 아빠는 그녀가 어리석게 행동하고 있고 자신을 통제할 필요가 있다고 말한다. 그들의 삶속에서 어른들은 참을성이 없어지고, 이 청소년들은 삶에서 더 멀어진다.

우리는 반사회적으로 보이는 그들의 행동에 쉽게 속지만, 만약 행동의 기능을 찾는다면, 소리 지르는 것이 항상 "나는 당신이 싫어."를 의미하는 것이 아니라는 것을 발견할 수 있다. 이는 "제발 나를 사랑해 주세요."를 의미할 수도 있다. 만약 행동이 무엇을 드러내는지에 대해 세심한 주의를 기울인다면, 모든 인간이 원하는 것, 즉 사랑받고, 보살핌을 받고, 가치 있는 것을 정말로 원한다는 것을 알 수 있다. 체벌하는 것으로 이 욕구를 충족시킬 수 없다.

어려운 점은 청소년이 자신의 관계 욕구를 어떻게 표현해야 하는지 인식하지 못하거나, 심지어 그런 필요성조차 알지 못할 수 있다. 이러한 상황이 그들을 압도하고, 절망감을 느끼게 할 수 있다. 그리고 무엇을 원하는지 알더라도, 종종 관계를 형성하거나 다른 사람이 도울 수 있도록 말하는 기술을 가지고 있지 않다. 거절을 두려워하면서도, 욕설하거나, 느낌을 숨기거나, 신경 쓰지 않는 척하거나, 다른 사람을 비웃음으로써 그 두려움에 대처한다.

앞에서 언급된 다섯 명의 청소년에서, 반사회적인 것처럼 보이는 행동의 기능이 어떤 것인지 생각해 보자. 브리는 모든 사람에게 분노를 품고 있지만, 그 아래에는 그녀와 비슷한 친구들을 찾고 싶은 욕망이 깔려 있다. 마야는 학대하는 부모를 즐겁게 하려고 애쓰는 것에 갇혀 있는 것 같다. 폭력, 분노, 자해, 그리고 부적절한 위험 감수 등은 사랑에 대한 그리움을 다루는 방법이다. 스티브는 아빠와의 관계를 회복하는 것에 화가 나면서도 동시에 무력하다.; 자신의 감정을 파악하거나, 이해하기 어려우며, 무력감을 느끼고, 대처 전략으로 욕설하고 있다. 마지막으로, 맷과 루비는 고통스럽고 가혹한 세상에 대처하는 방식으로 공상에 잠겨 있다. 스스로 고립시키는 것은 안전해 보이지만, 그러한 대처 전략은 더 외롭게 할 뿐이다.

이 예시들은 관찰된 행동과 그 기능 사이에 발생하는 역설을 잘 보여 준다. 분노, 이기적, 자기중심적, 혹은 퇴행적 행동에 속아서는 안 되며, 관심이 없다고 가정하는 것은 잘못된 것이다. 청소년은 비난받아서는 안 된다. 그들은 잘못되지 않았고, 정답은 그들을 "고치는" 것이 아니며, 자신이 알고 있는 유일한 방법으로 환경에 반응하고 있다.

사회적 연결이 인간에게 필수적인 이유

3천 년 전으로 거슬러 올라가서, "적자생존"이라 불리는 게임에서 두 그룹의 인간들을 관찰할 수 있다고 상상해 보자. 한 집단을 "협력적"이라고 부르고 다른 집단을 "이기적"이라고 부르자. 두 집단은 많은 위험한 동물들과 너무 적은 음식으로 구성된 혹독한 환경에서 살고 있다고 상상하자. 어느 집단에서 더 많은 구성원이 살아남게 될까?

협력적 그룹은 사냥과 채집을 조율하고, 쉼터를 짓고, 영토를 지키는 사람들로 구성되어 있다. 아마도 가장 중요한 것은, 자녀를 보호하고, 가르치고, 식량을 공급하기 위해 함께 일한다는 것이다(Hrdy, 2009). 한편 이기적 집단은 서로에 관한 공감과 특별한 애정이 없는 사람들의 집합체로서, 각자의 이익에 부합할 때 함께 일한다. 가장 강한 구성원이 거의 모든 음식을 얻고, 신체적으로 약한 구성원 중 일부는 배고픔으로 죽는다. 아이들이 보살핌을 제대로 받지 못하고 죽기도 한다.

생존이라는 전리품은 협력적 집단에 돌아갈 것이다. 분명히 이기적 집단보다 더 많은 구성원이 살아남을 것이다(Szalavitz & Perry, 2010). 이것은 모든 사람에게 중요한 함의를 지닌다. 사회적 유대감과 의사소통을 지원하는 유전자는 다음 세대에 전해지는 경향이 있다(D. S. Wilson, 2007, 2011). 이러한 유전자가 생존에 여전히 필요한 이기심을 없애지는 못하지만, 인간에게 집단을 강화하기 위한 관점 취하기, 자비, 사랑, 이타적 행동의 능력을 부여한다.

물론 오늘날에도 협력적 사회 집단의 일원이 되는 것이 생존에 도움이 된다. 강한 사회적 관계를 맺은 사람은 빈약한 사회적 관계를 맺은 사람보다 생존 확률이 50% 더 높다(Holt-Lunstad et al., 2010). 사회적 연결이 건강을 증진하는 몇 가지 이유가 있다. 첫째, 협력관계는 재정지원, 정보지원 (자문, 지도 등), 어려운 시기에 정서적 지원 등 개인에게 많은 혜택을 준다(Cohen, Gottlieb, & Underwood, 2000). 둘째, 사회적 관계는 사랑하는 사람이 당신에게 건강한 행동을 직접적으로 격려하거나 본보기가 될 수 있다. 셋째, 사회적 관계는 사람들에게 삶의 의미 있는 역할과 목적의식을 제공한다. 이 모든 것은 한 가지를 분명히 한다. 우정과 사랑은 청소년의 발달과 안녕에 결정적이다.

어릴 적부터 시작되는 사회적 시각

아이가 엄마의 눈을 바라보면, 엄마도 바라보는 것처럼, 사회적 연결은 태어나면서부터 시작된다. 이 작은 순간은 생존에 매우 중요하다. 아기를 기르는 것은 힘든 일이기 때문에 자연은 아기에게 어른을 사로잡고, 애정과 관심을 끌 수 있는 강력한 방법을 주었다. 만약 당신이 부모라면 잠시 멈추고, 갓 태어난 아기가 당신의 얼굴을 처음 쳐다볼 때, 당신을 처음 보고 당신을 끌어들였을 때를 회상해 보자. 아기라 하더라도 인간은 이미 관계를 만드는 데 능숙하다.

인간의 두뇌는 표정이나 발성을 인식하는 등 사회적 연결을 구축하는 일에 많은 부분을 할애하고 있다. 아기는 다른 어떤 자극보다 더 오래 얼굴, 특히 눈을 응시한다. 신생아는 거의 즉시, 성인 흉내를 내기 시작한다. 연구진은 출생 후 42분에 이르면 성인 표정을 따라 한 사례를 보고했다(Meltzoff & Prinz, 2002). 혀를 내밀면 아기도 혀를 내밀 것이다. 입을 열면 아기도 입을 열 것이다. 이러한 행동은 연결이 인간 생존을 위해 필수적이며, 유전적 유산에 포함되어 있다는 것을 말해 준다.

아이는 자라면서 끊임없이 사회적 연결을 추구한다. 생후 6개월이 되면 자신을 돌보는 어른과 같은 감정을 쉽게 드러낸다. 걸음마 시기가 될 때쯤, 다른 사람의 고통을 알아차리고 자발적으로 도우려고 한다. 신경과학은 다른 누군가에게서 어떤 감정을 목격했을 때, 뇌 패턴이 동일한 감정을 나타낸다는 것을 밝혀냈다(Jabbi, Swart, & Keyers, 2007; Lieberman, 2013). 누군가 기술을 수행하는 것을 볼 때, 그 기술을 담당하는 뇌의 영역이 활성화된다(Hrdy, 2009). 이러한 행동은 인간이 생물학적으로 지지적인 사회적 관계를 형성하도록 준비되었다는 증거다. 우리는 다른 사람이 느끼는 것을 느끼고, 다른 사람이 하는 것을 한다.

하지만, 생물학 그 자체로는 사회성 기술이 완벽하게 완성되지는 않는다. 양육을 받거나 모델링을 보는 경험이 역시 필요하다. 예를 들어, 이전 연구에서, 연구자 미니 (2001)는 어미 쥐가 핥고 털 고르기를 하면서, 더 많은 양육의 시간을 들인 새끼 쥐가 뇌에서 측정할 수 있는 변화를 보인다는 것을 발견했다. 그런 새끼 쥐들은 더 살이 찌고, 더 빨리 자라고, 덜 불안하고, 더 똑똑하고, 더 침착한 스트레스 시스템을 가지고 있었다. 미니는 이러한 효과가 단순히 느긋한 어미 쥐로부터 유전적 유산이 아님을 확실히 하기 위해, 새끼 쥐를 잘 양육하는 어미 쥐로부터 떼어내어 양육에 관심 없는 어미에게 넘겼고, 그 반대의 경우도 진행하였다. 놀라운 결과를 확인하였다. 양육된 새끼 쥐는 생물학적 어미가 아니라 양육하는 어미처럼 행동했다. 즉 침착한 새로운 어미 쥐는 침착한 새끼 쥐를 가지게 되었고, 스트레스받은 새로운 어미 쥐는 새끼 쥐를 스트레스받게 하였다. 새끼 쥐는 그들이 양육 받은 식의 엄마로 자라났다. 유전적인 영향은 없었다. 게다가, 방임된 새끼 쥐는 스트레스 반응에 영구적인 변화를 가진다는 것을 발견했다.

이 연구는 청소년에게 중요한 함의를 지닌다. 대중 매체는 종종 유전자를 행동이나 감정적인 문제와 잘못 연결시킨다. 유전자를 원인으로 보고, 청소년의 문제는 내적인 것으로 취급한다. 다시 말해서, 그들은 문제가 있다는 것이다. 그러나 미니의 연구는 양육과 방임 환경의 중요한 효과를 명확히 보여 준다.

관계로부터 드러나는 사회성 기술

아이가 건강하게 성장하려면 엄마와 아이 사이의 강한 정서적 유대감을 형성해야 한다(Bowlby, 1979; Ainsworth, Bell, & Stayton, 1971, 1974년). 볼비는 아이의 생존을 위한 생물학적 기반의 행동을 애착이라고 하였으며, 이러한 행동에는 울기, 미소 짓기, 매달리기, 주변 탐색 등이 포함된다.

이전 연구는 아이와 양육자 사이의 단절이 얼마나 고통스러운지 보여 주었다 (Tronick, Adamson, & Brazelton, 1975). 실험에서 생후 3개월 된 아기의 엄마는 아기에게 어떤 반응도 하지 않으며, 정지된 얼굴로 아기를 바라보라는 지시를 받았다. 아기는 재빨리 불안해져서 팔을 들었고, 엄마에게 아무렇게나 대답해 달라고 간청했다. 결국 아기는 포기하고 눈길을 돌렸다. 아기의 괴로움은 무표정한 엄마와 눈을 마주칠 수 없을 정도로 컸다. 게다가, 이 연구에 참여한 엄마도 아기의 경험이 매우 고통스럽다고 보고했다. 이 모든 고통은 단 몇 분 만에 일어났다. 애착의 안전함은 큰 영향을 미치고 있으며, 이는 청소년기 문제와 연관되는 불안정 애착, 내재적이고 외현화 문제들, 그리고 경계성 인격장애 같은 관계 중심의 정신병리 등이 평생 지속되기도 한다(Agrawal, Gunderson, Holmes, & Lyons-Ruts, 2004; Brumariu & Kerns, 2010).

청소년기에는 어떨까, 그들은 어떤 유형의 양육 애착이 필요한가? 청소년기에 애착이 미치는 발달적 영향을 알기 위해서 유아기 애착을 고려한다. 양육 관계에서 안전 기지를 가진 청소년은 인지, 사회, 감정발달에 필요한 탐색에 참여할 수 있으며, 정신 건강 문제, 위험한 부적응 행동, 일탈 행동 문제, 임신, 체중 문제, 약물 사용, 자살 등 거의 모든 면에서 문제가 적은 경향이 있다(Cooper, Shaver, & Collins, 1998; Figueiredo, Bifulco, Pacheco, Costa, 2006; Greenberg, Sigel, & Leitch, 1983; Lessard & Moreti, 1998). 특히 안정된 애착은 갈등이 없음을 의미하지는 않는다. 청소년은 자신의 한계를 시험하고 탐색하기 때문에 어떤 갈등은 불가피하다. 그러나 안정된 애착을 가진 청소년은 부모와 강한 관계를 맺고, 동의하지 않더라도 의견을 표현할 수 있으며, 부모의 의견을 타당화하고 공감을 나타낼 수 있다(Moretti & Peled, 2004). 따라서 청소년은 부모와 공고한 관계가 계속 필요하며, 공정한 규칙과 경계를 제공받으면서, 의사소통을 쉽게 하고, 탐색이 지속되게 해야 한다.

우리는 사회적으로 생각하도록 프로그래밍 되어 있다

최근 연구는 다른 사람을 이해하고, 그들의 행동을 해석하고, 사회화하며, 타인과 연결하는 능력은 더 높은 인지능력을 쌓기 위한 기초라는 것을 보여 준다. 뇌 활동과 사회적 연결에 대한 연구를 살펴보자. 실험 중 참가자는 주어진 인지 과제를 기다리면서 뇌 스캐너에 누워 있는 동안 뇌의 한 영역이 종종 활성화된다는 것을 알게 되었다. 이 영역은 아무것도 하지 않을 때 활성화된다고 생각되었기 때문에, 디폴트 네트워크default network로 알려지게 되었다. 그러나 최근의 연구(Lieberman, 2013)는 뇌 스캐너 아래 참가자는 완전히 아무것도 하지 않고 있다기보다는, 오히려 다른 사람을 생각하고 있었다. 객관적으로만 다른 사람을 생각하고 있는 것이 아니라, 다른 사람의 마음, 생각, 느낌, 계획 등을 고려하고 있었다. 리버만은 디폴트 네트워크가 사회적 인지에 해당한다고 결론지었다. 다시 말해, 우리가 인지적으로 도전적인 과제를 하지 않을 때마다, 사회적 세상을 생각하고 있다. 더구나 뇌의 사회적 부분을 활성화할 때, 비사회적인 부분은 비활성화되며, 반대 방향도 가능하다. 즉 타인에 대한 사회적 생각과 문제해결 및 추론을 포함한 과제 사이에서 자동으로 전환이 된다(Lieberman, 2013).

아기들은 태어날 때부터 디폴트 네트워크 활성화 유형을 보여 주기에, 사회적 생각이 그렇게 일찍 나타난다는 가설을 지지한다. 리버만은 심지어 매슬로우의(1954) 욕구 서열은 거꾸로 되어 있을지도 모른다고 주장한다. 즉 아이에게는 음식, 물, 피난처만큼이나 사회적 연결이 중요하다는 것이다. 할로우의 고전적인 연구는 일찍이 1950년대 후반에 이를 보여 주었는데, 이때 원숭이는 먹이를 가진 철사 원숭이보다 먹이가 없지만, 천으로 덮인 원숭이 모형에 매달리는 것을 더 좋아했다(Harlow, 1959).

요약하자면, 우리의 뇌는 다른 사람들과 연결되도록 내재되어 있고, 어떤 여유로운 순간에도 사회적 생각을 하려 한다. 우리는 이 점을 강조하려 한다. 왜냐하면, 청소년을 도와주려는 분야에서 이 부분을 종종 잊어버리기 때문이다.

공부는 잘하지만, 감정에 서툰 세상

사회적 연결의 중요성을 고려할 때, 다음과 같은 핵심 질문을 하게 된다. 우리는, 하나의 사회로서, 청소년이 우정과 사랑을 쌓을 수 있도록 충분히 돕고 있는가? 우리는 아니라고 믿는다. 지금 학업 성취에 너무 많은 관심이 집중되어 있어서 청소년의 사회적, 정서적 발달에 소홀했다. 때때로 학업 성취에 대한 노력은 발달을 실제로 저해하기도 한다.

우리 문화는 무엇보다 청소년에게 수학, 과학, 문학 등을 가르치고 끊임없이 성적에 초점을 맞추면서 인지 기술 함양을 위해 노력하고 있다. 청소년은 표준화된 시험을 봐야 하고, 순위가 매겨져서 모든 사람은 그들이 얼마나 "잘하는"지 정확히 알게 된다. 교사는 종종 다른 학교와 비교하며 학교를 멋있게 보이기 위해, 학생에게 시험을 보는 방법을 가르치는 데 상당한 시간을 보낸다. 야심만만한 부모는 자녀가 조금 더 잘하게 만들려고 가정교사를 고용한다. 요컨대, 우리는 청소년이 학업적 지능을 발달시키는 데 12년을 보내는 세상을 만들었다. 한편, 사회성 기술은 관심을 거의 받지 못하여, 여분의 시간이 있을 때는 학교 교과 과정에 들어가고, 그렇지 않을 때는 제외된다.

학업적 추리는 도구이지 가치 있는 목표가 아니다. 십이 아니라 망치이다. 아이가 좋은 성적을 받을 때 모두가 기뻐하는 것은 당연하지만, 성적 자체가 가치는 아니다. 오히려 그것은 가능성을 의미한다. 아마도 아이는 언젠가 자신과 세상을 위해 어떤 좋은 일을 하는 데 관련된 학업 능력을 사용할 것이다.

일단 우리가 학업이란 단지 하나의 도구일 뿐이고, 학업적 성공은 단순히 무엇이 일어날 수 있는지에 대한 약속을 반영한다는 것을 인식한다면, 실제로 중요한 것에 집중할 수 있다. 청소년은 학업적 추론을 어떻게 활용하고 있는가? 삶을 더 좋게 만드는 방법으로 사용하고 있는가, 아니면 더 나쁘게 만드는 방법으로 사용하고 있는가? 여기 청소년이 일차적으로 학업 성취를 지향할 때, 어떤 일이 일어날 수 있는지를 보여 주는 세 가지 사례가 있다.

클로이는 학교에서 인기 있는 남학생에게 반했다는 것을 이야기한 후, 주변에서 놀림을 받았다. 여자 친구들이 그녀를 비웃고 난 뒤, 그 남학생에게 이 사실을 알려버렸다. 가정에서는 이 사건에 관해 이야기 나눌 사람이 없다. 아빠는 광부여서 종종 몇 주 동안 계속해서 집을 비우고 있고, 엄마는 교대 근무를 하고 낮에 잠을 자야 한다. 조롱받은 이후, 클로이는 학교에서 우수한 성적을 받았지만, '이상한 사람'으로 느껴지며 마치 자신이 가짜 같았다. 부끄러움과 주변과 단절을 느끼며, 어느 날 그녀는 차고에서 자살을 시도하였다.

이던에게는 자신을 이상적이라고 생각하는 부모가 있다. 자신이 모든 일에 뛰어나고, 특별대우를 받아야 하고, 승자가 될 자격이 있다고 믿도록 배웠다. 어느 날, 중요한 스포츠 대회에서 패배하였고, 이 문제를 고민하던 중, 누군가가 부정한 방법을 사용했기에 졌다고 결론지었다. 결국 분노로 반응하였으며, 다른 아이를 때리고 정학 처분을 받았다.

노아는 부모의 영향으로 인생에서 학업 성공이 무엇보다 중요하다고 믿게 되었다. 방에 틀어박혀 몇 시간 동안 공부하였다. 다른 아이들과 노는 것은 쓸모없는 시간 낭비라고 믿고, 친구 사귀기에 관심이 없었다. 의대에 진학하기 위해 최고의 성적을 받기를 원했지만, 성적은 그 정도가 아니었다. 처음에는 우울해하다가, 다음으로 인기 있는 법조계에 가기로한다. 공부에 전념하였지만, 스스로 법을 싫어한다는 것을 알게 되었다. 좋은 성적을 받았음에도 불구하고, 점점 더 우울해졌다. 자신의 힘든 싸움에 관해 이야기할 사람이 없었다. 분명 자신에게 실망할 부모님에게 차마 말을 걸지 못하였다. 3년간의 공부를 마치고 대학을 중퇴하고, 부모를 향한 우울과 분노로 정신과 의사를 만나기 시작하였다.

이 청소년들은 모두 학문적 추론 능력에 부족함은 없다. 세 사람 모두 학업 측면에서 월등하였다. 하지만 가장 근본적인 사회적 요구를 충족시킬 수 없다면, 학업적 지식은 무슨 소용이 있을까? 청소년은 정보를 입력해야 할 컴퓨터가 아니다. 청소년은 사회적 인간으로서 무엇보다도 연결되고 사랑받는 느낌을 필요로 하였다.

두 사람, 두 조언자

아기가 타인과 연결되고 모방하려는 시도는 다른 사람의 의도를 이해하기 위해 마음을 읽으려는 노력의 시작이다. 다른 사람들이 우리를 해칠 것인지, 도울 것인지, 친구인지, 적인지 끊임없이 평가하고 있다. 마음 읽기는 우리가 마음을 열고 함께해야 할지, 보호해야 할지 그리고 안전하게 놀아야 할지를 결정하는 데 도움을 주며, 타인과의 유대감을 증가시킬 수 있다. 왜냐하면, 우리가 타인의 이익과 필요를 예측하고 지원할 수 있게 해 주기 때문이다. 마음 읽기는 매우 중요하여 그 작업을 수행하기 위한 뇌의 영역이 존재한다(Lieberman, 2013).

DNA-V 모델 내에서 이야기하면, 관찰자 기술은 태어났을 때 가장 먼저 가지고 있는 기술이며, 끊임없이 사용되고 있다. 다른 사람들이 우리와 연결될 수 있는지 아니면 해칠 수 있는지를 해석하는 작업에 착수한다. 또한 우리는 끊임없이 사회 정보를 해석하려고 노력하는 조언자를 개발하고, 과거 경험을 바탕으로 타인에 관해 조언해 준다.

조언자 또는 관찰자에 과도하게 의지함으로써 발생할 수 있는 문제들은 무엇일까? 우선 첫째로, 타인의 과거를 거의 알거나 이해하지 못하기 때문에, 자신의 과거 경험이나 생리학적 신호를 바탕으로 그들의 동기를 예측하지 않을 수 없다. 때로는 우리가 옳고, 때로는 완전히 틀릴 때도 있다. 이 점을 분명히 해 줄 몇 가지 질문이 있다.

- 당신은 타인이 진실로 당신을 알고 있다고 얼마나 자주 생각하는가?
- 당신의 가장 친한 친구는 당신의 과거 이력에 관해 얼마나 많이 알고 있는가, 특히 과거의 관계가 당신이 타인에게 반응하는 방식에 얼마나 영향을 주고 있는지를 친구는 알고 있는가?
- 타인은 당신의 동기, 욕망, 생각, 공포를 알고 있는가?
- 그 질문에 관한 모든 대답이 대부분 타인은 당신을 잘 알지 못한다는 것이라면, 당신은 자신이 생각하는 것만큼 타인의 동기와 의도를 잘 알 수 없다고 가정하는 것이 맞지 않을까?

본질적으로 모두가 직면하고 있는 문제는 자신의 조언자가 단지 제한된 정보만을 가지고 있다는 것이다. 자기 자신과 타인에 대해 알고 있다고 생각하는 것을 기반으로 하여, 의견을 형성하고 추측한다. 우리는 놀랄 만큼 정확하거나 끔찍하게 틀릴 수 있으며, 어떤 것인지 모를 수도 있다. 그래서 사회적 시각을 향상하는 데 핵심적 부분은 타인에 대해 모든 것을 알지 못한다는 것을 인식하는 것이다.

유연한 사회적 시각 개발을 위한 연습

이 장의 나머지 부분에서는 청소년이 사회적 어려움에 부딪혔을 때, 사회적 연결을 만들고, 유연한 사회적 시각을 개발할 수 있도록 돕기 위한 연습을 하게 된다. 이 연습은 청소년이 현재 사회적 세상을 탐구하고, 사회적 연결을 만들고, 사회적 시각을 넓히고, 사회적 관계에 관한 가치를 고려하는 데 도움이 된다.

사회적 시각 연습 1: 연결의 원

이 간단한 연습은 청소년의 사회적 세상과 함께, 주위의 다른 사람과 연결 및 단절을 보여 줄 스냅사진이다. 준비물은 연필과 종이이다.

우선 청소년에게 다트 보드와 비슷하게 그려 보자고 하며 시작하고, '나'라는 단어를 원 중심에 둔다. 즉 종이 한 가운데 작은 원을 그리고 그 안에 "나"라고 쓴다. 그리고 비슷한 넓이를 유지하며, 이 원둘레에 두 개의 동심원을 더 그린다. 결과적으로, "나"에 가장 가까운 "내부 원"과 "외부 원"이 되어야 하며, 양쪽 원 바깥에 공간이 있어야 한다. 다음으로, 자기 삶에서 영향을 미치는 사람의 이름을 그림에 적어달라고 요청하고, 얼마나 가까운 관계에 있는지에 따라 중심에 또는 더 멀리 떨어진 위치에 이름을 적는다. 가장 가깝다는 것은, 그 사람을 신뢰하거나, 어려울 때 그 사람에게 의지할 수 있다고 느끼는 것을 의미한다. 중앙에서 멀리 떨어져 있더라도, 알고 지내는 모든 사람을 어딘가에 적도록 권유한다. 기록한 결과는 가깝고도 먼 사회적 세상의 심리적 스냅사진을 제공하게 된다.

이 과제에 변화를 준다면, 작은 메모지에 이름들을 쓴 다음, 동심원이 있는 다이어그램 위에 그 메모지들을 배열하는 것이다. 이것은 청소년이 가족 구성원, 서로 아는 친구, 선생님 등 집단별로 배열할 수 있게 한다.

다음으로, 호기심 어린 개방적 대화에 참여하여, 연결의 원을 이해하도록 한다. 단지 사회적으로 정해진 답을 말하게 하는 것이 아니라, 청소년이 스스로 탐색하고 표현하도록 격려하는 DNA 기술 접근법을 시도하도록 노력한다. 다음과 같은 질문을 할 수 있다.

너에게 중요한 사람은 누구인가? 특정한 사람을 중요하게 만드는 것은 그 사람의 어떤 부분인가?

어려울 때 누구에게 도움을 청할 수 있을까?

너의 인맥에 갈등이 있는 사람이 있는가?

누가 너를 실망하게 했나?

너를 버렸던 사람이 있는가?

원의 바깥 가장자리 근처에서 너를 놀라게 하는 사람이 있나?

지금 멀게 보이는 사람 중 한때는 가까웠던 사람이 있는가? 무엇 때문인가? 그 변화에 대해 어떻게 생각하나?

이 다이어그램에서 더 친해지고 싶은 사람이 있는가?

만약 이 사람(원 중심 부근의 누군가를 나타냄)이 이와 같은 연습을 한다면, 그 사람이 너를 어느 위치에 둘 것으로 생각하나?

이 연습은 발달 패턴과 변화를 탐구하는 데 이용될 수 있다. 예를 들어, 현재 순간 연결의 원을 만든 후, 5년 전의 사회적 연결을 보여 주는 다이어그램을 작성하도록 요청할 수 있다. 어떤 관계가 새로운지 그리고 더 멀어진 관계가 있는지 혹은 사라졌는지 보는 데 도움을 줄 수 있다.

사회적 시각 연습 2: 사회적 연결의 DNA

이 연습은 청소년이 DNA-V 기술을 사회적 관계 형성에 적용하도록 돕는다. 그림 20은 이 연습을 수행하는 데 유용한 지침으로서, 특정 관계에 대해서 고려할 수 있는 질문을 포함하고 있다. 이 연습을 하면서 청소년과 함께 DNA-V 발걸음 워크시트를 작성하거나(워크시트 서식은 http://www.thrivingadolescent.com에서 내려받을 수 있음), 다음 대본의 내용에 있는 대화를 사용할 수도 있다. 이 대본에서는 힘든 생각과 느낌에 초점을 맞춘다는 것을 주목해야 한다. 왜냐하면, 종종 지지가 필요한 영역이기 때문이다. 이것이 유용해 보이면 긍정적인 예측과 느낌에 대한 질문도 할 수 있다.

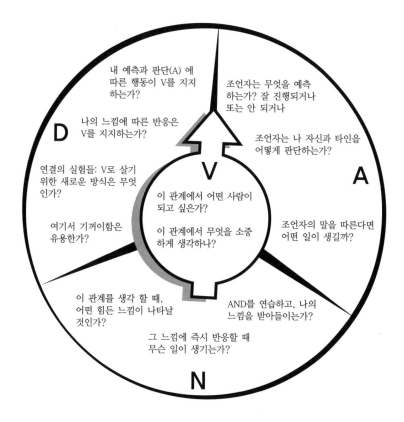

그림 20 사회적 연결 위한 질문의 예

치료 작업 준비

먼저 간단하게 연습 소개하는 것으로 시작한다.

간단하게 알아차리는 작업을 할 거야. 네가 할 일은 호기심을 가지고, 질문에 대답할 때 나타나는 것을 알아차리는 것이야. 이 질문은 관계에 관한 것이므로, 우선, 정말로 아끼는 사람을 먼저 떠올려 보자 (이 작업은 청소년이 도움을 요청하는 관계일 때 효과적이다).

1단계. 연결의 가치를 확인하기

일단 청소년이 누군가를 선택했으면, 가치를 지향하고 탐색하기 시작한다.

네가 정말로 이 사람과 연결되었던 때를 기억해 보자. 천천히 그 사람과 좋은 추억을 찾아보는 거야.

그 기억을 기꺼이 나와 함께 나누어 줄 수 있을까? (기억의 세세한 부분까지 유도하고 연결의 활력을 이 공간으로 가져오도록 노력하자. 단순한 정보 수집을 피하고, 그 사람의 경험에 현존하도록 노력하자)

좋아, 다음에 물어볼 게 있어. 그 순간에 존재한 너는 어떤 사람이었니? 어떻게 행동하고 있었지? (도움, 연결, 베풀기, 나눔 또는 재미, 지지, 충성 또는 정직함과 같은 가치 있는 행동의 예를 이끌어 낸다)

훌륭해. 이것들을 V 영역에 몇 개 적어놓을게. 이것들은 네가 소중하게 여기거나 너에게 활력을 주는 가치 있는 행동 방식들, 즉 소중한 가치라고 하자.

2단계. 힘든 느낌과 생각 파악하기

다음으로, 관찰자와 조언자의 행동을 탐색하러 이동한다.

다른 사람과 연결하기가 항상 쉬운 것은 아니지. 하지만 우리가 자신의 가치관에 일치하게 살려면, 기꺼이 갈등과 불편함을 경험해야 하거든. 다른 사람과 함께 있으면서 약간의 갈등을 겪지 않을 방법은 없어. (개인에 따라, 시간을 내어 이 문제

를 논의하고, 어떤 인간관계에서도 갈등에서 자유롭지 않다는 것을 알 수 있도록 도움을 줄 수 있다.)

　이제 같은 사람을 떠올리고 너희 둘이 갈등하던 때를 생각해 보자.

　이제 AND 연습을 해 보자. 너의 몸을 부드럽게 스캔하여 감각을 인식하고, 어떤 감각이든 명명하고, 그것을 감정이라고 묘사해 보자. (이것들을 N 위치에 적는다.)

　이제 이 상황에서 너의 조언자 행동을 살펴보도록 하자. 어떤 긍정적이고 부정적인 판단이 나타났니? 상대방에 대해 어떻게 생각하였지? 너 자신에 대해 어떻게 생각했어? (A에 판단, 평가, 예측을 작성한다.)

　우리가 아끼는 사람과의 갈등을 떠올리기는 어려울 수 있어…(시간을 허용하고 공감을 표시) 강렬한 감정을 경험하며 중심을 잡고 싶을 때마다, 알아차리는 것은 훌륭한 기술이야. 그러니 지금 잠시 멈추고 천천히 심호흡을 몇 번 해 볼까. 단지 호흡을 알아차리는 거야: 들이마시고, 내쉬고, 멈추고.

3단계. 생각과 느낌에 관한 전형적인 반응 보기

이제 힘든 생각과 느낌에 관한 전형적인 반응을 탐색하는 데 시간을 가져 보면서, 워크시트에 여백을 채워 나간다.

　그래, 조언자가 그런 예측이나 판단을 한다고 하자. 그리고 네가 그걸 들어봐. 들으면 어떤 일이 생기지? 너는 무엇을 할까?

　마찬가지로 그 힘든 감정이 나타난다고 하자. 이러한 감정에 즉시 반응하면 어떻게 될까? 너는 무엇을 할까? (특히 힘든 감정에서 벗어나려고 하는 행동을 살펴보자)

4단계. 탐험가 기술로 실효성과 기꺼이함을 탐색하기

마지막으로, 실효성, 기꺼이함 및 새로운 가치 기반 행동의 가능성을 탐색하도록 하자. 워크시트에 청소년의 반응을 적어오고 있었다면, 그 반응을 참고하여 다음과 같은 말을 할 수 있다.

우리는 네가 사람과 함께 있는 것을 긴장하고 있다고 알 수 있어. 그리고 때로는 힘들기도 하지. 마치 우리 안에 무엇이 나타날지 선택하지 못하는 것과 같아. 우리가 선택하는 것은 우리의 행동이야. 조언자가 판단하고, 감정이 불쾌할 때도 가치에 따라 행동을 선택할 수 있어. 가치 있는 방식으로 행동하면서 우리와 함께 감정과 생각을 지닐 수 있어.

먼저 네가 해왔던 일의 실효성에 관해 알아보자. 조언자가 가치에 연결되도록 돕는 데 효과적이었니? 느낌에 반응하던 방식이 효과가 있었니? 다음에 이 사람과 갈등이 있을 때 이런 식으로 반응하면 어떻게 될 것 같아? (내담자 스스로 같은 행동이 같은 결과를 초래할 가능성이 계속될 수 있다는 것을 인식하도록 돕자.)

네가 일반적으로 하는 것과 조금 다르게, 새로운 것을 시도하는 실험을 기꺼이 해 보겠니?

좋아, 무슨 일이 일어나는지 보기 위해서, 이 사람과 새로운 연결 방법을 시도해 보라고 부탁할게. 네가 해야 될 것은 별거 없어. 단지, 너의 가치와 네가 되고 싶은 사람과 일치하는 실험을 선택할 것이야.

이제 몇 분 동안 브레인스토밍을 통해 이 사람과 어떤 관계를 맺을 수 있는지에 관하여 생각해 보도록 하자. 너의 생각을 판단하지 않도록 해. 좋든 나쁘든 간에 그냥 빨리 끄집어내도록 해 보자.

5단계. 대담하게 시도해 보기

잠시 브레인스토밍을 한 다음, 그 사람이 기꺼이 시도할 수 있는 몇 가지 실험을 확인해 보자. 예를 들어, 스티브는 집에서 엄마를 돕거나 엄마가 가장 좋아하는 TV 드라마를 함께 보자고 제안할 수도 있다. 청소년에게 BOLD는 새로운 것을 시도할 때, 도움이 되는 방법이라는 것을 상기시키자. 다음 순서에 따라 실험을 소개할 수 있다.

좋아, 그럼 넌 이 연결 실험을 해 보기로 하면 좋겠는데, 아마도 쉽지 않을지도 몰라. 왜냐하면, 그것은 네가 평소에 하는 일이 아니기 때문이야. 새로운 것을 시도하는 것은 위험하지. 너의 조언자가 부정적인 예측과 판단을 가지고 나타날 수도 있어. 너는 힘든 감정을 경험할 수도 있어. 여기서 잠시 시간을 내어 이 실험을 하는 자신의 모습을 상상하면서 BOLD를 연습해 보자.

　　그래서 여기 어려운 질문이 있는데, 오직 너만이 대답할 수 있어. 너의 연습을 위해 이러한 생각과 느낌을 기꺼이 가질 의향이 있니? 만약 네가 원한다면, 시도해 볼 수 있어. 그렇지 않다면, 네가 기꺼이 시도할 수 있는 다른 연습을 찾아보자.

중요한 기꺼이함 질문

'기꺼이함'이라는 말은 청소년과 함께 일할 때 가장 친한 친구 중 하나가 될 것이다. 기꺼이함에 도움이 되는 몇 가지 질문이 있다.

우정과 사랑을 쌓는 데 도움이 되는 방식으로 행동하기 위해 어려운 느낌을 기꺼이 경험할 의향이 있는가?

좌절과 분노를 기꺼이 느끼면서, 여전히 정중하게 기꺼이 행동할 의향이 있는가?

다른 사람을 벌주거나 다치게 하지 않고, 자신의 요구를 기꺼이 주장할 의향이 있는가?

다른 사람이 당신을 어떻게 생각할지 기꺼이 두려움을 느끼지만, 여전히 네가 아끼는 것을 기꺼이 할 의향이 있는가? 동료들의 압력에서 벗어나 걸어갈 수 있는가? 옳은 일을 하기 위해 나설 수 있는가?

수줍음을 기꺼이 느끼면서도, 여전히 사람들에게 자신을 소개하고, 친구를 기꺼이 사귈 것인가?

뭔가 잘못한 것에 관해 기꺼이 부끄러움을 느끼면서도 여전히 기꺼이 사과할 의향이 있는가?

사회적 시각 연습 3: 사회적 시각을 넓히기 위한 체험적 역할극

때때로 청소년은 주어진 사회적 상황에서 무엇을 하고 싶은지에 관한 생각을 가질 수 있지만, 그것을 어떻게 구현해야 할지 모를 수도 있다. 이 체험적인 역할극 연습(Bilich & Ciarrochi, 2009)을 함으로써, 도움을 구하거나, 자기주장을 하거나, 피드백을 요청하거나, 데이트를 신청하는 등의 새로운 사회적 행동을 연습하도록 도울 수 있다.

이러한 역할극을 실제로 시연해 보는 것은 적혀 있는 지침보다 훨씬 더 힘을 전달한다. 그래서 스티브와 이 접근법을 이용하여 대화를 시작하면서, 몇 가지 일반적인 지침을 제공할 것이다.

치료자	지붕에 올라갔을 때를 기억해 보자. 가족에 대해 어떤 생각을 하고 있었는지 기억나니? 너의 조언자가 뭐라고 하였지?
스티브	우리 가족은 나를 신경 안 써. 가족은 나를 더 힘들게 해
치료자	좋아, 강렬한 생각이네. 정말로 그것들을 믿으면 어떻게 될까? (스티브는 어깨를 으쓱한다.) 대답하지 않아도 문제가 되지 않아. 그럴 때 우리가 할 수 있는 일이 있지. 생각에 사로잡힐 때, 제일 먼저 해야 할 일이 생각나니?
스티브	그 관찰자에 대해 다시 말하려고 하는 거죠? 그렇죠?
치료자	응. 바로 그거야. 생각에 갇힐 때마다, 관찰자의 공간으로 발을 들여놓는 거야. 좀 불편한 건 알지만, 지금 대화하면서 기꺼이 연습할 의향이 있을까? (스티브가 고개를 끄덕인다.) 좋아 첫째, 모든 느낌은 괜찮다는 것을 기억해라. 그것들은 메시지야. 항상 좋은 건 아니지만, 괜찮아. 그럼 AND를 연습해 보자. 먼저 눈을 감고, 자신의 전체 몸을 볼 수 있는 전신 스캐너가 있다고 상상해 보자. 이것이 알아차리기이구, 이제 관찰되는 신체적인 감각을 어떤 것이든 말해보렴.
스티브	아마도 주먹과 어깨에 힘이 느껴져요
치료자	좋아. 그것이 어떤 느낌인지 구체적으로 표현할 수 있니?
스티브	화가 난 것 같아요. 아빠한테 정말 화났어요.
치료자	좋아. 이제 우리가 지금 할 수 있는 새로운 단계가 있어. 우선 다른 것을 하고 싶은지, 아니면 감정을 파악하는 것만으로도 충분한지 결정할 필요가 있어.
스티브	난 뭔가 하고 싶어요. 아빠의 음주를 막을 방법을 찾고 싶었어요.

치료자	좋아, 새로운 것을 하기 위해, 탐험가 공간으로 가자. 우리가 걱정하는 것을 위해 새로운 것을 하게 될 거야. 지난번에 만났을 때 가치에 관해 얘기했던 거 기억나지?

스티브와 치료자는 함께 가치를 탐색했을 때 떠오른 몇 가지 일을 회상한다. 그는 엄마와 아빠를 사랑하고, 음주에 대한 분노는 아빠를 사랑하기 때문이며, 자신의 개인적인 장점을 강화하며, 분노를 다스리는 법을 배우고 싶어 한다.

치료자	좋아, 이제 새로운 기술을 시도해 보자. 그것은 유연한 자기 시각이라고 불러. 그것은 마치 상대방의 DNA를 알아내려고 노력하는 것과 같아. 좀 이상하겠지만, 네가 네 아빠라고 하고, 난 너라고 상상하도록 해 보자.
스티브	해 보죠.
치료자	(스티비 역할을 하면서 아빠와 싸운다) "아빠, 그만해. 빌어먹을 술은 이제 그만 마셔."
스티브	(아빠 역할) "스티브, 노력하고 있어. 스트레스 많이 받고 있어."
치료자	(스티브 역할) "싫다구! 우리 가족을 망치고 있는 거야."
스티브	(오랜 시간 동안 기다린 다음, 계속해서 아빠 역할) "스티브, 노력하고 있어."
치료자	잘했어, 스티브, 그냥 너로 돌아가서 네가 알아챈 걸 말해줘.
스티브	난 아빠 역할 하는 게 싫어요.
치료자	그래. 아빠의 조언자가 스스로 뭐라고 할 것 같아?
스티브	아마 아빠를 심하게 비난할 것 같아요
치료자	그래, 모두에게 힘든 일인 것 같구나. 이것을 탐험가 행동 일부와 연관시켜 볼까? 엄마, 아빠를 사랑한다고 했잖아. 그 점에 비추어 볼 때, 너는 무엇을 시도할 수 있다고 생각하니?
스티브	(어깨를 으쓱) 잘 모르겠어요. 아마도 소리를 지르는 대신 조용히 이야기할 수 있고, 술을 마시는 이유에 관하여 내가 어떻게 어느 정도 이해하는지 말할 수 있을 것 같아요. 그래도 아빠가 술을 끊었으면 좋겠어.
치료자	멋진데. 좀 더 분명히 하기 위해서, 기꺼이함과 관련된 단어를 이용하여 너에게 다시 말해도 될까?

스티브	네.
치료자	마치 너는 이렇게 말하는 것 같아 "나는 아빠에게 다음에 폭음했을 때 내가 얼마나 화가 났는지 조용하고, 진지하게 설명할 거예요 (스티브가 어떻게 느낄지 말할 수 있도록 잠시 멈춤) 이 문제를 해결하기 위해서라면 기꺼이 그런 느낌을 가질 거예요."
치료자	좋아, 스티브, 마지막 힌트로서, 너의 실험을 시도할 때, 어려운 상황에서 BOLD 기술은 너를 도울 수 있다는 것을 기억하자. 네가 아빠에게 말하기 위해 걸어 들어갈 때, 숨을 쉬고, 관찰하고, 신경 쓰는 것에 귀를 기울이고, 그리고 새로운 기술을 사용하여 무엇을 해야 할지 결정해야 해.

사회적 관점을 넓히기 위한 역할극에 관한 지침

1. **현 상황을 이해하라.** 이 역할극을 수행하기 전에, 청소년의 사회적 상황, 상황에서의 가치, 생각과 느낌에 관해 자세하게 이해하는 것이 도움이 된다.

2. **여러 가지 시나리오를 가지고 역할극을 실시한다.** 어려운 사회적 상황을 여러 번 시도하고, 매번 다른 접근법을 시도하며, 종종 다른 역할을 시도해야 한다. 예를 들어 치료자와 청소년이 번갈아 가며 상대방을 연기할 수 있다. 이를 탐험가 기술 과제로 만드는 열쇠는 언어적 피드백을 최소한으로 유지하여 과도한 규칙 따르기 나 판단을 하지 않도록 하는 것이다. 추론과 문제해결을 통한 학습이 아니라, 오로지 경험을 통한 학습을 강화하는 것을 목표로 한다.

3. **다양한 사회적 행동의 효과를 측정한다.** 각 사회적 행동의 효과를 1(극히 효과적이지 않음)에서 10(극히 효과적임)으로 단순 척도를 이용하여 측정하도록 한다. 측정을 위해 자세한 설명을 제시할 필요는 없다. 측정은 주관적 느낌이나 직관에 근거할 수 있다.

4. **DNA 기술을 강화한다.** 이러한 역할극을 수행하는 동안 DNA 기술을 연습할 기회를 찾아보아야 한다. 예를 들어 역할극이 과열되기 시작하는 경우, 계속 진행하며, 어떤 조언자의 생각이 나타나는지 물어본 다음, 조언자에 대한 인식을 강화하거나 조언자

에게서 벗어나는 기술을 강화할 수 있다. 다르게는, 알아차리기와 AND 연습으로 전환하여 생각의 속도를 늦출 수 있다.

5. **BOLD를 사용하여 연습에 전념한다.** 연습이 끝날 때쯤, 치료자와 청소년 둘 다 어떤 새로운 행동 방식을 알아냈으면 좋겠다. 위의 대화에서 치료자가 그랬던 것처럼, 어려운 사회 상황에서 이러한 새로운 행동을 기꺼이 실험하는 데 전념할 의향이 있는지 물어보라. 다음은 BOLD 약자를 사용하여, D가 발견 또는 가치 있는 행위를 시도하려고 언급할 때, 이러한 전념 행동이 어떻게 표현될 수 있는지에 대한 예시이다.

"나는 이런 사회적 상황에 들어가면서 BOLD 해질 수 있어.
B: 잠깐 멈추고 천천히 심호흡을 몇 번 할 거야.
O: 내 느낌과 생각을 관찰해 볼게. 이는＿＿＿＿＿＿ [어려운 감정이나 생각을 넣기]
L: 나에게 정말 중요한 것을 귀 기울여 볼게.
D: 그러면＿＿＿＿＿＿ [새로운 행동을 넣기]을 통해, 나의 가치에 맞는 새로운 방법을 발견하게 될 거야."

사회적 시각 연습 4: 사회적 세상에서 DNA 이동

이 연습은 청소년이 DNA의 세 가지 측면 모두에서 사회적 관계를 경험할 수 있도록 돕는다. 특히 청소년 집단에서 유용하다. 사려 깊은 답변을 위해 잠시 멈추고, 따뜻한 관심을 가지며 아래 질문을 해 보자. 귀를 기울이는 시간을 가지고, 그 공간을 잡담으로 채우지 않도록 해야 한다.

무엇이 나타나는지 보기 위해 탐험가 공간으로 이동해 보자. 네가 새롭고 색다른 방식으로 상황을 생각하는 데 도움이 될 몇 가지 질문을 할 거야. 하나씩 대답하기 위하여 충분한 시간을 줄 거야.

지금, 이 세상 어디든 갈 수 있다면 어디 있을 것 같아?

뭘 하고 있을 것 같아?

누구랑 같이 있을래, 아니면 혼자 있을래?

이제 조언자 공간으로 이동하여 그것이 어떤 것인지 살펴보도록 하자. 조언자가 말하는 것을 믿지 않더라도 그냥 내버려 둬야 해. 조언자가 판단하게 놔둬

최근에 말다툼을 한 사람을 생각해 봐. 그 사람이 좋은 사람인지 나쁜 사람인지 판단해 보자.

너에게 좋은 일을 해 준 사람을 생각해 봐. 그 사람을 좋은 사람인지 나쁜 사람인지 판단해 보자.

모든 사람을 믿을 수 없는 세 가지 이유를 생각해 보자.

모든 사람을 믿어야 하는 세 가지 이유를 생각해 보자.

사람에 관해 판단하고 결론을 내릴 때, 우리는 조언자 공간에 있어. 이제 그 공간에서 한 걸음 나아가서 중립적이거나 관찰자로 옮겨가자. 그저 잠깐 멈추고 천천히 심호흡을 몇 번 해 보자. 이제 너의 몸을 스캔하여 감각을 느끼도록 하자. 그리고 너와 내가 여기 함께 있고, 우리 둘 다 서로 연결되고 함께 있다는 것을 알아차려 봐. 이제 다시 탐험가 공간으로 이동해 보자.

인생에서 받은 가장 큰 선물은 뭐였니?

너의 가장 큰 슬픔은 뭐였니?

완전히 혼자라고 느껴본 적이 있니?

네가 진정으로 행복하다고 느꼈던 때를 생각해 보자.

이제 이러한 각각의 질문에 추가로 물어보자.

인생에서 가장 큰 선물을 받았을 때, 너는 혼자였니, 아니면 다른 사람과 함께 있었니?

가장 큰 슬픔을 경험했을 때, 혼자였니, 아니면 다른 사람과 함께 있었니?

완전히 혼자라고 느꼈을 때, 혼자였니, 아니면 다른 사람과 함께 있었니?

진정으로 행복하다고 느꼈을 때, 혼자였니, 아니면 다른 사람과 함께 있었니?

우리의 삶에서 가장 중요한 사건이 얼마나 자주 다른 사건들과 연관되어 있는지 탐색해 보자. 우리들 대부분은, 타인과 함께 있는 맥락에서 가장 큰 상처와 큰 기쁨을 경험한다는 것을 알 수 있도록, 청소년을 편안하게 안내한다.

이제 스스로 다음을 물어보자. 타인과 연결하고, 함께하며 그리고 이해를 구하는 데 강점을 발전시키려면 어떻게 DNA 기술을 사용하여야 할까?

12장

강력한 사회관계망 구축하기

이전 장에서는 청소년이 지지적인 개인 관계를 형성하도록 돕는 데 초점을 맞췄다. 이 장은 사회관계망을 확장하는 것에 관한 내용이며 또래들 사이, 학교 및 지역사회 집단같은 보다 넓은 사회관계망에 효과적으로 참여하기 위한 접근법을 안내한다.

이 장의 기초를 위해서 사회관계망이 왜 중요한지 이야기한다. 효과적인 집단 기능을 위하여 DNA-V 모델을 노벨상 수상자 엘리너 오스트롬의 원리와 연결한다. 마지막으로 청소년이 자신을 위하여 가치 지향적이며 지지적 집단을 만드는 방법을 배울 수 있도록 돕는 구체적인 훈련을 제공한다. 이러한 기술들은 학교생활에서 나아갈 방향을 제시할 뿐만 아니라 성인이 되어서도 안녕과 성공을 위해 유용하다.

먼저 사회적 연결이 거의 없었던 레나의 이야기부터 시작해 보자. 이 이야기의 어조가 이 책의 앞부분과는 다소 다르다는 것을 알 수 있다. 왜냐하면, 이 장 뒷부분의 활동 중 하나는 같이 작업하는 청소년에게 이 이야기를 읽어주는 것을 포함하기 때문이다.

레나 이야기

링컨 고등학교는 새 학년의 에너지로 떠들썩했다. 작고 수줍은 한 소녀 레나가 교문 밖에 홀로 서서 학교 운동장을 바라보고 있었다. 레나는 주저하고 있다. 9학년 학생들 모두는 깔끔한 새 교복을 입고 있었지만, 일부 학생들은 낡은 신발과 허벅지가 훤히 보이는 교복 치마를 입고 있었다. 한편, 레나는 교복을 입지 않고 평상복 중 가장 좋은 옷을 입고 왔다. 집에서는 예뻐 보였지만, 지금은 조롱받을 것 같은 기분이라 교문 앞에 우두커니 지켜보며 서 있다. 곧 학교에 들어가야 하고 모든 사람이 응시하게 될 것이라고 생각하였다.

벨이 울리고 이어서 모임에 참석하라는 안내 방송이 이어졌다. 시끄럽고 흥분한 다른 학생들은 서둘러 강당으로 들어갔다. 레나는 될 수 있는 대로 기다리다 강당 뒤쪽으로 몰래 들어가 자리를 잡았다. 교장선생님이 단상에 올라 학생들에게 일정, 방과 후 활동, 그리고 무릎이 보이는 짧은 치마 금지, 남학생 바지 규정, 운동화 금지 등의 교복 복장에 관한 학교 규정을 이야기했다. 학생들은 웅성거렸다. 그들은 이전에 모두 들은 적이 있었고, 이미 그런 규칙을 어기는데 익숙해 있었다.

"교복을 입지 않은 학생은 모임 후에 내 방으로 와주겠니?"라는 교장선생님의 말에 레나는 순간 두려워졌고, 모욕감이 느껴졌으며, 700명의 모든 학생이 자신을 쳐다보는 것 같았다. 땅속으로 사라지고 싶었고, 교복을 살 수 없을 정도로 가난한 게 영원히 알려질 것 같았다.

레나가 교장실로 들어서자 교장선생님은 "왜 교복을 입지 않았니?"라고 부드럽게 물었다. 레나는 얼굴이 빨개지고 부끄러워하며 그냥 서 있기만 했다. 가족이 교복을 살 여유가 없다는 사실을 차마 말할 수가 없어서 그냥 멍하니 서 있기만 할 뿐이다. 교장 선생님은 한숨을 쉬며 "좋아, 2주 남았어, 이 학교에 오고 싶으면 교복을 반드시 입어."라고 말했다.

그 첫날, 레나는 교복에 관해 끝없이 질문을 받았다. 대부분 아이들은 그저 호기심에 차 있었을 뿐이지만, 모든 사람이 트집을 잡아 자신을 이상하다고 생각할까 봐 두려웠다. 레나는 수치심에 휩싸였다. 이후에도, 레나는 결코 친구를 사귀지 않았고 엄마에게도 말하지 않았다.

레나는 학교와 선생님들, 그리고 아이들을 싫어하게 되었고, 그들 중 일부는 레나를 첫날부터 따돌리고 나서 괴롭히기 시작했다. 2주가 채 끝나기도 전에 레나는 학교를 그만뒀다.

레나에 관한 고찰

레나는 다른 사람들이 위협으로 느껴졌다. 친구도 없고, 친구 사귀는 법도 몰랐다. 레나의 조언자는 세상을 안내하는 방법에 관한 몇 가지 주요한 규칙만을 제시하였다. 회피하라, 도움을 구하지 말라, 아무에게도 말하지 말라. 레나의 상황을 어떻게 생각할 수 있을까?

다른 학생에 대한 레나의 관점은 유용한가? (DNA-V에서는 사람들의 관점이 진실인지 거짓인지에 관한 평가를 강조하지 않는다는 것을 상기하자.)

레나가 마음 읽기에 참여할 때 다른 사람에게 어떤 생각과 의도를 전달한다고 생각하는가?

레나는 어떤 DNA 기술을 개발해야 한다고 생각하는가? 어떤 기술에 먼저 집중해야 할까?

학교 환경이 맞닥뜨리는 도전

레나의 학교 경험을 이용하여 더 넓은 사회적 연결에 관한 논의를 시작해 보자. 왜냐하면, 청소년은 대부분 시간을 학교에서 보내며 사회집단에 관한 대부분의 교훈을 이곳에서 배우지만, 동시에 많은 문제가 발생하는 곳이기도 하다.

레나처럼 많은 청소년은 새로운 사회 환경을 대비하지 못한 채, 중학교나 고등학교에 들어오게 된다. 커다란 학교 시스템은 불안정하거나 스트레스가 될 수 있다. 많은 청소년은 괴롭힘, 무시 또는 심지어 학대당하기도 한다. 그들은 공격성을 통해 강해져서 살아남거나 혹은 자신 속으로 숨어 버리는 선택을 해야만 한다고 종종 느낀다. 그러다 일부는 완전히 학교를 회피하기도 한다. 도와주려는 부모의 시도는 부모 스스로 정보가 부족함을 느끼게 되거나, 소리를 질러버리거나, 지나치게 살아남기 위한 노력만 하게 함으로써 좌절할 수 있다. 아니면 모든 사람은 괴롭힘을 당하기 때문에 아이가 더 강해져야 한다고 말하면서 자녀들의 학교 문제 중요성을 경시할 수도 있다.

어떤 상황에서든 배척과 괴롭힘이 그저 정상적인 행동이며 이에 관해 어떤 것도 할 수 없다고 가정할 수 없다. 극적인 사회 변화는 가능하다. 예를 들어, 지난 세기 동안 소수 집단, 여성, 어린이의 권리가 향상되었다. 이러한 권리는 괴롭힘, 강간, 동성애자 학대, 배우자 학대, 아동 폭력 등을 낮추어 오고 있다(Pinker,2011a,2011b). 청소년에게 가장 중요한 맥락 중 하나인 학교가 위협적이거나 안전하지 않다는 것을 받아들일 필요는 없다.

20년 동안 예방 프로그램과 정책에 관한 연구는 성공적인 환경이 조성되고 있다는 한 가지 공통 경향성을 보여 준다(Biglan, 2015). 이러한 지원과 사회적 기술들의 도움으로, 청소년을 잠재적 위험 지역인 학교로 매일 등교하게 하는 것을 받아들일 수 없다고 주장할 필요는 없을 것 같다.

레나는 문제가 있지만, 레나 혼자만의 문제는 아니다. 그 문제는 공평하게 개인적이면서도 맥락적인 부분이 있다. 이 장에서는 DNA-V 모델의 최종적이고 결정적인 측면, 즉 넓은 사회적 맥락에 관해 설명한다. 인간은 단지 분리된 실체가 아니다. 가족, 동료, 교실, 스포츠 팀, 학교, 직장, 지역사회, 온라인 관계망과 상호 연결되어 있다. 청소년의 삶을 개선하려면 반드시 사회적 맥락을 개선해야 한다.

우리를 강하게 만드는 사회적 연결

집단은 우리에게 귀중한 사회적 자본이며, 이 사회적 자본은 "사회적 관계라는 조직에 의해 생성되고 행위를 촉진하기 위해 동원될 수 있는 선의"로 정의될 수 있다(Adler & Kwon, 2002, p 17). 많은 연구에서, 만약 청소년이 사회적 자본을 만들 수 있는 기술을 가지고 있다면, 성인기에 몇 가지 장점이 있다고 한다.

- **목표에 도달하기.** 집단의 지원을 받으면 사람들은 더 성공적으로 목표를 이루어 낸다. 서로 지지하는 그룹 내 구성원이 목표 달성에 자주 성공한다. (Wing

& Jeffery, 1999) 사회적 자본은 기업가 정신과 스타트업 기업의 설립을 촉진한다(Adler & Kwon, 2002). 또한 경력에서 성공할 확률이 높다(Adler & Kwon, 2002; Gabbay & Zuckerman, 1998; Lin, Ensel, & Vaughn, 1981; Podolny & Barron, 1997).

- **신체적, 정서적 지원.** 사회적 자본은 삶에 대한 더 큰 만족도와 더 나은 신체 건강과 연관되어 있다. (Helliwell & Putnam, 2004)

- **성취.** 집단은 개별적으로 생산할 수 있는 것보다 더 많은 것을 생산하게 한다. 예를 들어, 많은 개인이 모여서 무료 웹사이트 위키피디아를 만들었고, 최근의 조사에서, 비싼 브리태니커 백과사전만큼 우수하다(Giles, 2005.)

- **아이디어 및 지식 접근성 향상.** 우리 각각은 단지 많은 정보에 접근할 수 있지만, 모두가 사각지대를 가지고 있다. 즉 어떤 일에는 전문가고 다른 일에는 완전히 초보자다. 우리 중 선택한 모든 분야에서 전문가가 될 시간이 있는 사람은 거의 없다. 집단은 개인이 더 크고 다양한 네트워크 정보의 일부가 되도록 한다.

그러므로 우리는 함께 더 많은 것을 할수록, 더 많이 성취하고, 더 행복해지고, 건강해지기 때문에 집단은 중요하다. 집단은 강력해서, 집단 협력이 가능한 소수의 생물종들이 지구를 지배한다(E. O. Wilson, 2014). 예를 들어, 벌, 흰개미, 개미와 같은 매우 협력적인 진사회성** 곤충은 알려진 곤충 종의 2%에 불과하지만, 곤충 생물 총량의 75%에 달한다(E. O. Wilson, 2014).

협력은 이러한 장점들이 있으므로 청소년이 협력 집단에 소속되고 이를 만들 수 있는 기술을 개발하도록 분명히 도울 필요가 있다.

**역주: 여러 세대가 함께 살면서, 집단 내에서 번식하는 개체와 번식하지 않는 개체들 사이에 노동을 분담하고, 새끼들을 공동으로 키우는 등의 특징을 가지는 사회적 조건

죄책감, 두려움, 그리고 친사회적 행동

어른들은 청소년을 흔히 이기적이거나 게으르고, 때로는 무섭다고 단정한다(Bolzan, 2003). 그러한 고정관념은 청소년, 그리고 실제로 모든 인간의 친사회적 행동이 자연스럽고 강화될 수 있다는 생각을 과소평가하는 것이다. 예를 들어, 한 살짜리 아이는 곤경에 처한 다른 사람을 위로하고, 집안일에 참여하는 것을 즐거워하며, 손에 닿지 않는 물건을 가리키면서 어른을 돕는다(Svetlova, Nichols, & Brownell, 2010). 일주일에 세 번의 친절을 실행하는 십 대 청소년은 또래들에게 쉽게 받아들여지는 경험을 한다(Layous, Nelson, Oberle, Schonert Reichl, & Lyubomirsky, 2012). 그리고 다른 사람에게 베풀고, 공동체에 참여하는 성인은 긍정적인 정동, 건강, 삶의 의미라는 감각이 높다(Aked et al., 2009; Greenfield & Marks, 2004).

우리는 자원을 공유한다. 인간의 아기는 서로 한 입씩 먹는 놀이에 즐거워하며 자발적으로 어른과 음식을 나누어 먹는다. 대조적으로 보노보와 침팬지에 대한 연구는 이런 종류의 자발적인 공유를 보여 주지 못했다. 침팬지는 다른 이들이 자기 음식 일부를 가져가는 것을 허용할지 모르지만, 이것은 진정한 공유가 아닌 "허락된 도둑질"로 간주된다(Hrdy, 2009). 따라서 과학자들은 공유가 인간 영장류에게 특이적이며, 초기부터 존재하며, 자발적인 것으로 보인다는 결론을 내렸다.

친사회적 행동은 타인에게만 도움이 되는 것이 아니다. 우리 자신도 기분이 좋아지도록 돕는다. 신경과학자는 관대한 행동을 할 때, 뇌의 도파민 관련 쾌락 중추가 활성화된다는 것을 보여 주었다. 예를 들어, 다른 사람에게 돈을 쓰는 것은 우리 자신에게 돈을 쓰는 것보다 행복에 더 긍정적인 영향을 미치는 것으로 나타났다(Hrdy, 2009).

요약하자면, 청소년은 생물학적으로 친사회적일 준비가 되어 있다. 그렇다면 문제는 어떻게 하면 친사회적 행동이 나타나도록 도울 수 있느냐 하는 것이다. 행동을 잘해야 한다는 압박, 죄책감, 진부한 말로는 청소년을 친사회적으로 만들 수 없다. 그러나 이러한 행동을 모델링함으로써 증진할 수 있다. 중요한 것은, 청소년 스스로 친사회적 행동의 이점을 보도록 돕고, 동료와 다르기보단 서로 더욱더 비슷하다는 것을 발견하도록 부드럽게 안내해야 한다. 기부, 협력, 함께하기 등이 자신들에게 보상을 가져다준다는 경험과 스스로 발견하도록 돕는 경험을 통해, 친사회적 성향이 자라날 수 있는 맥락을 제공할 수 있다. 맥락에서 이 모든 것이 발생한다면, 더 큰 사회 집단에서 청소년이 가지고 있는 맥락적 공간을 고려할 필요가 있을 것이다. 이는 다음 장의 주제이다.

현대사회라는 맥락에서 청소년 이해하기

수백만 년 동안, 인간의 청소년기는 아마도 신체적으로 성숙하는 짧은 기간이었을 것이다. 그 기간에 청소년은 주로 어른으로부터 성인의 역할을 배웠다(Hawley, 2011). 187개국에 걸친 인류학 연구는 대부분의 나라에서 청소년기로 특징될 수 있는 단계를 거쳐 지나간다고 하였다(Schlegel & Barry, 1991년). 전통적인 문화에서 청소년기는 짧았다. 여성은 사춘기 2년 이내에, 남성은 4년 이내에 결혼했다. 청소년은 성인 역할을 어른으로부터 직접 배우고, 아기를 돌보고, 어린아이들과 함께 노는 등, 여러 연령대 집단과 시간을 보내었다. 인류 역사의 연대표에 눈 깜짝할 사이지만, 지난 몇 세대 동안 많은 문화에서 청소년기는 극적으로 변화해 왔다.

현재 청소년기는 일반적으로 10년 이상 지속된다. 이 기간에 청소년은 비슷한 또래들과 함께 대부분 시간을 학교에서 보내며, 사람들과 폭넓은 상호작용을 하지 않는다. 한 사람을 돌보는 것은 물론 아기나 노인과 관계를 맺어 본 적도 없을 것이다. 가족은 이제 더 적고, 지역사회와 더 단절되어 있어, 친척과 친해질 기회가 줄어들었다(McPherson 등, 2006). 성인 가족 구성원과의 시간은 항상 적으며, 종종 일과 학교가 끝난 저녁에는 한두 시간밖에 남지 않는다(Popeno,1993). 이러한 환경 변화가 청소년에게 더 유익하다는 어떠한 증거도 없다. 반대로, 다른 연령층과의 상호작용은 청소년이 공감과 이타주의와 같은 중요한 사회기술을 발달시키는 데 도움이 된다. 예를 들어, 연구자들은 교실에서 아기를 관찰하고 상호작용할 기회를 주었을 때, 파괴적인 행동이 감소하고 감정이입이 증가함에 주목하였다(Gordon, 2009).

불행히도, 소속과 공동체가 이익, 물질주의, 산업의 부산물로 여겨지는 세상에서 청소년은 성장하고 있다. 다양한 사람과의 접촉이 적고, 공감과 연민을 발전시킬 기회가 적으며, 다른 사람으로부터 배울 시간이 거의 없다. 좋은 소식은, 청소년을 도와주는 사람들이 이 상황을 바꿀 수 있다는 것이다. 우리는 청소년에게 사랑과 친절이 중요하고, 타인이 중요하며, 함께 있다는 것은 단지 살아남는 것보다 성장하는 것을 의미한다고 가르칠 수 있는 능력이 있다. 분명히 말하면, 우리가 무엇을 하든 청소년은 우리가 만들어 내는 맥락에 적응할 것이다. 우리의 임무는 그들이 다른 사람과 함께 성장하고 번영하며, 연결되고, 공감적이면서, 연민을 가지며 행동할 수 있는 공간을 만드는 것이다.

주고받는 과정에서 긴장 조절하기

비록 우리가 친사회적 행동에 대한 인간의 능력을 강조해 왔지만, 이기주의에 관한 인간의 능력을 과소평가하지 않는 것도 중요하다. 인간은 자신이 원하는 것을 얻기 위해 훔치고, 속이고, 거짓말하고, 조작하고, 남을 해친다. 나눔과 충성심 같은 사회적 덕목의 많은 부분조차도 이기적인 동기 측면에서 이용될 수 있다. 역사적으로도, 군인이 동료에 대해 큰 공감을 가질 수 있지만, 적에 대해서는 거의 공감하지 못하였다. 우리는 위대한 이타주의 또는 반대로, 악의적으로도 행동할 수 있다. 표현되는 행동의 유형은 맥락에 따라 다르다.

공격성과 사회적 지배력의 경우를 고려해 보자. 사회적이지 않은 종에서, 개인의 권력은 분명한 가치를 가지고 있으므로, 음식부터 짝짓기 기회까지의 다양한 자원에 관한 접근에 유리하다. 그러나 현대 사회에서 공격성은 명백한 물리적 이점을 가지고 있지 않다. 공격적인 청소년은 반드시 더 좋은 음식이나 연애의 기회를 얻는 것은 아니다. 실제로, 공격적인 개인은 자신의 사회 집단으로부터 외면받거나 기피당할 가능성이 더 크다는 연구 결과가 있다(Coie & Dodge, 1998). 청소년이 공격적으로 행동하고 있다면, 대개 동료의 짧은 감탄과 일시적인 지위 상승과 같은 단기적인 강화 때문이다. 장기적으로, 직접적인 공격성은 집단의 힘과 협업하고 활용하는 개인의 능력을 방해하기에 유용하지 않다.

어떻게 하면 청소년이 공격적이지 않고, 개인의 욕구를 충족하도록 도울 수 있을까? 먼저, 친사회적 행동이 공격성과 유사하게 작동한다는 것을 인식하는 것으로 시작한다. 둘 다 개인의 지위와 권력을 상승시키는 기능을 할 수 있다. 따라서 치료자의 역할은 청소년이 공격성보다는 친사회적 행동에 관한 강화를 얻을 수 있는 맥락을 만드는 것이다.

개인과 사회관계망을 동시에 목표로 삼기

현대 사회에서 청소년은 상당한 심리적 고통의 위험에 처해 있으며, 청소년 4명 중 1명은 임상적 수준의 고통을 경험하고 있다(McGorry, 2012). 심리치료의 개별 모델을 학교 전체 프로그램에 적용함으로써 이러한 상황을 개선하려는 시도가 있었다. 불행하게도, 효과는 단기적이며 크지 않았다(Merry et al. 2011). 왜 청소년에서 안녕을 증진하려는 노력은 이렇게 미미한 성공만을 거두는 것일까?

우리는 심리학 영역의 접근 방식은 종종 개인에 초점을 두지만, 사회적 환경을 무시하기 때문에 이런 일이 일어났다고 믿는다. 예를 들어, 많은 청소년 프로그램들은 어떤 식으로든 사회 맥락 변경 없이, 개인 청소년에게 무엇이 "잘못된" 것인가를 표적으로 하거나 그들 안에 "좋은" 생각을 고취하려고 시도한다. 반면에, 다른 근거는 효과적인 청소년 개입은 협력의 가치를 발견하고 소속감을 느낄 수 있도록 돕는 데 중점을 두면서, 양육의 특징을 가지는 데 있음을 알려주고 있다. 좋은 행동 게임으로 알려진 교실 관리 접근법이 한 예다(Biglan, 2015).

우리가 청소년을 돕기 위해서는 사회 환경을 바꿔야 한다. 비록 청소년을 현재의 교실 환경에서 꺼내어 긍정적인 사회관계망을 구축하는 방법을 가르칠 수 있더라도, 만약 어른에 의해 모델링되지 않거나, 만약 환경이 친사회적 행동을 강화하지 않는다면, 혹은 더 나쁜 것이 반사회적 행동을 강화한다면, 이러한 기술들은 줄어들거나 사라질 것이다.

추가적인 고려사항은 많은 접근법이 집단 효과를 무시한다는 것이다. 일탈 행동을 보이는 젊은 범죄자에 대한 초기 개입에서, 그들은 함께 배치되었고, 집단 내에 함께 배치되는 맥락이 서로에게 지식을 공유하고 더 일탈되게 할 기회를 준다는 사실이 밝혀지기도 하였다(Dishion, Ha, & Veronneau, 2012). 그러한 환경이 일탈의 훈련장이 된다는 것은 널리 알려져 있지만, 여전히 소년원에서뿐만 아니라 학교와 다른 환경에서 비슷한 아이들을 함께 모아 놓는다.

우리가 청소년의 안녕을 위한 사회적 맥락의 중요성을 인식할 때, 어떻게 또래 집단, 가족, 또는 공동체를 바꿀 수 있는지 질문할 수 있다. 때로는 우리가 부모에게 따뜻하고 지지적인 양육 방식을 사용하게 하거나, 또래들이 괴롭히는 것을 멈추게 하거나, 교사들이 친사회적 행동을 모범으로 보여 주게 할 힘을 가지지 못할 때가 있다. 다행히 집단과 개인 사이의 연결고리는 상호적이다. 집단이 개인을 변화시키듯 개인은 집단을 변화시킬 수 있다. 그곳이 우리가 청소년에게 사회적 맥락을 형성하는 데 도움이 되는 기술을 제공하며 작업할 수 있는 공간이 된다.

청소년이 친사회적 공동체를 만들 수 있도록 돕기

청소년은 중학교와 고등학교가 뭔가 가치 있는 무언가를 할 수 있을 만큼 나이가 들 때까지 기다려야 하는 장소, 즉 대기하는 독방처럼 느낄 수 있다. 한편, 어른은 괴롭힘, 인터넷 중독, 사회적 따돌림, 정신 건강 문제 등을 줄이기 위해 그들에게 질서를 부여하려고 한다. 아마도 문제는 그런 것들이 외부에서 내부로 향하는, 청소년 행동을 변화시키려는 시도라는 점이다.

이것은 다음과 같은 중요한 문제를 야기한다. 청소년이 자신의 환경을 내부에서부터 바꿀 수 있는 힘을 부여하지 않음으로써, 귀중한 자원을 낭비하는 것이 아닐까? 만약 청소년의 집단에 사회적 문제를 책임지게 한다면 어떻게 될까? 이러한 접근을 고려하는 것은 대부분 어른에게 많은 불안을 유발할 가능성을 높일 수도 있다. 청소년이 제 마음대로 하게 내버려 두면 이기적이고 파괴적인 행동을 하지 않을까? 경제학자들이 더 큰 사회 집단과 관련하여, 비슷한 질문을 어떻게 다루었는지 살펴봄으로써 이 질문에 대답할 수 있다.

경제학자들은, 만약 사람들을 제멋대로 하게 내버려 둔다면, 언제나 이기적으로 행동할 것이라고 주장하곤 했다. 전형적인 반응은 가능한 한 많은 자원을 움켜쥐는 것이며, 이는 공공자원이 고갈되거나 파괴되는 소위 공동체의 비극으로 이어질 것이다 (Lloyd, 1833). 예를 들어, 어촌의 각 개인이 탐욕스럽게 최대한 많은 물고기를 잡아서 물고기 개체수가 전멸되는 비극이 올 것이라 가정했다. 가능한 해결책 중 하나는 정부와 같은 외부적인 힘을 가진 사람이 공동의 자원을 고갈시키거나 남용하는 것을 제지한다. 이러한 사고방식을 청소년의 맥락에서 생각해 보면, 어른이 청소년의 행동을 엄격하게 규제할 필요가 있으며, 그렇지 않을 때, 이기적일 것이고, 친사회적 행동을 하지 않을 것이다.

엘리너 오스트롬(1990)은 이 가정에 단호하게 도전하는 것으로 노벨상을 받았다. 오스트롬은 전 세계의 많은 단체가 외부 통제 없이 공동 자원을 관리하고 협력하는데 성공한다는 것을 보여 주었다. 즉 사람은 특정한 환경 조건이 존재한다면 이기적으로 행동하지 않는다. 오스트롬은 한 집단이 효과적이고, 협력적이며, 지지할 기회를 극대화하는 8가지 환경 원칙을 확인했다. 이러한 원칙은 이후 전 세계를 아우르는 집단에 적용하기 위해 일반화되었다(D. S. Wilson, Ostrom, & Cox, 2013).

오스트롬의 디자인 원리는 청소년에게도 똑같이 적용된다. (이 장의 뒷부분에 나오는 워크시드 "강력한 집단 만들기"에서 청소년 친화적 양식을 참조) 청소년에게 집단이 자신들의 소유라고 느끼고, 집단이 공정하고 혜택을 제공하며, 안전하다고 느낄 수 있는 틀을 제공한다. 아마도 가장 중요한 것은 이러한 틀이 청소년에게 협력하고 그들만의 환경을 만들 수 있게 한다(오스트롬의 원칙에 대한 자세한 내용은 D. S. 윌슨 외, 2013년)

청소년이 자신의 환경을 규제할 수 있게 하는 데 적어도 네 가지 분명한 혜택이 있다. 첫째로, 청소년은 내부로부터 자신의 환경을 더 잘 감시할 수 있다. 이것은 특히 긍정적이거나 부정적 행동의 대부분이 성인의 시야 밖에서 일어난다는 맥락에서 중요하다(Tokunaga, 2010). 둘째, 친사회적 친구들은 다른 청소년의 행동에 긍정적인 영향을 미칠 수 있다. 예를 들어, 따돌림에 대해 방관자가 되는 것을 거부함으로써 대응할 수 있으며, 따라서 괴롭힘 행동이 멋져 보이지도 인정되지도 않음을 보여 준다 (Frey, Hirschstein, Edstrom, & Snell, 2009; Salmivali, Kaukiainen, & Voeten, 2005; Stevens, Van Oost, & De Bourdeaudhuij, 2000). 셋째, 친사회적 집단은 특히 어른에게 도움 요청을 거부하는 상황에서, 청소년에게 사회적 지원을 제공할 수 있다(Parker

외, 2014; Tokunaga, 2010). 마지막으로, 또래 집단의 자율규제는 사회적 시민이 되기 위한 훈련장 역할을 하면서 성인의 역할에 관한 실천을 제공한다.

사회적 시각을 이용하여 사회관계망 구축 연습

이 장의 나머지 부분은 청소년이 효과적인 친사회적 집단을 개발하고 유지하도록 돕기 위한 연습이다.

사회관계망 연습 1: 친사회적 집단에서 가치 인식

DNA-V 모델을 집단에 적용할 때, 첫 번째 단계는 협력 집단의 행동을 공동의 가치로써 확립하는 것이다. 스포츠 팀과 같은 그룹에서 공유하는 가치는 명확히 이해된다. 치료 집단, 학교 또는 클럽과 같은 집단의 경우, 가치는 뚜렷하지 않을 수 있다. 따라서 애초에 청소년이 집단에 소속됨으로써의 장점을 이해할 수 있도록 돕는 것이 출발점이다.

이 연습의 목적은 청소년이 서로 간의 공통점을 찾고, 서로 다르기보다는 비슷하다는 것을 알 수 있도록 돕는 것이다. 은유와 함께 스토리텔링과 상호 간의 대화를 이용하여 청소년 간의 공유를 촉진한다. 목표는 DNA-V 모델이 개인이나 자기 생각과 감정에만 적용되는 것이 아니라, 사람 사이의 상호작용에 적용되어 모두에게 이롭다는 것을 보여 주어야 한다. 먼저 이 목표를 설명하도록 하자.

우리는 개인적으로 자신의 걱정이 유일하다고 느끼고, 다른 사람은 모두 자신보다 훨씬 더 잘하고 있다고 느끼기 쉬워. 너희들은 다른 청소년을 보고 그들이 잘하고 있고, 주변 신경 쓰지 않으면서 자신 있게 삶을 살아가고 있다고 생각할지도 몰라.

하지만, 이전 연구는 그렇지 않다는 것을 분명히 보여 준다. 예를 들어. 청소년 4명 중 1명은 우울증이나 불안감을 경험할 수 있어. 많은 아이가 여러 가지 문제로 어려운 시간을 보내고 있지. 가족 문제, 학교에서의 고군분투, 미래에 대

한 걱정, 친구와 갈등, 따돌림, 외모에 대한 불만을 느끼는 등 주제들은 셀 수 없이 많아. 어른도 비슷해. 항상 어려운 시기를 피할 수는 없지만, 어른들은 그것들을 다루는 데 보다 익숙해질 수는 있지.

DNA-V 작업을 통해 보기 시작했겠지만, 인간의 마음은 대체로 문제점과 우리 안에 있는 잘못된 것을 발견하는 것에 초점을 맞추고 있어. 그래서 우리 모두 어떤 때는, 자기가 아주 괜찮지도 않고, 똑똑하지도, 매력적이지도 않으며, 뭔가 부족하다고 느끼게 되지. 그리고 개인으로서, 우리는 종종 다른 사람들이 어떻게 생각하고 느끼는지를 볼 수 없으므로, 혼자라고 느끼기 쉬워.

이 집단에서 DNA 기술을 사용하는 것은 우리 자신과 다른 사람을 보기 위하여 다른 방법을 찾을 기회를 줄 거야. 그래서 오늘 우리 집단을 사회적 시각으로 볼 수 있는 프로젝트를 진행하려고 해. 이 작업을 하면서 어쩌면 우리 자신 속에서 놀랄 만한 일들을 우리가 알아차릴 수도 있어.

세상이 냉정한 곳이고 우리 개개인은 너무 작아서 무엇도 바꿀 수 없다고 생각하기 쉽지만, 그렇지 않아. 너희들에게 관점을 이동하는 것에 관한 이야기를 해 주고 싶어. 너희들이 들을 때, 이야기의 사건들이 이렇게 보일 수 있는지 다양한 방식으로 생각해 보자.

다음은 아래 이야기 중 하나를 읽은 후, 다음에 나오는 질문을 이용하여, DNA-V의 렌즈를 통해 토론할 시간을 준다.

예제 A: 레나의 이야기

이 장의 시작 부분에 나오는 레나의 이야기를 큰 소리로 읽은 다음, 아래에 정리된 내용에 따라서 레나의 DNA-V 행동에 관한 집단 토론을 진행한다. 목적은 사회적 맥락이 레나의 도전과 결과에 어떤 영향을 미칠 수 있는지를 집단이 고려하도록 돕는 것이다. 집단 토론으로 진행할 수도 있고, 집단 구성원이 개인의 생각을 적고 공유하게 할 수도 있다.

여러 관점 탐색하기

레나의 관점은 무엇인가?

교장선생님의 관점은 무엇인가?

다른 학생들은 어떤가? 모두가 레나를 평가하고 판단했다고 생각하는가?

다른 사람들은 무엇을 생각하고 있을까?

다른 학생들은 얼마나 오랫동안 레나를 생각할까?

조언자 기술 탐색하기

레나의 조언자는 레나에게 뭐라고 하는가?

레나의 조언자는 다른 사람에 관해 뭐라고 하는가? 그들의 생각에 관한 레나의 추측은 정확한가?

레나는 자신의 조언자에서 벗어날 수 있는가, 아니면 조언자를 따르는가?

관찰자 기술 탐색하기

레나의 감정과 신체적 감각은 무엇인가?

레나가 감정과 감각을 알아차리는 데 얼마나 능숙한가?

레나가 자신의 느낌을 인식한다고 생각하는가?

교장실에서 수치심을 느낄 때 레나는 무엇을 할 수 있었을까?

다른 학생들은 어떤 감정적인 반응을 보일까? 다른 학생들은 레나를 어떻게 생각할까?

탐험가 기술 탐색하기

레나는 탐험가 행동에 참여하는가? 사회적 연결을 향상시키기 위한 방법을 찾기 위해 새로운 시도를 하는가?

자신의 조언자가 얼마나 도움이 되는지 어떻게 시험해 볼 수 있는가?

다른 학생들은 어떤가? 그들이 참여할 수 있는 탐험가의 행동이 있는가?

교장선생님이 탐험가 행동에 참여할 수 있을까?

가치 탐색

레나는 무엇을 원하는가?

무엇이 레나의 삶을 풍요롭게 만들까? 무엇을 소중하게 생각하는가?

교장선생님은 어떨까, 무슨 가치를 가질까?

학교 학생회의 가치는 어떠한가?

다음은 아래 질문을 통해 탐색에 참여해 보자

마법 지팡이를 가지고 있어, 레나의 학교가 좀 더 레나를 돕도록 변화시킬 수 있다고 상상해 보자. 너는 무엇을 하려 할까? 학교는 어떻게 되면 좋을까?

예제 B: 불가사리 던지는 사람

집단이 다음 이야기를 읽고, 이어지는 질문을 생각해 보도록 하자 (저자를 알 수 없는 이 이야기는 인터넷에서 쉽게 볼 수 있다. 이 특별한 버전은 1969년 아이즐리에게서 영감을 받았다.) 이 이야기는 세상이 나아지기 위해 집단이 작은 단계를 행하는 것의 중요성을 생각하는 데 도움을 줄 수 있다.

옛날에 글을 쓰기 위해 바닷가에 나가곤 했던 현명한 남자가 있었어. 그는 일을 시작하기 전에 해변을 걷는 버릇이 있었지. 어느 날 해안가를 걷고 있는데, 해변을 내려다보던 중 무용수처럼 움직이는 사람의 모습을 보았어. 그날에 맞춰 춤을 추는 사람을 생각하며 혼자 웃었어. 그래서 따라잡기 위해 더 빨리 걷기 시작했었지. 가까이 다가가자, 그는 젊은 남자이며, 춤을 추고 있는 것이 아니라는 것을 알았어. 그 남자는 해변으로 손을 뻗어 뭔가를 집어 들고 부드럽게 바다에 던지고 있었던 거야.

가까이 다가가면서, "안녕하십니까! 뭐 하는 거예요?"라고 큰 소리로 외쳤지.

"바다로 불가사리를 던져 넣고 있어요."라며, 청년은 또 다른 불가사리를 집어 들면서 대답했어.

"이렇게 물어봤어야 했나 보군요. 왜 불가사리를 바다에 던져요?"

"해가 떠서 물이 빠져나가고 있어요. 내가 던져 넣지 않으면 죽게 될 거예요."

"하지만, 주변에 수 마일에 걸쳐서 해변 위 불가사리가 많다는 것을 알지 않나요? 아마 어떤 차이를 일으킬 수는 없을 것 같은데요."

청년은 잠시 말을 멈추고는 허리를 굽혀 다른 불가사리를 주워서 부서지는 파도를 넘겨 바다에 던졌어.

그는 "하나의 차이를 만들었네요."라고 말했어.

이어지는 질문과 대화를 통해 이 이야기의 내용과 사회적 관점을 취하는 것이 개인과 집단으로서 어떤 영향을 미칠 수 있는지를 토론해 보자.

여러 관점 탐색하기

이 이야기에서 우리가 생각할 수 있는 다양한 의견으로는 무엇이 있을까?

개인의 관점들이 서로 다룰 수 있다는 점에 대해서는 어떻게 생각하니?

그 남자와 청년은 각각 어떻게 생각했을까?

우리 집단에 대해서는 어떨까? 우리 집단에 관해 대해 서로 다른 관점을 가지고 있는가?

집단의 이점과 힘에 관한 탐구

왜 단체로 일하는 것이 개인으로 일하는 것보다 좋을까?

왜 가끔은 더 안 좋을까?

왜 공동의 목적을 위해 단체로 모이는 것이 때로는 벅찬 과제처럼 느껴질까?

이 집단의 변화를 위해 우리가 취할 수 있는 몇 가지 작은 단계들은 무엇인가?

왜 이런 변화가 우리 집단에 중요한가?

사회관계망 연습 2: 협력적이고 효과적인 집단 구축하기

이번 연습은 청소년을 하나로 묶어 공동의 목적을 개발하는 단계별 과정이다. 새로운 교실이나 치료 집단에서 사회적 연결을 위해 쓰일 수도 있고, 자선 단체를 위한 모금과 같은 특정 업무에 적용할 수도 있다. 이는 상당히 긴 개입이며, 모든 단계를 수행하기 위해 여러 번의 회의가 필요할 수 있다는 점에 유의 하자.

1. 관계에 존재하는 가치와 도전으로 집단의 방향 설정하기.

2. DNA-V 원을 사용하여 집단의 가치를 식별하고 촉진하기.

3. 워크시트 "강력한 집단 만들기"를 함께 작성하기(이 장 뒷부분에서 있으며 http://www.thrivingadolescent.com에서 내려받을 수 있다).

4. 집단 목표를 선정하여 실천에 옮기기.

1단계. 관계에서 가치와 도전으로 방향 설정하기

관계에서 그들의 가치와 타인과의 상호작용을 통해 직면하는 도전을 집단의 방향으로 설정하고자, 11장에 언급된 사회적 시각 연습 2 (사회 연결 구축하기)와 유사한 연습을 시작한다. 여기서는 집단에 맞춰 이를 수정하였다.

너희들이 아끼고, 함께 시간을 보내고 싶은 사람을 생각해 보자. 누구 생각나는 사람 있을까? 만약 현재에 있는 누군가를 생각할 수 없다면, 과거에서 데려온 누군가를 생각할 수 있어. 지금 잠시 그 관계를 살펴보고, 그것이 우리에게 일반적인 관계에 관해 무언가를 가르쳐 줄 수 있는지 알아보자.

너희들이 진정으로 이 사람과 연결되어 있다고 느꼈던 때를 생각해 보자. 무슨 일이 있었을까? 어떤 느낌이었을까? 무엇을 하고 있었을까? (답변을 많이 받아서, 그룹이 볼 수 있도록 유사점을 이끌어 내는 식으로 화이트보드에 써 보자.)

좋아, 이제 같은 사람을 생각해 보자. 이번에는 두 사람이 갈등하던 때를 떠올려 보자. 무슨 일이 있었을까? 어떤 느낌이었을까? 무엇을 하고 있었을까? (마찬가지로, 화이트보드에 많은 응답을 기록해서 유사점을 이끌어 내보자.)

이러한 반응에 관해 무엇을 알아차렸을까? (필요한 경우 집단이 공통 요소를 볼 수 있게 돕자.) 대부분의 이런 관계들은 멋진 순간들을 보냈고, 또는 정말 형편없는 순간들을 보낸 것 같다.

아마 상황이 어려워졌을 때 일부는 관계를 포기했을 것이야. 이렇게 하면 어떻게 되는 걸까? 이와는 반대로, 일이 힘들어도 관계를 유지하면 어떻게 될까?

모든 관계가 이런 거라면? 만약 모든 관계가 좋은 시절과 나쁜 시절이 있다면? 나는 내 모든 관계가 이런 방식이었다는 것을 알고 있어. 너희들은 어때?

이것이 의미하는 바는 관계를 맺고 가치 있는 것들을 얻으려면, 또한 기꺼이 갈등을 감수해야 한다는 것이야. 기분 나쁠 위험을 감수해야 하고…(집단 반응의 다른 예시 삽입).

이제 핵심 질문으로 가도록 하자(화이트보드에 질문을 쓰자). 관계를 맺기 위해 어려운 것들을 기꺼이 감수할 의향이 있는가?…(다시 한번, 그룹 반응의 예를 넣어보자. 사랑, 연결, 재미, 흥분 등).

그래서 인간관계는 예측할 수 없는 모험이지. 이제 모험을 시작할 준비가 되었을까? 함께 집단을 만들 준비가 되었니?

2단계. DNA-V 원을 이용하여 집단 가치 촉진하기

이 단계에서는 그림 21과 같이, DNA-V 원의 다른 버전을 사용한다(워크시트 서식은 http://www.thrivingadolescent.com에서 내려받을 수도 있다). 이번에는 질문과 알림은 집단 가치를 파악하고, 촉구하는 데 초점을 맞춘다. 워크시트를 유인물로 제공하거나 화이트보드에 반응을 기록하자. 다시 말하지만, 대본이나 워크시트는 정해진 절차를 의미하지 않는다. 실제로, 대본과 워크시트에는 접근 방식에서 유연하게 하기 위해서 몇 가지 다른 점들이 있다. 아래 대본은 모든 그룹 구성원이 DNA-V 모델의 기본을 배웠다고 가정한다는 점에 유의하자. 모델에 익숙하지 않은 경우 1장과 7장에 설명된 DNA-V 발걸음 워크시트 연습을 사용하여 모델을 소개한다.

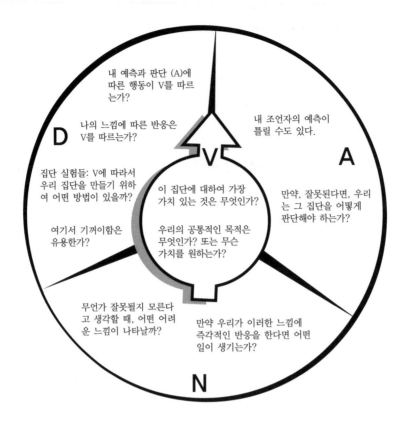

내 예측과 판단 (A)에
따른 행동이 V를 따르
는가?

나의 느낌에 따른 반응은
V를 따르는가?

D

내 조언자의 예측이
틀릴 수도 있다.

A

집단 실험들: V에 따라서
우리 집단을 만들기 위하
여 어떤 방법이 있을까?

V

이 집단에 대하여 가장
가치 있는 것은 무엇인가?

만약, 잘못된다면, 우리
는 그 집단을 어떻게
판단해야 하는가?

여기서 기꺼이함은
유용한가?

우리의 공통적인 목적은
무엇인가? 또는 무슨
가치를 원하는가?

무언가 잘못될지 모른다
고 생각할 때, 어떤 어려
운 느낌이 나타날까?

만약 우리가 이러한 느낌에
즉각적인 반응을 한다면 어떤
일이 생기는가?

N

그림 21 집단을 위한 DNA-V 원

가치 유도

집단 가치에 관해 질문하고, 참가자들이 집단의 맥락에서 무엇을 중요하게 생각하고, 무엇을 얻고 싶은지 질문하는 것으로 시작해 보자. 또한 그 집단이 무엇을 성취하거나 하는 것을 보고 싶어 하는지 물어보자. 참가자가 가치를 이야기하면, 원 중앙에 기록한다.

조언자 검사하기

다음으로, 참가자의 조언자가 말하는 내용에 대해 질문한다.

우리는 모두 그 집단에 대한 많은 희망을 품고 있어. 하지만 때때로 두려움도 있지. 그래서 조언자 공간으로 들어가서 집단 내에서 무엇이 잘못될 수 있는지 생각해 보자. 첫째, 어떤 종류의 행위가 집단갈등을 일으킬 수 있을까? (여러 가지 예

를 모아 조언자 부분 원 바깥에 이를 작성한다.)

집단에서 무엇이 잘못될 수 있는지 생각할 때, 너희들의 조언자는 어떤 판단을 하는가? 어떤 예측을 하는가? (조언자 공간에 이러한 답변을 작성한다.)

관찰자 공간으로의 이동

이제 관찰자 공간에 들어갈 수 있도록 돕는다.

이제 관찰자의 공간으로 이동해 보자. 우리가 가진 최악의 걱정이 실현된다고 잠시 상상해 보자. 그래서 우리 모두 같은 입장이다. (조언자 공간에 쓰인 예측 중 하나를 삽입) 라는 시나리오로 상상해 보자. 우리는 모두 그 상황을 상상하고 AND 연습을 통해 그것에 연결시킬 것이야. 먼저 신체에서 감각을 스캔하도록 하자... 이제 여러분의 몸에서 느끼는 감각에 대해 조용히 이름 붙여 보고... 할 수 있다면, 이 감각들을 감정으로 묘사해 보자.

이제 그 상황에 대한 상상이 지나가도록 내버려 두고, 천천히 심호흡을 몇 번 해 보자. 주변의 소음도 알아차리고, 현재 순간으로 부드럽게 돌아가도록 하자.

집단 구성원에게 어떤 감정이 나타났는지 물어보고, 관찰자 공간에 적는다.

탐험가 공간으로 이동하기

이 시점에서 집단을 탐험가 공간으로 안내한다.

이제 즐겁게 진행해 보자. 우리가 집단 연결을 구축하고 가치를 향해 일할 수 있도록 돕기 위해 할 수 있는 일들에 대해 생각해 보자. 우리는 무엇을 시도할까? (예시를 수집하여 탐험가 공간에 작성한다.)

이제, 기꺼이함 수준을 살펴볼 필요가 있어. 너희들 모두는 우리의 집단 가치를 위한 행동은 선택하기 위하여 조언자가 말하는 것과 관찰자가 관찰하는 어려운 감정을 기꺼이 감당할 수 있을까?

대답이 '예'인 경우, 다음 두 워크시트를 가이드로 사용하여 3단계와 4단계를 계속 진행하게 하자. 작업이 진행됨에 따라, 그룹이 갈등을 최소화하고 가치관에 집중할 수 있도록 돕는다.

만약 일부 그룹 구성원의 기꺼이함 질문에 관한 대답이 "아니오"라면, 집단에 있고 싶지 않다는 것을 반영할 수 있다. 고려해야 할 무엇이 있다는 것이다. 의지를 키우도록 돕고, 그렇게 해야 한다면 그룹을 떠날 수 있도록 허용해야 한다. 필요하다면 청소년을 위한 다른 지원을 모색할 필요가 있다.

3단계. "강력한 집단 만들기" 유인물을 통한 협업하기

이 단계에는 집단과 함께 "강력한 집단 만들기."라는 유인물에 제시된 질문에 답하는 작업이다(내려받을 수 있는 http://www.thrivingadolescent.com에서 제공). 단순히 답을 모아 채우기보다는 토론과 협업을 자극하는 역동적인 방식으로 질문을 제시한다. 구성원에게 응답을 별도의 종이에 쓰도록 하거나, 또는 집단이 아이디어를 기록할 누군가를 선택할 수 있다. 각자의 아이니어를 공유하고, 브레인스토밍하고, 화이트보드에 쓰도록 하자. 만약 가능하다면, 집단 구성원 한 명에게 답변을 수집하고 모든 사람이 토론에 참여할 수 있도록 돕는 작업을 하도록 한다.

강력한 집단 만들기

우리는 누구인가? 우리의 목적은 무엇인가?

- 우리는 무엇에 관심이 있는가?
- 우리는 어떤 집단이 되고 싶은가?
- 우리 집단의 목적을 상기시키기 위해 우리는 무엇을 할 수 있을까?
- 집단에 이름을 붙여야 할까, 사명 선언문을 써야 할까, 로고를 만들어야 할까, 아니면 다른 방법으로 우리의 정체성을 대표해야 할까?

집단에 참여할 때 발생하는 비용 및 이점은 무엇인가?

- 집단에서 열심히 일하면 어떤 이점이 있을까?
- 함께 일하는 데 드는 비용은 얼마인가?
- 한 사람이 다른 사람보다 더 열심히 일한다면, 그 사람이 더 큰 혜택을 받을 수 있는가?

우리는 어떻게 결정을 내릴 것인가?

- 집단 내 지도자가 있는가? 만약 그렇다면 어떻게 임명되는가?
- 어떻게 결정들이 내려질 것인가? 다수결로 충분한가, 아니면 모두가 만장일치로 동의해야 하는가?

어떻게 진행 상황을 추적할 것인가?

- 각 행동 항목에 대한 책임은 누구에게 있는가?
- 각자가 얼마나 많은 일을 하고 있는지 어떻게 알 수 있는가? 우리는 모든 사람의 작업을 관찰할 수 있을까? 아니면 가끔 보이지 않을까?

만약 누군가가 이기적으로 행동한다면 어떻게 될까?

- 만약 누군가 이기적이거나 파괴적이라면 우리는 어떻게 할 것인가?
- 갈등을 어떻게 해결할 것인가?

- 적당히 문제가 있는 행동에 어떤 결과를 초래할 것인가?
- 더 심각한 문제 행동에 어떤 결과를 초래할 것인가?

타인 및 다른 집단과의 관계는?

- 우리는 우리를 도와주려는 사람들과 어떻게 협력할 것인가?
- 우리가 더 큰 집단의 일원인가? 만약 그렇다면 우리는 일을 성사시키기 위해 그 더 큰 집단과 어떻게 협력할 것인가?
- 다른 집단과 어떻게 협력할 것인가?

4단계. 집단 목표 선택 및 작업

이전의 모든 작업을 바탕으로, 집단은 이제 목표를 몇 개 선정하여 실행에 옮길 준비가 되어 있다. 앞의 단계와 마찬가지로, 이것은 역동적이고 협력적인 과정이 되어야 한다. 집단 구성원이 조언자, 관찰자 및 탐험의 내용을 생성한 경우, 2단계에서 수집된 예제로 집단 구성원에게 지시할 수 있다. 다음 "집단 목표 설정" 워크시트를 작성하거나 구성원에게 임무를 할당할 수 있다. 집단이 두 개 이상의 목표를 가지고 있는 경우 각 목표에 대해 워크시트의 복사본을 사용하자. (워크시트 서식은 http://www.thrivingadolescent.com에서 내려받을 수 있다.)

집단 목표 설정 워크시트

다음 몇 주 동안(또는 관련 기간이 무엇이든) 집단 목표를 기록하십시오.

우리의 목표는 _____ 이다. 우리는 목표
_____ 을 할 계획이다. [목표의 작업을 위
한 시간, 날짜, 장소 또는 맥락을 명시].

우리가 이 목표를 향해 노력하면서 우리의 노력을 조율하는 것은 누가 책임지고 있는가?
_____

이점: 우리의 목표를 달성하는 데 있어 가장 긍정적인 면은 어떤 모습일까? 목표는 우리의 가
치를 어떻게 뒷받침하는가?

_____

_____

_____

_____

장애물: 우리의 목표를 달성하는 데 가장 중요한 장애물은 무엇인가?

_____

_____

_____

_____

만약 우리가 중대한 장애물에 부딪히면 우리는 어떻게 할 것인가?

만약 _____ (장애물) 발생하면,

우리는 _____ 할 것이다

(목적 지지적 행동)

만약 _____ (장애물) 발생하면,

우리는 _____ 할 것이다

(목적 지지적 행동)

사회관계망 연습 3: 친절함의 가치 발견하기

엘리너 오스트롬의 집단 디자인 원리를 바탕으로, 앞의 두 가지 연습은 어떤 집단과 목적에서도 사용할 수 있다. 이 연습에서 집단이 친절함과 기부의 가치에 관해 배울 수 있도록 도움을 줌으로써 접근 방식을 확장한다. (대본은 학교 개입에 기초하지만, 다른 맥락에 맞게 쉽게 수정될 수 있다.)

다음 주에는 친절함이나 연결을 전파하기 위해, 참여할 수 있는 집단 브레인스토밍 활동부터 시작하자. 이 연습이 성공하려면 집단이 작업의 소유권을 가져와야 하고, 아이디어를 생성해야 한다는 점에 유의해야 한다. 먼저 집단의 가치에 대해 다시 살펴보도록 하자

너희들이 살고 싶은 공동체의 종류를 생각하면서 이 연습을 시작해 보자. 만약 너희들이 선택할 수 있다면, 학교는 어떤 모습이었으면 좋을까요? 아이들이 서로를 어떻게 대했으면 좋을까?

가치에 관해 토론할 시간을 충분히 부여한 후 집단 구성원이 커뮤니티에 변화를 창출하는 데 큰 힘이 있음을 이해하도록 토의를 전환하자.

청소년은 때때로 세상을 바꿀 힘이 없다고 느껴. 어른이 모든 것을 책임지고 있거나, 중요한 일을 시작하기 위해서는 학교를 나올 때까지 기다려야 하는 것처럼 보일 수 있지. 이 모든 생각이 틀린다면 어떻게 될까? 너희들이 생각보다 더 많은

힘과 영향력을 가지고 있다면? 지금 세상을 바꿀 수 없다고 누가 말하고 있을까? 그 아이디어에 대해 어떻게 생각하니? (집단 토론 시간 허용)

연구에 따르면 너희들이 지각할 수 있는 것보다 더 많은 영향력을 가질 수 있어. 모든 사람은 소위 영향력의 3단계라고 불리는 것을 가지고 있지 (아래 그림과 같이 7 X 7 격자를 그리고 중앙에 있는 칸에 "너"라고 적어보자.)

3	3	3	3	3	3	3
3	2	2	2	2	2	3
3	2	1	1	1	2	3
3	2	1	You	1	2	3
3	2	1	1	1	2	3
3	2	2	2	2	2	3
3	3	3	3	3	3	3

너희들 각자는 많은 사람의 중심에 있어. 하루에 여덟 사람에게 친절하고 힘이 되어 준다고 생각해 보자. (예시처럼 중앙 1에 인접한 칸에 숫자 1을 쓴다) 이 여덟 사람에게 친절하게 대하면, 그들 각자는 주위 사람들에게도 친절하게 대할 가능성이 커질 거야. (1로 채워진 칸 옆에 있는 열여섯 칸에 숫자 2를 쓴다.) 그래서 만약, 주안에게 잘해 준다면 주안은 아마도 그의 친구들과 여동생과 남동생에게 잘해 줄 수 있지. 여기서 멋진 부분이 있어. 주안이 친절하게 대해 주는 사람들, 숫자 2로 표시되는 사람들, 그들은 너희들이 만나지 못했던 사람들이지. 그리고 그들도 주변 사람에게 친절하게 대할 것이야.(남은 칸에 숫자 3을 쓴다.)

이것이 공동체를 변화시킬 방법이야. 이 예에서는 여덟 사람에게 친절하게 대하려고 노력하였지만, 더 많은 16명의 사람에게 영향을 미칠 수도 있어. 그리고 24명의 더 많은 사람에게 영향을 줄 수도 있어. 그래서 이 사례에서 너는 8명에게 친절했고 결국 48명에게 긍정적인 영향을 전달한 거야. 멋지지 않니?

그래서 친절해지는 것은 여러분 주변의 환경을 개선하는 한 방법이야. 그리고 좋은 점은 친절하면 기분이 좋아질 것 같다는 것이지. 그게 바로 연구 결과가 보여 주고 있는 것이야. 내 말을 믿지 않아도 괜찮아. 너희들에게 어떤 영향을 미치는지 볼 수 있도록 실험을 해 보도록 하자.

나는 너희들 모두가 단체로 다음 주 동안 너희들이 할 수 있는 친절한 행동들을 생각해 냈으면 해. 너희들은 그 일을 생각해 낼 수 있고, 무엇이든 가능해.

집단의 브레인스토밍을 돕고, 아이디어를 공유하는지 확인하자. 여러분 역할의 핵심 부분은 집단 구성원이 아이디어를 실제적인 수준에서 어떻게 구현할 것인가에 관해 생각할 수 있도록 돕는 것이다. 작은 행동을 생각해 내도록 하고, 생각이나 간접이 아니라 실제로 하는 일, 즉 행동을 확실히 선택하게 하자. 다음 집단 모임에서 모든 사람이 DNA 기술에 초점을 두고 실제로 무엇을 했는지, 어떻게 해결되었는지, 그리고 이를 통해 무엇을 알게 되었는지를 공유할 수 있도록 한다. 집단에 적합한 경우, 집단 구성원이 자신의 경험을 기록하는 데 사용할 수 있도록 다음 워크시트를 배부할 수 있다(워크시트 서식은 http://www.thrivingadolescent.com에서 내려받을 수도 있다.). 워크시트의 질문은 친절한 행동을 수행하기 전, 도중, 그리고 후에 DNA 기술을 관찰하는 데 도움을 줄 수 있다. 이것은 친절의 혜택을 위해 직접적인 경험을 하도록 유도한다.

주간 친절 행동 기록지

이번 주에 당신의 친절한 행동은 다음과 같다.

이 시트의 나머지 부분을 채울 때, 모든 것이 항상 기대했던 대로 진행되지는 않는다는 것을 명심하고, 따라서 여기에서 긍정적인 경험과 부정적인 경험을 모두 기록할 수 있다는 것을 잊지 말자.

조언자: 친절한 행동을 하기 전과 후에 어떤 생각이 들었나요?

관찰자: 친절한 행동을 할 때 어떤 감정이 나타났나요?

탐험가: 친절한 행동에 나서면서 무엇을 발견하였나요?

사회관계망 연습 4: 집단에서 대화 카드 사용하기

이 연습은 하나의 집단으로서 공감과 공유를 형성하는 데 도움을 준다. 이 연습은 6명 이하의 집단을 위해 고안되었지만, 더 큰 집단과 함께 이 연습을 사용할 수 있다. 먼저 6명 이하의 집단으로 구성하기만 하면 된다. 가치 연습 1의 대화 카드 한 세트가 필요할 것이다. 각 그룹마다 2장의 "대화 및 감사"를 참조하도록 하자.

각 소그룹에게 대화 카드 세트를 뒤집어 놓도록 하자. 그런 다음 집단 전체를 위해 카드를 무작위로 한 장씩 뽑고 질문을 읽도록 한다. 각 구성원이 질문에 답하도록 격려하고, 또한 모든 사람이 그들이 말하는 것을 자유롭게 선택할 수 있도록 한다. 또한 너무 위험하다고 느끼거나 너무 많이 공개하지 않는 방식으로 대답할 수 있다고 알려 준다. 그것은 전적으로 그들의 선택이다. (개인적인 공개가 수반될 수 있는 어떤 단체 훈련에 참여하기 전에, 비밀 유지와 존중에 관한 단체 규칙을 반드시 제정해야 한다.)

카드에 관해 논의할 때 다음 안내를 사용하여 구성원에게 자신의 DNA 기술을 고려하도록 지시하자.

> 대답할 때, 너의 DNA 행동을 주목해 보자. 예를 들어, 조언자가 하는 말은 무엇일까? 관찰자 공간으로 들어갈 수 있는지 살펴보자. 이 이야기를 공유할 때, 어떤 신체적 감각과 감정이 일어나지? 또한 탐험가의 공간에 발을 들여놓고 공유에 대해 호기심을 가져보자. 그것이 너를 다른 사람과 더 가까워지게 하니? 너 자신에 대한 것을 배우고 있니? 너는 이 집단에서 다른 사람에 대해 배우고 있니?

일단 모든 사람이 한두 장의 대화 카드에 대한 질문에 답했으면, 공유 토론에 참여하도록 요청한다. 다음은 연습의 이 단계를 안내하는 몇 가지 질문이다.

조언자 질문

이러한 질문의 목적은 집단에서 각자의 조언자가 얼마나 유사한지를 경험할 수 있는 토론을 촉진하는 데 있다.

우리들의 조언자는 어떤 충고를 했지?

자신이 문제 해결, 평가 등을 한다는 것을 발견한 사람?

사회적 시각을 가져보자. 우리들의 조언자가 집단 전체로 보니 얼마나 비슷한 것 같아?

탐험가 질문

이러한 질문의 목적은 집단별로 질문에 대답할 때 느끼는 신체적 감각과 감정을 드러내는 토론을 촉진하는 것이다.

집단 앞에서 대답하면서 어떤 감각이나 감정을 알아차렸지?

모든 사람의 관찰자 경험에서 비슷한 점은 무엇이지?

탐험가 질문

이러한 질문의 목적은 집단 구성원이 위험을 감수하고 질문에 대답하는 것이 어떤 느낌인지에 관해 이야기하도록 돕고, 사람들이 이런 점에서 비슷한 경향이 있다는 것을 보여 주는 것이다.

이 질문에 참여하고 답하기 위해 어떤 강점이 필요했지?

우리 중 누구라도 그 질문에 대답할 위험을 감수했을까?

평소에도 타인과 대화할 때 하지 않던 일을 한 사람 있는가?

어떻게 공유를 통해 우리가 가치 있는 것들을 함께할 수 있을까?

큰 집단을 작은 작업 모임으로 나누었다면, 모두 다시 모이게 한다. 그런 다음 모임별로 요약하면서 카드에 있는 질문의 종류에서 공통점을 찾기가 얼마나 쉬운지를 논의한다. 이 논의는 우리가 하는 모든 일에서 DNA-V가 나타나고, 우리가 모두 비슷하다는 것을 밝혀줄 것이다. 마지막으로, 이 연습이 어떻게 다른 사람을 이해하고 연결하는 데 도움이 될 수 있는지 토론하도록 요청한다.

13장

DNA-V 전문가가 되기 위한 8가지 제안

자신의 길을 가기 원하는 청소년에게 DNA-V 모델은 도움이 될 수 있다. 이 가능성이 때로는 우리를 흥분시키고, 초조하게 한다. 청소년의 인생을 바꿀 수 있는 위치에 서 있는 것은 흥분되지만, 기회를 망치거나 놓칠 수도 있기에 초초해진다. 당신이 초심자든 전문가든 상관없다. 청소년의 삶에 영향을 줄 기회가 주어질 때마다 희망을 느끼며, 가능성의 가벼움과 책임의 무게를 두려워하기 쉽다. 그러한 두려움을 해결할 방법은 없다. 오직 할 수 있는 것은 담대하게, 그리고 자신의 가치에 맞는 행동을 하면 된다.

제1장에서 다뤘듯이, DNA-V는 맥락행동과학에서 유래되었고, 기능적 맥락주의 관점을 취하며, 진화론 및 행동 이론을 이용한다. 이 과학적 토대를 임상 현장에 옮기기 위하여 많은 기술을 제공한다. 이 장은 이러한 기초이론들과 DNA-V의 실행 사이의 연결을 단단하게 하기 위한 것이다. 이번 장을 통해 자신만의 연습을 만들어, 임상 현장에서 좀 더 유연하고 유동적일 수 있기를 바란다.

치료자와 청소년의 상호작용으로 시작할 것이며, 이 장은 사례에 대한 행동 원리와 치료 기술을 다루어 나갈 것이다.

로빈과 재스민 이야기

로빈은 엄마 옆에 앉은 내담자 재스민을 바라본다. 재스민은 분명히 짜증이 나서 다른 곳에 가고 싶어 한다. "재스민은 정말 누군가를 만나 도움을 받으면 좋겠어요."라고 엄마는 격앙된 목소리로 말하고 있다. "더 이상 어떻게 해야 할지 모르겠어요. 그 아이는 학교를 중퇴하고 집에서 몰래 빠져나가 누군가를 만나러 가요. 성관계나 흡연에 대해서도 의심이 들 정도예요." 면담의 대부분 시간 동안, 엄마가 주로 이야기하였다. 재스민은 때때로 "예" 또는 "아니요"를 말하지만, 다른 대답은 거의 없었으며, 분명히 여기에 머물고 싶어 하지 않아 보였다. 면담 시간이 끝날 무렵, 재스민의 엄마는 아무렇지도 않게 재스민의 오빠가 2년 전 교통사고로 사망했으며, 그것이 자살이었을 수도 있다고 하였다.

이제 두 번째 회기가 다가오고 있고, 로빈은 재스민을 혼자 보게 될 것이다. 재스민이 이번에는 달라지길 바란다. 로빈은 긴장하고 있다. *나에게 말을 걸어 줄까? 내가 어떻게 이 아이를 도울 수 있을까? 어떤 기법을 써야 할까? 아니면 내가 어떤 기술도 쓰지 말고, 그 아이와 함께하는 인간으로 그저 있어 주어야 할까?*

로빈은 심호흡을 하고 대기실로 향한다. 재스민은 머리를 떨구고 있었다. 그 아이의 긴 머리는 반은 검은색이고 반은 금발로 염색되었으며 거친 가위로 잘린 것 같다. 렌즈가 없는 큰 안경을 쓰고 터프하고 냉담해 보인다. 머리카락 아래에서 이어폰 줄이 보이고, 음악은 귓속으로 흘러 들어가고, 엄지손가락은 핸드폰 화면 위에서 움직이고 있다.

로빈은 *그 아이의 주의를 끌어야 하고, 그저 어깨를 두드리는 것은 괜찮아 보이지 않으리라* 생각하였다. 다행히 재스민은 로빈의 존재를 느끼고 올려다보는 것 같다. 천만다행이다.

재스민은 치료실에 슬그머니 들어가 의자에 털썩 주저앉았고, 표정은 완전히 불편해 보였다. "엄마 때문에 온 거예요, 그게 다예요. 선생님은 날 도와줄 수 없을 거예요. 아무도 할 수 없어요."

"좋아, 그래도 나에게 중요한 것은 최선을 다하는 거야. 우리 면담은 너희 엄마에 관한 것이 아니라, 너와 내가 관심 있는 것에 관한 거야."

두 사람은 부드럽게 이야기를 시작하였다. 로빈은 질문으로 재스민을 괴롭히지 않으려 하지만, 재스민의 단단한 외부 보호막을 부드럽게 하고 재스민과 연결할 방법을 찾아야 했다. 잠시 후, 재스민에게 오빠에 관해 묻고, 처음으로 재스민의 표정에서 미묘한 슬픔의 순간이 보였다가 다시 두꺼운 가면으로 돌아갔다. 로빈은 이것을 보았고, 그 순간, 재스민의 감정이 불쑥 나타났지만 금방 다시 흩어져 버렸다.

로빈은 심호흡을 하고, 이것이 무엇에 관한 것인지 알아보기로 결심한다. 잠시 나타난 슬픔 뒤에는 중요한 무언가가 숨겨져 있다. "나는 오빠가 어땠는지 알고 싶어."라고 말하였다.

재스민이 어깨를 으쓱하였다. "우리 가족은 오빠에 대해 별로 얘기하지 않아요. 다들 너무 속상해하죠."

"그렇지. 가족은 그래." 로빈이 대답한다. 그리고 재스민을 안정시키기 위하여 온화한 목소리로, "오빠는 어떤 사람이었니? 오빠와 함께 있었던 기억이나 함께 했던 일들이 있었니?"라고 질문하였다.

재스민은 고개 끄덕이고, 로빈은 이어가기 위해 격려를 보냈다. 재스민에게 용기를 주기 위해 부드럽게 말하며, "네가 기억하는 시간을 말해 줄래?"라고 물었다.

재스민이 다시 고개를 끄덕이지만, 그렇게 의욕적이지는 않았다. 로빈은 오빠에 대해 잠시 조용히 생각해 보라고 하며, 오빠와 함께 있었던 특정한 시간을 정하기 전에, 함께했던 모든 기억을 머릿속에서 떠올리도록 하였다. 로빈은 재스민에게 오빠를 잃은 고통을 노출하고 있다. 이 부분은 매우 조심스러운 영역이다.

재스민은 오빠와 함께 뒷마당 창고에 있었을 때를 말하기 시작하였다. 그녀는 12살이었고 오빠는 16살이었다. 오빠는 자전거 작업을 재스민에게 보여 주었다. 그들은 자전거를 함께 칠하기로 했다.

로빈은 "마치 내가 창고 구석에 가만히 서서 구경만 하듯 볼 수 있도록 좀 도와주면 좋겠어."라고 더욱 격려하였다.

재스민은 그들이 어떻게 자전거를 여러 색깔로 칠하고, 함께 로고를 디자인했는지 이야기하였다.

로빈은 미소를 지으며, 말을 최대한 아끼면서, 대화를 끌어 나가고, 이야기가 계속 진행될 수 있도록 마음챙김으로 현재에 머물렀다. 그 동안 로빈 자신의 조언자는 이런 지시를 외치고 있었다. "너는 충분히 하고 있지 않아. 더 많은 것을 해야 해." 그래도, 로빈은 계속 마음챙김으로 머물며, 재스민에게 고마워했다. 이렇게 함으로써 재스민이 관찰자 공간에 들어가기 위한 첫 번째 연습을 가능하게 하였다. 비록 로빈은 그러한 방식에 이름을 붙이지 않았지만, 재스민에게 역할 모델이 되어 준 것이다.

재스민은 오빠와 함께 어떻게 그림을 그리면서 웃었는지, 그리고 어떻게 서로 토닥거리며 그림을 그렸는지를 이야기 하였다. 비밀의 표시를 만들어 창고에서 그리기도 하였다. 재스민은 이야기하면서 웃었다.

로빈은 재스민과 오빠는 깊고 진심 어린 연결이 있었고, 이 이야기를 같이 나누는 것이 재스민의 사랑과 상실을 서서히 드러내고 있음을 알 수 있었다.

마지막으로, 로빈은 재스민에게 이 특별한 기억에 관해 말하는 것이 어떤지 알아차리도록 요청하였다. 재스민은 오빠에 대해 이야기하는 것은 좋지만 또한 힘들다고 말하였다. 집에서는 더욱더 오빠에 대한 이야기를 하지 못하였다. "엄마에게 오빠 이야기를 하는 것은 너무 힘들어요."

그러자, 갑자기 화를 내며, "저는 자살 청소년 웹페이지를 보았어요. 우리가 사랑하는 사람들을 어떻게 죽음으로부터 구할 수 있느냐 하는 내용이었죠. 자살에 관해 쓰고 이야기하며 사람을 살리는 일이었어요."

로빈은 조금 더 이야기해 보라고 하였고, 재스민은 글을 쓰고, 말하고, 언젠가 기자가 되는 것에 관한 이야기를 계속 이어나갔다. 재스민은 잠깐 긍정적인 미래를 상상하다가, 더 이상 학교에 다니지 않는다는 것을 기억하면서 얼굴을 찌푸렸다. "내가 모든 걸 망쳤네요."라고 하였다.

로빈은 마음챙김으로 현재에 머물며 "우리가 같이 할 일이 그런 것들에 관한 것인데 할 수 있을까? 사랑을 위한 방법을 찾는 데 도움이 되는 거 말이야... 살아서 오빠를 소중히 여기기 위해서?"

재스민이 고개를 들고 응시하며 고개를 끄덕였다. 로빈은 재스민과의 연결을 느끼며, 함께 출발했다는 것을 알아차렸다.

로빈과 재스민에 대한 고찰

우리 모델의 목표는 치료자가 열린 마음과 용기를 가질 수 있도록 돕는 것이다. 중요한 교훈은 DNA-V를 연습함으로써 내담자뿐만 아니라 치료자 자신에게도 도움을 준다는 것이다. 앞의 상호작용에서 무엇을 볼 수 있는지 고려해 보자. 치료자가 보여 주는 DNA 기술은 무엇인가?

치료자에게 불쾌감을 줄 수 있는 행동에도 불구하고, 로빈은 재스민에게 감사와 공감을 보여 주었는가?

로빈은 재스민이 한 말 "난 여기에 더 이상 있고 싶지 않아요."를 다루며 진행하는가? 또는, 재스민의 거친 말투가 아마도 어려운 감정과 토론을 피하기 위한 투쟁에 관한 것인지도 모른다는 것을 알아차리고, 그 말의 기능을 찾고 있는가?

DNA-V를 설명하고 있는가, 아니면 기술을 본보기로 보여 주고 있는가?

로빈은 조언자 공간에 계속 갇혀 있는가? 아니면 대담하게, 자신의 관찰자 공간과 탐험가 공간에 발을 들여놓았는가?

이 장에서는 DNA-V와 이 접근의 전문가가 되는 데 도움이 될 8가지 제안을 함께 소개한다. 이것은 여러분이 자신만의 연습을 만들고, 독특한 은유를 개발하여, 틀에 박힌 개입에서 벗어나, 면담 중인 청소년이 자신 있게 새로운 행동을 조형할 수 있게 해 줄 것이다. 이것이 DNA-V 접근법을 유동적이고 유연하게 사용하기 위해 필수적이라고 생각한다. 이 제안들은 치료자의 자세와 치료적 관계를 구축하는 것에서부터 청소년의 어려움을 개념화하고 개입 계획을 수립하고 실행하는 방법까지 넓은 영역을 다루고 있다.

제안 1. DNA-V 사례 개념화부터 시작하자

청소년과 함께 작업하는 초기 단계에서는 DNA-V 사례 개념화 워크시트(http://www.thrivingadolescent.com에서도 내려받을 수도 있다) 1장의 그림 3)에 그들의 행동을 채워나간다. 다음 핵심 사항을 기억하자.

- 청소년은 DNA-V에 얼마나 익숙한가?
- 사람의 삶을 더 작게 만들며, 반복적이고, 경직되고, 고착되거나, 퇴행하는 것처럼 보이는 행동을 찾아라.
- 새로운 기술과 자원을 넓히고 구축하며, 경험을 개방하고, 가치 있는 행동 패턴을 확장시키는 행동을 찾아라.
- 눈에 보이는 외현 행동을 고려하자.
- 내현 행동(생각과 감정)은 언어적, 비언어적 행동에 의해 반영되는 것으로 고려하자.
- 청소년의 환경과 어떻게 적응해 왔는지 고려하자

다음 목록은 DNA의 각 분야에 따른 숙련된 행동과 미숙한 행동에 대한 설명이다. 기술이 부족한 영역은 개입의 목표가 될 수 있으므로, 모델의 각 영역에 관한 미숙한 행동 사례도 제공한다. 이러한 사례 행동들이 종종 도움이 될 수 있다. DNA-V 모델에서는 맥락에서 기능이 행동의 형태(어떻게 보이는지)보다 항상 중요하다는 것을 기억하자.

조언자 행동
고도로 숙련된 행동
- 효과적이고 가치 있는 행동을 위한 지침으로써 과거의 경험, 추론, 그리고 배움에 근거한 언어적 신념을 사용
- 조언자가 도움이 되지 않을 때 이를 알아차릴 수 있으며, 조언자에게서 벗어날 수 있음

- 감정 조절을 위한 노력이 종종 문제가 된다는 것을 이해

서툰 행동
- 가치와 활력 면에서 언어적 신념이 작동하지 않을 때라도 과거의 경험, 추론, 가르침에 근거하여 이에 의존함
- 실행할 수 있고 효과적인 행동 지침이 될 수 있는 언어적 신념을 사용하지 않음
- 반추, 비난, 걱정, 환상과 같은 언어적 과정을 사용하여, 가치 있는 생활에 지장을 주는 방식으로 감정을 조절

서툰 조언자 행동의 예
- 사회적 가치와 자기 효율성에 관한 낮은 감각이 가치 있는 행동을 방해
- 타인에 대한 판단과 신념(예: 지나친 비난이나 자기주장)이 가치 있는 사회적 관계의 발전을 방해
- 감정에 관한 부정적인 평가를 가지고 감정에 대해 견디기 힘들어함
- 생각과 느낌을 가치 있는 행동에 대한 장벽으로 여김
- 도움이 되지 않는 규칙에 집착함
- 가치 있는 소중한 행동에 도움이 되지 않으면서, 자신, 타인 또는 삶에 대해 극단적이거나 지나친 일반화 결론(예를 들어, "나는 항상 망하고 있다.")을 내림
- 지나친 걱정이나 반추를 경험

관찰자 행동
고도로 숙련된 행동
- 감각 및 느낌 상태를 인지하고 분류할 수 있음
- 느낌과 감각에 반응하거나 통제하지 않고, 지나가는 것을 허용함
- 목적과 호기심으로 유연하게 내부 및 외부를 향하여 주의를 안내할 수 있음

서툰 행동

- 신체적 감각, 느낌 또는 두 가지 모두를 알아차리거나 명명하기 어려움
- 신체적 감각이나 느낌을 두려워함
- 멈춤이나 자각 없이 내부 감각에 반응
- 자신의 주의를 느낌에서 멀어지려 노력하고, 내부 및 외부 세계에 인도하려 하지 않거나 의향이 없음

서툰 관찰자 행동의 예

- 신체화하는 경향이 있고, 심리적인 고통을 의학적 상태의 증상으로 오인함
- 자기 몸을 싫어하며, 연결되어 있지 않음
- 광범위하고 모호한 단어들로 감정을 묘사 (예: "나는 화가 난다." 대신 "나는 나쁜 감정이 느껴져.")
- 속상할 때, 특정 감정 명칭을 사용할 수 없음
- 속상할 때 과민반응 또는 충동적으로 반응
- 감정에 초점을 맞추거나 이야기하는 것을 할 수 없거나 회피
- 보고된 감정을 반영하지 않는 표정 또는 감정 상황과 보고된 감정 사이의 단절
- 쉽게 주의가 분산되고 집중력을 유지하기 위해 고군분투
- 중요한 상황에서 자동 조종 상태처럼 보임

탐험가 행동

고도로 숙련된 행동

- 행동의 실효성을 시험
- 가장 적합한 것을 찾는다는 측면에서 새로운 것을 시도
- 가치와 강점 파악하고 구축
- 발생하는 어려운 감정이나 생각을 위한 공간을 만들면서 가치 있는 행동을 선택하고 기꺼이함을 개발

서툰 행동

- 실효성을 시험하는 데 실패
- 명백하게 작동하지 않은데도 오래된 행동을 반복
- 충동적 행동
- 가치와 강점을 식별하거나 구축하지 않음
- 다양한 맥락에서 기꺼이함의 효용성을 탐색하지 못함

서툰 탐험가 행동의 예

- 작동하지 않는 전략을 계속 사용하고 새로운 것을 시도하지 않음
- 의미와 목적에 연결되지 않는 방식으로 탐색함 (예: 도움이 되지 않는 감각 추구 및 위험한 행동)
- 새로운 것을 시도할 생각조차 하지 않음
- 경험적 학습에 참여하기를 거부함. "마음의 안전" 안에서 모든 것을 해결하려고 노력함 (예를 들어, 세상에서 무엇이 작동하는지 탐색하기보다는 걱정으로 인하여)

이제 유연한 자기 시각과 사회적 시각을 촉신하는 기술을 개략적으로 소개하겠다. 각각의 경우, 내담자들이 탐험가, 관찰자, 조언자 세 영역 모두에서 기술을 활용하고 있는지, 아니면 몇 가지 반응에 국한되어 있는지 자문해 보자. 후자의 경우, 이들의 좁은 레퍼토리는 관련 기술 개발의 필요성을 나타낸다.

자기 시각

고도로 숙련된 탐험가 행동

- 조언자의 평가 이상으로 자기를 보기 위해 관점 취하기를 사용
- 자기를 단순히 조언자가 평가하는 언어적 내용 이상의 것, 즉 탐험가, 관찰자, 조언자 행동을 가지고 있는 것으로 보며, 그리고 자기를 생각과 느낌 이상의 것인, 내적 경험을 담는 상자로 봄
- 자기연민을 실험하고, 자기연민이 가치 있는 행동에 도움이 되는 맥락을

찾을 수 있음

서툰 탐험가 행동

• 주로 조언자의 내용과 함께 식별함 (예: "나는 나쁘다." 대 "조언자가 나를 나쁘다고 말한다.")
• 자기를 탐험가, 관찰자, 조언자 행동을 가진 사람으로 볼 수 없음
• 자기연민 실험이나 자기연민의 가치를 발견할 수 없음

고도로 숙련된 관찰자 행동

• 지속적으로 변화하는 자기 평가를 알아차림

서툰 관찰자 행동

• 자기 평가를 알아차리지 못함

고도로 숙련된 조언자 행동

• 희망을 품는 것과 성장, 개선, 발전을 할 수 있는 것에 대한 효과적인 신념을 가짐
• 실패 후 자주 자기비판을 인식하지만, 그것을 듣거나 믿을 필요가 없다는 것 알고 있음

서툰 조언자 행동

• 절망적이고 성장, 개선 또는 발전할 수 없다는 비효율적인 신념과 함께 고정된 사고방식을 가짐
• 수치심, 낙인 또는 남용되는 자기 과정을 과도하게 식별함

사회적 시각

고도로 숙련된 탐험가 행동

• 사회적 연결과 그 자신의 활력과 가치 사이의 연관성을 발견할 수 있음

- 타인의 입장에 서서 주어진 사회적 상황에 관한 여러 가지 가능한 관점을 탐색할 수 있음
- 능숙한 사회적 상호작용을 통해 타인에 대한 가정을 시험할 수 있음

서툰 탐험가 행동

- 사회적 관계에서 가치를 찾거나 발견하지 못함
- 사회적 상황을 보는 여러 가지 방법을 탐색하지 않음
- 그들에 대한 가정과 평가를 시험하지 않음

고도로 숙련된 관찰자 행동

- 표정, 몸짓을 포함해 현재의 순간에 타인이 있는 그대로를 알아차릴 수 있음
- 주어진 상황에서 조언자의 활동을 알아차릴 수 있고, 이에 반응하지 않음
- 반응하지 않으면서, 자기를 향한 판단을 들을 수 있음

서툰 관찰자 행동

- 다른 사람을 물리적 세계에 있는 그대로 보지 못하고, 대신 다른 사람에 관한 선입견에 의존함
- 조언자의 사회적 판단에 매우 반응적으로 행동 (예를 들어, 비록 가치와 맞지 않는 행동이라고 하더라도, 일단, 한 사람이 나쁘다는 생각을 가지기 시작하면, 그 나쁘다는 생각으로 인하여 언제나 벌을 주기 위해 기회를 찾는다)
- 다른 사람이 말하는 것에 대해 매우 반응적으로 행동

고도로 숙련된 조언자 행동

- 마음을 읽는 것이 불완전하다는 것을 인식함
- 과거의 경험 이력을 활용하여, 현재의 맥락에서 타인을 빠르게 이해하고 관점을 취할 수 있음

- 조언자가 말하는 그 사람에 대한 평가를 듣거나, 그 사람과 상호작용을 통해 새로운 것을 향한 활동에 참여할지를 선택할 수 있다는 것을 이해함
- 관계에서 자신의 역할을 이해하고 행동에 관한 책임을 수용함

서툰 조언자 행동
- 마음 읽기는 항상 정확하다고 생각함
- 현재의 맥락에서 사람을 이해하는 데, 좋은 기초를 제공하지 않는 과거의 경험 이력에 의존함
- 타인에 대한 조언자 관점의 평가가 항상 정확하다고 믿음
- 남을 탓하고, 개인적인 책임감의 감각이 부족

이제 우리는 위에서 정리한 모든 정보를 사용하여 재스민의 현재 문제들을 고려하여 사례 개념화를 만들 수 있다.

현재 상황 및 문제

학교 거부

무분별한 행동

약물 사용

사회적 그리고 발달적 환경

오빠 사망

가족 갈등

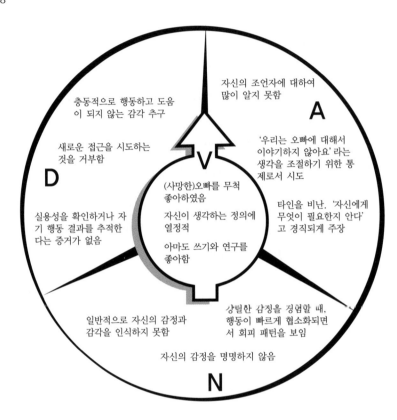

자기 시각

고정된 자기 시각: '선생님은 나를 도와줄 수 없어요. 누구도 할 수 없어요'

많은 자기 평가들

사회적 시각

타인을 비난

다른 사람의 관점을 볼 수 없음

다른 사람과 연결되기 어려움

그림 22 재스민의 DNA-V 사례 개념화

DNA-V의 장점은 청소년의 삶에서 무슨 일이 일어나고 있는지 유추할 필요가 없다. 그들과 상호작용에서 일어나는 행동의 패턴에 초점을 맞추면 된다. 재스민의 경우, 면담 중 행동을 관찰하면 빈약한 관찰자 기술 (감정이 일어나면 그것을 피하고자 재빨리 화제를 바꾼다), 빈약한 탐험가 기술 (치료자가 제공할 수 있는 것을 탐색하기보다는 충동적으로 행동한다), 그리고 비판적 조언자(재스민의 말을 방어로 사용한다)를 확인할 수 있다. 그리고 일상생활에서 재스민의 행동에 관해 우리가 알아낼 수 있는 것은 이것과 일치한다. 학교에 가지 않고 친구들과 교제하지 않음으로써 자기 삶에서 벗어났다. 재스민의 문을 닫았고, 어느 정도는 감정을 피할 수 있게 해 준다. 그러나 회피에는 대가가 있다. 모든 면에서 할 수 있는 능력들이 감소하였다. 재스민의 현재에 머물고, 학교에 다니고, 미래를 꿈꾸는 것을 잊어버렸다. 결국 자신의 삶을 잃었다. 재스민의 충동적이고 가치 없는 행동에 갇혀 있는 것처럼 보인다. 우리는 이제 이 장의 나머지 제안들을 사용하여 재스민을 도울 것이다.

제안 2. 청소년의 적응 능력을 인정하자

청소년은 적응에 전문가이지, 해결되기를 기다리는 문제 덩어리가 아니다. 그들은 할 수 있는 최선을 다하여 환경에 적응해 오고 있는 온전하고 완전한 인간이다. 하지만, 우리의 전문적 훈련은 너무나 부족한 환경에서 그들이 어떻게 잘 적응해 왔는지에 초점을 두는 대신, 흔히 청소년의 약점에 초점을 맞춘다.

이런 맥락이라면, 도움을 청하는 청소년을 만날 때, 그들은 (재스민이 로빈에게 보였던 것처럼) 당신도 자신을 분해하여 고칠 필요가 있는 존재로 보는, 그저 다른 성인 중 한 명이리라 생각할 가능성이 크다. 이런 맥락이 효과적 개입의 시작에 도움 되는 것이 아니며, 실제로는 저항을 만들어 낸다. 우리가 어떻게 알 수 있을까? 다음의 생각 실험으로 직접 확인할 수 있다(K. G. Wilson에 의해 영감을 받았다, 2009).

잠시 멈춰서 당신이 누군가의 문제가 된 적이 있는지 자문해 봅시다. 어땠죠? 누군가 당신을 "고치려고" 했을 때 어떻게 느끼었나요? 지금도 성인으로서,

파트너나 사랑하는 사람이 당신에게 어떻게 되어야 하는지를 말해 줄 때 어떤가요? 잠시 이 느낌을 안고 앉아봅시다.

이제 다른 주제로 옮겨서 시간을 가져보죠. 누군가로부터 인정받아 본 적이 있는가요? 당신이 정확히 있는 그대로 받아들여진 적이 있나요? 누가 정말 당신을 주의 깊게 바라본 적 있나요? 어땠나요?

DNA-V 작업을 인정하기부터 시작하자. 물론, 여러분이 보는 청소년은 문제가 있고, 그런 문제에 관해 도울 수 있지만, 그들 자체는 문제가 아니다. 이러한 입장은 로빈이 재스민에 한 작업에서 분명했다. 곧바로 문제 해결로 가기보다는 천천히 다가가서 재스민이 드러나도록 하였다. 재스민의 경험을 보면서, 가치를 발견하기 위해 알아차리는 기술을 사용했다.

이 제안은 간단하다. 청소년과 함께 일할 때는 먼저 그들을 인정하고, 자기를 인정할 때까지 계속 인정하기를 유지하자. 만약 상호작용이 오래 지속되지 않는다면, 이러한 노력의 이점을 직접 관찰할 수 없을지도 모른다. 하지만, 당신이 그들에게 마음을 열어준다면, 그들 스스로 자신 안의 가치를 볼 수 없을 때, 손을 벋서 뻗어 그 안의 가치를 본 사람이 있었다는 것을 아마도 평생 기억할 것이다.

제안 3. 공간을 만들 수 있는 곳이면 어디서든 시작하자

DNA-V 모델에서는 "정확한" 시작점이 없다. 바로 눈앞에 있는 청소년이 순간적으로 필요로 하는 것에 민감하게 반응하며, 거기서부터 시작할 수 있다.

재스민의 경우, 깊이 염려하는 것에 관해 함께 이야기할 때 치료자가 하였던 것처럼, 가치부터 시작해서 탐험가의 공간으로 들어갈 수 있을 것이다. 로빈이 "너에게 중요한 것은 무엇이니?"라고 물어본 적이 없다는 것을 알아차려야 한다. 대신, 자신의 가치가 뚜렷하게 드러나는 곳으로 재스민을 이끌었다. 재스민은 자신이 겪은 상실과 인터넷에서 자살에 대해 자신이 할 수 있는 모든 것을 발견하고 싶은 열망에 관해 격렬한 분노를 표출했고, 자살 문제에 관해 뭔가 하고 싶다고 뚜렷하게 밝혔다. 이 모든 것은 탐험가의 작업이며, 재스민이 자신의 가치 인식을 쌓는 데 도움을 줄 수 있다. 물론 가치는 우리 작업의 핵심이다.

재스민의 사례에서, 또 다른 좋은 출발점은 알아차리는 기술이 될 수도 있다. 오빠를 잃은 슬픔과 아직 드러내지 않은 다른 감정들을 허락하도록 도울 수 있다. 감정에 싫다고 말하는 한, 인생의 많은 부분을 싫다고 말해야 한다. 관찰자 기술은 모든 감각과 느낌을 경험하려는 기꺼이함을 증가시킨다.

몇몇 조언자 연습에서부터 시작할 수도 있는데, 이 시도는 조언자가 하는 일이 문제를 해결하고 불편함을 피하는 것임을 볼 수 있도록 돕는 것이다. 그러나 재스민에게는 조언자부터 시작하는 것이 효과적이지 않을 수 있다. 아직 자기 공개에 전념하지 않고, 관찰자 기술이 부족해서 자기 생각을 솔직하게 말하기가 어려울 수 있다.

DNA-V로 들어가는 길은 많다. 만약 막다른 골목에 부딪히게 된다면, 다른 길을 시도해 보자.

제안 4. 말이 아닌 행동으로 DNA-V를 실천하자

청소년을 도와주는 작업은 독특한 도전을 경험하게 된다. 성인과 달리, 많은 청소년은 당신이 듣고 싶다고 생각하는 것을 정중하게 말하지 않을 것이다. 그들은 강경한 비평가여서 경멸을 숨기지 않는다. 이것은 앞서 설명한 역동성에서 언급하였는데, 청소년의 투쟁 영역에서 어른이 자신을 통제하는 데 집중하는 것으로 본다. 그러므로 그들은 아마 당신도 통제하려 한다고 재빨리 예측할 것이다.

이것이 DNA-V를 경험적으로 만드는 것이 왜 중요한지에 관한 하나의 이유가 된다. 경험적 연습은 청소년이 당신의 말을 듣는 것을 명령하지 않는다. 오히려 청소년에게 자신의 경험을 실효성의 기준으로 삼아 자신의 진실을 발견하도록 격려한다. 불행히도, 도우려는 열정을 가진 치료자는 흔히 경험의 중요한 경로를 잃어버리고, 대신 설명이나 권고로 방향 전환한다. 아니면, 경험적인 연습으로 시작했지만, 연습이 기대했던 대로 잘되지 않을 때, 무슨 일이 일어났어야 했는지 설명하는 방향으로 옮겨갈 수도 있다. 이 중 어느 것도 최선의 방법은 아니다. 간단히 말해서, DNA-V를 설명하는 것은 DNA-V를 실행하는 것이 아니다.

처음으로 ACT 연습을 시작할 때, 우리는 모두 너무 많은 이야기를 했다는 것을 인정한다. 설명은 너무나 많았지만, 경험적 접근은 너무나 적었다. 계획에 따라 진행되지 않았던 연습을 실행하고는, 마음에 관한 설명, 그것이 어떻게 이유를 만들어 내는지, 그리고 연습에서 "어떻게" 일어났어야 했는지에 관한 설명으로 건너뛰었던 것을 기억한다. 그때의 결과는 청소년이 "아세요? 당신 입술은 움직이고 있지만, 내가 들을 수 있는 것은 구시렁거리는 소리 정도로 느껴져요." 같이 반응하도록 했을 뿐이다. 그것은 전문가로서 당혹스러운 순간이다. 지금도 여전히 '전문가 되기'에 빠져서 상황을 통제하려 애쓰는 경우가 있다. 이해할 수 있다. 대부분 성인은 인지적 경향을 가지고 있으며, 대부분 치료자는 끝없이 이야기하거나 설명하는 것을 좋아한다. 이런 것에 빠지지 말자. 청소년에게는 효과가 없다.

청소년은 모두에게 중요한 교훈을 가르쳐 왔다. 입을 다물고, 설명을 멈춰라. 앞으로 나아가 경험적 연습과 현재 순간에 머물기를 향해 기꺼이 기대어 보자.

조언자는 과거의 규칙, 신념, 그리고 가정이라는 측면에서 모든 새로운 경험을 해석하려고 한다. 청소년에게 자신을 다르게 보라고 말하는 지료사가 종종 성공하시 못하는 이유다.

경험적인 연습을 완성하는 "올바른" 방법은 없다. 내담자가 특정한 방식으로 반응하거나 특정한 깨달음을 얻어야 한다고 주장하지 않고, 그저 청소년이 열린 마음을 가지도록 진행한다. 확실한 방법의 하나는 다음 대화에서 예시된 것처럼, 경험적 연습을 "이상한 실험"이라고 부르는 것인데, 이 방법은 제3장에서 설명한 접근법을 한 번 더 언급하고 확장한다

치료자	과학 시간에 하는 건데, 실험이 무엇인지 알고 있니?
청소년	네
치료자	좋아. 그렇다면 실험이 무엇인지, 혹은 실험하는 목적이 무엇인지 말해줄 수 있을까?
청소년	뭔가를 알아내기 위해 뭔가를 하는 것.
치료자	그렇지. 그리고 정확히 무슨 일이 일어날지 미리 알아야 할까?

청소년	아니요, 그게 실험의 목적이죠.
치료자	맞아. 그래서 실험에서는 답을 미리 알 수 없어. 단지 발견되는 것을 보기 위해 무언가를 할 뿐이지. 맞나?
청소년	네.
치료자	좋아, 우리도 똑같이 할 거야. 우리는 몇 가지 실험을 할 것이고, 네가 해야 할 일은 무엇인가를 발견하는 것이야. 무엇을 발견하든 상관없어. 하지만 뭔가 알아차리면 뭘 알아차렸는지 말해 주는 거야. 알겠어?
청소년	물론이죠.
치료자	좋아, 마지막으로 내가 해야 할 말은 내 실험들 중 일부는 좀 이상하다는 거야. 그래서 네가 이상하게 느낄 수도 있지만 나는 그래도 그렇게 할 거야, 나 또한 아마 이상하게 느낄 거야. 사실, 내가 더 이상한 기분이 들 거야. 왜냐하면 내가 너에게 특이한 일을 하라고 할 테니까, 너는 내가 바보 같다고 생각할지도 몰라. 하지만 난 괜찮아. 그럼같이 이상한 실험을 기꺼이 해 보고 우리가 뭘 발견하는지 볼까?
청소년	물론이죠.
치료자	네가 발견한 것은 무엇이든 괜찮다는 것을 기억해. 여기 정답은 없어.

여기서 중요한 점은 어떤 일이 일어나도 괜찮다는 것이다. 이러한 유형의 설정은 올바른 대답 방법이나 올바른 경험이 있다는 기대를 없애준다. 또한 실험이 종종 그렇듯이 예상치 못한 결과가 나올 때 당혹감으로부터 당신과 내담자 모두를 구한다.

연습의 결과가 어떻든 간에, 여러분의 과제는 여러분이 본 행동에 관해 기능적으로 생각하는 것이다. 또한 함께하는 청소년이 무엇을 알아차렸는지 물어보자. 이것은 그들이 언어를 어떻게 사용하고 세상을 이해하는지를 안내해 줄 것이다. 모든 상황에서 개인에 관해 배운 것을 일반화하여 이후의 작업에 함께 사용할 수 있다. 그것은 모두 기능을 식별하며 함께 일하는 것이며 다음 제안으로 이끌게 된다.

> ## 경고! 앞으로의 행동 용어
>
> 만약 여러분이 교실에서 일했거나 많은 수의 아이와 함께 일했다면, 여러분은 아마도 행동 원리에 관한 약간의 경험을 했을 것이다. 여러분은 행동 원리가 지루해졌거나 긍정적인 강화의 다양한 버전을 시도해 보지만, 항상 효과가 있는 것이 아니라는 것을 알고 있다. 그러나 행동 원리에 대한 기본적인 지식을 갖추는 것은 당신이 하는 일에 대한 튼튼한 기초를 제공할 것이므로, 계속 읽으면서 명심해 주기를 바란다. 우리의 목표는 당신이 DNA-V 모델의 렌즈를 통해 청소년을 보고, 행동에 영향을 미치는 방법에 대해 생각하고 계획할 때 행동 원리에 접근할 수 있기 위하여 이에 관한 기본적 이해를 충분히 제공하는 것이다.

제안 5. 기능 탐지기가 되자

모든 행동에는 기능이 있고, 우리가 그것을 하는 이유이다. 어떤 행동이 유인적 자극이나 혐오적 자극의 통제하에 있는지를 확인하는 것은 기능적 발견에 해당한다. 즉 유쾌하거나 원하는 사건이나 자극(유인적)에 접근하는 행동인가, 불쾌한 사건이나 자극(혐오적)을 피하거나 회피하는 행동인가? 두 행동은 정확히 똑같이 보일 수 있지만, 완전히 다른 기능을 가지고 있다. 예를 들어, "사랑해."라고 하는 것은, 그 사람과의 교제(유인적 통제)가 즐겁기에 원하는 사람을 가까이 데려오려고 실행될 수 있다. 아니면 혼자라는 두려움(혐오적 통제)에서 벗어나기 위해 할 수도 있다. 그 문제에 있어서, 두 가지 형태의 통제는 주어진 상황에서 실행될 수 있다.

혐오적인 통제에 있을 때, 청소년은 행동의 폭을 넓히며 쌓아가기가 어렵다. 혐오적 통제는 일반적으로 좁고 융통성 없는 행동 패턴과 결과에 대한 무감각으로 이어진다(K. G. Wilson, 2009). 이것이 어떻게 작동하는지 보여 주기 위해, 아름다운 숲으로 둘러싸인 공원 벤치에 앉아 있다고 가정해 보자. 나비들과 고목들을 둘러보고 있을 때, 거대한 킹코브라가 나무 뒤에서 미끄러져 나와 당신 쪽으로 다가왔다. 당신의 주의력은 갑자기 상당히 좁아질 것이다. 더 이상 숲속을 신기한 듯이 둘러보지 않을 것이다. 당신이 할 수 있는 모든 노력은 뱀을 피하는 데 집중될 것이다. 당신은 많은 정보를 거부할 수 있다(협소해짐). 그러나 혐오적 위협에서 벗어나도록 돕는 물건들에는 믿을 수 없을 정도로 민감할 수 있다. 예를 들어, 무기로 사용할 수 있는 큰 막대기를 금방 발견 할 수 있다. 독사에 대하여 행동 레퍼토리가 좁아지는 것은 충분히 이해된다.

그러나 인간은 육체적인 위협을 가하지 않는 혐오적 자극에 대처하는 경우가 많다. 예를 들어, 우리는 자존감이 소중하고 어떤 희생을 치르더라도 지켜야 할 필요가 있다는 것을 배울 수도 있다. 결과적으로, 자존감 상실의 위험을 초래할 수 있는 도전에 관여하지 않고, 따라서 성장하지 못한다. 아니면 거절이 견딜 수 없는 것으로 판단하고 교제하는 것을 피할 수도 있다. 사실 우리는 교제를 피하며 교제를 할 수 없는 이유를 만들거나, 일단 "아주 좋은" 사람이 되어(예를 들어, 체중을 빼거나 학위를 따면) 가까운 미래에 교제하려는 기발한 이야기들을 만드는 데 믿을 수 없을 정도로 창의적일 수 있다. 그러는 동안(흔히 영원하다) 우리는 사회관계망을 넓히는 데 실패한다. 우리가 실제보다 더 상징적이고 우리 머리 안에 있는, 혐오적인 것을 피할 수 있는 능력은 끝이 없어 보인다.

혐오적 통제와 대조적으로, 많은 형태의 유인적 통제는 상대적으로 광범위하고 유연한 행동 패턴을 유도한다(Fredrickson, 2001; K. G. Wilson, 2009). 뭔가 즐거운 일이 있을 수 있다는 것만으로 호기심과 탐구심을 갖게 된다. 예를 들어, 우리가 다른 사람과 함께 즐기기 위한 사회적 상황에 있다면, 우리는 대화하고, 다른 사람에 대해 호기심을 가지며, 즐겁게 교류하고, 관계를 형성할 가능성이 더 크다. 거절을 예상하고 같은 상황에 처하게 되면, 수동적으로 행동하며, 장난기가 없어지고, 다른 사람을 알아가는 것보다 우리 자신을 보호하는 데 초점을 맞출 가능성이 크다. 가치는 일반적으로 언어적 수단("다른 사람들과 연결되고 싶다.")과 환경과의 접촉(긍정적인 사회적 사건 경험)을 통해 행동을 유인적 통제 아래에 두려고 시도한다.

기능적 발견은 혐오적 또는 유인적 반응을 알아차리는 것은 기능적 발견에 해당한다. 아마도 기능 탐지기가 되는 가장 간단한 방법은 맥락, 선행사건, 행동 및 결과

등 행동의 C-ABC 관점에서 생각하는 것이다. 다음은 DNA-V 모델에 명확하게 연결할 수 있는 C-ABC 모델의 주요 특징들이다(유용한 행동 연결을 위해 사용할 수 있는 워크시트는 http://www.thrivingadolescent.com에서 내려받을 수 있다).

DNA-V 와 C-ABC 행동 모델의 연결

C-ABC 구성 요소와 질문 예시	DNA-V 요소
현재 맥락 1. 행동에 영향을 미치는 환경적 상태, 반드시 가까운 시간적 관계는 아님. 예로서 수면 박탈, 최근 가족 문제, 스트레스 일상 사건들 2. 행동의 이전의 과거력, 대인 관계, 자기 이해, 과거 학습요인	맥락 + 과거 DNA-V 기술을 위한 과거 지원 + 자기와 사회적 이해를 위한 과거 지원
선행사건- 즉각적 어디서, 언제 그 행동이 발생하였나? 누가 있었나? 표적 행동 바로 전에 무슨 일이 생겼나?	즉각적 맥락
표적 행동 우리가 영향을 주려고 바라는 것은 무슨 행동인가?	탐험가, 관찰자, 조언자 행동
결과 행동 이후 나타난 사건이나 행동은 무엇인가? 기능을 찾아라. 의도한 결과는 무엇인가: 보상이나 회피 또는 혐오적인 것으로부터 도피 등에 접근	가치 그리고/또는 가치 없는 결과

　　C-ABC에 있는 질문을 하면, 행동과 그 기능에 집중하는 데 도움이 될 것이다. 이것은 당신이 어떤 환경이나 상황이 주어진 행동을 가져오는지, 무엇이 그것을 지속시키고 있는지, 그리고 중요한 것은 당신이 그것을 어떻게 바꿀 수 있는지를 생각할 수 있게 해 준다. 기능이란 모든 행동은 목적을 위해 실행되고, 그 목적이 맥락에 따라 변할 수 있다는 것을 단순히 의미한다. 추가적인 가치의 이점은 청소년 행동의 기능을

볼 수 있게 되면, 그 행동을 상황에 맞는 이해 가능한 반응으로 볼 수 있으므로, 그 행동에 대하여 감정적 반응에 휘말리지 않을 수 있다.

제안 6. 언어의 함정을 완화시키는 방법을 배우자

관계구성이론은 DNA-V의 영향 아래에서 열심히 작동하는 원리이다. 관계구성이론은 언어나 상징을 사용하여 우리 자신과 세계를 이해하는 방법에 관한 것이다(S. C. Hayes, Barnes-Holmes, & Roche 2001).

관계구성이론에서 모든 언어는 조작적 행동, 즉 맥락에 의해 유발되고 결과에 의해 영향을 받는 행동으로 간주된다. 관계구성이론의 언어적 행동(예: "나는 사랑스럽지 않다.")이 관계적 맥락(Crel)과 기능적 맥락(Cfunc) 이라는 두 가지 유형의 맥락적 영향 아래서 나온다고 제안한다.

- 관계적 맥락은 두 자극 사이에 유도된 관계를 지배한다. 예를 들어, 만약 청소년이 또래로부터 거절을 경험한다면, "나는 사랑스럽지 않다."고 생각할 수 있다. 이 경우, 거절은 "나"와 "사랑할 수 없는"을 등가 관계로 연관시키도록 촉진해 온 맥락의 일부분이다. DNA의 비유로 돌아가면, 관계적 맥락은 조언자의 평가, 판단, 예측을 촉진하게 하는 맥락이라고 말할 수 있다.

- 기능적 맥락은 그림 23에서 보듯이, 이러한 관련 단어들이 어떻게 기능하는지를 지배한다. 예를 들어, 어떤 맥락에서 "나는 사랑스럽지 않다."는 것은 큰 고통과 사회적 회피를 초래한다. 은유적으로, 기능적 맥락은 조언자 행동에 대한 힘을 가졌는지를 결정하는 것이라고 말할 수 있다.

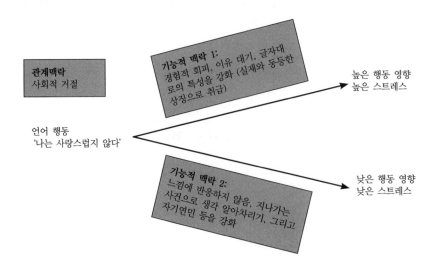

그림 23 고통스러운 생각과 연관되는, 서로 다른 방식의 맥락적 모델 (Marshall et al, 2015)

언어 행동의 영향을 증가시키는 많은 기능적 맥락이 가설화되어 있다. 특히 다음과 같은 것을 강화해 온 맥락들이 있다. 하거나 하지 않는 이유로서 생각을 보는 것, 문자 그대로 생각을 하는 것, 생각에 매달리거나 생각을 피하는 것 등. 개인이나 사회 공동체, 혹은 둘 다 생각을 문자 그대로 진실이라고 볼 때 강한 영향을 미친다. 청소년을 도와주는 전문가는 이러한 맥락의 영향에 변화를 줄 수 있는 위치에 있다.

언어 행동의 영향을 줄이는 맥락을 만들 수 있다. 예를 들어, DNA-V에서 청소년은 새롭고 보다 유연한 방법으로 언어 행동을 연관시키는 것을 배운다.

- 생각을 조언자로 간주하고, 이 충고를 가볍게 여기며, 생각이 오가는 것을 지켜본다. 심리적으로 먼 시각에서 생각을 보거나, 영향을 줄이는 방식으로 생각을 정교화한다. (이러한 기술들을 증진하기 위한 많은 연습이 3장에 나온다.)
- 감정을 피해야 하는 독성 상태라기보다는 지나가는 감각으로 보면서, 있는 그대로 감정을 경험하기 위해 알아차리기를 사용할 수 있다.
- 탐험가 기술을 사용하여 생각에 호기심을 가지며, 습관적으로 이에 복종하는

것이 아니라 도움이 되거나 도움이 되지 않는지 시험할 수 있다.

- 문자 그대로의 자기 평가와 동등하기보다는 자기 평가를 하는 상자로 자신을 보게 되면서, 유연한 자기 시각을 개발할 수 있다. 이런 관점에서 보면, 자기개념은 고정된 현실이라기보다는 지나가는 사건으로 보인다.

이러한 맥락은 청소년에게 부정적 생각이 말하는 것을 문자 그대로 의미한다고 가정하기보다는, 언어 행동을 호기심의 대상으로 다루도록 허용하는 단순한 방법으로 부정적인 생각의 영향을 감소시킨다.

관계적 맥락과 기능적 맥락 사이의 구분이 중요한 것은 우리가 개입할 수 있는 두 가지 방법을 제시하기 때문이다. 재스민의 예를 이용해서 이것을 설명해 보자. 재스민은 학교에서 낙제하고 중퇴했다. 글 쓰는 것은 좋아하지만 수학과는 씨름한다. 예전에 한 친구로부터 멍청하다는 말을 들었다. 그 말은 재스민이 "나"와 "멍청하다."를 연관 ("나는 멍청하다.")시키도록 촉구했고, 따라서 관계적 맥락(Crel)의 일부분이 된다.

어떤 사람은 해결책으로서 모든 사람이 승리하고 아무도 실패하지 않는 환경을 만드는 것이라고 말할지도 모른다. 그 목표는 청소년의 마음속에 '나는 바보다' 같은 생각이 떠오르지 않게 하는 것이다. 불행히도 3장에서 논의된 바와 같이, 청소년이 결코 부정적인 자기 평가를 받지 않는 환경을 조성하는 것은 불가능하다. 인간의 마음은 그런 식으로 작동하지 않는다. 마음의 목적은 비교하고 평가하고 문제를 찾는 것이다.

일부 접근법 (ACT 또는 DNA-V가 아님)은 이러한 종류의 관계하기를 없애려고 시도한다. 부정적인 평가에 대해 생각하지 말라고 제안하거나 "넌 멍청하지 않아"라고 반박할 수도 있다. 그러나 언어적 관계는 더하기의 연속 과정이다. 우리는 우리가 배운 관계를 삭제할 수 없다(Bouton, 2002).

그렇다면 재스민이 "나는 바보야."라는 생각에 대처하도록 돕는 대안적 방법은 무엇일까? 두 가지 기능적 맥락(Cfunc)을 생각해 보도록 하자.

- 기능적 맥락 1: 재스민의 엄마는 재스민에게 단지 마음속에서 그 생각을 밀어 내고 걱정하지 말라고 말한다. 비록 이것은 선의에서 한 말이지만, 재스민의 엄마는 무심결에 "나는 어리석다."는 것은 위험한 생각이며 통제될 필요가 있다

고 가르치고 있다. 이것은 단지 생각의 중요성을 증가시킬 뿐이다.

- **기능 맥락 2**: 로빈은 재스민의 느낌과 생각을 이 상황에서 정상적인 것으로 수인한다. 다른 학생이 "넌 멍청해"라고 말했기 때문에, 재스민의 머릿속에는 이제 "난 멍청해."라는 생각이 돌아다니지만, 그 생각이 재스민에게 영향을 줄 필요는 없다는 것을 보여 준다. 그 생각이 머리에 떠오를 때, 무엇을 해야 할지 선택하기 위해 자신의 DNA 기술을 사용하는 연습을 한다.

많은 DNA-V 연습은 언어 행동의 기능적 맥락을 변화시키고, 재스민이 언어 재료와 연관성을 확장하는 데 사용될 수 있다. 로빈은 조언자 실험 3에 참여할 수 있다. 3장에 나오는 '당신의 조언자 관점은 모두 강력한가?'라는 생각이 무언가를 하도록 만들 수 없다는 것을 알아차리도록 도울 수 있다. 선택할 수 있다는 것이다. 로빈은 재스민이 "나는 멍청하다."가 떠올랐을 때도, 학교로 돌아가 수학 수업을 듣는 계획을 세우는 것을 도울 수 있다. 또 다른 연습은 재스민이 자기 평가를 표현하는 많은 단어와 함께 종이에 "나는 바보야."라고 쓰도록 하는 것이 될 수 있는데, 9장에서 관찰자로서의 자기 1: "단어로 가득 찬 컵"을 연습하는 데 이용할 수 있다.

요점은, 단어들을 두려워할 필요가 없다는 것이다. 새로운 기능적 맥락을 확립함으로써, 언어가 우리에게 미치는 영향을 감소시키고, 새롭게 도움 되는 방식으로 단어와 관계 맺는 것을 배울 수 있다.

제안 7. 숨겨진 세상을 들여다보는 창으로 선행자극 조절을 활용하자

새로운 상황에서 사람들의 반응은 특이하고 새롭다고 생각할 수 있지만, 종종 잘 학습된 행동 패턴에 의존하고 있다. 다음 시나리오를 생각해 보자. 한 여성 내담자가 당신의 사무실로 걸어온다. 당신은 웃으면서 "안녕하세요, 오늘 어때요?"라고 말한다. 그녀는 "좋아요, 고마워요."라고 대답한다. 회기가 진행되면, 당신은 그녀가 전혀 잘 지내지 못했다는 것을 알게 된다. 그녀는 우울하고 자살 충동을 느끼고 있다. 그런데, 왜 그녀는 자신이 좋다고 했을까? 그 대답은 자극 조절과 관련이 있다. 몇 년간의 반복은 "잘 지내니?"라는 자극과 "잘 지냈어, 고마워."라는 반응을 결합시켰다.

선행자극 조절은 자극이 습관적인 반응을 촉구할 정도로 자주 나타나는 자극에 관한 기술적 방법을 말하는 것이다. 이것이 얼마나 강력할 수 있는지를 이해하기 위해서, 자기 삶에서 습관적인 반응을 가져오는 자극을 찾아보는 것이다. 다음은 몇 가지 일반적인 예이다.

- 새라는 깨어났을 때 항상 휴대전화으로 메시지를 확인하려고 손을 뻗는다. 그녀는 이것을 바꾸기로 결심하고 오전 9시 전에는 휴대전화을 확인하지 않을 계획이다. 하지만 매일 아침, 휴대전화에 대해 생각하는 것을 멈출 수 없다는 것을 알게 된다. 자신의 손을 이미 휴대전화 쪽으로 뻗기도 한다. 잠에서 깨는 것이 선행 사건이다. 새라는 오전 9시까지 무언가 정상이 아니라고 느낀다.
- 로드리고는 일을 마치고 집에 돌아와 편한 옷을 입는다. 곧바로 자신이 직장인이라는 역할에서 벗어나 아빠가 되었다고 느낀다. 이따금 편한 차림으로 사무실에 출근하지만, 안정되지 않고 일을 끝내지도 못한다.
- 존에게 월요일 아침의 커피는 일을 시작하라는 신호지만, 토요일 아침의 커피는 긴장을 풀고 신문을 읽으라는 신호이다. 자극은 같지만, 다른 맥락에서 다른 반응을 이끌어 낸다.
- 나타샤는 남편과 집에서 심야 데이트를 하기 위해 옷을 갈아입었다. 평상복에서 벗어난 옷차림을 보고 아기가 울기 시작한다. 아기에게 나타샤의 드레스 차림은 그녀가 직장에 가기 위해 육아를 맡기고 있다는 신호다.

자극 조절을 찾는 것은 청소년이 그들의 세계에 어떻게 반응하는지를 보여 줄 수 있으므로 청소년의 삶으로 통하는 창을 제공한다. 예를 들어, 당신이 스티브에게 미소를 지으며 긍정적 말을 하고, 그가 웃음으로 답하는 것을 알아차린다면, 이것은 사회적 시각 기술의 증거다. 또는 브리가 말할 때처럼 (침을 삼키고 눈을 깜박이는 등) 거의 감지할 수 없는 감정들이 생기는 것을 볼 수 있을지 모른다. 이런 일이 일어날 때마다 브리는 빠르게 이야기하기 시작하며, 관찰자의 공간에 머무는 능력이 없다는 증거를 제시한다. 당신은 상담실 밖에서 도와주고 있는 청소년을 결코 볼 수 없을지 모르지만, 상담실에서 그들의 행동은 세상에 어떻게 반응하고 있는지를 드러낼 수 있다. 그것은 또한 여러분이 어떻게 행동에서 변이를 조형할 수 있는지에 관한 귀중한 정보를 줄 수 있다.

반응 패턴을 이해하고 새로운 행동을 조형하는 데 선행자극 조절이 어떻게 사용될 수 있는지 설명하기 위해, 재스민의 상황을 살펴보자. 재스민은 로빈에게 항상 슬프지만, 그 이유를 설명할 수 없다고 말한다. 슬픔이 항상 거기에 있다고 말한다. 학교에서 재스민을 관찰하는 것은 매우 도움이 되겠지만, 로빈은 그럴 기회를 얻지 못하기 때문에, 회기 중에 재스민과 함께 탐색 작업을 시작한다.

로빈은 다음 표에 기록된 자극과 반응 패턴을 주목하면서 시작한다. 예를 들어, 의도적으로 로빈과 재스민 사이의 미묘한 행동 패턴을 이용해 청소년의 작은 변화를 지켜보는 것이 얼마나 중요한지를 보여 준다.

문제: 재스민은 우울감을 느낀다

맥락	선행사건	재스민의 이야기	로빈의 관찰
재스민은 면담실로 들어오면서 차분하게 보이며 발걸음도 가벼웠다.	로빈은 물었다. "재스민, 미술 수업은 어떻게 진행되니?"	"좋아요."	목소리는 가벼웠고, 직접 눈맞춤을 하였다.
재스민은 똑바로 의자에 앉아서는 살짝 흔들고 있다.	로빈은 물었다. "재스민 너희 반 아이들은 어때?"	"좋아요."	어깨를 으쓱하며, 목소리는 살짝 부드러웠다.
재스민은 대화를 주도한다.	로빈은 듣고 있다.	"내 인생 스케치에 관한 좋은 코멘트를 받았어요."	한번 더 목소리는 가볍고, 눈맞춤이 좋았다.
로빈이 대화를 주도한다	로빈은 물었다. "친구는 어때? 반에서 누구 만나니?"	"거기 모든 게 괜찮아요."	재스민은 다시 어깨를 으쓱였고, 로빈의 어깨를 넘어 벽 쪽을 바라보았다.

일단, 선행사건과 결과를 포함한 표적 행동의 몇 가지 예를 보고 나면, 기능과 개입 방법에 관한 가설을 만들기 시작한다.

앞의 예에서 재스민의 표적 행동은 스스로 보고된 슬픔이다. 맥락은 상담 회기, 중퇴 이력, 자신과 타인에 대한 부정적인 시각 등이 배경이다. 재스민의 미술 수업에 관한 치료자의 질문은 개방적이고 긍정적인 반응을 불러일으키지만, 사회적 상호작용에 관한 질문은 재스민의 목소리, 언어 패턴, 몸짓에 있어서 작지만, 감지할 수 있는 변화를 이끌어 낸다. 회기에서 볼 수 있는 행동 패턴은 청소년이 바깥세상에서 어떻게 활동하는지 단서들을 제공한다. 이 단서들은 시험해 볼 가치가 있다.

우리가 제안하는 DNA-V 계획은 재스민이 사회적 연결이나 결여 그것으로 인해 유발되는 신체적 감각이나 감정을 피하는 패턴을 가지고 있는지 시험하는 것이다. 로빈은 이런 패턴이 나타날 때마다, 재스민에게 잠시 멈추고 자신의 몸과 연결하라고 제안하면서 회기를 시작할 수 있다. 로빈은 AND 연습이나 마음챙김 호흡 훈련을 이용하여 확장하는 것을 가르칠 수 있다. 로빈이 자기 몸속에서 알아차림과 감정적 수용을 보여 줄 수도 있다("알다시피, 네 친구들에 대해 이야기할 때, 나는 혼란스럽고 무거운 것을 알아차리게 되네. 슬픔도 내 안에 있는 것 같아."). 그러면 로빈은 재스민이 회기 밖에서 이 작은 순서를 일반화하도록 격려할 수 있을 것이다. 이런 식으로, 회기 내 행동은 청소년이 자신의 세계와 어떻게 상호작용할 수 있는지를 엿볼 수 있다. 이것은 효과 있는 변화를 위한 기초와 이해를 제공할 수 있다.

선행자극 조절을 찾는 것은 단순한 패턴을 찾고, 변화를 만들 유용한 장소를 찾기 위한 가설을 시험하는 것이다. 청소년의 삶을 제한하거나 그들을 경직시키거나 꼼짝 못 하게 하는 행동을 볼 때, 그들의 반응을 확장시키기 위해 DNA-V 기술을 개발할 수 있도록 돕는다. 이를 실행하는 가장 좋은 방법은 상호작용하는 순간에 일어난다.

제안 8. 확장과 구축에 집중하자

우리의 다음 제안은 더 큰 활력이나 가치 있는 삶을 가져다줄 행동을 강화하는 것이다. 청소년을 상담할 때, 스스로 자문해야 할 중요한 질문은 그들의 행동 레퍼토리가 유용한가이다. 도움이 되지 않는 사고와 행동의 패턴에 갇혀 있는가? 만약 그렇다면 우리가 해야 할 작업은 새로운 방식으로 행동하도록 돕고 우리가 그것을 볼 때마다 강화하는 것이다.

우리는 다음과 같은 방법으로 DNA 기술과 연결시킬 수 있다.

- 탐험가 기술은 시행착오 탐구를 통해 행동의 레퍼토리를 넓히는 것을 포함한다. 강점을 개발하고, 사회적 지원과 같은 자원을 증가시키며, 의미와 가치를 창조하기 위해 물리적 세계에서 새로운 행동을 시험한다.
- 관찰자 기술은 내적 경험에 반응하는 방법을 확장시킨다. 청소년은 종종 자신의 신체적 감각과 감정에 관해 협소한 방식의 반응으로 출발하여 충동적인 행동이나 파괴적인 회피 전략으로 대응한다. 알아차리기 기술은 내면의 경험에 새로운 방식으로 반응하고 관계하도록 도움을 주며, 감정에 반응하지 않고 그저 있는 그대로를 허용하도록 한다. 그 과정에서, 감정이 시간과 함께 오고 가고, 정보의 귀중한 원천이며, 해롭지 않다는 것을 발견한다.
- 조언자 기술은 탐험에 도움이 되는 최선의 규칙을 개발하도록 돕는다. 예를 들어, 청소년에게 "한 가지 일이 잘 안되면 다른 것을 시도하라." "항상 하던 일을 하면 항상 자신이 가지고 있는 것을 얻게 될 것이다."와 같은 규칙을 가르칠 수도 있다. 조언자 기술에는 '내가 행동하기 전에 모든 것을 파악해야 한다거나 '아무도 믿을 수 없다'와 같은 도움이 되지 않고 좁은 규칙에서 벗어나게 하는 것도 포함된다.

아래는 재스민의 예시로서, 우리는 각각의 반응을 확장하거나 협소하게 하는 것으로 분류했다. 넓히는 것은 자신의 느낌이나 상황에 새로운 방식으로 반응하고 있다는 것을 의미한다. 좁히는 것은 새로운 가능성을 차단하고 있다는 뜻이다.

로빈은 질문으로 재스민을 괴롭히지 않으려 하지만, 재스민의 단단한 외부 보호막을 완화하며 재스민과 연결할 방법 [확장]을 찾아야 한다. 잠시 후, 재스민에게 오빠에 관해 묻고, 처음으로 재스민의 표정에서 미묘한 슬픔의 순간이 보였다가 다시 두꺼운 가면으로 돌아간다[협소]. 로빈은 심호흡을 하며, "네 오빠가 어땠는지 알고 싶어."[확장을 시도].

재스민이 어깨를 으쓱한다. "우리 가족은 오빠에 대해 별로 얘기하지 않아요. 다들 너무 속상해하죠."라고 말했다[협소].

"그렇지. 가족들은 그래." 로빈이 대답한 다음, "오빠와 함께 있었던 기억이나 함께 했던 일들이 있었니?"[확장을 조형]

재스민은 고개를 끄덕이며, 그들이 창고에 있던 때를 조심스럽게 이야기하기[확장] 시작한다.

로빈은 더 많은 격려를 보내며 "내가 창고 구석에 가만히 서서 구경만 하는 것처럼, 내가 볼 수 있도록 좀 도와주면 좋겠어."라고 말한다[더 넓은 확장을 조형하고 강화].

이 작은 예시에서 로빈이 자신의 아픈 기억과 새로운 방식으로 관계를 맺는 재스민의 능력을 열어주기 위해 노력하고 있음을 알 수 있다. 재스민이 오빠에 대해 이야기하는 행동을 조형하려고 시도하고, 기억들에 대한 반응을 강화하여 가치에 연결되도록 하며, 재스민에게 기억을 돌려주려고 애쓰고 있다. 이런 종류의 상호작용은 당신과 청소년 사이의 춤과 같으며, 청소년이 자신의 세계에 반응하는 방식을 확장하도록 도울 끝없는 기회를 제공한다.

DNA-V 전문가가 되기 위한 8가지 제안

1. DNA-V 사례 개념화부터 시작하자

2. 청소년의 적응 능력을 인정하자

3. 공간을 만들 수 있는 곳이면 어디든지 시작하자

4. 말이 아닌 행동으로 DNA-V를 실천하자

5. 기능 탐지기가 되자

6. 언어의 함정을 완화시키는 방법을 배우자

7. 숨겨진 세상을 들여다보는 창으로 선행자극 조절을 활용하자

8. 확장과 구축에 집중하자

결론

청소년의 성장을 운에 맡길 수는 없다. 주변의 어른이 항상 그들을 아끼고 사랑을 베풀어 주리라고 기대할 수 없다. 그저 학교에만 보내면 우정을 쌓고 괴롭히는 사람들을 다루는 방법을 알게 될 것이라고 상상할 수 없다. 청소년이 자동적으로 물질주의를 넘어 자신에게 진정한 가치가 무엇인지 발견하게 될 것이라고 가정할 수 없다. 우리가 할 수 있는 것은 청소년을 보호하고 육성하는 맥락을 만드는 것이다. 이 책을 읽는 독자와 우리가 그러한 맥락의 일부분이다. 현재 이 순간, 청소년이 잘 성장할 수 있도록 도와줌으로써 함께 미래를 바꿀 수 있다.

부록

온라인 자료 목록

음성 자료   www.thrivingadolescent.com/audiorecordings

동영상 자료   www.thrivingadolescent.com/videorecordings

그림 및 사진 자료   www.thrivingadolescent.com/creativeartwork

워크시트 및 인쇄용 서식 목록

DNA-V 사례 개념화 워크시트

가치 연습 1: 대화하고 인정하기 – 대화 카드

탐험가 연습 1: 실효성 추적하기 – 어떻게 되었나? 워크시트

탐험가 연습 2: 조언자 대 탐험가 – 내 삶의 DNA-V 워크시트

탐험가 연습 3: 가치에 따른 삶 꾸리기 – 나만의 가치 여행 워크시트

탐험가 연습 4: 강점 카드 분류하기 – 강점 카드

가치 연습 2: 가치 카드 분류하기 – 가치 카드

조언자로서 자기 연습 1: 나는 자기를 어떻게 바라보고 있을까? - 변화가 가능할까?

조언자로서 자기 연습 1B: 나는 자기를 어떻게 바라보고 있을까? - 고정된 자기 시각에서 유연한 자기 시각으로 옮겨가기

관찰자로서 자기 연습 1: 단어로 가득 찬 컵 - 나는 누구인가?

탐험가로서 자기 연습 1: 변화하고 성장하며 자기를 바라보기 - 나의 자기 시각 강화

자기연민 연습 3: 자기연민의 요소 - 자기연민 퀴즈

자기연민 연습 6: 나 자신과 친구 되기 - 나 자신과 친구 되기

사회관계망 연습 2: 협력적이고 효과적인 집단 구축하기 - 집단을 위한 DNA-V 원

사회관계망 연습 2: 협력적이고 효과적인 집단 구축하기 - 강력한 집단 만들기

사회관계망 연습 2: 협력적이고 효과적인 집단 구축하기 - 집단 목표 설정 워크시트

사회관계망 연습 3: 친절함의 가치 발견하기 - 주간 친절 행동 기록지

숙련된 DNA-V 행동과 서툰 DNA-V 행동 예시

DNA-V와 C-ABC 행동 모델의 연결

참고문헌

Adler, P. S., & Kwon, S. W. (2002). Social capital: Prospects for a new concept. *Academy of Management Review, 27*(1), 17–40.

Agrawal, H. R., Gunderson, J., Holmes, B. M., & Lyons-Ruth, K. (2004). Attachment studies with borderline patients: A review. *Harvard Review of Psychiatry, 12*(2), 94–104.

Ainsworth, M., Bell, S., & Stayton, D. (1971). Individual differences in strange-situation behaviour of one-year-olds. In H. R. Schaffer (Ed.), *The origins of human social relations* (pp. 17–58). New York: Academic Press.

Ainsworth, M., Bell, S., & Stayton, D. (1974). Infant-mother attachment and social development: "Socialization"as a product of reciprocal responsiveness to signals. In M. Richards (Ed.), *The integration of a child into a social world* (pp. 99–135). London: Cambridge University Press.

Aked, J., Marks, N., Cordon, C., & Thompson, S. (2009). *Five ways to wellbeing: A report presented to the Foresight Project on communicating the evidence base for improving people's wellbeing.* London: New Economics Foundation.

Ambady, N., & Gray, H. M. (2002). On being sad and mistaken: Mood effects on the accuracy of thin-slice judgments. *Journal of Personality and Social Psychology, 83*(4), 947–961.

Ambady, N., Hallahan, M., & Conner, B. (1999). Accuracy of judgments of sexual orientation from thin slices of behavior. *Journal of Personality and Social Psychology, 77*(3), 538–547.

Ambady, N., Krabbenhoft, M. A., & Hogan, D. (2006). The 30-sec sale: Using thin-slice judgments to evaluate sales effectiveness. *Journal of Consumer Psychology, 16*(1), 4–13.

A-Tjak, J. G., Davis, M. L., Morina, N., Powers, M. B., Smits, J. A., & Emmelkamp, P. M. (2015). A meta-analysis of the efficacy of acceptance and commitment therapy for clinically relevant mental and physical health problems. *Psychotherapy and Psychosomatics, 84*(1), 30–36.

Baer, R. A., Smith, G. T., Hopkins, J., Krietemeyer, J., & Toney, L. (2006). Using self-report assessment methods to explore facets of mindfulness. *Assessment, 13*(1), 27–45.

Baumeister, R. F., Bratslavsky, E., Finkenauer, C., & Vohs, K. D. (2001). Bad is stronger than good. *Review of General Psychology, 5*(4), 323–370.

Baumeister, R. F., Campbell, J. D., Krueger, J. I., & Vohs, K. D. (2003). Does high self-esteem cause better performance, interpersonal success, happiness, or healthier lifestyles? *Psychological Science in the Public Interest, 4*(1), 1–44.

Bechara, A. (2004). The role of emotion in decision-making: Evidence from neurological patients with orbitofrontal damage. *Brain and Cognition, 55*(1), 30–40.

Beck, J. S. (2011). *Cognitive behavior therapy: Basics and beyond.* New York: Guilford.

Beecher, H. K. (1956). Relationship of significance of wound to pain experienced. *Journal of the American Medical Association, 161*(17), 1609–1613.

Biddle, S. J., & Ekkekakis, P. (2005). Physically active lifestyles and well-being. In F. A. Huppert, N. Baylis, & B. Keverne (Eds.), *The science of well-being* (pp. 140–168). New York: Oxford University Press.

Biglan, A. (2015). *The nurture effect: How the science of human behavior can improve our lives and our world.* Oakland CA: New Harbinger.

Bilich, L. L., & Ciarrochi, J. (2009). Promoting social intelligence using the experiential roleplay method. In J. T. Blackledge, J. Ciarrochi, & F. P. Deane (Eds.), *Acceptance and commitment therapy: Contemporary theory research and practice* (pp. 247–262). Bowen Hills, Australia: Australian Academic Press.

Blackledge, J. T. (2003). An introduction to relational frame theory: Basics and applications. *Behavior Analyst Today, 3*(4), 421–433.

Bolzan, N. (2003). "Kids are like that!"Community attitudes to young people. Canberra: National Youth Affairs Research Scheme. https://docs.education.gov.au/system/files/doc/other/kids_are_like_that_community_attitudes_to_young_people.pdf. Accessed April 4, 2015.

Bouton, M. E. (2002). Context, ambiguity, and unlearning: Sources of relapse after behavioral extinction. *Biological Psychiatry, 52*(10), 976–986.

Bowlby, J. 1979. *The making and breaking of affectional bonds.* New York: Routledge.

Bown, N. J., Read, D., & Summers, B. (2003). The lure of choice. *Journal of Behavioral Decision Making, 16*(4), 297–308.

Brestan, E. V., & Eyberg, S. M. (1998). Effective psychosocial treatments of conduct-disordered children and adolescents: 29 years, 82 studies, 5,272 kids. *Journal of Clinical Child Psychology, 27*(2), 180–189.

Brumariu, L. E., & Kerns, K. A. (2010). Parent-child attachment and internalizing symptoms in childhood and adolescence: A review of empirical findings and future directions. *Development and Psychopathology, 22*(1), 177–203.

Carney, D. R., Colvin, C. R., & Hall, J. A. (2007). A thin slice perspective on the accuracy of first impressions. *Journal of Research in Personality, 41*(5), 1054–1072.

Casey, B., Jones, R. M., & Hare, T. A. (2008). The adolescent brain. *Annals of the New York Academy of Sciences, 1124*(1), 111–126.

Chassin, L., Pillow, D. R., Curran, P. J., Molina, B. S., & Barrera Jr., M. (1993). Relation of parental alcoholism to early adolescent substance use: A test of three mediating mechanisms. *Journal of Abnormal Psychology, 102*(1), 3–19.

Chomsky, N. (1967). Review of B. F. Skinner's *Verbal behavior.* In L. A. Jakobovits & M. S. Miron (Eds.), *Readings in the psychology of language* (pp. 142–143). New York: Prentice-Hall.

Ciarrochi, J., & Bailey, A. (2009). *A CBT-practitioner's guide to ACT: How to bridge the gap between cognitive behavioral therapy and acceptance and commitment therapy.* Oakland, CA: New Harbinger.

Ciarrochi, J., Bailey, A., & Harris, R. (2014). *The weight escape: How to stop dieting and start living.* Boston: Shambhala.

Ciarrochi, J., Chan, A. Y., & Bajgar, J. (2001). Measuring emotional intelligence in adolescents. *Personality and Individual Differences, 31*(7), 1105–1119.

Ciarrochi, J., Chan, A. Y., & Caputi, P. (2000). A critical evaluation of the emotional intelligence construct.

Personality and Individual Differences, 28(3), 539–561.

Ciarrochi, J., Deane, F. P., Wilson, C. J., & Rickwood, D. (2002). Adolescents who need help the most are the least likely to seek it: The relationship between low emotional competence and low intention to seek help. *British Journal of Guidance and Counselling, 30*(2), 173–188.

Ciarrochi, J., Forgas, J. P., & Mayer, J. D. (2001). *Emotional intelligence in everyday life: A scientific inquiry.* New York: Psychology Press.

Ciarrochi, J., Hayes, L. L., & Bailey, A. (2012). *Get out of your mind and into your life for teens: A guide to living an extraordinary life.* Oakland, CA: New Harbinger.

Ciarrochi, J., Heaven, P., & Supavadeeprasit, S. (2008). The link between emotion identification skills and socio-emotional functioning in early adolescence: A one-year longitudinal study. *Journal of Adolescence, 31*(5), 564–581.

Ciarrochi, J., Kashdan, T. B., Leeson, P., Heaven, P., & Jordan, C. (2011). On being aware and accepting: A one-year longitudinal study into adolescent well-being. *Journal of Adolescence, 34*(4), 695–703.

Ciarrochi, J., Robb, H., & Godsell, C. (2005). Letting a little non-verbal air into the room: Insights from acceptance and commitment therapy. Part 1: Philosophical and theoretical underpinnings. *Journal of Rational-Emotive and Cognitive Behavior Therapy, 23*(2), 79–106.

Ciarrochi, J., Wilson, C. J., Deane, F. P., & Rickwood, D. (2003). Do difficulties with emotions inhibit help-seeking in adolescence? The role of age and emotional competence in predicting help-seeking intentions. *Counselling Psychology Quarterly, 16*(2), 103–120.

Cohen, S., Gottlieb, B. H., & Underwood, L. G. (2000). Social relationships and health. In S. Cohen, B. J. Gottlieb, & L. G. Underwood (Eds.), *Social support measurement and intervention: A guide for health and social scientists* (pp. 3–25). New York: Oxford University Press.

Coie, J. D., & Dodge, K. A. (1998). Aggression and antisocial behavior. In W. Damond & N. Eisenberg (Eds.), *Handbook of child psychology. Vol. 3: Social, emotional, and personality development* (pp. 779–862). New York: Wiley.

Connolly, J., Furman, W., & Konarski, R. (2000). The role of peers in the emergence of heterosexual romantic relationships in adolescence. *Child Development, 71*(5), 1395–1408.

Connor, D. (2002). *Aggression and antisocial behavior in children and adolescents: Research and treatment.* New York: Guilford.

Cooper, M. L., Shaver, P. R., & Collins, N. L. (1998). Attachment styles, emotion regulation, and adjustment in adolescence. *Journal of Personality and Social Psychology, 74*(5), 1380.

Costello, E. J., Erkanli, A., Fairbank, J. A., & Angold, A. (2002). The prevalence of potentially traumatic events in childhood and adolescence. *Journal of Traumatic Stress, 15*(2), 99–112.

Coutu, M. F., Baril, R., Durand, M. J., Côté, D., Rouleau, A., & Cadieux, G. (2010). Transforming the meaning of pain: An important step for the return to work. *Work: A Journal of Prevention, Assessment and Rehabilitation, 35*(2), 209–219.

Crick, N. R., & Dodge, K. A. (1994). A review and reformulation of social information-processing mechanisms in children's social adjustment. *Psychological Bulletin, 115*(1), 74–101.

Crick, N. R., & Dodge, K. A. (1996). Social information-processing mechanisms in reactive and proactive aggression. *Child Development, 67*(3), 993–1002.

Csikszentmihalyi, M., & Hunter, J. (2003). Happiness in everyday life: The uses of experience sampling. *Journal of Happiness Studies, 4*(2), 185–199.

Davis, D. M., & Hayes, J. A. (2011). What are the benefits of mindfulness? A practice review of psychotherapy-related research. *Psychotherapy, 48*(2), 198–208.

Dishion, T. J., Ha, T., & Veronneau, M. H. (2012). An ecological analysis of the effects of deviant peer clustering on sexual promiscuity, problem behavior, and childbearing from early adolescence to adulthood: An enhancement of the life history framework. *Developmental Psychology, 48*(3), 703–717. doi:10.1037/a0027304.

Domjam, M. (2014). *The principles of learning and behavior*, 7th edition. Belmont, CA: Wadsworth/Thompson Learning.

Duckworth, A. L., Grant, H., Loew, B., Oettingen, G., & Gollwitzer, P. M. (2011). Self-regulation strategies improve self-discipline in adolescents: Benefits of mental contrasting and implementation intentions. *Educational Psychology, 31*(1), 17–26.

Dweck, C. S. (2000). *Self-theories: Their role in motivation, personality, and development.* Philadelphia: Psychology Press.

Dweck, C. S., Chiu, C., & Hong, Y. (1995). Implicit theories and their role in judgments and reactions: A world from two perspectives. *Psychological Inquiry, 6*(4), 267–285.

Eiseley, L. B. (1969). *The unexpected universe.* New York: Harcourt, Brace, and World.

Ellis, B. J., Del Giudice, M., Dishion, T. J., Figueredo, A. J., Gray, P., Griskevicius, V., et al. (2012). The evolutionary basis of risky adolescent behavior: Implications for science, policy, and practice. *Developmental Psychology, 48*(3), 598–623.

Figueiredo, B., Bifulco, A., Pacheco, A., Costa, R., & Magarinho, R. (2006). Teenage pregnancy, attachment style, and depression: A comparison of teenage and adult pregnant women in a Portuguese series. *Attachment and Human Development, 8*(2), 123–138.

Flynn, J. R. (1987). Massive IQ gains in 14 nations: What IQ tests really measure. *Psychological Bulletin, 101*(2), 171–191.

Fredrickson, B. L. (2001). The role of positive emotions in positive psychology: The broadenand-build theory of positive emotions. *American Psychologist, 56*(3), 218–226.

Frey, K. S., Hirschstein, M. K., Edstrom, L. V., & Snell, J. L. (2009). Observed reductions in school bullying, nonbullying aggression, and destructive bystander behavior: A longitudinal evaluation. *Journal of Educational Psychology, 101*(2), 466–481.

Froehlich, T. E., Lanphear, B. P., Epstein, J. N., Barbaresi, W. J., Katusic, S. K., & Kahn, R. S. (2007). Prevalence, recognition, and treatment of attention-deficit/hyperactivity disorder in a national sample of US children. *Archives of Pediatrics and Adolescent Medicine, 161*(9), 857–864.

Furman, W., & Winkles, J. K. (2010). Predicting romantic involvement, relationship cognitions, and relationship qualities from physical appearance, perceived norms, and relational styles regarding friends and parents. *Journal of Adolescence, 33*(6), 827–836.

Gabbay, S. M., & Zuckerman, E. W. (1998). Social capital and opportunity in corporate R&D: The contingent effect of contact density on mobility expectations. *Social Science Research, 27*(2), 189–217.

Gilbert, P., McEwan, K., Matos, M., & Rivis, A. (2011). Fears of compassion: Development of three self-report measures. *Psychology and Psychotherapy: Theory, Research and Practice, 84*(3), 239–255.

Giles, J. (2005). Internet encyclopaedias go head to head. *Nature, 438*(7070), 900–901.

Gliner, J. A. (1972). Predictable vs. unpredictable shock: Preference behavior and stomach ulceration. *Physiology and Behavior, 9*(5), 693–698.

Gollwitzer, P. M. (1999). Implementation intentions: Strong effects of simple plans. *American Psychologist, 54*(7), 493–503.

Google Books Ngram Viewer. (2015). [Graph showing frequency of use of the terms "self-esteem"and "self-concept"]. https://books.google.com/ngrams/graph?content=self-concept%2Cselfesteem&year_start=1800&year_end=2015&corpus=15&smoothing=3&share=&direct_url=t1%3B%2Cself%20-%20concept%3B%2Cc0%3B.t1%3B%2Cself%20-%20esteem%3B%2Cc0. Accessed March 21, 2015.

Gordon, M. (2009). *Roots of empathy: Changing the world child by child.* New York: The Experiment.

Greenberg, M. T., Siegel, J. M., & Leitch, C. J. (1983). The nature and importance of attachment relationships to parents and peers during adolescence. *Journal of Youth and Adolescence, 12*(5), 373–386.

Greenfield, E. A., & Marks, N. F. (2004). Formal volunteering as a protective factor for older adults' psychological well-being. *Journals of Gerontology Series B: Psychological Sciences and Social Sciences, 59*(5), S258–S264.

Grossmann, I., Na, J., Varnum, M. E., Kitayama, S., & Nisbett, R. E. (2013). A route to wellbeing: Intelligence versus wise reasoning. *Journal of Experimental Psychology: General, 142*(3), 944–953.

Haney, P., & Durlak, J. A. (1998). Changing self-esteem in children and adolescents: A metaanalytical review. *Journal of Clinical Child Psychology, 27*(4), 423–433.

Harlow, H. (1959). Love in infant monkeys. *Scientific American, 200*(June), 68–74.

Harris, J. L., Weinberg, M. E., Schwartz, M. B., Ross, C., Ostroff, J, & Brownell, K. D. (2010). *Trends in television food advertising: Progress in reducing unhealthy marketing to young people?* New Haven, CT: Rudd Center for Food Policy and Obesity.

Hawkley, L. C., & Cacioppo, J. T. (2010). Loneliness matters: A theoretical and empirical review of consequences and mechanisms. *Annals of Behavioral Medicine, 40*(2), 218–227.

Hawley, P. H. (2011). The evolution of adolescence and the adolescence of evolution: The coming of age of humans and the theory about the forces that made them. *Journal of Research on Adolescence, 21*(1), 307–316. doi:10.1111/j.1532-7795.2010.00732.x.

Hayes, L. L., Boyd, C. P., & Sewell, J. (2011). Acceptance and commitment therapy for the treatment of adolescent depression: A pilot study in a psychiatric outpatient setting. *Mindfulness, 2*(2): 86–94.

Hayes, S. C. (Ed.). (1989). *Rule-governed behavior: Cognition, contingencies, and instructional control.* New York: Plenum Press.

Hayes, S. C. (1993). Analytic goals and the varieties of scientific contextualism. In S. C. Hayes, L. J. Hayes, H. W. Reese, & T. R. Sarbin (Eds.), *Varieties of scientific contextualism* (pp. 11–27). Reno, NV: Context Press.

Hayes, S. C., Barnes-Holmes, D., & Roche, B. (Eds.). (2001). *Relational frame theory: A post-Skinnerian account of human language and cognition.* New York: Kluwer Academic.

Hayes, S. C., Barnes-Holmes, D., & Wilson, K. G. (2012). Contextual behavioral science: Creating a science more adequate to the challenge of the human condition. *Journal of Contextual Behavioral Science, 1*(1–2), 1–16. doi:10.1016/j.jcbs.2012.09.004.

Hayes, S. C., Luoma, J. B., Bond, F. W., Masuda, A., & Lillis, J. (2006). Acceptance and commitment therapy: Model, processes and outcomes. *Behaviour Research and Therapy, 44*(1), 1–25.

Hayes, S. C., Strosahl, K. D., & Wilson, K. G. (1999). *Acceptance and commitment therapy: An experiential approach to behavior change.* New York: Guilford.

Hayes, S. C., Strosahl, K. D., & Wilson, K. G. (2012). *Acceptance and commitment therapy: The process and practice of mindful change,* 2nd edition. New York: Guilford.

Hayes, S. C., Strosahl, K. D., Bunting, K., Twohig, M., & Wilson, K. G. (2004). What is acceptance and commitment therapy? In S. C. Hayes & K. D. Strosahl (Eds.), *Practical guide to acceptance and commitment therapy* (pp. 1–29). New York: Springer Science.

Hayes, S. C., Wilson, K. G., Gifford, E. V., Follette, V. M., & Strosahl, K. (1996). Experiential avoidance and behavioral disorders: A functional dimensional approach to diagnosis and treatment. *Journal of Consulting and Clinical Psychology, 64*(6), 1152.

Heinrich, L. M., & Gullone, E. (2006). The clinical significance of loneliness: A literature review. *Clinical Psychology Review, 26*(6), 695–718.

Helliwell, J. F., & Putnam, R. D. (2004). The social context of well-being. *Philosophical Transactions of the Royal Society B: Biological Sciences, 359*(1449): 1435–1446.

Helsen, M., Vollebergh, W., & Meeus, W. (2000). Social support from parents and friends and emotional problems in adolescence. *Journal of Youth and Adolescence, 29*(3), 319–335.

Holt-Lunstad, J., Smith, T. B., & Layton, J. B. (2010). Social relationships and mortality risk: A meta-analytic review. *PLoS Medicine, 7*(7), e1000316.

Hooper, N., Sandoz, E. K., Ashton, J., Clarke, A., & McHugh, L. (2012). Comparing thought suppression and acceptance as coping techniques for food cravings. *Eating Behaviors, 13*(1), 62–64.

Hrdy, S. B. (2009). *Mothers and others: The evolutionary origins of mutual understanding.* Cambridge, MA: Harvard University Press.

Jabbi, M., Swart, M., & Keysers, C. (2007). Empathy for positive and negative emotions in the gustatory cortex. *NeuroImage, 34*(4), 1744–1753.

Jablonka, E., & Lamb, M. (2006). *Evolution in four dimensions: Genetic, epigenetic, behavioral, and symbolic variation in the history of life.* Cambridge, MA: MIT Press.

Jones, E. E., & Harris, V. A. (1967). The attribution of attitudes. *Journal of Experimental Social Psychology, 3*(1), 1–24.

Jussim, L., & Harber, K. D. (2005). Teacher expectations and self-fulfilling prophecies: Knowns and unknowns, resolved and unresolved controversies. *Personality and Social Psychology Review, 9*(2), 131–155.

Kabat-Zinn, J. (1990). *Full-catastrophe living: Using the wisdom of your body and mind to face stress, pain, and illness.* New York: Delta.

Kasser, T. (2002). *The high price of materialism.* Cambridge, MA: MIT Press.

Kauhanen, J., Kaplan, G. A., Cohen, R. D., Julkunen, J., & Salonen, J. T. (1996). Alexithymia and risk of death in middle-aged men. *Journal of Psychosomatic Research, 41*(6), 541–549.

Kessler, R. C., Demler, O., Frank, R. G., Olfson, M., Pincus, H. A., Walters, E. E., ... & Zaslavsky, A. M. (2005). Prevalence and treatment of mental disorders, 1990 to 2003. *New England Journal of Medicine, 352*(24), 2515–2523.

Kilpatrick, D. G., Saunders, B. E., & Smith, D. W. (2003). *Youth victimization: Prevalence and implications, research in brief.* Washington, DC: Office of Justice Programs, National Institute of Justice.

Koole, S. L., Dijksterhuis, A., & van Knippenberg, A. (2001). What's in a name: Implicit selfesteem and the automatic self. *Journal of Personality and Social Psychology, 80*(4), 669–685.

Kraus, M. W., & Keltner, D. (2009). Signs of socioeconomic status: A thin-slicing approach. *Psychological Science, 20*(1), 99–106.

Kross, E., & Grossmann, I. (2012). Boosting wisdom: Distance from the self enhances wise reasoning, attitudes, and behavior. *Journal of Experimental Psychology: General, 141*(1), 43–48.

Lakoff, G., & Johnson, M. (2008). *Metaphors we live by.* Chicago: University of Chicago Press.

Layous, K., Nelson, S. K., Oberle, E., Schonert-Reichl, K. A., & Lyubomirsky, S. (2012). Kindness counts: Prompting prosocial behavior in preadolescents boosts peer acceptance and wellbeing. *PLoS One, 7*(12), e51380.

Leary, M. R., Tate, E. B., Adams, C. E., Batts Allen, A., & Hancock, J. (2007). Self-compassion and reactions to unpleasant self-relevant events: The implications of treating oneself kindly. *Journal of Personality and Social Psychology, 92*(5), 887–904.

Lessard, J. C., & Moretti, M. M. (1998). Suicidal ideation in an adolescent clinical sample: Attachment patterns and clinical implications. *Journal of Adolescence, 21*(4), 383–395.

Lieberman, M. D. (2013). *Social: Why our brains are wired to connect.* New York: Crown.

Lin, N., Ensel, W. M., & Vaughn, J. C. (1981). Social resources and strength of ties: Structural factors in occupational status attainment. *American Sociological Review, 46*, 393–405.

Lindsay, J., & Ciarrochi, J. (2009). Substance abusers report being more alexithymic than others but do not show emotional processing deficits on a performance measure of alexithymia. *Addiction Research and Theory, 17*(3), 315–321.

Lloyd, W. F. (1833). *Two lectures on the checks to population, delivered before the University of Oxford in Michaelmas term 1832.* Oxford: W. F. Lloyd.

Lumley, M. A., Radcliffe, A. M., Macklem, D. J., Mosley-Williams, A., Leisen, J. C., Huffman, J. L., et al. (2005). Alexithymia and pain in three chronic pain samples: Comparing Caucasians and African Americans. *Pain Medicine, 6*(3), 251–261.

Maier, S. F., & Seligman, M. E. (1976). Learned helplessness: Theory and evidence. *Journal of Experimental Psychology: General, 105*(1), 3–46.

Marcus, R. (2007). *Aggression and violence in adolescence.* New York: Cambridge University Press.

Marsh, H. W., & Craven, R. G. (2006). Reciprocal effects of self-concept and performance from

a multidimensional perspective: Beyond seductive pleasure and unidimensional perspectives. *Perspectives on Psychological Science, 1*(2), 133–163.

Marsh, H. W., & O'Mara, A. (2008). Reciprocal effects between academic self-concept, selfesteem, achievement, and attainment over seven adolescent years: Unidimensional and multidimensional perspectives of self-concept. *Personality and Social Psychology Bulletin, 34*(4), 542–552.

Marsh, H. W., & Shavelson, R. (1985). Self-concept: Its multifaceted, hierarchical structure. *Educational Psychologist, 20*(3), 107–123.

Marshall, S. L., Parker, P., Ciarrochi, J., & Heaven, P. (2014). Is self-esteem a cause or consequence of social support: A 4-year longitudinal study. *Child Development, 85*(3), 1275–1291.

Marshall, S. L., Parker, P. D., Ciarrochi, J., Sahdra, B., Jackson, C. J., & Heaven, P. C. L. (2015). Self-compassion protects against the negative effects of low self-esteem: A longitudinal study in a large adolescent sample. *Personality and Individual Differences, 74*, 116–121. doi:10.1016/j.paid.2014.09.013.

Martin, G., Swannell, S. V., Hazell, P. L., Harrison, J. E., & Taylor, A. W. (2010). Self-injury in Australia: A community survey. *Medical Journal of Australia, 193*(9), 506–510.

Maslow, A. (1954). *Motivation and personality.* New York: Harper. McGorry, P. (2012). Mental ill-health in young people. *Medicine Today, 13*(5), 46–52.

McGorry, P., Purcell, R., Goldstone, S., & Amminger, G. P. (2011). Age of onset and timing of treatment for mental and substance use disorders: Implications for preventive intervention strategies and models of care. *Current Opinion in Psychiatry, 24*(4), 301–306.

McKee-Ryan, F., Song, Z., Wanberg, C. R., & Kinicki, A. J. (2005). Psychological and physical well-being during unemployment: A meta-analytic study. *Journal of Applied Psychology, 90*(1), 53–76.

McPherson, M., Smith-Lovin, L., & Brashears, M. E. (2006). Social isolation in America: Changes in core discussion networks over two decades. *American Sociological Review, 71*(3), 353–375.

Meaney, M. J. (2001). Maternal care, gene expression, and the transmission of individual differences in stress reactivity across generations. *Annual Review of Neuroscience, 24*(1), 1161–1192.

Meltzoff, A. N., & Prinz, W. (Eds.). (2002). *The imitative mind: Development, evolution, and brain bases.* Cambridge, UK: Cambridge University Press.

Merikangas, K. R., He, J. P., Burstein, M., Swanson, S. A., Avenevoli, S., Cui, L., et al. (2010). Lifetime prevalence of mental disorders in US adolescents: Results from the National Comorbidity Survey Replication—Adolescent Supplement (NCS-A). *Journal of the American Academy of Child and Adolescent Psychiatry, 49*(10), 980–989.

Merry, S. N., Hetrick, S. E., Cox, G. R., Brudevold-Iversen, T., Bir, J. J., & McDowell, H. (2011). Psychological and educational interventions for preventing depression in children and adolescents. *Cochrane Database of Systematic Reviews* (12):CD003380. doi:10.1002/14651858. CD003380.pub3.

Moretti, M. M., & Peled, M. (2004). Adolescent-parent attachment: Bonds that support healthy development. *Paediatrics and Child Health, 9*(8), 551–555.

Moneta, G. B., & Csikszentmihalyi, M. (1996). The effect of perceived challenges and skills on the quality of subjective experience. *Journal of Personality, 64*(2), 275–310.

Moseley, G. L., & Arntz, A. (2007). The context of a noxious stimulus affects the pain it evokes. *Pain, 133*(1), 64–71.

Mueller, C. M., & Dweck, C. S. (1998). Praise for intelligence can undermine children's motivation and performance. *Journal of Personality and Social Psychology, 75*(1), 33–52.

Neff, K. D. (2011). Self-compassion, self-esteem, and well-being. *Social and Personality Psychology Compass, 5*(1), 1–12.

Neff, K. D., Hsieh, Y. P., & Dejitterat, K. (2005). Self-compassion, achievement goals, and coping with academic failure. *Self and Identity, 4*(3), 263–287.

Ollendick, T. H., & King, N. J. (2004). Empirically supported treatment for children and adolescents: Advances toward evidence-based practice. In P. M. Barrett & T. H. Ollendick (Eds.), *Handbook of interventions that work with children and adolescents: Prevention and treatment.* Chichester, UK: John Wiley and Sons.

Ortony, A., & Clore, G. (1990). *The cognitive structure of emotions.* Cambridge, UK: Cambridge University Press.

Ostrom, E. (1990). *Governing the commons: The evolution of institutions for collective action.* Cambridge, UK: Cambridge University Press.

Parker, P. D., Ciarrochi, J., Heaven, P., Marshall, S., Sahdra, B., & Kiuru, N. (2014). Hope, friends, and subjective well-being: A social network approach to peer group contextual effects. *Child Development, 86*(2), 642–650.

Parker, P. D., Marsh, H. W., Ciarrochi, J., Marshall, S., & Abduljabbar, A. S. (2013). Juxtaposing math self-efficacy and self-concept as predictors of long-term achievement outcomes. *Educational Psychology, 34*(1), 29–48.

Patterson, G. R. (1982). *Coercive family process.* Eugene, OR: Castalia.

Patterson, G. R. (2002). Etiology and treatment of child and adolescent antisocial behavior. *Behavior Analyst Today, 3*(2), 133–144.

Patton, G., Selzer, R., Coffey, C., Carlin, J., & Wolfe, R. B. (1999). Onset of adolescent eating disorders: Population based cohort study over 3 years. *British Medical Journal, 318*(7186), 765–768. doi:10.1136/bmj.318.7186.765.

Paulhus, D. L., & Williams, K. M. (2002). The dark triad of personality: Narcissism, Machiavellianism, and psychopathy. *Journal of Research in Personality, 36*(6), 556–563.

Perkonigg, A., Kessler, R. C., Storz, S., & Wittchen, H. U. (2000). Traumatic events and posttraumatic stress disorder in the community: Prevalence, risk factors, and comorbidity. *Acta Psychiatrica Scandinavica, 101*(1), 46–59.

Pinker, S. (2011a). *The better angels of our nature: The decline of violence in history and its causes.* London: Penguin UK.

Pinker, S. (2011b). Decline of violence: Taming the devil within us. *Nature, 478*(7369), 309–311.

Podolny, J. M., & Baron, J. N. (1997). Resources and relationships: Social networks and mobility in the workplace. *American Sociological Review, 62*, 673–693.

Popenoe, D. (1993). American family decline, 1960–1990: A review and appraisal. *Journal of Marriage and the Family, 55*, 527–542.

Rheingold, A. A., Herbert, J. D., & Franklin, M. E. (2003). Cognitive bias in adolescents with social anxiety disorder. *Cognitive Therapy and Research, 27*(6), 639–655.

Rilling, J. K., Glenn, A. L., Jairam, M. R., Pagnoni, G., Goldsmith, D. R., Elfenbein, H. A., et al. (2007). Neural correlates of social cooperation and non-cooperation as a function of psychopathy. *Biological Psychiatry, 61*(11), 1260–1271.

Robbins, A. (1998). *Unlimited power: The new science of personal achievement.* London: Simon and Schuster.

Robbins, A. (2012). *Awaken the giant within: How to take immediate control of your mental, emotional, physical, and financial destiny!* New York: Free Press.

Rosenthal, R., & Jacobson, L. (1992). *Pygmalion in the classroom: Teacher expectation and pupils' intellectual development.* New York: Irvington.

Rowsell, H. C., Ciarrochi, J., Deane, F. P., & Heaven, P. C. (2014). Emotion identification skill and social support during adolescence: A three-year longitudinal study. *Journal of Research on Adolescence,* doi:10.1111/jora.12175.

Ruiz, F. (2010). A review of acceptance and commitment therapy (ACT) empirical evidence: Correlational, experimental psychopathology, component, and outcome studies. *International Journal of Psychology and Psychological Therapy, 10*(1), 125–162.

Ruiz, F. (2012). Acceptance and commitment therapy versus traditional cognitive behavioral therapy: A systematic review and meta-analysis of current empirical evidence. *International Journal of Psychology and Psychological Therapy, 12*(2): 333–357.

Salmivalli, C., Kaukiainen, A., & Voeten, M. (2005). Anti-bullying intervention: Implementation and outcome. *British Journal of Educational Psychology, 75*(3), 465–487.

Sarason, I. G., & Sarason, B. R. (1985). *Social support: Theory, research, and applications.* Dordrecht, The Netherlands: Nihjoff.

Schlegel, A., & Barry, H. (1991). *Adolescence: An anthropological inquiry.* New York: Free Press.

Schweiger, I. (2010). *Self-esteem for a lifetime: Raising a successful child from the inside out.* Bloomington, IN: AuthorHouse.

Siegel, D. (2014). *Brainstorm: The power and purpose of the teenage brain.* New York: Jeremy P. Tarcher.

Singh, A., Uijtdewilligen, L., Twisk, J. W., van Mechelen, W., & Chinapaw, M. J. (2012). Physical activity and performance at school: A systematic review of the literature including a methodological quality assessment. *Archives of Pediatrics and Adolescent Medicine, 166*(1), 49–55.

Skinner, B. F. (1969). *Contingencies of reinforcement: A theoretical analysis.* Englewood Cliffs, NJ: Prentice-Hall.

Smart, D., Vassallo, S., Sanson, A., Richardson, N., Dussuyer, I., McKendry, B., et al. (2003). *Patterns and precursors of adolescent antisocial behaviour: Types, resiliency, and environmental influences.* Melbourne, Australian: Australian Institute of Family Studies and Crime Prevention.

Smith, P. K., Jostmann, N. B., Galinsky, A. D., & van Dijk, W. W. (2008). Lacking power impairs executive functions. *Psychological Science, 19*(5), 441–447.

Spear, L. P. (2004). Adolescent brain development and animal models. *Annals of the New York Academy of Sciences, 1021,* 23–26.

Spector, P. E., Cooper, C. L., Poelmans, S., Allen, T. D., O'Driscoll, M., Sanchez, J. I., et al. (2004). A cross-national comparative study of work-family stressors, working hours, and well-being: China and Latin America versus the Anglo world. *Personnel Psychology, 57*(1), 119–142.

Steinberg, L. (2014). *Age of opportunity: Lessons from the new science of adolescence.* New York: Houghton Mifflin Harcourt.

Stevens, V., Van Oost, P., & De Bourdeaudhuij, I. (2000). The effects of an anti-bullying intervention programme on peers' attitudes and behaviour. *Journal of Adolescence, 23*(1), 21–34.

Svetlova, M., Nichols, S. R., & Brownell, C. A. (2010). Toddlers' prosocial behavior: From instrumental to empathic to altruistic helping. *Child Development, 81*(6), 1814–1827.

Szalavitz, M., & Perry, B. (2010). *Born for love: Why empathy is essential—and endangered.* New York: William Morrow.

Tokunaga, R. S. (2010). Following you home from school: A critical review and synthesis of research on cyberbullying victimization. *Computers in Human Behavior, 26*(3), 277–287.

Tolmunen, T., Lehto, S. M., Heliste, M., Kurl, S., & Kauhanen, J. (2010). Alexithymia is associated with increased cardiovascular mortality in middle-aged Finnish men. *Psychosomatic Medicine, 72*(2), 187–191.

Törneke, N. (2010). *Learning RFT: An introduction to relational frame theory and its clinical applications.* Oakland, CA: New Harbinger Publications.

Tracy, B. (2012). *The power of self-confidence: Become unstoppable, irresistible, and unafraid in every area of your life.*

Hoboken, NJ: John Wiley and Sons.

Tremblay, R. E. (2000). The development of aggressive behaviour during childhood: What have we learned in the past century? *International Journal of Behavioral Development, 24*(2), 129–141.

Tronick, E., Adamson, L. B., & Brazelton, T. B. (1975). Infant emotions in normal and perturbed interactions. Paper presented at the biennial meeting of the Society for Research in Child Development, Denver, CO, April.

Twenge, J. M., & Campbell, W. K. (2008). Increases in positive self-views among high school students: Birth-cohort changes in anticipated performance, self-satisfaction, self-liking, and self-competence. *Psychological Science, 19*(11), 1082–1086.

Vespa, J., Lewis, J., & Krieder, R. (2012). *America's families and living arrangements: 2012. Population characteristics.* Washington, DC: US Census Bureau.

Williams, V., Ciarrochi, J., & Deane, F. P. (2010). On being mindful, emotionally aware, and more resilient: Longitudinal pilot study of police recruits. *Australian Psychologist, 45*(4), 274–282.

Wilson, C. J., Deane, F. P., & Ciarrochi, J. (2005). Can hopelessness and adolescents' beliefs and attitudes about seeking help account for help negation? *Journal of Clinical Psychology, 61*(12), 1525–1539.

Wilson, D. S. (2007). *Evolution for everyone: How Darwin's theory can change the way we think about our lives.* New York: Delacorte Press.

Wilson, D. S. (2011). *The neighborhood project: Using evolution to improve my city, one block at a time.* New York: Little, Brown.

Wilson, D. S., Ostrom, E., & Cox, M. E. (2013). Generalizing the core design principles for the efficacy of groups. *Journal of Economic Behavior and Organization, 90*(suppl), S21–S32.

Wilson, E. O. (2014). *The meaning of human existence.* New York: Liveright.

Wilson, K. G., (with Du Frene, T.). (2009). *Mindfulness for two: An acceptance and commitment therapy approach to mindfulness in psychotherapy.* Oakland, CA: New Harbinger.

Wing, R. R., & Jeffery, R. W. (1999). Benefits of recruiting participants with friends and increasing social support for weight loss and maintenance. *Journal of Consulting and Clinical Psychology, 67*(1), 132–138.

Wittchen, H. U., Nelson, C. B., & Lachner, G. (1998). Prevalence of mental disorders and psychosocial impairments in adolescents and young adults. *Psychological Medicine, 28*(1), 109–126.

Yeager, D. S., & Dweck, C. S. (2012). Mindsets that promote resilience: When students believe that personal characteristics can be developed. *Educational Psychologist, 47*(4), 302–314.

청소년을 위한 수용전념치료

저자 루이즈 L. 헤이즈, 조셉 V. 치아로키
역자 나의현, 이철순, 곽욱환, 노양덕, 최영훈, 맥락행동과학연구회

초판 1쇄 인쇄 2023년 09월 18일
초판 1쇄 발행 2023년 09월 26일

등록번호 제2010-000048호
등록일자 2010-08-23

발행처 삶과지식
발행인 김미화
편집 박시우(Siwoo Park)
디자인 다인디자인(E.S. Park)

주소 서울시 강서구 강서로47길 108
전화 02-2667-7447
이메일 dove0723@naver.com

ISBN 979-11-85324-09-8   93120